栾庆忠 ⊙ 著

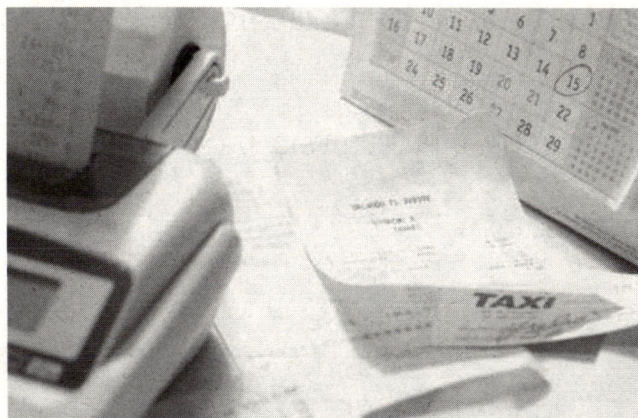

企业税务处理与纳税申报真操实练

创业中国年度十大杰出会计师栾庆忠教您破解税务难题

中国市场出版社

China Market Press

图书在版编目（CIP）数据

企业税务处理与纳税申报真操实练/栾庆忠著. —北京：中国市场出版社，2013.3
ISBN 978-7-5092-1021-5

Ⅰ．①企… Ⅱ.①栾… Ⅲ.①企业管理-税收管理-中国 Ⅳ.①F812.423

中国版本图书馆 CIP 数据核字（2013）第 033970 号

书　　名：企业税务处理与纳税申报真操实练
编　　著：栾庆忠　著
责任编辑：胡超平
出版发行：中国市场出版社
地　　址：北京市西城区月坛北小街 2 号院 3 号楼（100837）
电　　话：编辑部（010）68037344　读者服务部（010）68022950
　　　　　发行部（010）68021338　68020340　68053489
　　　　　　　　　68024335　68033577　68033539
经　　销：新华书店
印　　刷：河北省高碑店市鑫宏源印刷包装有限责任公司
规　　格：787×1092毫米　1/16　22印张　480千字
版　　本：2013 年 3 月第 1 版
印　　次：2013 年 3 月第 1 次印刷
书　　号：ISBN 978-7-5092-1021-5
定　　价：50.00 元

企业税务处理与纳税申报真操实练

栾庆忠 ◎ 著

创业中国年度十大杰出会计师栾庆忠教您破解税务难题

中国市场出版社
China Market Press

序

SEQUENCE

本书为《企业会计处理与纳税申报真账实操》（简称《真账实操》）的续篇，也是提高篇，但又与《真账实操》各自独立，独自成书，分别适合不同水平阶段的财税人员阅读。

曾经作为会计新手的您通过学习《真账实操》，再稍加实践，必然已经具备了独立处理一家中小企业账务的能力，甚至有的读者朋友已经开始担任中小企业的主管会计或会计主管了。但在实际工作中，还有许多具备三、四年会计工作经验的财税朋友，甚至具备十几年工作经验的老会计和财务经理，都遇到了自身业务素质发展的"瓶颈"，总是觉得业务能力提高缓慢，甚至停滞不前，许多具有上进心和强烈求知欲望的财务人员，再次陷入迷茫。

实际上，每一位财务人员都有可能会遇到自己的一段"瓶颈"期，若是处理得当，便可以找到新的发展方向和突破口，业务水平便会更上一层楼。若是处理不当，找不到新的发展方向和突破口，放弃努力、得过且过，业务水平将很难继续提升，所谓"逆水行舟，不进则退"。

自 2007 年 1 月 1 日起施行的《企业会计准则》和自 2013 年 1 月 1 日起施行的《小企业会计准则》已经彻底取代了各类旧企业会计制度；自 2008 年 1 月 1 日起施行的新企业所得税法、自 2009 年 1 月 1 日起施行的增值税、消费税、营业税三大流转税暂行条例相比旧法都有了很大的改变；2012 年度开始施行的营改增政策也在不断扩大试点。财务人员若是不主动学习、不善于学习，知识得不到更新，业务水平只会降低。随着社会的发展，会计也并非"越老越值钱"。

财务人员怎样突破瓶颈？大量调研结果表明，我国大多数中小企业的所有者同时又是经营者，他们对企业的财务状况、经营成果、现金流量情况较为清楚，因此，中小企业的会计信息使用者主要是税务部门和贷款银行。在我所接触过的中小企业中，财务人员最关心的问题是税务问题，最头疼的事项也是税务问题，最薄弱的环节也是税务问题。许多财务人员独立处理一家中小企业的账务已经不是问题，但是对税法知识知之甚少，对税收规定一知半解，对税务处理模棱两可，处理涉税事项还是力不从心，他们非常渴望能够提升自己的税务处理水平，但又不知从何下手。我想，具备一定会计基础和实务经验的财务人员可以把提升自己的税务操作技能作为突破瓶颈的方向！

《真账实操》自出版以来，以"独特、新颖"的特色和"操作性、可读性"的特点，得到了广大读者的好评和厚爱，不少读者反映此书"将税法和会计完美结合"，"图文并茂、形象直观"，"受益匪浅"，"激起了自己学习会计和税法的兴趣"，"大大缩短了自己成功的历程"，是一本"难得的好书"。也有不少读者通过邮箱、QQ 等方式提出了自己的建议，期望我能再写一本税务实操方面的书，帮助他们学习更多的税务知识。还有一位注册税务师，看过我写的《增值税纳税实务与节税技巧》一书后，也通过邮箱表达了对图书之操作性和实战性的赞叹，并建议我再写一本有关企业所得税方面的书，由于自身原因所限，我却一直未能满足这位读者朋友。

读者的需求就是我创作的动力和源泉，中国市场出版社胡超平副总编的一个提议激发了我的灵感，于是这本《真账实操》的续篇——《企业税务处理与纳税申报真操实练》开始在我的脑海里酝酿，并最终成书。在此，再次衷心地感谢中国市场出版社胡超平副总编对我的大力支持！再次衷心地感谢广大读者朋友们对我的厚爱！

企业税务处理与
纳税申报真操实练

栾庆忠◎著

创业中国年度十大杰出会计师栾庆忠教您破解税务难题

中国市场出版社
China Market Press

内容简介

NTENT BRIEF INTRODUCTION

　　本书旨在提高财务人员的实际税务操作水平，将继续以"独特、新颖"为特色，以"操作性、可读性"为特点，采用大量的实际工作中的税收案例，让您达到"以最少的时间、用最少的精力、花最少的银子，取得最理想的效果，真正学会更多的实用税收政策和实际税务操作技能"的目标。具体来说，本书具有下列特点：

　　1. 本书内容全面，重点突出。涉及企业常见的13个税种，每个税种的主要纳税事项都根据最新政策进行了详细的讲解，并尽可能采取表格的形式展现在读者面前，简洁、直观、清晰、条理，便于读者阅读、理解、吸收和消化。

　　2. 本书案例丰富，实用性强。每个税种都设计了大量具有代表性或普遍性的典型案例，融法于例，以例讲法，通过案例让读者真正学会实际的税务处理操作，加深对税法的理解和领悟，以达到提升自身税务实际操作水平之目的。

　　3. 本书贴近实际，仿真性强。每个税种都根据最新政策精心编写纳税申报实战案例进行示范，在编写过程中，尽可能地考虑企业在实际工作中可能遇到的常见税收业务，力求做到税收业务全而精，案例极具实战性和操作价值。比如：企业所得税纳税申报实战案例示范，精选的每一个业务均包括"业务资料"、"税收政策"、"税务处理"、"相关链接"几个部分，清晰、条理，阅读起来轻松而方便；然后，对每一笔业务的涉税金额在纳税申报表中的填列栏次都进行了详细说明；最后，列示出填列完整的纳税申报表进行示范。

　　"业务资料"主要包括根据企业真实业务改编的文字说明及图表，通俗易懂，简洁明了；

　　"税收政策"主要包括该业务涉及的税收政策，依法纳税，有理有据，便于读者查找与核实；

"税务处理"主要包括该业务的税务分析及账务处理，明白透彻；

"相关链接"主要是讲述、列举与该业务相似的其他各类税收业务，扩大读者的知识面，力求全面完整。

需要强调的是，"相关链接"部分超越了业务本身，是业务的延伸与拓展，包含了更多的税务操作事项，是必须阅读的部分。比如："业务 1 存货对外直接捐赠"的"相关链接"部分总结了企业所得税、增值税、消费税视同销售范围和计税依据的区别，在"业务 40 存货发生实际损失"的"相关链接"部分讲述了 18 种需要作纳税调减处理的项目。

《企业所得税年度纳税申报表》主表及附表共十几个之多，表内、表间勾稽关系复杂，填写难度较大，为了方便读者练习书中例题，特向本书读者免费赠送一份电子表格《企业所得税年度纳税申报表（自动生成版）》，本电子表格将表内及表间勾稽关系均设置了公式，只需要填写基础数据，其他数据均会自动生成，读者可将购书凭据的扫描件或照片发送邮件至 caishuiywjl@163.com 免费索取。

相信读过本书的您会更快、更好、真真正正地学会税务处理实际操作！

在编写过程中，本书严格按照最新税收政策和会计准则进行编写，精益求精，力求做到权威、专业、准确。但是限于时间和水平，本书难免会存在一些疏漏和不足之处，敬请广大读者批评指正（可通过邮箱 caishuiywjl@163.com 与笔者交流）。本书观点和建议仅供读者参考，切忌生搬硬套，实际工作中须特别关注税收政策和会计准则的变化以及主管税务机关的规定。

目 录
CONTENTS

目录 CONTENTS

第二章　增值税

目录 CONTENTS

书名侧栏（封面）：
企业税务处理与纳税申报真操实练

栾庆忠 著
创业中国年度十大杰出会计师栾庆忠教您破解税务难题
中国市场出版社 China Market Press

目 录
CONTENTS

目录 CONTENTS

目 录

CONTENTS

第一章　企业所得税

　　我国的企业所得税是采取"按年计算，分期预缴，年终汇算清缴"的办法征收的，预缴是为了保证税款均衡入库的一种手段，汇算清缴是纳税人在纳税年度终了后的一定时期内（税法规定为5个月）按照税收法规规定自行计算申报缴纳全年应纳企业所得税额。从中可以清晰地看出，企业所得税的汇算清缴主体是纳税人，集中体现了纳税人自主申报的税法精神，但是，纳税人自主申报的同时，也随之带来了相当的税务风险。

　　同时，企业所得税汇算清缴工作是对企业所得税进行的一次全面、完整、系统的计算、调整、缴纳工作，是企业涉税业务中的一项重要工作，企业所得税汇算清缴最重要的工作就是进行纳税调整。该工作与企业的会计处理密切相关，需要财务人员具备较高的税务水平。由于纳税调整事项涉及大量的税收法规，因此一些纳税调整事项很容易被企业忽视而造成少缴或多缴税款，给企业带来各种各样的税务风险。

　　企业所得税汇算清缴纳税调整项目包括收入类调整项目和扣除类调整项目。

1. 收入类调整项目

　　对于企业所得税汇算清缴纳税调整，很多财务人员只是注重成本、费用扣除类项目调整，而对收入类项目的调整往往不够重视。而从大量案例来看，收入类项目的调整往往金额较大，更影响企业所得税汇算清缴，给企业带来较大的税务风险。

2. 扣除类调整项目

　　税法规定，企业实际发生的与取得收入有关的、合理的支出可以在计算应纳税所得额时扣除。也就是说能够扣除的成本、费用首先需要满足"真实性"、"相关性"、"合理性"的要求，否则不能在企业所得税税前扣除。而从大量案例来看，不少企业财务人员一般仅仅重视比例扣除项目及政策性限制扣除项目的纳税调整，而事实上，通过对企业成本、费用扣除项目调整的分析、汇总可知，由于不满足税法对成本、费用扣除项目"真实性"、"相关性"、"合理性"的总体要求而进行的纳税调整金额，远远大于税法规定的比例扣除项目及政策性限制扣除项目的调整金额。因此，对于非比例扣除项目及政策性限制扣除项目调整事项更应该引起企业财务人员的重视。

　　为了帮助广大财务人员正确做好企业所得税汇算清缴工作，切实提高财务人员企业所得税税务处理与纳税申报业务技能，笔者在对众多企业所得税汇算清缴调整事项的梳理、分析基础之上，结合最新税收政策，总结出了企业所得税汇算清缴中企业应当特别关注的难点和重点问题，并且设计了大量的表格，更加直观、全面、简洁、清晰，更加有利于读者阅读、理解、吸收和消化。

　　本章先对企业所得税业务中的难点和重点问题进行详细讲解，然后，再以L市雨丰机械制造有限公司为例，设计了大量企业实际工作中可能会遇到的纳税调整项目，对企业所得税汇算清缴税务处理和纳税申报进行示范，以达到切实提高读者实战能力之目的。

　　想系统全面学习企业所得税知识的读者可以按照本章顺序阅读，想快速学会企业所得税汇算清缴业务的读者也可以直接阅读"五、企业所得税汇算清缴税务处理和纳税申报示范"部分，这一部分的纳税调整事项均为精选的极具代表性的纳税事项，一般读者能够掌握这些纳税事项即可称得上一名称职的优秀财务人员了，若将本章知识全部掌握，那就是高手了。

一、企业所得税主要纳税事项

在实际工作中，不少企业财务人员在企业所得税汇算清缴时，分不清楚永久性差异与暂时性差异，或者会遗漏纳税调整项目。为了便于读者掌握，本书特编写了一份"企业所得税主要纳税事项明细表"，见表1-1。

本表中，对仅适合执行《企业会计准则》或《小企业会计准则》的企业所得税纳税人的纳税事项单独注明，未单独注明的纳税事项均适合于所有企业所得税纳税人。

表 1-1　　　　　　　　　企业所得税主要纳税事项明细表

征收范围	经营所得	包括销售货物所得、提供劳务所得、转让财产所得、股息红利等权益性投资所得、利息所得、租金所得、特许权使用费所得、接受捐赠所得。
	其他所得	包括企业资产盘盈、逾期未退包装物押金、无法偿付的应付款项、已作坏账损失处理又收回的应收款项、债务重组利得、补贴收入、违约金收入、汇兑收益等。
	清算所得	清算所得＝企业全部资产可变现价值或交易价格－资产净值－清算费用－相关税费
税率	基本税率	一般企业所得税率为25%。
	优惠税率	符合条件的小型微利企业，减按20%的税率征收企业所得税。小型微利企业条件：工业企业，年度应纳税所得额不超过30万元，从业人数不超过100人，资产总额不超过3 000万元；其他企业，年度应纳税所得额不超过30万元，从业人数不超过80人，资产总额不超过1 000万元。（一般执行《小企业会计准则》的企业适用）
		自2012年1月1日至2015年12月31日，对年应纳税所得额低于6万元（含6万元）的小型微利企业，其所得减按50%计入应纳税所得额，按20%的税率缴纳企业所得税。（一般执行《小企业会计准则》的企业适用）
		国家需要重点扶持的高新技术企业，减按15%的税率征收企业所得税。
		非居民企业在中国境内未设立机构、场所的，或者虽设立机构、场所但取得的所得与其所设机构、场所没有实际联系的，应当就其来源于中国境内的所得缴纳企业所得税，适用税率为20%。
应纳税额的计算		应纳税额＝应纳税所得额×适用税率－减免税额－抵免税额 应纳税所得额＝利润总额＋纳税调整增加额－纳税调整减少额＋境外应税所得弥补境内亏损－弥补以前年度亏损
所得税会计处理的一般程序（《企业会计准则》）		1. 确定资产和负债的账面价值和计税基础； 2. 确定应纳税暂时性差异和可抵扣暂时性差异； 3. 确定递延所得税资产和递延所得税负债金额或应予转销的金额； 4. 确定当期应交所得税金额； 5. 确定所得税费用，所得税费用即为当期应交所得税和递延所得税之和（或之差）。

所得税会计处理（《企业会计准则》）	1. 资产的账面价值小于资产的计税基础： 借：所得税费用 　　递延所得税资产 　　贷：应交税费——应交企业所得税 2. 资产的账面价值大于资产的计税基础： 借：所得税费用 　　贷：应交税费——应交企业所得税 　　　　递延所得税负债 负债与资产的处理相反。 3. 交纳企业所得税： 借：应交税费——应交企业所得税 　　贷：银行存款	
所得税会计处理（《小企业会计准则》）	小企业不核算递延所得税资产、递延所得税负债，比较简单。 1. 按照税法规定应交的企业所得税： 借：所得税费用 　　贷：应交税费——应交企业所得税 2. 交纳企业所得税： 借：应交税费——应交企业所得税 　　贷：银行存款	
永久性差异	不征税收入	1. 财政拨款；2. 依法收取并纳入财政管理的行政事业性收费、政府性基金；3. 国务院规定的其他不征税收入。
	免税收入	1. 国债利息收入；2. 符合条件的居民企业之间的股息、红利等权益性投资收益；3. 在中国境内设立机构、场所的非居民企业从居民企业取得与该机构、场所有实际联系的股息、红利等权益性投资收益；4. 符合条件的非营利组织的收入。
	先征后返的部分税款	1. 企业按照国务院财政、税务主管部门有关文件规定，实际收到具有专门用途的先征后返所得税款，准则规定应计入取得当期的利润总额，暂不计入取得当期的应纳税所得额。 2. 软件生产企业实行增值税即征即退政策所退还的税款，由企业用于研究开发软件产品和扩大再生产，不作为企业所得税应税收入，不予征收企业所得税。
	加计扣除	1. 企业为开发新技术、新产品、新工艺发生的研究开发费用，未形成无形资产计入当期损益的，在按照规定据实扣除的基础上，按照研究开发费用的50%加计扣除；形成无形资产的，按照无形资产成本的150%摊销。 2. 企业安置残疾人员所支付的工资可以加计扣除，是指企业安置残疾人员的，在据实扣除支付给残疾职工工资的基础上，按照支付给残疾职工工资的100%加计扣除。残疾人员的范围适用《中华人民共和国残疾人保障法》的有关规定。
	超过扣除限额的部分	企业发生的职工福利费支出，不超过工资薪金总额14%的部分，准予扣除。超过部分不得扣除。
		企业拨缴的工会经费，不超过工资薪金总额2%的部分，准予扣除。超过部分不得扣除。

		企业发生的与生产经营活动有关的业务招待费支出，按照发生额的 60％扣除，但最高不得超过当年销售（营业）收入的 5‰，超过部分不得扣除。
		企业发生的公益性捐赠支出，在年度利润总额 12％以内的部分，准予在计算应纳税所得额时扣除。
		企业按照国务院有关主管部门或者省级人民政府规定的范围和标准为职工缴纳的基本养老保险费、基本医疗保险费、失业保险费、工伤保险费、生育保险费等基本社会保险费和住房公积金，准予扣除。超过标准缴纳的部分，不得扣除。
		企业为投资者或者职工支付的补充养老保险费、补充医疗保险费，在国务院财政、税务主管部门规定的范围和标准内，准予扣除，超过标准的部分不得扣除。
		除企业依照国家有关规定为特殊工种职工支付的人身安全保险费和国务院财政、税务主管部门规定可以扣除的其他商业保险费外，企业为投资者或者职工支付的商业保险费，不得扣除。
		非金融企业向非金融企业借款的利息支出，不超过按照金融企业同期同类贷款利率计算的数额的部分，准予扣除；超过部分的利息支出，不得扣除。
		企业从其关联方接受的债权性投资与权益性投资的比例超过规定标准（金融企业为 5∶1；其他企业为 2∶1）而发生的利息支出，不得在计算应纳税所得额时扣除。
		投资者在规定期限内未缴足其应缴资本额的，企业对外借款所发生的利息，相当于实缴资本额与在规定期限内应缴资本额的差额应计付的利息，不得在计算应纳税所得额时扣除。
	超过法定范围的支出	税收滞纳金；向行政、司法部门支付的罚款、滞纳金和被没收财物的损失；非公益性捐赠支出；非广告性赞助支出。
	其他永久性差异	减计收入、减免税所得。
		企业的不征税收入用于支出所形成的费用或者财产，不得扣除或者计算对应的折旧、摊销扣除。
		无形资产受让、开发支出不得在税前扣除，但允许以提取折旧和摊销费用的方式逐步扣除。
		自然灾害或意外事故损失有赔偿的部分不得在税前扣除。
		纳税人销售货物给购货方的回扣不得在税前扣除。
		贿赂等非法支出不得在税前扣除。
		企业之间支付的管理费、企业内营业机构之间支付的租金和特许权使用费，以及非银行企业内营业机构之间支付的利息，不得在税前扣除。
		企业依照法律、行政法规有关规定提取的用于环境保护、生态恢复等方面的专项资金，准予扣除，但是专项资金提取后改变用途的，不得在税前扣除。

		转让定价纳税调整加收利息不得在税前扣除。
		未经备案申报的财产损失不得在税前扣除。
		关联交易因未按照独立交易原则定价，税务机关调增收入额或调减扣除额。
		个人消费性支出不得在税前扣除。
暂时性差异	递延收益	会计上规定政府补助可一次或分次确认收益，税法要求在实际收到时一次性确认，特别规定除外。
	附有销售退回条件的商品销售	会计规定：如果企业根据以往的经验能够合理估计退回可能性，可以在发出商品时，将估计不会发生退货的部分确认收入，估计可能发生退货的部分，不确认销售收入也不结转销售成本，作为发出商品处理，仅表现商品库存的减少，通过"发出商品"科目进行核算；如果企业不能合理确定退货的可能性，则应当在售出商品退货期满时才确认收入。 税法规定：无论附有销售退回条件售出的商品是否退回，均在商品发出时全额确认收入，计算缴纳增值税和所得税。
	利息、租金、特许权使用费收入	会计上按权责发生制确认收入，而税法规定按照合同约定的应付利息、租金、特许权使用费的日期确认。如果交易合同或协议中规定租赁期限跨年度，且租金提前一次性支付的，根据收入与费用配比原则，出租人可对上述已确认的收入，在租赁期内，分期均匀计入相关年度收入。
	交易性金融资产（《企业会计准则》）	会计上按公允价值计量，税法按历史成本作为计税基础。
	持有至到期投资（《企业会计准则》）	一次还本付息的投资，其利息收入的确认时间与计税收入的确认时间不同。
	固定资产（《企业会计准则》）	1. 账面价值与计税基础不同：账面价值＝实际成本－会计累计折旧－减值准备，计税基础＝实际成本－税收累计折旧。
		2. 折旧方法：会计上可以合理选择折旧方法，税法上除按规定可以加速折旧的以外，允许税前扣除的只能是按照直线法计提的折旧。
		3. 折旧年限：会计上按照固定资产为企业带来经济利益的期限合理估计确定，税法上对每一类固定资产折旧年限都有明确的规定。
		4. 计提减值准备：会计上可以根据资产状况计提减值准备，税法上规定减值准备不得税前扣除。
	融资租入固定资产（《企业会计准则》）	企业会计准则要求将租赁开始日租赁资产公允价值与最低租赁付款额现值两者中较低者作为入账价值，税法上以租赁合同约定的付款总额和承租人在签订租赁合同过程中发生的相关费用为计税基础，未约定付款总额的，以该资产的公允价值和承租人在签订租赁合同过程中发生的相关费用为计税基础。由此一般会产生融资租入固定资产的账面价值小于其计税基础，产生可抵扣暂时性差异，应确认递延所得税资产。 同时，会计上核算未确认融资费用，而税法上不核算，产生应纳税暂时性差异，应确认递延所得税负债。以后年度，固定资产折旧的计提会计数额和计税数额不一致，以及会计上未确认融资费用分摊，造成会计利润和税法应纳税所得额不一致，应调整应纳税所得额，并逐步转回固定资产购入年度确认的递延所得税资产和递延所得税负债。

	投资性房地产（《企业会计准则》）	公允价值计量模式下，账面价值与计税基础不同，会计不计提折旧，而税法允许折旧；成本计量模式下，其账面价值与计税基础的确定与固定资产、无形资产相同，暂时性差异与固定资产、无形资产相同。
	无形资产	1. 企业会计准则规定使用寿命不确定的无形资产不得摊销，但税法规定可在不少于 10 年的期限分期扣除。（《企业会计准则》）
		2. 自行开发无形资产的计税基础按照会计基础的 150％确认。
		3. 税法规定企事业单位购买的软件最短可按 2 年期限扣除。
		4. 无形资产减值准备不得在税前扣除。（《企业会计准则》）
	长期股权投资（《企业会计准则》）	1. 企业会计准则：（1）成本法：被投资方用留存收益转增股本，投资方不作账务处理；计提减值准备相应减少长期股权投资账面价值。（2）权益法：长期股权投资的账面价值随着被投资方所有者权益的变动而作相应调整；被投资方用留存收益转增股本，投资方不作账务处理；计提减值准备相应减少长期股权投资账面价值。 2. 税法：计税基础按照历史成本确定，被投资方用留存收益转增股本，投资方相应追加投资计税基础。长期股权投资减值准备不得在税前扣除。
	应付款项	由于债权人原因导致债务不能清偿或不需清偿的部分，税法规定应并入所得征税，实际支付时纳税调减。
	预计负债（《企业会计准则》）	企业会计准则要求按照履行现时义务所需支出的最佳估计数进行初始计量。税法上除另有规定者外在实际发生时扣除。
	预收账款	房地产企业取得的预收账款会计上作为负债处理，但按税法规定应按照预计利润率计算预计利润并入当期利润总额预缴企业所得税，以后实际结转收入时，前期已纳税款允许退还。
	广告与宣传费	企业发生的符合条件的广告费和业务宣传费支出，除国务院财政、税务主管部门另有规定外，不超过当年销售（营业）收入 15％的部分，准予扣除；超过部分，准予在以后纳税年度结转扣除。
	职工教育经费支出	除国务院财政、税务主管部门另有规定外，企业发生的职工教育经费支出，不超过工资薪金总额 2.5％的部分，准予扣除；超过部分，准予在以后纳税年度结转扣除。
	债务重组所得	企业重组符合规定条件的，适用特殊性税务处理：企业债务重组确认的应纳税所得额占该企业当年应纳税所得额 50％以上，可以在 5 个纳税年度的期间内，均匀计入各年度的应纳税所得额。
	政策性搬迁	企业在搬迁期间发生的搬迁收入和搬迁支出，可以暂不计入当期应纳税所得额，而在完成搬迁的年度，对搬迁收入和支出进行汇总清算。 企业的搬迁收入，扣除搬迁支出后的余额，为企业的搬迁所得。 企业应在搬迁完成年度，将搬迁所得计入当年度企业应纳税所得额计算纳税。 企业搬迁收入扣除搬迁支出后为负数的，应为搬迁损失。搬迁损失可在下列方法中选择其一进行税务处理：（1）在搬迁完成年度，一次性作为损失进行扣除。（2）自搬迁完成年度起分 3 个年度，均匀在税前扣除。上述方法由企业自行选择，但一经选定，不得改变。

弥补亏损	企业纳税年度发生的亏损，准予向以后年度结转，用以后年度的所得弥补，但结转年限最长不得超过5年。	
开办费	会计上作为管理费用，税法中开（筹）办费未明确列作长期待摊费用，企业可以在开始经营之日的当年一次性扣除，也可以按照新税法有关长期待摊费用的处理规定处理，但一经选定，不得改变。	
准备金支出（《企业会计准则》）	未经核定的准备金支出（坏账准备、减值准备等）。	
专用设备投资税额抵免	购置并实际使用《环境保护专用设备企业所得税优惠目录》、《节能节水专用设备企业所得税优惠目录》和《安全生产专用设备企业所得税优惠目录》规定的环境保护、节能节水、安全生产等专用设备的，该专用设备的投资额的10%可以从企业当年的应纳税额中抵免；当年不足抵免的，可以在以后5个纳税年度结转抵免。	
创业投资额所得额抵免	创业投资企业采取股权投资方式投资于未上市的中小高新技术企业2年以上的，可以按照其投资额的70%在股权持有满2年的当年抵扣该创业投资企业的应纳税所得额；当年不足抵扣的，可以在以后纳税年度结转抵扣。	

上述纳税事项在本章第二部分至第五部分详细讲解。

二、小企业会计准则与企业所得税的异同详解

（一）小企业会计准则与企业所得税的异同——收入类项目

表1-2   小企业会计准则与企业所得税的异同——收入类项目

项目	小企业会计准则	企业所得税	备注
收入	收入，是指小企业在日常生产经营活动中形成的、会导致所有者权益增加、与所有者投入资本无关的经济利益的总流入。包括：销售商品收入和提供劳务收入。 在小企业会计准则中，除销售商品收入、提供劳务收入、出租无形资产与固定资产取得的租金收入（出租周转材料取得的租金作为营业外收入核算）、特许权使用费收入以外，企业所得税法所规定的收入不作为会计上的收入来认定，作为营业外收入或投资收益处理。	按收入产生来源分类，分为：销售货物收入，提供劳务收入，转让财产收入，股息、红利等权益性投资收益，利息收入，租金收入，特许权使用费收入，接受捐赠收入和其他收入共九类。	企业所得税包括所有收入，比会计范围广。

续表

项目	小企业会计准则	企业所得税	备注
销售收入确认原则	小企业应当在发出商品且收到货款或取得收款权利时，确认销售商品收入。确认销售商品收入有两个标志：一是物权的转移，表现为发出商品；二是收到货款或取得收款权利。 省略了风险和报酬转移的职业判断，简化了确认条件，有利于实际操作。	国税函〔2008〕875号第一条第一项：除企业所得税法及实施条例另有规定外，企业销售收入的确认，必须遵循权责发生制原则和实质重于形式原则。企业销售商品同时满足下列条件的，应确认收入的实现： 1.商品销售合同已经签订，企业已将商品所有权相关的主要风险和报酬转移给购货方； 2.企业对已售出的商品既没有保留通常与所有权相联系的继续管理权，也没有实施有效控制； 3.收入的金额能够可靠地计量； 4.已发生或将发生的销售方的成本能够可靠地核算。	
销售商品收入确认的时点	1.销售商品采用托收承付方式的，在办妥托收手续时确认收入。 2.销售商品采取预收款方式的，在发出商品时确认收入。 3.销售商品采用分期收款方式的，在合同约定的收款日期确认收入。 4.销售商品需要安装和检验的，在购买方接受商品以及安装和检验完毕时确认收入。如果安装程序比较简单，可在发出商品时确认收入。 5.销售商品采用支付手续费方式委托代销的，在收到代销清单时确认收入。 6.销售商品以旧换新的，销售的商品作为商品销售处理，回收的商品作为购进商品处理。 7.采取产品分成方式取得的收入，在分得产品之日按照产品的市场价格或评估价值确定销售商品收入金额。	《企业所得税法实施条例》第二十三条规定，以分期收款方式销售货物的，按照合同约定的收款日期确认收入的实现；《企业所得税法实施条例》第二十四条规定，采取产品分成方式取得收入的，按照企业分得产品的日期确认收入的实现，其收入额按照产品的公允价值确定。 国税函〔2008〕875号规定： 1.销售商品采用托收承付方式的，在办妥托收手续时确认收入。 2.销售商品采取预收款方式的，在发出商品时确认收入。 3.销售商品需要安装和检验的，在购买方接受商品以及安装和检验完毕时确认收入。如果安装程序比较简单，可在发出商品时确认收入。 4.销售商品采用支付手续费方式委托代销的，在收到代销清单时确认收入。 5.销售商品以旧换新的，销售商品应当按照销售商品收入确认条件确认收入，回收的商品作为购进商品处理。	财税规定基本一致。

续表

项目	小企业会计准则	企业所得税	备注
附有销售退回条件的商品销售	如果企业根据以往的经验能够合理估计退回可能性,可以在发出商品时,将估计不会发生退货的部分确认收入,估计可能发生退货的部分,不确认销售收入也不结转销售成本,作为发出商品处理,仅表现商品库存的减少,单独设置"1406 发出商品"科目进行核算;如果企业不能合理地确定退货的可能性,则应当在售出商品退货期满时才确认收入。	无论附有销售退回条件售出的商品是否退回,均在商品发出时全额确认收入,计算缴纳所得税。	时间性差异。
销售商品收入计量原则	小企业应当按照从购买方已收或应收的合同或协议价款确定销售商品收入的金额。销售商品涉及现金折扣的,应当按照扣除现金折扣前的金额确定销售商品收入金额。现金折扣应当在实际发生时,计入当期损益。销售商品涉及商业折扣的,应当按照扣除商业折扣后的金额确定销售商品收入金额。小企业已确认销售商品收入的售出商品发生销售退回的(不论属于本年度还是以前年度的销售),应当在发生时冲减当期销售商品收入。小企业已经确认销售商品收入的售出商品发生的销售折让,应当在发生时冲减当期销售商品收入。	企业应当按照购货方已收或应收的合同或协议价款确定销售货物收入的金额。国税函〔2008〕875 号规定:商品销售涉及商业折扣的,应当按照扣除商业折扣后的金额确定销售商品收入金额。销售商品涉及现金折扣的,应当按照扣除现金折扣前的金额确定销售商品收入金额,现金折扣在实际发生时作为财务费用扣除。企业已经确认销售收入的售出商品发生销售折让和销售退回,应当在发生当期冲减当期销售商品收入。	财税规定基本一致。
提供劳务收入	同一会计年度内开始并完成的劳务,应当在提供劳务交易完成且收到款项或取得收款权利时,确认提供劳务收入。提供劳务收入的金额为从接受劳务方已收或应收的合同或协议价款。不跨会计年度的劳务收入的确认和计量原则与销售商品收入的确认和计量原则完全相同。	1. 国税函〔2008〕875 号第二条规定,企业在各个纳税期末,提供劳务交易的结果能够可靠估计的,应采用完工进度(完工百分比)法确认提供劳务收入。企业应按照从接受劳务方已收或应收的合同或协议价款确定劳务收入总额,根据纳税期末提供劳务收入总额乘以完工进度扣除以前纳税年度累计已确认提供劳务收入	财税规定基本一致。

续表

项目	小企业会计准则	企业所得税	备注
	劳务的开始和完成分属不同会计年度的，应当按照完工进度确认提供劳务收入。年度资产负债表日，按照提供劳务收入总额乘以完工进度扣除以前会计年度累计已确认提供劳务收入后的金额，确认本年度的提供劳务收入；同时，按照估计的提供劳务成本总额乘以完工进度扣除以前会计年度累计已确认营业成本后的金额，结转本年度营业成本。注：小企业确认的除主营业务活动以外的其他日常生产经营活动实现的收入包括：出租固定资产、出租无形资产、销售材料等实现的收入，归类为提供劳务收入。	后的金额，确认为当期劳务收入；同时，按照提供劳务估计总成本乘以完工进度扣除以前纳税期间累计已确认劳务成本后的金额，结转为当期劳务成本。2.《企业所得税法实施条例》第二十三条规定，企业的下列生产经营业务可以分期确认收入的实现：企业受托加工制造大型机械设备、船舶、飞机，以及从事建筑、安装、装配工程业务或者提供其他劳务等，持续时间超过12个月的，按照纳税年度内完工进度或者完成的工作量确认收入的实现。第1条是一般规定。对所有提供劳务取得的收入都适用。第2条是特殊规定，即对持续时间超过12个月的劳务，可以分期确认收入。并不意味着只要不超过12个月，就可以不在期末确认收入。	
租金收入	小企业会计准则将租金收入作为提供劳务收入，处理方法同上。	1.《企业所得税法实施条例》第十九条规定：租金收入，是指企业提供固定资产、包装物或者其他有形资产的使用权取得的收入。租金收入，按照合同约定的承租人应付租金的日期确认收入的实现。2.《国家税务总局关于贯彻落实企业所得税法若干税收问题的通知》（国税函〔2010〕79号）规定：企业提供固定资产、包装物或者其他有形资产的使用权取得的租金收入，应按交易合同或协议规定的承租人应付租金的日期确认收入的实现。其中，如果交易合同或协议中规定租赁期限跨年度，且租金提前一次性支付的，根据《企业所得税法实施条例》第九条规定的收入与费用配比原则，出租人可对上述已确认的收入，在租赁期内，分期均匀计入相关年度收入。	在租金收入确认的时点和金额上，税法与会计是存在差异的。1. 租赁期限跨年度，且租金提前一次性支付。出租人在进行税务处理时，既可选择分期确认收入，也可选择一次性确认收入。如果企业在计税时选择分期确认收入，会计与税法就不存在差异；如果企业在计税时选择一次性确认收入，就与会计按权责发生制原则分期确认收入存在暂时性差异，需要进行纳税调整。2. 如果合同约定租赁期限跨年度，且租金分期非均匀支付或在租赁结束时一次性支付以及存在免租期的租赁业务，税法要求按照合同约定的承租人应付租金的日期确认收入的实现，同样与会计分期确认收入存在暂时性差异，需要进行纳税调整。

续表

项目	小企业会计准则	企业所得税	备注
利息收入	小企业的利息收入都应当在合同约定的债务人应付利息之日确认利息收入的实现。	企业所得税实施条例第十八条规定，利息收入，按照合同约定的债务人应付利息的日期确认收入的实现。	财税规定基本一致。
政府补助	政府补助，是指小企业从政府无偿取得货币性资产或非货币性资产，但不含政府作为小企业所有者投入的资本。 1. 小企业收到与资产相关的政府补助，应当确认为递延收益，并在相关资产的使用寿命内平均分配，计入营业外收入。 收到的其他政府补助，用于补偿本企业以后期间的相关费用或亏损的，确认为递延收益，并在确认相关费用或发生亏损的期间，计入营业外收入；用于补偿本企业已发生的相关费用或亏损的，直接计入营业外收入。 2. 政府补助为货币性资产的，应当按照收到的金额计量。 政府补助为非货币性资产的，政府提供了有关凭据的，应当按照凭据上标明的金额计量；政府没有提供有关凭据的，应当按照同类或类似资产的市场价格或评估价值计量。 3. 小企业按照规定实行企业所得税、增值税、消费税、营业税等先征后返的，应当在实际收到返还的企业所得税、增值税（不含出口退税）、消费税、营业税时，计入营业外收入。	1. 《财政部、国家税务总局关于财政性资金、行政事业性收费、政府性基金有关企业所得税政策问题的通知》（财税〔2008〕151号）第一条规定： （1）企业取得的各类财政性资金，除属于国家投资和资金使用后要求归还本金的以外，均应计入企业当年收入总额。 （2）对企业取得的由国务院财政、税务主管部门规定专项用途并经国务院批准的财政性资金，准予作为不征税收入，在计算应纳税所得额时从收入总额中减除。 本条所称财政性资金，是指企业取得的来源于政府及其有关部门的财政补助、补贴、贷款贴息，以及其他各类财政专项资金，包括直接减免的增值税和即征即退、先征后退、先征后返的各种税收，但不包括企业按规定取得的出口退税款；所称国家投资，是指国家以投资者身份投入企业、并按有关规定相应增加企业实收资本（股本）的直接投资。 2. 《财政部、国家税务总局关于专项用途财政性资金企业所得税处理问题的通知》（财税〔2011〕70号）第一条规定： 企业从县级以上各级人民政府财政部门及其他部门取得的应计入收入总额的财政性资金，凡同时符合以下条件的，可以作为不征税收入，在计算应纳税所得额时从收入总额中减除：（1）企业能够提供规定资金专项用途的资金拨付文件；（2）财政部门或其他拨付资金的政府部门对该资金有专门的资金管理办法或具体管理要求；（3）企业对该资金以及以该资金发生的支出单独进行核算。	财税存在差异： 1. 在企业所得税上作为不征税收入时，会计作为递延收益和营业外收入核算，产生永久性差异。另外，不征税收入发生的相应费用支出也不得税前扣除。产生永久性差异。 2. 在企业所得税上作为征税收入时，会计作为递延收益和营业外收入核算，产生时间性差异。

续表

项目	小企业会计准则	企业所得税	备注
视同销售	1. 小企业发生发生非货币性资产交换、偿债，以及将货物、财产、劳务用于捐赠、赞助、集资、广告、样品、职工福利和利润分配，应当作为小企业与外部发生交易，属于收入实现的过程，视同销售货物、转让财产和提供劳务，按规定确认收入。 2. 小企业在建工程、管理部门等内部部门领用所生产的产成品、原材料等，应当作为小企业内部发生的经济事项，属于小企业内部不同资产之间相互转换，不属于收入实现的过程，不应确认收入，应当按照成本进行结转。	1. 企业发生非货币性资产交换，以及将货物、财产、劳务用于捐赠、偿债、赞助、集资、广告、样品、职工福利或者利润分配等用途的，应当视同销售货物、转让财产或者提供劳务，但国务院财政、税务主管部门另有规定的除外。 2. 企业发生下列情形的处置资产，除将资产转移至境外以外，由于资产所有权属在形式和实质上均不发生改变，可作为内部处置资产，不视同销售确认收入，相关资产的计税基础延续计算。 （1）将资产用于生产、制造、加工另一产品； （2）改变资产形状、结构或性能； （3）改变资产用途（如，自建商品房转为自用或经营）； （4）将资产在总机构及其分支机构之间转移； （5）上述两种或两种以上情形的混合； （6）其他不改变资产所有权属的用途。 3. 企业将资产移送他人的下列情形，因资产所有权属已发生改变而不属于内部处置资产，应按规定视同销售确定收入。企业发生下列规定情形时，属于企业自制的资产，应按企业同类资产同期对外销售价格确定销售收入；属于外购的资产，可按购入时的价格确定销售收入。 （1）用于市场推广或销售； （2）用于交际应酬； （3）用于职工奖励或福利； （4）用于股息分配； （5）用于对外捐赠； （6）其他改变资产所有权属的用途。	财税规定基本一致。

下面我们将对上述事项进行举例说明。

【例 1-1】甲公司 20×3 年 10 月 9 日销售一批商品给乙公司，取得销售收入 10 万元（不含税，增值税率 17%），该笔货款尚未收到。甲公司已按照正常情况确认销售收入，并结转销售成本 8 万元。20×3 年 12 月 2 日，本批货物因产品质量问题被退回。

甲公司的账务处理如下：

20×3 年 12 月 2 日，调整销售收入：

借：主营业务收入   100 000

应交税费——应交增值税（销项税额）   17 000

贷：应收账款   117 000

同时调整销售成本：

借：库存商品   80 000

贷：主营业务成本   80 000

税收处理：该公司企业所得税处理与会计处理相同，不必进行纳税调整。

【例 1-2】 某企业 20×3 年 12 月 12 日销售货物 100 万元（不含增值税），成本 80 万元，约定 3 个月试用期满后，满意则付款，不满意可退货。相关经济流入概率低于 50%。

会计处理：

不确认收入。

借：发出商品   800 000

贷：库存商品   800 000

税收处理：

调增收入 100 万元，调增销售成本 80 万元，调增应纳税所得额 20 万元。因为这项销售业务满足税法确认销售的条件。

20×4 年 3 月 12 日如果发生退货，企业作会计处理：

借：库存商品   800 000

贷：发出商品   80 000

同时调减 20×3 年应纳税所得额 20 万元。

20×4 年 3 月 12 日对方确认产品合格，同意付款，企业作会计处理：

借：应收账款或银行存款   1 170 000

贷：主营业务收入   1 000 000

应交税费——应交增值税（销项税额）   170 000

借：主营业务成本   800 000

贷：发出商品   800 000

税收作 20×4 年调减收入 100 万元，调减成本 80 元万处理，调减应纳税所得额 20 万元。

【例 1-3】 某企业 20×3 年 12 月 12 日向甲公司销售货物 10 万元（不含增值税），成本 8 万元，根据双方签订的协议，甲公司应当于 20×4 年 2 月 12 日付款，付款期限内甲公司有权退货，根据以往的经验估计会有 10% 的商品存在退货可能。

会计处理：

1. 在发出商品时，将估计不会发生退货的部分确认收入：

借：应收账款   105 300

贷：主营业务收入   90 000

应交税费——应交增值税（销项税额）   15 300

借：主营业务成本	72 000
贷：库存商品	72 000

2. 估计可能发生退货的部分，不确认销售收入也不结转销售成本，作为发出商品处理：

借：发出商品	8 000
贷：库存商品	8 000
借：应收账款	1 700
贷：应交税费——应交增值税（销项税额）	1 700

税务处理：

税收与会计确认销售收入的区别是：无论附有销售退回条件售出的商品是否退回，均在商品发出时全额确认收入，计算缴纳增值税和所得税。

20×3 年企业所得税汇算清缴时，调增收入 1 万元，调增销售成本 0.8 万元，调增应纳税所得额 0.2 万元。因为这项销售业务满足税法确认销售的条件。

3. 20×4 年 2 月 12 日如果发生退货，企业作会计处理：

借：库存商品	8 000
贷：发出商品	8 000
借：应收账款	−1 700
贷：应交税费——应交增值税（销项税额）	−1 700

同时调减 20×3 年应纳税所得额 0.2 万元。

4. 20×4 年 2 月 12 日对方确认产品合格，未发生退货，企业作会计处理：

借：应收账款	10 000
贷：主营业务收入	10 000
借：主营业务成本	8 000
贷：发出商品	8 000

税收作 20×4 年调减收入 1 万元，调减成本 0.8 万元处理，调减应纳税所得额 0.2 万元。

【例 1-4】 某企业于 20×3 年 12 月 9 日接受一项设备安装任务，安装期为 6 个月，合同总收入 400 万元，至 12 月 31 日已预收安装费 120 万元，实际发生安装费用为 50 万元（假定均为安装人员薪酬），估计还会发生安装费用 150 万元。假定该企业按实际发生的成本占估计总成本的比例确定劳务的完工进度。

会计处理：

实际发生的成本占估计总成本的比例＝50/（50＋150）×100％＝25％

20×3 年 12 月确认的劳务收入＝400×25％−0＝100（万元）

20×3 年 12 月结转的劳务成本＝（50＋150）×25％−0＝50（万元）

1. 实际发生劳务成本时：

借：劳务成本	500 000
贷：应付职工薪酬	500 000

2. 预收劳务款时：

借：银行存款	1 200 000
贷：预收账款	1 200 000

3．2013 年 12 月 31 日确认劳务收入并结转劳务成本时：

借：预收账款　　　　　　　　　　　　　　　　　　　　　　1 000 000

　　贷：主营业务收入　　　　　　　　　　　　　　　　　　　1 000 000

借：主营业务成本　　　　　　　　　　　　　　　　　　　　　500 000

　　贷：劳务成本　　　　　　　　　　　　　　　　　　　　　500 000

税务处理：

该公司企业所得税处理与会计处理相同，不必进行纳税调整。

【例 1-5】A 公司将一间办公室租赁给 B 公司，签订经营租赁合同，双方约定租赁期为 20×3 年 1 月 1 日至 20×8 年 12 月 31 日，20×3—20×4 两年免除租金，2015—2018 年每年收取租金 6 万元，分别于年初 1 月 1 日预付当年租金。

会计处理：

劳务的开始和完成分属不同会计年度的，应当按照完工进度确认提供劳务收入，免租期内出租人应当确认租金收入。20×3 年和 20×4 年均应确认租金收入＝24÷6＝4(万元)。

借：应收账款　　　　　　　　　　　　　　　　　　　　　　　40 000

　　贷：其他业务收入　　　　　　　　　　　　　　　　　　　　40 000

税务处理：

在企业所得税的处理上却与会计处理存在暂时性差异。根据《中华人民共和国企业所得税法实施条例》（以下简称条例）第十九条规定：租金收入按照合同约定的承租人应付租金的日期确认收入的实现，因此 20×3—20×4 年均不确认租金收入，企业每年确认的租金收入 4 万元作纳税调减处理，20×5—20×8 年企业每年确认租金收入 4 万元，而税法确认的租金收入为 6 万元，每年纳税调增 2 万元。前两年调减 8 万元，后四年调增 8 万元，属于暂时性差异。

【例 1-6】20×3 年 12 月 9 日，甲公司购入节能设备 1 台（不需安装），实际成本为 322 000 元，取得增值税普通发票，预计使用寿命为 10 年，预计净残值为 2 000 元，20×4 年 1 月 26 日，甲公司收到该节能设备财政补贴款 300 000 元。

会计处理：

1．20×3 年 12 月购入设备，

借：固定资产　　　　　　　　　　　　　　　　　　　　　　322 000

　　贷：银行存款　　　　　　　　　　　　　　　　　　　　　322 000

2．20×4 年 1 月收到财政拨款确认政府补助，

借：银行存款　　　　　　　　　　　　　　　　　　　　　　300 000

　　贷：递延收益　　　　　　　　　　　　　　　　　　　　　300 000

3．20×4 年计提折旧和分配递延收益，

借：管理费用　　　　　　　　　　　　　　　　　　　　　　　32 000

　　贷：累计折旧　　　　　　　　　　　　　　　　　　　　　　32 000

借：递延收益　　　　　　　　　　　　　　　　　　　　　　　30 000

　　贷：营业外收入　　　　　　　　　　　　　　　　　　　　　30 000

税务处理：

(1) 假设该补贴款不符合财税〔2011〕70 号规定的不征税收入条件，20×4 年度，

税收上应确认 300 000 元应税收入，会计上确认 30 000 元，应调增应纳税所得额 270 000 元，以后 9 个年度每年调减应纳税所得额 30 000 元。

（2）假设该补贴款符合财税〔2011〕70 号规定的不征税收入条件，20×4 年度，税收上不确认应税收入，会计上确认 30 000 元，应调减应纳税所得额 30 000 元，以后 9 个年度每年调减应纳税所得额 30 000 元。另外，不征税收入用于支出所形成的资产，其计算的折旧、摊销不得在计算应纳税所得额时扣除。每年不得扣除的折旧支出为 32 000×300 000÷322 000＝29 813.66（元），因此，每年应调增应纳税所得额 29 813.66 元。

（二）小企业会计准则与企业所得税的异同——扣除类项目

表 1-3   小企业会计准则与企业所得税的异同——扣除类项目

计量	企业所得税法规定了一些费用项目税前扣除标准，如职工福利费、工会经费、职工教育经费、业务招待费、广告费、业务宣传费、研究开发费等，而会计上要求这些费用据实计入当期损益。	具体事项详见"企业所得税常见纳税事项明细表（表 1-1）"，案例参考"五、企业所得税汇算清缴税务处理和纳税申报示范"。
确认	企业所得税法所规定的费用强调了与收入的相关性原则和支出的合理性原则，而会计上要求符合费用定义的费用全部计入当期损益。	

（三）小企业会计准则与企业所得税的异同——固定资产

表 1-4   小企业会计准则与企业所得税的异同——固定资产

项目	小企业会计准则	企业所得税	备注
固定资产的确认	固定资产，是指小企业为生产产品、提供劳务、出租或经营管理而持有的，使用寿命超过 1 年的有形资产。小企业的固定资产包括：房屋、建筑物、机器、机械、运输工具、设备、器具、工具等。	固定资产，是指企业为生产产品、提供劳务、出租或者经营管理而持有的、使用时间超过 12 个月的非货币性资产，包括房屋、建筑物、机器、机械、运输工具以及其他与生产经营活动有关的设备、器具、工具等。	财税规定基本一致。
固定资产的初始计量和计税基础	1. 外购固定资产的成本包括：购买价款、相关税费、运输费、装卸费、保险费、安装费等，但不含按照税法规定可以抵扣的增值税进项税额。 2. 自行建造固定资产的成本，由建造该项资产在竣工决算前发生的支出（含相关的借款费用）构成。小企业在建工程在试运转过程中形成的产品、副产品或试车收入冲减在建工程成本。 3. 投资者投入固定资产的成本，应当按照评估价值和相关税费确定。	1. 外购的固定资产，以购买价款和支付的相关税费以及直接归属于使该资产达到预定用途发生的其他支出为计税基础。 2. 自行建造的固定资产，以竣工结算前发生的支出为计税基础。企业为购置、建造固定资产发生借款的，在有关资产购置、建造期间发生的合理的借款费用，应当作为资本性支出计入有关资产的成本。 3. 融资租入的固定资产，以租赁合同约定的付款总额和承租人在签订租赁合同过程中发生的相	财税规定略有差异。通过捐赠、投资、非货币性资产交换、债务重组等方式取得的固定资产，小企业会计准则未作明确规定，企业可以参考税法规定进行处理以避免产生差异而纳税调整。

续表

项目		小企业会计准则	企业所得税	备注
固定资产的初始计量和计税基础		4. 融资租入的固定资产的成本，应当按照租赁合同约定的付款总额和在签订租赁合同过程中发生的相关税费等确定。 5. 盘盈固定资产的成本，应当按照同类或者类似固定资产的市场价格或评估价值，扣除按照该项固定资产新旧程度估计的折旧后的余额确定。 6. 固定资产的改建支出（改变房屋或者建筑物结构、延长使用年限等发生的支出），应当计入固定资产的成本，但已提足折旧的固定资产和经营租入的固定资产发生的改建支出应当计入长期待摊费用。	关费用为计税基础，租赁合同未约定付款总额的，以该资产的公允价值和承租人在签订租赁合同过程中发生的相关费用为计税基础。 4. 盘盈的固定资产，以同类固定资产的重置完全价值为计税基础。 5. 通过捐赠、投资、非货币性资产交换、债务重组方式取得的固定资产，以该资产的公允价值和支付的相关税费为计税基础。 6. 改建的固定资产，除已足额提取折旧的固定资产的改建支出和租入固定资产的改建支出外，以改建过程中发生的改建支出增加计税基础。	
固定资产折旧的差异	折旧范围	小企业应当对所有固定资产计提折旧，但已提足折旧仍继续使用的固定资产和单独计价入账的土地不得计提折旧。	下列固定资产不得计算折旧扣除： 1. 房屋、建筑物以外未投入使用的固定资产； 2. 以经营租赁方式租入的固定资产； 3. 以融资租赁方式租出的固定资产； 4. 已足额提取折旧仍继续使用的固定资产； 5. 与经营活动无关的固定资产； 6. 单独估价作为固定资产入账的土地； 7. 其他不得计算折旧扣除的固定资产。	会计与税法差异：房屋、建筑物以外未投入使用的固定资产、与经营活动无关的固定资产在会计上也应计提折旧。
	折旧起始与终止	小企业应当按月计提折旧，当月增加的固定资产，当月不计提折旧，从下月起计提折旧；当月减少的固定资产，当月仍计提折旧，从下月起不计提折旧。	企业应当自固定资产投入使用月份的次月起计算折旧；停止使用的固定资产，应当自停止使用月份的次月起停止计算折旧。	财税规定略有差异。
	暂估价值计提折旧	未作规定。	企业固定资产投入使用后，由于工程款项尚未结清未取得全额发票的，可暂按合同规定的金额计入固定资产计税基础计提折旧，待发票取得后进行调整。但该项调整应在固定资产投入使用后12个月内进行。	

续表

项目	小企业会计准则	企业所得税	备注
折旧年限、预计净残值	小企业应当根据固定资产的性质和使用情况，并考虑税法的规定，合理确定固定资产的使用寿命和预计净残值。固定资产的折旧方法、使用寿命、预计净残值一经确定，不得随意变更。如果确需变更的，应当作为会计估计变更处理。	除国务院财政、税务主管部门另有规定外，固定资产计算折旧的最低年限如下：1. 房屋、建筑物，为20年；2. 飞机、火车、轮船、机器、机械和其他生产设备，为10年；3. 与生产经营活动有关的器具、工具、家具等，为5年；4. 飞机、火车、轮船以外的运输工具，为4年；5. 电子设备，为3年。企业外购的软件，凡符合固定资产或无形资产确认条件的，可以按照固定资产或无形资产进行核算，其折旧或摊销年限可以适当缩短，最短可为2年（含）。集成电路生产企业的生产设备，其折旧年限可以适当缩短，最短可为3年（含）。企业应当根据固定资产的性质和使用情况，合理确定固定资产的预计净残值。固定资产的预计净残值一经确定，不得变更。	小企业会计准则只是要求合理确定固定资产的使用寿命，并没有最低年限的规定，这也是一个会计税法的差异，但又要求考虑税法的规定，因此企业可以参考税法最低年限的规定，按照税法规定年限进行折旧，这样就避免了会计税法差异而不用进行纳税调整。
折旧方法	小企业应当按照年限平均法（即直线法）计提折旧。小企业的固定资产由于技术进步等原因，确需加速折旧的，可以采用双倍余额递减法和年数总和法。	固定资产按照直线法计算的折旧，准予扣除。（1）企业拥有并用于生产经营的主要或关键的固定资产，由于以下原因确需加速折旧的，可以缩短折旧年限或者采取加速折旧的方法：①由于技术进步，产品更新换代较快的；②常年处于强震动、高腐蚀状态的。（2）企业采取缩短折旧年限方法的，对其购置的新固定资产，最低折旧年限不得低于《实施条例》第六十条规定的折旧年限的60%；若为购置已使用过的固定资产，其最低折旧年限不得低于《实施条例》规定的最低折旧年限减去已使用年限后剩余年限的60%。最低折旧年限一经确定，一般不得变更。（3）企业采取加速折旧方法的，可以采用双倍余额递减法或者年数总和法。加速折旧方法一经确定，一般不得变更。（4）企业确需对固定资产采取缩短折旧年限或者加速折旧方法的，应在取得该固定资产后一个月内，向其企业所得税主管税务机关备案。	财税规定略有差异。

续表

项目		小企业会计准则	企业所得税	备注
后续支出		小企业的长期待摊费用包括： 1. 已提足折旧的固定资产的改建支出； 2. 经营租入固定资产的改建支出； 3. 固定资产的大修理支出； 4. 其他长期待摊费用等。 固定资产的大修理支出，是指同时符合下列条件的支出： （1）修理支出达到取得固定资产时的计税基础50％以上； （2）修理后固定资产的使用寿命延长2年以上。 长期待摊费用应当在其摊销期限内采用年限平均法进行摊销，根据其受益对象计入相关资产的成本或者管理费用，并冲减长期待摊费用。 （1）已提足折旧的固定资产的改建支出，按照固定资产预计尚可使用年限分期摊销。 （2）经营租入固定资产的改建支出，按照合同约定的剩余租赁期限分期摊销。 （3）固定资产的大修理支出，按照固定资产尚可使用年限分期摊销。 （4）其他长期待摊费用，自支出发生月份的下月起分期摊销，摊销期不得低于3年。	在计算应纳税所得额时，企业发生的下列支出作为长期待摊费用，按照规定摊销的，准予扣除： 1. 已足额提取折旧的固定资产的改建支出； 2. 租入固定资产的改建支出； 3. 固定资产的大修理支出； 4. 其他应当作为长期待摊费用的支出。 固定资产的大修理支出，是指同时符合下列条件的支出： （1）修理支出达到取得固定资产时的计税基础50％以上； （2）修理后固定资产的使用年限延长2年以上。 固定资产的改建支出，是指改变房屋或者建筑物结构、延长使用年限等发生的支出。已足额提取折旧的固定资产的改建支出，按照固定资产预计尚可使用年限分期摊销。 固定资产的大修理支出，按照固定资产尚可使用年限分期摊销。 租入固定资产的改建支出，按照合同约定的剩余租赁期限分期摊销。	财税规定基本一致。
资产减值损失		不允许计提的减值准备。	资产减值损失在实际发生时准予在计算应纳税所得额时扣除，不允许将计提的减值准备在税前扣除。	财税规定基本一致。

案例参考"五、企业所得税汇算清缴税务处理和纳税申报示范"业务24至业务29。

（四）小企业会计准则与企业所得税的异同——无形资产

表1-5　　　　　　小企业会计准则与企业所得税的异同——无形资产

项目		小企业会计准则	企业所得税	备注
无形资产确认	概念	无形资产，是指小企业为生产产品、提供劳务、出租或经营管理而持有的、没有实物形态的可辨认非货币性资产。 小企业的无形资产包括：土地使用权、专利权、商标权、著作	无形资产，是指企业为生产商品、提供劳务、出租给他人，或为管理目的而持有的、没有实物形态的非货币性长期资产，包括专利权、商标权、著作权、土地使用权、非专利技术、商誉等。	会计上无形资产不包括商誉。

续表

项目		小企业会计准则	企业所得税	备注
		权、非专利技术等。自行开发建造厂房等建筑物，相关的土地使用权与建筑物应当分别进行处理。外购土地及建筑物支付的价款应当在建筑物与土地使用权之间按照合理的方法进行分配；难以合理分配的，应当全部作为固定资产。		
无形资产初始计量		1. 外购无形资产的成本包括：购买价款、相关税费和相关的其他支出（含相关的借款费用）。 2. 自行开发的无形资产的成本，由符合资本化条件后至达到预定用途前发生的支出（含相关的借款费用）构成。 3. 投资者投入的无形资产的成本，应当按照评估价值和相关税费确定。	1. 外购无形资产按购买价款、相关税费以及直接归属于使该项资产达到预定用途所发生的其他支出作为计税基础。 2. 按开发过程中符合资本化条件后至达到预定用途前发生的实际支出作为计税基础；但企业自行开发的无形资产的费用已归入研究开发费中在税前扣除或加计扣除的，其计税基础为零。符合条件的开发新技术、新产品、新工艺发生的研究开发费用，在计算应纳税所得额时加计扣除。 3. 通过投资、捐赠、非货币性资产交换、债务重组取得的无形资产，按该资产的公允价值和应支付的相关税费作为计税基础。	除企业所得税加计扣除的规定外，财税规定基本一致。
无形资产后续计量	无形资产使用寿命摊销与摊销年限	无形资产的摊销期自其可供使用时开始至停止使用或出售时止。有关法律规定或合同约定了使用年限的，可以按照规定或约定的使用年限分期摊销。小企业不能可靠估计无形资产使用寿命的，摊销期不得低于10年。	不区分使用寿命有限的无形资产与使用寿命不确定的无形资产，所有无形资产成本均允许在一定期间内摊销并税前扣除。无形资产的摊销年限不低于10年。外购商誉的支出，在企业整体转让或者清算时，准予扣除。	财税规定基本一致。
	无形资产摊销方法	无形资产应当在其使用寿命内采用年限平均法进行摊销，根据其受益对象计入相关资产成本或者当期损益。	无形资产摊销的方法只能是直线法，按照直线法计算摊销的费用准予扣除；按照其他方法计算的摊销费用，要进行纳税调整。	财税规定基本一致。
	无形资产减值准备	不允许计提的减值准备。	资产减值损失在实际发生时准予在计算应纳所得额时扣除，不允许将计提的减值准备在税前扣除。企业的无形资产有确凿证据表明已形成财产损失时，应扣除变价收入、可收回金额及保险赔款后，再确认发生的财产损失。	财税规定基本一致。

续表

项目	小企业会计准则	企业所得税	备注
无形资产出售与报废	处置无形资产，处置收入扣除其账面价值、相关税费等后的净额，应当计入营业外收入或营业外支出。	企业出售、转让无形资产，应确认为转让财产收入，在计算应纳税所得额时，扣除该项资产的净值和转让费用。企业无形资产对外投资、债务重组、分配股利和捐赠等，都要视同销售。	财税规定基本一致。

案例参考"五、企业所得税汇算清缴税务处理和纳税申报示范"业务 30、业务 41。

（五）小企业会计准则与企业所得税的异同——投资资产

表 1-6　　　　　　小企业会计准则与企业所得税的异同——投资资产

短期投资	1. 会计：持有期间，被投资单位宣告分派现金股利时，按照可分得的金额，确认应收股利和投资收益。在应付利息日，按照债券投资的票面利率计算应取得的利息收入，确认应收利息和投资收益。 税法：股息、红利等权益性投资收益，除国务院财政、税务主管部门另有规定外，按照被投资方作出利润分配决定的日期确认收入的实现。利息收入，按照合同约定的债务人应付利息的日期确认收入的实现。 小企业会计准则与企业所得税规定一致。 2. 会计上要求计入投资收益但税法上允许免税的，需要进行所得税纳税调增。 例如，小企业因购买国债所取得的利息收入，按照税法规定作为免税收入，但按照小企业会计准则应计入投资收益，两者构成永久性差异。 需要注意的是，小企业购买国债，不论是从一级市场还是二级市场购买，其利息收入均享受免税优惠，但是，对于小企业在二级市场转让国债获得的收入，需作为转让财产收入计算缴纳企业所得税。 3. 税法中所称的股息、红利收入包括现金股利和股票股利两种形式，投资企业分得的股票股利，如果不符合免税条件的，应当计入应纳税所得额中，但会计上投资企业无需进行会计处理，仅作备查登记。
长期债券投资	1. 长期债券投资成本的计量。取得投资时实际支付的价款中包含的已到付息期但尚未领取的债券利息，会计上单独确认为应收利息，不计入投资成本，而税法上作为购买价款组成部分计入投资成本。 2. 长期债券投资持有期间发生的应收利息，会计上小企业按照高于或低于债券面值的价格购入长期债券投资时，需要在投资持有期间逐期分摊溢折价金额，作为投资收益的调整，而税法上企业利息收入金额按照合同名义利率（即债券票面利率）计算确定。 3. 利息收入小企业会计准则与企业所得税规定存在差异。会计：（1）分期付息、一次还本的长期债券投资，在债务人应付利息日按照票面利率计算的应收未收利息收入应当确认为应收利息，不增加长期债券投资的账面余额。（2）持有的一次还本付息的长期债券投资，在债务人应付利息日按照票面利率计算的应收未收利息收入应当增加长期债券投资的账面余额。 税法：利息收入按照合同约定的债务人应付利息的日期确认收入的实现。 4. 长期债券投资的处置和长期债券投资损失的认定条件和处理方法，小企业会计准则与税法规定完全一致，不存在差异。但是，对于长期债券投资损失，小企业应处理好与税收征管的关系，认真按照税收征管的要求做好相关申报工作。 《企业资产损失所得税税前扣除管理办法》（国家税务总局公告 2011 年第 25 号）第四十条规定：

	企业债权投资损失应依据投资的原始凭证、合同或协议、会计核算资料等相关证据材料确认。下列情况债权投资损失的，还应出具相关证据材料： (1) 债务人或担保人依法被宣告破产、关闭、被解散或撤销、被吊销营业执照、失踪或者死亡等，应出具资产清偿证明或者遗产清偿证明。无法出具资产清偿证明或者遗产清偿证明，且上述事项超过三年以上的，或债权投资（包括信用卡透支和助学贷款）余额在三百万元以下的，应出具对应的债务人和担保人破产、关闭、解散证明、撤销文件、工商行政管理部门注销证明或查询证明以及追索记录等（包括司法追索、电话追索、信件追索和上门追索等原始记录）。 (2) 债务人遭受重大自然灾害或意外事故，企业对其资产进行清偿和对担保人进行追偿后，未能收回的债权，应出具债务人遭受重大自然灾害或意外事故证明、保险赔偿证明、资产清偿证明等。 (3) 债务人因承担法律责任，其资产不足归还所借债务，又无其他债务承担者的，应出具法院裁定证明和资产清偿证明。 (4) 债务人和担保人不能偿还到期债务，企业提出诉讼或仲裁的，经人民法院对债务人和担保人强制执行，债务人和担保人均无资产可执行，人民法院裁定终结或终止（中止）执行的，应出具人民法院裁定文书。 (5) 债务人和担保人不能偿还到期债务，企业提出诉讼后被驳回起诉的、人民法院不予受理或不予支持的，或经仲裁机构裁决免除（或部分免除）债务人责任，经追偿后无法收回的债权，应提交法院驳回起诉的证明，或法院不予受理或不予支持证明，或仲裁机构裁决免除债务人责任的文书。 (6) 经国务院专案批准核销的债权，应提供国务院批准文件或经国务院同意后由国务院有关部门批准的文件。
长期股权投资	1. 长期股权投资成本的计量。取得投资时实际支付的价款中包含的已宣告但尚未发放的现金股利，会计上单独确认为应收股利，不计入投资成本，而税法上作为购买价款组成部分计入投资成本。 2. 长期股权投资持有期间投资收益的规定，与企业所得税法基本一致，实务工作中存在可能需要进行纳税调整的事项： (1) 直接投资与其他居民企业取得的符合条件的股息或红利等权益性收益，按照税法规定作为免税收入，但是会计上计入投资收益。 (2) 税法中所称的股息、红利收入包括现金股利和股票股利两种形式，投资企业分得的股票股利，如果不符合免税条件的，应当计入应纳税所得额中，但会计上投资企业无需进行会计处理，仅作备查登记。 3. 长期股权投资的处置和长期股权投资损失的认定条件和处理方法，小企业会计准则与税法规定完全一致，不存在差异。但是，对于长期股权投资损失，小企业应处理好与税收征管的关系，认真按照税收征管的要求做好相关申报工作。 《企业资产损失所得税税前扣除管理办法》（国家税务总局公告2011年第25号）第四十一条规定： 企业股权投资损失应依据以下相关证据材料确认： (1) 股权投资计税基础证明材料； (2) 被投资企业破产公告、破产清偿文件； (3) 工商行政管理部门注销、吊销被投资单位营业执照文件； (4) 政府有关部门对被投资单位的行政处理决定文件； (5) 被投资企业终止经营、停止交易的法律或其他证明文件； (6) 被投资企业资产处置方案、成交及入账材料； (7) 企业法定代表人、主要负责人和财务负责人签章证实有关投资（权益）性损失的书面申明； (8) 会计核算资料等其他相关证据材料。

下面我们将对上述事项进行举例说明。

【例1-7】甲公司20×3年度发生以下业务：取得国债利息收入4万元，转让国债收入2万元，连续持有居民企业公开发行并上市流通的股票10个月取得投资收益10万元，连续持有居民企业公开发行并上市流通的股票16个月取得投资收益14万元。

税务处理：

1. 国债利息属于免税收入，应当调减应纳税所得额4万元。

2. 转让国债收入应缴纳企业所得税，不进行纳税调整。

3. 连续持有居民企业公开发行并上市流通的股票不超过12个月取得的投资收益应缴纳企业所得税，不进行纳税调整。

4. 直接投资与其他居民企业取得的符合条件的股息或红利等权益性收益，按照税法规定作为免税收入应当调减应纳税所得额14万元。

【例1-8】甲公司20×3年10月购入某上市公司股票100 000股（每股面值1元），作为短期投资核算，交易价格是每股8元，交易费用400元。20×4年3月30日该上市公司宣告上年度收益的分配方案是10送10派1（每10股以留存收益转增股本10股，每10股派发现金股利1元），市场价为每股9元。

会计处理：

1. 现金股利＝100 000/10×1＝10 000（元）

借：应收股利　　　　　　　　　　　　　　　　　　　　　　　　　10 000

　　贷：投资收益　　　　　　　　　　　　　　　　　　　　　　　　10 000

2. 股票股利＝100 000×9＝900 000（元）

不作会计处理，只需在备查账中记录股数增加了100 000股。

税务处理：

税法确认的股息收益＝现金股利＋股票股利＝10 000＋100 000×9＝910 000（元），由于甲公司持有上市公司股票不足12个月，取得的投资收益不予免税，会计已确认投资收益10 000元，应调增应纳税所得额900 000元，该项短期投资股利分配后的计税基础应为：100 000×8＋400＋100 000×9＝1 700 400（元）。

【例1-9】20×3年1月3日，甲公司购入某公司当年1月1日发行的5年期公司债券，票面利率12%，债券面值1 000元，甲公司按1 050元的价格购入800张另支付有关税费4 000元。该债券每年付息一次，最后一年偿还本金并支付最后一次利息。

会计处理：

1. 20×3年1月3日，甲公司购入债券

借：长期债券投资——面值　　　　　　　　　　　　　　　　　　800 000

　　　　　　　　——溢折价　　　　　　　　　　　　　　　　　44 000

　　贷：银行存款　　　　　　　　　　　　　　　　　　　　　　　844 000

2. 20×3年12月31日，甲公司按年计提利息

计提债券利息时，

借：应收利息　　　　　　　　　　　　　　　　　　　　　　　　96 000

　　贷：长期债券投资——溢折价　　　　　　　　　　　　　　　　8 800

投资收益	87 200

3. 实际收到债券利息时

  借：银行存款   96 000

    贷：应收利息   96 000

税务处理：

  税法上企业利息收入金额按照债券票面利率计算确定为 96 000 元，企业应调增应纳税所得额 96 000－87 200＝8 800(元)。

  【例 1-10】 20×3 年 1 月 6 日，甲公司购入某公司当年 1 月 1 日发行的 5 年期公司债券，票面利率 12%，债券面值 1 000 元，甲公司按 1 050 元的价格购入 800 张另支付有关税费 4 000 元。该债券到期一次还本付息。

  会计处理：

  1. 20×3 年 1 月 3 日，甲公司购入债券

  借：长期债券投资——面值   800 000

        ——溢折价   44 000

    贷：银行存款   844 000

  2. 20×3 年 12 月 31 日，甲公司按年计提利息

  计提债券利息时：

  借：长期债券投资——应计利息   96 000

    贷：长期债券投资——溢折价   8 800

      投资收益   87 200

  连续 4 年按年计提利息的会计处理同上。

  3. 第 5 年到期收回长期债券投资

  借：银行存款   1 280 000

    贷：长期债券投资——面值   800 000

      长期债券投资——溢折价   8 800

      长期债券投资——应计利息   384 000

      投资收益   87 200

税务处理：

  税法上利息收入按照合同约定的债务人应付利息的日期确认收入的实现，企业连续 4 年应调减应纳税所得额 87 200 元，第 5 年企业所得税应确认所得 1 280 000－844 000＝436 000(元)，调增应纳税所得额 436 000－87 200＝348 800(元)。

  【例 1-11】 20×3 年 1 月 26 日，甲公司以 1 台专有设备换入一项长期股权投资，该设备账面原价 300 万元，已计提折旧 220 万元，评估价值为 100 万元。假定不考虑相关税费。

  会计处理：

  借：固定资产清理   800 000

    累计折旧   2 200 000

    贷：固定资产   3 000 000

借：长期股权投资	1 000 000
贷：固定资产清理	1 000 000
借：固定资产清理	200 000
贷：营业外收入	200 000

税务处理：

长期股权投资的计税基础为100万元，固定资产视同销售，视同销售收入100万，视同销售成本80万，视同销售收入减去视同销售成本为20万元，不必进行纳税调整。但需要注意视同销售收入影响招待费、广告和业务宣传费的扣除基数。

【例1-12】甲公司20×3年1月1日以2 600万元的价格购入乙公司10％的股份，购买过程中另支付相关税费10万元。乙公司为一家未上市企业，其股权不存在活跃的市场价格。甲公司在取得该部分投资后，未参与被投资单位的生产经营决策。20×3年乙公司实现净利润3 600万元，分配现金股利2 900万元，20×4年乙公司实现净利润5 000万元，分配现金股利4 600万元，20×5年处置该投资，出售价款2 622万元，另支付相关税费2万元，款项已由银行收妥。

会计处理：

1. 20×3年取得投资时

| 借：长期股权投资 | 26 100 000 |
| 贷：银行存款 | 26 100 000 |

2. 20×3年分得利润时

应确认的投资收益＝2 900×10％＝290（万元）

借：应收股利	2 900 000
贷：投资收益	2 900 000
借：银行存款	2 900 000
贷：应收股利	2 900 000

3. 20×4年分得利润时

应确认的投资收益＝4 600×10％＝460（万元）

借：应收股利	4 600 000
贷：投资收益	4 600 000
借：银行存款	4 600 000
贷：应收股利	4 600 000

4. 20×5年处置该投资

借：银行存款	26 200 000
贷：长期股权投资	26 100 000
投资收益	100 000

税务处理：

20×3年的股息所得290万元免征企业所得税，调减应纳税所得额290万元。20×4年的股息所得460万元免征企业所得税，调减应纳税所得额460万元。该项长期股权投资的计税基础与会计成本一致，均为 2 610 万元。20×5 年处置投资确认投资收益 10 万元，与企业所得税无差异，不必进行纳税调整。

三、企业会计准则与企业所得税的异同详解

（一）企业会计准则与企业所得税的异同——收入类项目

1. 销售商品收入

在这里，顺便比较一下增值税与会计和企业所得税的异同，见表 1-7。

表 1-7　　　　　　　企业会计准则、企业所得税、增值税确认收入的异同

项目	企业会计准则	企业所得税	增值税	备注
收入确认原则	销售商品收入同时满足下列条件的，才能予以确认： 1. 企业已将商品所有权上的主要风险和报酬转移给购货方； 2. 企业既没有保留通常与所有权相联系的继续管理权，也没有对已售出的商品实施有效控制； 3. 收入的金额能够可靠地计量； 4. 相关的经济利益很可能流入企业； 5. 相关的已发生或将发生的成本能够可靠地计量。	《国家税务总局关于确认企业所得税收入若干问题的通知》（国税函〔2008〕875 号）第一条第一项：除企业所得税法及实施条例另有规定外，企业销售收入的确认，必须遵循权责发生制原则和实质重于形式原则。企业销售商品同时满足下列条件的，应确认收入的实现： 1. 商品销售合同已经签订，企业已将商品所有权相关的主要风险和报酬转移给购货方； 2. 企业对已售出的商品既没有保留通常与所有权相联系的继续管理权，也没有实施有效控制； 3. 收入的金额能够可靠地计量； 4. 已发生或将发生的销售方的成本能够可靠地核算。	《中华人民共和国增值税暂行条例》第十九条：销售货物或者应税劳务，为收讫销售款项或者取得索取销售款项凭据的当天；先开具发票的，为开具发票的当天。	企业所得税没有将"相关的经济利益很可能流入企业"作为确认收入的必要条件。
托收承付方式	销售商品采用托收承付方式的，在办妥托收手续时确认收入。	《国家税务总局关于确认企业所得税收入若干问题的通知》（国税函〔2008〕875 号）第一条第二项：销售商品采用托收承付方式的，在办妥托收手续时确认收入。	《中华人民共和国增值税暂行条例实施细则》第三十八条第二项：采取托收承付和委托银行收款方式销售货物，为发出货物并办妥托收手续的当天。	增值税、消费税实施细则规定："采取托收承付和委托银行收款方式销售货物，为发出货物并办妥托收手续的当天。"比所得税收入确认增加了"发出货物"这个并列条件。

续表

项目	企业会计准则	企业所得税	增值税	备注
赊销和分期收款方式	根据收入确认的5个条件判断业务是否满足收入确认的条件。企业应当按照从购货方已收或应收的合同或协议价款确定销售商品收入金额，但已收或应收的合同或协议价款不公允的除外。 合同或协议价款的收取采用递延方式，实质上具有融资性质的，应当按照应收的合同或协议价款的公允价值确定销售商品收入金额。应收的合同或协议价款与其公允价值之间的差额，应当在合同或协议期间内采用实际利率法进行摊销，计入当期损益。	《中华人民共和国企业所得税法实施条例》第二十三条第一项：以分期收款方式销售货物的，按合同约定的收款日期确认收入的实现。	《中华人民共和国增值税暂行条例实施细则》第三十八条第三项：采取赊销和分期收款方式销售货物，为书面合同约定的收款日期的当天，无书面合同的或者书面合同没有约定收款日期的，为货物发出的当天。	没有赊销合同的"赊销行为"，在税务上，以货物发出日为纳税义务发生时间。
预收款方式	销售商品采用预收款方式的，在发出商品时确认收入。	《国家税务总局关于确认企业所得税收入若干问题的通知》（国税函〔2008〕875号）第一条第二项：销售商品采取预收款方式的，在发出商品时确认收入。《中华人民共和国企业所得税法实施条例》第二十三条第二项：企业受托加工制造大型机械设备、船舶、飞机，以及从事建筑、安装、装配工程业务或者提供其他劳务等，持续时间超过12个月的，按照纳税年度内完工进度或者完成的工作量确认收入的实现。	《中华人民共和国增值税暂行条例实施细则》第三十八条第（四）项：采取预收货款方式销售货物，为货物发出的当天，但生产销售生产工期超过12个月的大型机械设备、船舶、飞机等货物，为收到预收款或者书面合同约定的收款日期的当天。	
销售商品需要安装和检验的	销售商品需要安装和检验的，在购买方接受商品以及安装和检验完毕前，不确认收入，待安装和检验完毕时确认收入。如果安装程序比较简单，可在发出商品时确认收入。	《国家税务总局关于确认企业所得税收入若干问题的通知》（国税函〔2008〕875号）第一条第二项：销售商品需要安装和检验的，在购买方接受商品以及安装和检验完毕时确认收入。如果安装程序比较简单，可在发出商品时确认收入。	同企业所得税。	

续表

项目	企业会计准则	企业所得税	增值税	备注
支付手续费方式委托代销的	销售商品采用支付手续费方式委托代销的，在收到代销清单时确认收入。	《国家税务总局关于确认企业所得税收入若干问题的通知》（国税函〔2008〕875号）第一条第二项：销售商品采用支付手续费方式委托代销的，在收到代销清单时确认收入。	《中华人民共和国增值税暂行条例实施细则》第三十八条第（五）项：委托其他纳税人代销货物，为收到代销单位的代销清单或者收到全部或者部分货款的当天。未收到代销清单及货款的，为发出代销货物满180天的当天。	
售后回购方式	采用售后回购方式销售商品的，收到的款项应确认为负债；回购价格大于原售价的，差额应在回购期间按期计提利息，计入财务费用。有确凿证据表明售后回购交易满足销售商品收入确认条件的，销售的商品按售价确认收入，回购的商品作为购进商品处理。	《国家税务总局关于确认企业所得税收入若干问题的通知》（国税函〔2008〕875号）第一条第三项：采用售后回购方式销售商品的，销售的商品按售价确认收入，回购的商品作为购进商品处理。有证据表明不符合销售收入确认条件的，如以销售商品方式进行融资，收到的款项应确认为负债，回购价格大于原售价的，差额应在回购期间确认为利息费用。	《中华人民共和国增值税暂行条例》第十九条：销售货物或者应税劳务，为收讫销售款项或者取得索取销售款项凭据的当天；先开具发票的，为开具发票的当天。《中华人民共和国增值税暂行条例实施细则》第三十八条第（一）项：采取直接收款方式销售货物，不论货物是否发出，均为收到销售款或者取得索取销售款凭据的当天。	财税差异：如果在有确凿证据表明售后回购交易满足销售商品收入确认条件的，财税处理一致（最初不知道回购价时符合收入条件）；如果有证据表明不符合销售收入确认条件的，企业所得税与会计准则处理一致，但增值税要视同纳税义务产生，缴纳增值税。
售后租回方式	采用售后租回方式销售商品的，收到的款项应确认为负债；售价与资产账面价值之间的差额，应当采用合理的方法进行分摊，作为折旧费用或租金费用的调整。有确凿证据表明认定为经营租赁的售后租回交易是按照公允价值达成的，销售的商品按售价确认收入，并按账面价值结转成本。	融资性售后回租业务中，承租人出售资产的行为，不确认为销售收入，对融资性租赁的资产，仍按承租人出售前原账面价值作为计税基础计提折旧。租赁期间，承租人支付的属于融资利息的部分，作为企业财务费用在税前扣除。	融资性售后回租业务中承租方出售资产的行为，不属于增值税和营业税征收范围，不征收增值税和营业税。	
以旧换新	销售商品采用以旧换新方式的，销售的商品应当按照销售商品收入确认条件确认收入，回收的商品作为购进商品处理。	《国家税务总局关于确认企业所得税收入若干问题的通知》（国税函〔2008〕875号）第一条第四项：销售商品以旧换新的，销售商品应当按照销售商品收入确认条件确认收入，回收的商品作为购进商品处理。	《关于增值税若干具体问题的规定》（国税发〔1993〕154号）：纳税人采取以旧换新方式销售货物，应按新货物的同期销售价格确定销售额。	《财政部、国家税务总局关于金银首饰等货物征收增值税问题的通知》（财税字〔1996〕74号）规定：对金银首饰以旧换新业务，可以按销售方实际收取的不含增值税的全部价款征收增值税。

续表

项目	企业会计准则	企业所得税	增值税	备注
商业折扣	销售商品涉及商业折扣的,应当按照扣除商业折扣后的金额确定销售商品收入金额。	《国家税务总局关于确认企业所得税收入若干问题的通知》(国税函〔2008〕875号)第一条第五项:企业为促进商品销售而在商品价格上给予的价格扣除属于商业折扣,商品销售涉及商业折扣的,应当按照扣除商业折扣后的金额确定销售商品收入金额。	《国家税务总局关于折扣额抵减增值税应税销售额问题通知》(国税函〔2010〕56号)规定:纳税人采取折扣方式销售货物,销售额和折扣额在同一张发票上分别注明是指销售额和折扣额在同一张发票上的"金额"栏分别注明,可按折扣后的销售额征收增值税;未在同一张发票"金额"栏注明折扣额,而仅在发票的"备注"栏注明折扣额的,折扣额不得从销售额中减除。	
现金折扣	销售商品涉及现金折扣的,应当按照扣除现金折扣前的金额确定销售商品收入金额。现金折扣在实际发生时计入当期损益。	《国家税务总局关于确认企业所得税收入若干问题的通知》(国税函〔2008〕875号)第一条第五项:债权人为鼓励债务人在规定的期限内付款而向债务人提供的债务扣除属于现金折扣,销售商品涉及现金折扣的,应当按扣除现金折扣前的金额确定销售商品收入金额,现金折扣在实际发生时作为财务费用扣除。	按扣除现金折扣前的金额确定销售商品收入金额计提销项税额。	
销售退回和销售折让	企业已经确认销售商品收入的售出商品发生销售退回或销售折让的,应当在发生时冲减当期销售商品收入。 销售退回或销售折让属于资产负债表日后事项的,适用《企业会计准则第29号——资产负债表日后事项》。	《国家税务总局关于确认企业所得税收入若干问题的通知》(国税函〔2008〕875号)第一条第五项:企业因售出商品的质量不合格等原因而在售价上给予的减让属于销售折让;企业因售出商品质量、品种不符合要求等原因而发生的退货属于销售退回。企业已经确认销售收入的售出商品发生销售折让和销售退回,应当在发生当期冲减当期销售商品收入。	《国家税务总局关于折扣额抵减增值税应税销售额问题通知》(国税函〔2010〕56号)规定:纳税人采取折扣方式销售货物,销售额和折扣额在同一张发票上分别注明是指销售额和折扣额在同一张发票上的"金额"栏分别注明的,可按折扣后的销售额征收增值税;未在同一张发票"金额"栏注明折扣额,而仅在发票的"备注"栏注明折扣额的,折扣额不得从销售额中减除。《国家税务总局关于纳税人折扣折让行为开具红字增值税专用发票问题的通	营业税、企业所得税、增值税均要求在同一发票注明。在同一发票注明的,财税处理一致;如果不在同一发票注明,会计上按扣除后的金额作收入,税务上还要按全额作收入。如果在汇算清缴与财务会计报告之前发生退货,会计上作日后事项处理,企业所得税不作日后事项处理,增值税也是在退货时当月冲销项不存在日后事项问题。销售退回参考销售折让处理。

续表

项目	企业会计准则	企业所得税	增值税	备注
			知》〔国税函〔2006〕1279号〕：纳税人在销售货物并向购买方开具增值税专用发票后，由于购货方在一定时间内累计购买货物达到一定数量，或者由于市场价格下降等原因，给予购货方相应的价格优惠或补偿等折扣、折让，销货方可按现行《增值税专用发票使用规定》的有关规定开具红字增值税专用发票。	
买一赠一	参照商业折扣进行会计处理。	《国家税务总局关于确认企业所得税收入若干问题的通知》（国税函〔2008〕875号）第三条：企业以买一赠一等方式组合销售本企业商品的，不属于捐赠，应将总的销售金额按各项商品的公允价值的比例来分摊确认各项的销售收入。	《增值税暂行条例实施细则》第四条第（八）项规定"将自产、委托加工或购买的货物无偿赠送他人"视同销售，但买一送一是有偿的，不属于无偿赠送。	

2. 其他收入

其他收入主要纳税事项，见表1-8。

表1-8　　　　　　　　　　　　　　其他收入主要纳税事项

提供劳务收入（国税函〔2008〕875号文件）	下列提供劳务满足收入确认条件的，应按规定确认收入： 1. 安装费。应根据安装完工进度确认收入。安装工作是商品销售附带条件的，安装费在确认商品销售实现时确认收入。 2. 宣传媒介的收费。应在相关的广告或商业行为出现于公众面前时确认收入。广告的制作费，应根据制作广告的完工进度确认收入。 3. 软件费。为特定客户开发软件的收费，应根据开发的完工进度确认收入。 4. 服务费。包含在商品售价内可区分的服务费，在提供服务的期间分期确认收入。 5. 艺术表演、招待宴会和其他特殊活动的收费。在相关活动发生时确认收入。收费涉及几项活动的，预收的款项应合理分配给每项活动，分别确认收入。 6. 会员费。申请入会或加入会员，只允许取得会籍，所有其他服务或商品都要另行收费的，在取得该会员费时确认收入。申请入会或加入会员后，会员在会员期内不再付费就可得到各种服务或商品，或者以低于非会员的价格销售商品或提供服务的，该会员费应在整个受益期内分期确认收入。 7. 特许权费。属于提供设备和其他有形资产的特许权费，在交付资产或转移资产所有权时确认收入；属于提供初始及后续服务的特许权费，在提供服务时确认收入。 8. 劳务费。长期为客户提供重复的劳务收取的劳务费，在相关劳务活动发生时确认收入。

转让财产收入	转让时确认收入。
股息、红利等权益性投资收益	以被投资方作出利润分配决定的日期确认收入的实现。
利息收入	按照合同约定的债务人应付利息的日期确认收入的实现。
租金收入	按照合同约定的承租人应付租金的日期确认收入的实现。
特许权使用费收入	以被投资方作出利润分配决定的日期确认收入的实现。
接受捐赠收入	在实际收到捐赠资产时确认收入的实现。
不征税收入	1. 财政拨款。 2. 依法收取并纳入财政管理的行政事业性收费、政府性基金。 3. 国务院规定的其他不征税收入。
免税收入	1. 国债利息收入。 2. 符合条件的居民企业之间的股息、红利等权益性投资收益。 3. 在中国境内设立机构、场所的非居民企业从居民企业取得与该机构、场所有实际联系的股息、红利等权益性投资收益。 4. 符合条件的非营利组织的收入：（1）接受其他单位或者个人捐赠的收入；（2）除《中华人民共和国企业所得税法》第七条规定的财政拨款以外的其他政府补助收入，但不包括因政府购买服务取得的收入；（3）按照省级以上民政、财政部门规定收取的会费；（4）不征税收入和免税收入孳生的银行存款利息收入；（5）财政部、国家税务总局规定的其他收入。
减计收入	企业以《资源综合利用企业所得税优惠目录》规定的资源作为主要原材料，生产国家非限制和禁止并符合国家和行业相关标准的产品取得的收入，减按90%计入收入总额。
技术转让所得	符合条件的技术转让所得在一个纳税年度内，居民企业技术转让所得不超过500万元的部分，免征企业所得税；超过500万元的部分，减半征收企业所得税。技术转让所得＝技术转让收入－技术转让成本－相关税费。

下面我们对上述事项进行举例说明。

【例1-13】甲公司20×3年10月9日销售一批商品给乙公司，取得销售收入10万元（不含税，增值税率17%），该笔货款尚未收到。甲公司已按照正常情况确认销售收入，并结转销售成本8万元。20×3年12月2日，本批货物因产品质量问题被退回。

销售货物在当期退回的，直接冲减销售收入、成本和增值税税金。

1. 20×3年12月2日，调整销售收入：

借：主营业务收入   100 000

    应交税费——应交增值税（销项税额）   17 000

    贷：应收账款   117 000

2. 调整销售成本：

借：库存商品   80 000

    贷：主营业务成本   80 000

【例1-14】甲公司20×3年12月29日销售一批商品给乙公司，取得销售收入10万元（不含税，增值税率17%），该笔货款尚未收到。甲公司已按照正常情况确认销售收入，并结转销售成本8万元。20×4年1月26日，本批货物因产品质量问题被退回。

甲公司于20×4年3月31日完成20×3年所得税汇算清缴（所得税税率25%）。

以前会计期间销售货物的销售退回发生于资产负债表日之后，但在报告年度所得税汇算清缴之前的，应调整报告年度利润表的收入、成本等，并相应调整报告年度的应纳税所得额以及报告年度应缴的所得税等。

1. 20×4年1月26日，调整销售收入：

借：以前年度损益调整	100 000
应交税费——应交增值税（销项税额）	17 000
贷：应收账款	117 000

2. 调整销售成本：

借：库存商品	80 000
贷：以前年度损益调整	80 000

3. 调整应缴纳的所得税：

借：应交税费——应交所得税	5 000
贷：以前年度损益调整	5 000

4. 将"以前年度损益调整"科目的余额转入利润分配：

借：利润分配——未分配利润	15 000
贷：以前年度损益调整	15 000

5. 调整盈余公积：

借：盈余公积	1 500
贷：利润分配——未分配利润	1 500

最后，还应调整20×3年利润表收入成本项目和资产负债表所有者权益项目。

【例1-15】承例1-14，假设销售退回的时间为20×4年4月1日。

以前会计期间销售货物的销售退回发生于报告年度所得税汇算清缴之后，应调整报告年度会计报表的收入、成本等，但按照税法规定，在此期间的销售退回所涉及的应交所得税，应作为本年的纳税调整事项。

1. 20×4年4月1日，调整销售收入：

借：以前年度损益调整	100 000
应交税费——应交增值税（销项税额）	17 000
贷：应收账款	117 000

2. 调整销售成本：

借：库存商品	80 000
贷：以前年度损益调整	80 000

3. 将"以前年度损益调整"科目的余额转入利润分配：

借：利润分配——未分配利润	20 000
贷：以前年度损益调整	20 000

4. 调整盈余公积：

借：盈余公积	2 000
贷：利润分配——未分配利润	2 000

最后，还应调整 20×3 年利润表收入成本项目和资产负债表所有者权益项目。

【例 1-16】20×3 年 1 月 1 日，A 公司采用分期收款方式向 B 公司销售商品，双方签订分期收款销售合同，合同约定价格 90 万元，分三次于每年 12 月 31 日等额收取，商品成本 70 万元，在现销方式下，该商品售价 80.19 万元，不考虑增值税。

分析：由 $30/(1+r)+30/(1+r)^2+30/(1+r)^3=80.19$，可知折现率 r＝6％。

20×3 年 1 月 1 日至 20×5 年 12 月 31 日的未确认融资费用分摊表，见表 1-9。

表 1-9		未确认融资费用分摊表		单位：万元
日期	分期收款额	确认的融资收益	应收商品款减少额	应收商品款余额
①	②	③＝期初⑤×6%	④＝②－③	期末⑤＝期初⑤－④
20×3.1.1				80.19
20×3.12.31	30	4.811 4	25.188 6	55.001 4
20×4.12.31	30	3.300 1	26.699 9	28.301 5
20×5.12.31	30	1.698 5*	28.301 5*	0
合　计	90	9.81	80.19	0

＊尾数调整：1.698 5＝9.81－3.300 1－4.811 4

1. 20×3 年 1 月销售成立时

　　借：长期应收款 900 000

　　　贷：主营业务收入 801 900

　　　　　未实现融资收益 98 100

　　借：主营业务成本 700 000

　　　贷：库存商品 700 000

2. 20×3 年 12 月 31 日

　　借：银行存款 300 000

　　　贷：长期应收款 300 000

　　借：未实现融资收益 48 114

　　　贷：财务费用 48 114

3. 20×4 年 12 月 31 日

　　借：银行存款 300 000

　　　贷：长期应收款 300 000

　　借：未实现融资收益 33 001

　　　贷：财务费用 33 001

4. 20×5 年 12 月 31 日

　　借：银行存款 300 000

　　　贷：长期应收款 300 000

　　借：未实现融资收益 16 985

　　　贷：财务费用 16 985

20×3 年根据新会计准则确认收入 80.19 万元并结转成本 70 万元，此笔业务会计利润为 80.19－70＋4.811 4＝15.001 4 万元，而按照税法应确认应纳税所得额 90÷3－

$70 \div 3 = 6.6667$ 万元，因此 20×3 年此笔业务调减应纳税所得额 $15.0014 - 10 = 5.0014$ 万元。

20×4 年此笔业务会计利润为 3.3001 万元，而按照税法应确认应纳税所得额 6.6667 万元，因此 20×4 年此笔业务调增应纳税所得额 $6.6667 - 3.3001 = 3.3666$ 万元。

20×5 年此笔业务会计利润为 1.6985 万元，而按照税法应确认应纳税所得额 6.6666 万元，因此 20×5 年此笔业务调增应纳税所得额 $6.6666 - 1.6985 = 4.9681$ 万元。

我们从分期收款合同约定的三年期间来看，20×3—20×5 年此笔业务累计实现会计利润 $15.0014 + 3.3001 + 1.6985 = 20$ 万元，而三年期间的应纳税所得额 $6.6667 + 6.6667 + 6.6667 = 20$ 万元，可见分期收款方式销售商品形成的税收差异属于暂时性差异。

【例 1-17】甲公司销售某品牌电脑，某品牌电脑的销售价格 4000 元/台（不含增值税），甲公司规定付款条件为 2/10，1/20，n/30，甲公司销售给乙商场该品牌电脑 100 台。乙商场已于 8 天内付款。甲公司应作会计处理如下：

1. 销售实现时，

借：应收账款	468 000
贷：主营业务收入	400 000
应交税费——应交增值税（销项税额）	68 000

2. 销货后第 8 天收到货款时，

折扣额 $= 468\,000 \times 2\% = 9\,360$（元）

借：银行存款	458 640
财务费用	9 360
贷：应收账款	468 000

销售折扣（现金折扣）会计与企业所得税处理无差异，不用进行纳税调整。

【例 1-18】甲公司销售某品牌电脑，某品牌电脑的销售价格为 4 000 元/台（不含增值税），甲公司规定购买 100 台以上，可获得 5% 的商业折扣；购买 200 台以上，可获得 8% 的商业折扣。甲公司向丙商场销售该品牌电脑 300 台。甲公司应作会计处理如下：

销售实现时，应收账款 $= 4\,000 \times 300 \times 1.17 \times 92\% = 1\,291\,680$（元）。

借：应收账款	1 291 680
贷：主营业务收入	1 104 000
应交税费——应交增值税（销项税额）	187 680

折扣销售（商业折扣）会计与企业所得税处理无差异，不用进行纳税调整。但需要注意发票的开具方法必须符合要求，即销售额和折扣额在同一张发票上的"金额"栏分别注明。

【例 1-19】甲公司销售某品牌电脑，某品牌电脑的销售价格为 4 000 元/台（不含增值税），甲公司向丙商场销售该品牌电脑 100 台，丙商场尚未付款。几天后丙商场发现该品牌电脑存在质量问题，但是不影响销售，丙商场要求甲公司降价，甲公司给予每

台50元的销售折让。甲公司应作会计处理如下:

1. 销售实现时,应收账款＝4 000×100×1.17＝468 000(元)

  借:应收账款   468 000

    贷:主营业务收入   400 000

      应交税费——应交增值税(销项税额)   68 000

2. 甲公司给予每台50元的销售折让,开具红字发票

  借:应收账款   −5 850

    贷:主营业务收入   −5 000

      应交税费——应交增值税(销项税额)   −850

销售折让不属于资产负债表日后事项的情况下,会计与企业所得税处理无差异,不用进行纳税调整。属于资产负债表日后事项的情况下,参考销售退回的会计和税务处理。

【例1-20】甲公司是一家电脑生产企业,1月与乙公司签订委托代销协议,按照协议规定,乙公司应按不含税销售价格6 000元/台进行销售,甲公司按照200元/台向乙公司支付手续费。1月甲公司发出电脑1 300台,电脑实际成本为5 000元/台,至2月底结账时,收到乙公司的代销清单,代销清单显示乙公司销售1 000台,则甲公司应按销售清单确认销售收入,并计算增值税的销项税额102万元。则甲公司会计处理为:

1. 将委托代销商品发给乙公司时

  借:发出商品或委托代销商品   6 500 000

    贷:库存商品   6 500 000

2. 收到乙公司的代销清单时

  借:应收账款   7 020 000

    贷:主营业务收入   6 000 000

      应交税费——应交增值税(销项税额) 1 020 000

  借:销售费用——手续费   200 000

    贷:银行存款   200 000

  借:主营业务成本   5 000 000

    贷:发出商品或委托代销商品   5 000 000

委托代销销售会计与企业所得税处理无差异,不用进行纳税调整。

(二)企业会计准则与企业所得税的异同——扣除类项目

表1-10   企业会计准则与企业所得税的异同——扣除类项目

计量	企业所得税法规定了一些费用项目税前扣除标准,如职工福利费、工会经费、职工教育经费、业务招待费、广告费、业务宣传费、研究开发费、利息费用、公益性捐赠支出等,而会计上要求这些费用据实计入当期损益。	具体事项详见"企业所得税常见纳税事项明细表(表1-1)",案例参考"五、企业所得税汇算清缴税务处理和纳税申报示范"。
确认	企业所得税法所规定的费用强调了与收入的相关性原则和支出的合理性原则,而会计上要求符合费用定义的费用全部计入当期损益。	

（三）企业会计准则与企业所得税的异同——固定资产

表 1-11 企业会计准则与企业所得税的异同——固定资产

项目		企业会计准则	企业所得税
固定资产的确认		固定资产，是指同时具有下列特征的有形资产：（1）为生产商品、提供劳务、出租或经营管理而持有的；（2）使用寿命超过一个会计年度。 固定资产同时满足下列条件的，才能予以确认：（1）与该固定资产有关的经济利益很可能流入企业；（2）该固定资产的成本能够可靠地计量。 不包括按公允价值计量的投资性房地产。	固定资产，是指企业为生产产品、提供劳务、出租或者经营管理而持有的、使用时间超过 12 个月的非货币性资产，包括房屋、建筑物、机器、机械、运输工具以及其他与生产经营活动有关的设备、器具、工具等。
固定资产的初始计量和计税基础	外购固定资产	外购固定资产的成本，包括购买价款、相关税费、使固定资产达到预定可使用状态前所发生的可归属于该项资产的运输费、装卸费、安装费和专业人员服务费等。	外购的固定资产，以购买价款和支付的相关税费以及直接归属于使该资产达到预定用途发生的其他支出为计税基础。
	自行建造的固定资产	自行建造固定资产的成本，由建造该项资产达到预定可使用状态前所发生的必要支出构成。	自行建造的固定资产，以竣工结算前发生的支出为计税基础。
	融资租入的固定资产	对于融资租入的固定资产，在租赁期开始日，承租人应当将租赁开始日租赁资产公允价值与最低租赁付款额现值两者中较低者作为租入资产的入账价值。	融资租入的固定资产，以租赁合同约定的付款总额和承租人在签订租赁合同过程中发生的相关费用为计税基础，租赁合同未约定付款总额的，以该资产的公允价值和承租人在签订租赁合同过程中发生的相关费用为计税基础。
	盘盈的固定资产	盘盈的固定资产，一般按以下规定确定其入账价值：（1）如果同类或类似固定资产存在活跃市场的，按同类或类似固定资产的市场价格，减去按该项资产的新旧程度估计的价值损耗后的余额，作为入账价值；（2）如果同类或类似固定资产不存在活跃市场的，按该项固定资产的预计未来现金流量现值，作为入账价值，即对于盘盈固定资产的初始计量会计与税法一致，不存在财税差异。	盘盈的固定资产，以同类固定资产的重置完全价值为计税基础。
	通过捐赠取得的固定资产	企业接受捐赠的固定资产，应按以下规定确定其入账价值： 1. 捐赠方提供了有关凭据的，按凭据上标明的金额加上应支付的相关税费，作为入账价值。 2. 捐赠方没有提供有关凭据的，按如下顺序确定其入账价值： （1）同类或类似固定资产存在活跃市场的，按同类或类似固定资产的市场价格估计的金额，加上应支付的相关税费，作为入账价值。	通过捐赠方式取得的固定资产，以该资产的公允价值和支付的相关税费为计税基础。

续表

项目		企业会计准则	企业所得税
		（2）同类或类似固定资产不存在活跃市场的，按该接受捐赠的固定资产的预计未来现金流量现值，作为其入账价值。 3. 如受赠的系旧的固定资产，按照上述方法确认的固定资产原价，减去按该项资产的新旧程度估计的价值损耗后的余额，作为入账价值。	
	通过投资取得的固定资产	投资者投入固定资产的成本，应当按照投资合同或协议约定的价值确定，但合同或协议约定价值不公允的除外。	通过投资方式取得的固定资产，以该资产的公允价值和支付的相关税费为计税基础。
	通过非货币性资产交换取得的固定资产	1. 该项交换具有商业实质，换入资产和换出资产公允价值均能够可靠计量的，应当以换出资产的公允价值作为确定换入资产成本的基础，但有确凿证据表明换入资产的公允价值更加可靠的除外。 2. 未同时满足"具有商业实质、换入资产和换出资产公允价值均能够可靠计量"条件的非货币性资产交换，应当以换出资产的账面价值和应支付的相关税费作为换入资产的成本，不确认损益。	通过非货币性资产交换方式取得的固定资产，以该资产的公允价值和支付的相关税费为计税基础。
	通过债务重组取得的固定资产	以非现金资产清偿债务的，债权人应当对受让的非现金资产按其公允价值入账。	通过债务重组方式取得的固定资产，以该资产的公允价值和支付的相关税费为计税基础。
	应计入固定资产成本的借款费用	应计入固定资产成本的借款费用，按照《企业会计准则17号——借款费用》处理。	企业为购置、建造固定资产发生借款的，在有关资产购置、建造期间发生的合理的借款费用，应当作为资本性支出计入有关资产的成本。
	弃置费用	确定固定资产成本时，应当考虑预计弃置费用因素。 对特殊行业的特定固定资产，要将其弃置费用折现计入固定资产初始成本。	固定资产弃置费用在实际发生时处理。
固定资产折旧的差异	折旧范围	企业应当对所有固定资产计提折旧。但是，已提足折旧仍继续使用的固定资产和单独计价入账的土地除外。	下列固定资产不得计算折旧扣除：（1）房屋、建筑物以外未投入使用的固定资产；（2）以经营租赁方式租入的固定资产；（3）以融资租赁方式租出的固定资产；（4）已足额提取折旧仍继续使用的固定资产；（5）与经营活动无关的固定资产；（6）单独估价作为固定资产入账的土地；（7）其他不得计算折旧扣除的固定资产。

续表

项目		企业会计准则	企业所得税
	折旧起始与终止	固定资产应当按月计提折旧，当月增加的固定资产不计提折旧，从下月起计提折旧；当月减少的固定资产当月计提折旧，从下月起不计提折旧。	企业应当自固定资产投入使用月份的次月起计算折旧；停止使用的固定资产，应当自停止使用月份的次月起停止计算折旧。
	暂估价值计提折旧	已经达到预定可使用状态，但还未办理竣工结算的固定资产，应当按照估计价值确定其成本，并计提折旧，待办理竣工结算后，再按实际成本调整原来的暂估价值，但不需要调整原来计提的折旧额。	企业固定资产投入使用后，由于工程款项尚未结清未取得全额发票的，可暂按合同规定的金额计入固定资产计税基础计提折旧，待发票取得后进行调整。但该项调整应在固定资产投入使用后 12 个月内进行。
	折旧年限、预计净残值	企业应当根据固定资产的性质和使用情况，合理确定固定资产的使用寿命和预计净残值。固定资产的使用寿命、预计净残值一经确定，不得随意变更。但是，符合规定的除外。	除国务院财政、税务主管部门另有规定外，固定资产计算折旧的最低年限如下： （1）房屋、建筑物，为 20 年； （2）飞机、火车、轮船、机器、机械和其他生产设备，为 10 年； （3）与生产经营活动有关的器具、工具、家具等，为 5 年； （4）飞机、火车、轮船以外的运输工具，为 4 年； （5）电子设备，为 3 年。 企业外购的软件，凡符合固定资产或无形资产确认条件的，可以按照固定资产或无形资产进行核算，其折旧或摊销年限可以适当缩短，最短可为 2 年（含）。集成电路生产企业的生产设备，其折旧年限可以适当缩短，最短可为 3 年（含）。企业应当根据固定资产的性质和使用情况，合理确定固定资产的预计净残值。固定资产的预计净残值一经确定，不得变更。
	折旧方法	企业应当根据与固定资产有关的经济利益的预期实现方式，合理选择固定资产折旧方法。可选用的折旧方法包括年限平均法、工作量法、双倍余额递减法和年数总和法等。固定资产的折旧方法一经确定，不得随意变更。但是，符合规定的除外。	固定资产按照直线法计算的折旧，准予扣除。（1）企业拥有并用于生产经营的主要或关键的固定资产，由于以下原因确需加速折旧的，可以缩短折旧年限或者采取加速折旧的方法：①由于技术进步，产品更新换代较快的；②常年处于强震动、高腐蚀状态的。 （2）企业采取缩短折旧年限方法的，对其购置的新固定资产，最低折旧年限不得低于《实施条例》第六十条规定的折旧年限的 60%；若为购置已使用过的固定资产，其最低折旧年限不得低于《实施条例》规定的最低折旧年限减去已使用年限后剩余年限的 60%。最低折旧年限一经确定，一般不得变更。 （3）企业采取加速折旧方法的，可以采用双倍余额递减法或者年数总和法。加速折旧方法一经确定，一般不得变更。

续表

项目		企业会计准则	企业所得税
			（4）企业确需对固定资产采取缩短折旧年限或者加速折旧方法的，应在取得该固定资产后一个月内，向其企业所得税主管税务机关备案。
后续支出		与固定资产有关的后续支出，符合固定资产确认条件的，应当计入固定资产成本，不符合固定资产确认条件的，应在发生时计入当期损益。固定资产的确认条件如下：（1）与固定资产有关的经济利益很可能流入企业；（2）该固定资产的成本能够可靠计量。会计处理上对于不能满足以上条件的，均作为当期费用处理，一般情况下，日常维护费用、大修理费用等，通常不符合会计准则固定资产确认条件，应当在发生时计入当期管理费用。固定资产发生的更新改造支出、房屋装修费用等，符合固定资产确认条件的，应当计入固定资产成本，同时将被替换部分的账面价值扣除；不符合固定资产确认条件的，应当在发生时计入当期管理费用。	在计算应纳税所得额时，企业发生的下列支出作为长期待摊费用，按照规定摊销的，准予扣除：（1）已足额提取折旧的固定资产的改建支出；（2）租入固定资产的改建支出；（3）固定资产的大修理支出；（4）其他应当作为长期待摊费用的支出。固定资产的大修理支出，按照固定资产尚可使用年限分期摊销。固定资产的大修理支出，是指同时符合下列条件的支出：（1）修理支出达到取得固定资产时的计税基础50%以上；（2）修理后固定资产的使用年限延长2年以上。固定资产的改建支出，是指改变房屋或者建筑物结构、延长使用年限等发生的支出。已足额提取折旧的固定资产的改建支出，按照固定资产预计尚可使用年限分期摊销；租入固定资产的改建支出，按照合同约定的剩余租赁期限分期摊销。
资产减值损失		固定资产的可收回金额低于其账面价值的，应当将资产的账面价值减至可收回金额，减记的金额确认为资产减值损失，计入当期损益，同时计提相应的资产减值准备。	资产减值损失在实际发生时准予在计算应纳所得额时扣除，不允许将计提的减值准备在税前扣除，必然产生账面价值与计税基础产生差异。

案例参考"五、企业所得税汇算清缴税务处理和纳税申报示范"业务24—业务29。

（四）企业会计准则与企业所得税的异同——无形资产

表 1-12   企业会计准则与企业所得税的异同——无形资产

项目		企业会计准则	企业所得税
无形资产确认	概念	无形资产，是指企业拥有或者控制的没有实物形态的可辨认非货币性资产。无形资产具有以下特征：不具有实物形态；具有可辨认性；属于非货币性资产。无形资产主要包括：专利权、非专利技术、商标权、著作权、土地使用权、特许权等。不包括作为投资性房地产的土地使用权、商誉。	无形资产，是指企业为生产商品、提供劳务、出租给他人，或为管理目的而持有的、没有实物形态的非货币性长期资产，包括专利权、商标权、著作权、土地使用权、非专利技术、商誉等。

续表

项目		企业会计准则	企业所得税
无形资产初始计量	外购的无形资产	其成本包括购买价款、相关税费以及直接归属于使该项资产达到预定用途所发生的其他支出。购买无形资产的价款超过正常信用条件延期支付，实质上具有融资性质的，无形资产的成本以购买价款的现值为基础确定。实际支付的价款与购买价款的现值之间的差额，除按照《企业会计准则第17号——借款费用》应予资本化的以外，应在信用期间内计入当期损益。	按购买价款、相关税费以及直接归属于使该项资产达到预定用途所发生的其他支出作为计税基础。
	自行开发的无形资产	其成本包括自满足无形资产准则规定后至达到预定用途前所发生的支出总额，但对以前期间已费用化的支出不再调整。对于企业内部研究开发项目的支出，要求区分研究阶段支出与开发阶段支出。企业研究阶段的支出，应当于发生时计入当期损益。开发阶段的支出，满足相关条件的，才能确认为无形资产。	按开发过程中符合资本化条件后至达到预定用途前发生的实际支出作为计税基础；但企业自行开发的无形资产的费用已归入研究开发费中在税前扣除或加计扣除的，其计税基础为零。符合条件的开发新技术、新产品、新工艺发生的研究开发费用，在计算应纳税所得额时加计扣除。
	投资者投入无形资产	其成本按照投资合同或协议约定价值确定，但合同或协议约定价值不公允的除外。	通过投资取得的无形资产，按该资产的公允价值和应支付的相关税费作为计税基础。
	非货币性资产交换、债务重组等方式取得的无形资产	非货币性资产交换、债务重组、政府补助和企业合并取得的无形资产的成本，应当分别按照《企业会计准则第7号——非货币性资产交换》、《企业会计准则第12号——债务重组》、《企业会计准则第16号——政府补助》和《企业会计准则第20号——企业合并》确定。	通过捐赠、非货币性资产交换、债务重组取得的无形资产，按该资产的公允价值和应支付的相关税费作为计税基础。
无形资产后续计量	无形资产使用寿命摊销与摊销年限	企业应于取得无形资产时分析判断其使用寿命。使用寿命有限的无形资产，其应摊销金额应当在使用寿命内系统合理摊销，使用寿命不确定的无形资产不应摊销。会计上未规定无形资产的最低摊销年度。企业摊销无形资产，应当自无形资产可供使用时起，至不再作为无形资产确认时止。	不区分使用寿命有限的无形资产与使用寿命不确定的无形资产，所有无形资产成本均允许在一定期间内摊销并税前扣除。无形资产的摊销年限不低于10年。外购商誉的支出，在企业整体转让或者清算时，准予扣除。
	无形资产摊销方法	企业选择的无形资产摊销方法，应当反映与该项无形资产有关的经济利益的预期实现方式。无法可靠确定预期实现方式的，应当采用直线法摊销。	无形资产摊销的方法只能是直线法，按照直线法计算摊销的费用准予扣除；按照其他方法计算的摊销费用，要进行纳税调整。
	无形资产的摊销金额	无形资产的应摊销金额为其成本扣除预计残值后的金额。已计提减值准备的无形资产，还应扣除已计提的无形资产减值准备的累计金额。使用寿命有限的无形资产，其残值一般为零。企业接受投资或因合并、分立等改组中接受的无形资产，要求按公允价值摊销。	无形资产应当以其计税基础作为可摊销的金额，对已计提减值准备的无形资产，应进行纳税调整。

续表

项目		企业会计准则	企业所得税
无形资产减值准备		对于使用寿命有限的无形资产，企业应当在会计期末判断其是否存在发生减值的迹象。存在减值迹象的，应当估计其可收回金额，计提无形资产减值准备。对于使用寿命不确定的无形资产，在持有期间内不需摊销，如果期末重新复核后仍不确定的，则应当在每个会计期间进行减值测试，从而判断计提相应减值准备。	按照会计规定计提的无形资产减值准备在形成实质性损失前，不允许在税前扣除，但其账面价值会因资产减值准备的提取而下降，从而造成无形资产账面价值与计税基础的差异。
无形资产出售与报废		企业出售无形资产，应当将取得的价款与该无形资产账面价值的差额计入当期损益。无形资产预期不能为企业带来经济利益的，应当将该无形资产的账面价值予以转销。	企业出售、转让无形资产，应确认为转让财产收入，在计算应纳税所得额时，扣除该项资产的净值和转让费用。企业无形资产对外投资、债务重组、分配股利和捐赠等，都要视同销售。企业的无形资产有确凿证据表明已形成财产损失时，应扣除变价收入、可收回金额及保险赔款后，再确认发生的财产损失。

案例参考"五、企业所得税汇算清缴税务处理和纳税申报示范"业务30、业务41。

（五）企业会计准则与企业所得税的异同——投资资产

由于交易性金融资产、可供出售金融资产、持有至到期投资、长期股权投资都属于投资业务，有其共同点，对财务人员来说，正确划分其类别是正确进行会计核算和税务处理的前提。

交易性金融资产，是指根据金融工具确认与计量会计准则的规定，企业持有的以公允价值计量且其变动计入当期损益的金融资产，包括为交易目的所持有的债券投资、股票投资、基金投资、权证投资等和直接指定为以公允价值计量且其变动计入当期损益的金融资产。

可供出售金融资产，通常是指企业初始确认时即被指定为可供出售，而且没有划分为以公允价值计量且其变动计入当期损益金融资产、持有至到期投资、贷款和应收款项的金融资产。例如，购入的在活跃市场上有报价的股票、债券等。相对于交易性金融资产而言，可供出售金融资产的持有意图不明确。

持有至到期投资，是指到期日固定、回收金额固定或可确定，且企业有明确意图和能力持有至到期的非衍生金融资产。

长期股权投资核算的内容包括：企业持有的能够对被投资单位实施控制的权益性投资，即对子公司投资；企业持有的能够与其他合营方一同对被投资单位实施共同控制的权益性投资，即对合营企业投资；企业持有的能够对被投资单位施加重大影响的权益性投资，即对联营企业投资；企业对被投资单位不具有控制、共同控制或重大影响、在活跃市场上没有报价且公允价值不能可靠计量的权益性投资。

这里以企业购入股票或债券为例说明交易性金融资产、可供出售金融资产、持有至到期投资和长期股权投资的划分：

A. 企业从二级市场购入准备随时出售的普通股票——交易性金融资产；

B. 企业购入有意图和能力持有至到期的公司债券——持有至到期投资；

C. 企业购入有公开报价但不准备随时变现的 A 公司 5％的流通股票——可供出售金融资产；

D. 企业购入没有公开报价且不准备随时变现的 A 公司 5％的股权——长期股权投资。

1. 交易性金融资产与可供出售金融资产的会计与税法差异

表 1-13   交易性金融资产与可供出售金融资产的会计与税法差异

项目	企业会计准则	企业所得税
初始确认	应当按照公允价值计量，交易性金融资产相关交易费用应当直接计入当期损益；可供出售金融资产相关交易费用应当计入初始确认金额。	1. 通过支付现金方式取得的投资资产，以购买价款为成本； 2. 通过支付现金以外的方式取得的投资资产，以该资产的公允价值和支付的相关税费为成本。 交易性金融资产企业所得税和会计处理不一致。可供出售金融资产的初始计量企业所得税和会计处理一致。
公允价值变动	企业应当按照公允价值对金融资产进行后续计量，且不扣除将来处置该金融资产时可能发生的交易费用。 1. 交易性金融资产的公允价值变动计入当期损益，通过"公允价值变动损益"核算交易性金融资产公允价值变动的金额； 2. 可供出售金融资产的公允价值变动则记入所有者权益项下的"资本公积"账户。	企业所得税对投资资产的计税基础保持不变。 1. 交易性金融资产的公允价值变动计入的"公允价值变动损益"应调整应纳税所得额，计税基础不变； 2. 可供出售金融资产的计税基础不变。
资产减值	1. 交易性金融资产不计提减值准备； 2. 可供出售金融资产计提资产减值时，应当将原直接计入所有者权益中的因公允价值下降形成的累计损失一并结转至当期损益，在价值回升时，不能通过损益转回，转回时，借记"可供出售金融资产——公允价值变动"科目；贷记"资本公积——其他资本公积"科目。	企业根据会计准则确认的可供出售金融资产减值损失，不允许税前扣除。企业所得税和会计存在暂时性差异。
利息收入处理	1. 在交易性金融资产下，在持有期间债券的利息收入按照票面利率和债券面值计算，会计分录为：借记"应收利息（债券面值×票面利率)"科目，贷记"投资收益"科目。 2. 对于可供出售债券类金融资产利息收入的计算则应当比照持有至到期投资的会计处理方法，在计算摊余成本的基础上按照实际利率法计算，会计分录为：借记"应收利息"，贷记"投资收益"科目，借记或贷记"可供出售金融资产——利息调整"等科目。	利息收入，按照合同约定的债务人应付利息的日期及金额确认收入的实现。 应税利息收入＝合同约定利息收入＝按照收付实现制确认的收入。 交易性金融资产所得税和会计对利息收入的计量是一致的；可供出售债券类金融资产所得税和会计对利息收入的计量存在暂时性差异。

续表

项目	企业会计准则	企业所得税
股息、红利等权益性投资收益	企业在持有金融资产期间，被投资单位宣告发放现金股利时，投资企业按应享有的份额，应当确认为投资收益。借记"应收股利"科目，贷记"投资收益"科目。	股息、红利等权益性投资收益，除国务院财政、税务主管部门另有规定外，按照被投资方作出利润分配决定的日期确认收入的实现。 企业取得的符合条件的居民企业之间的股息、红利等权益性投资收益（不包括连续持有居民企业公开发行并上市流通的股票不足12个月取得的投资收益）以及在中国境内设立机构、场所的非居民企业从居民企业取得与该机构、场所有实际联系的股息、红利等权益性投资收益属于免税收入。
处置	1. 企业处置交易性金融资产时，将处置时的该交易性金融资产的公允价值与初始入账金额之间的差额确认为投资收益，同时调整公允价值变动损益。 2. 处置可供出售金融资产时，应将取得的价款与该金融资产账面价值之间的差额，计入投资损益；同时，将原直接计入所有者权益的公允价值变动累计额对应处置部分的金额转出，计入投资损益。	在金融资产计税基础和账面价值不同时，金融资产处置损益的结果所得税和会计不同，需要进行纳税调整。

2. 持有至到期投资的会计与税法差异

表1-14　　　　　　　　　　　持有至到期投资的会计与税法差异

项目	企业会计准则	企业所得税
初始确认	应当按照公允价值和相关的直接交易费用计入初始确认金额。	1. 通过支付现金方式取得的投资资产，以购买价款为成本； 2. 通过支付现金以外的方式取得的投资资产，以该资产的公允价值和支付的相关税费为成本。 持有至到期投资的初始计量企业所得税和会计处理一致。
资产减值	持有至到期投资减值，应当计提减值准备，记入"资产减值损失"。	企业根据会计准则确认的资产减值损失，不允许税前扣除。企业所得税和会计存在暂时性差异。
利息收入处理	采取实际利率法，按照摊余成本进行后续计量，同时按照实际利率确认各期的利息收入。	利息收入，按照合同约定的债务人应付利息的日期及金额确认收入的实现。 应税利息收入＝合同约定利息收入＝按照收付实现制确认的收入。 所得税和会计对利息收入的计量存在暂时性差异。
处置	处置时，售价与账面价值的差额计入投资收益。	在计税基础和账面价值不同时，处置损益的结果所得税和会计不同，需要进行纳税调整。

下面我们对上述事项进行举例说明。

【例1-21】甲公司发生下列业务：

1. 20×3年8月8日，甲公司购入乙公司股票8万股，作为交易性金融资产，每股成交价格20元。同时，支付相关税费等交易性费用10万元。所有款项以银行存款支付。

会计处理：

借：交易性金融资产——成本	1 600 000
投资收益	100 000
贷：银行存款	1 700 000

税务处理：

调增应纳税所得额10万元，交易性金融资产账面价值为160万元，计税基础为170万元。

2. 20×3年12月31日，购入的8万股股票，公允价值为158万元。

会计处理：

借：公允价值变动损益	20 000
贷：交易性金融资产——公允价值变动	20 000

税务处理：

调增应纳税所得额2万元，交易性金融资产账面价值为158万元（160－2），计税基础仍然为170万元。

3. 20×4年4月1日，甲公司收到乙公司发放的现金股利26万元。

会计处理：

宣告发放现金股利时，

借：应收股利	260 000
贷：投资收益	260 000

收到现金股利时，

借：银行存款	260 000
贷：应收股利	260 000

税务处理：

连续持有居民企业公开发行并上市流通的股票不足12个月取得的投资收益不属于免税收入，应计入应纳税所得额征收企业所得税，企业所得税与会计处理不存在差异，无需纳税调整。交易性金融资产账面价值为158万元（160－2），计税基础仍然为170万元。

4. 20×4年12月31日，购入的8万股股票，公允价值为168万元。

会计处理：

借：交易性金融资产——公允价值变动	100 000
贷：公允价值变动损益	100 000

税务处理：

调减应纳税所得额10万元，交易性金融资产账面价值为168万元（160＋8），计税基础仍然为170万元。

5. 20×5 年 4 月 4 日，甲公司收到乙公司发放的现金股利 28 万元。

会计处理：

宣告发放现金股利时，

| 借：应收股利 | 280 000 |
| 贷：投资收益 | 280 000 |

收到现金股利时，

| 借：银行存款 | 280 000 |
| 贷：应收股利 | 280 000 |

税务处理：

企业取得的符合条件的居民企业之间的股息、红利等权益性投资收益（不包括连续持有居民企业公开发行并上市流通的股票不足 12 个月取得的投资收益）属于免税收入，调减应纳税所得额 28 万元。交易性金融资产账面价值为 168 万元（160＋8），计税基础仍然为 170 万元。

6. 20×5 年 7 月 7 日，甲公司将所持的乙公司的股票出售，共收取款项 188 万元。

会计处理：

借：银行存款	1 880 000
贷：交易性金融资产——成本	1 600 000
——公允价值变动	80 000
投资收益	200 000
借：公允价值变动损益	80 000
贷：投资收益	80 000

税务处理：

企业所得税确认的转让所得＝转让收入－计税基础＝188－170＝18（万元），企业计入当期利润的收入为 28 万元，应调减当期所得额 10 万元。

【例 1-22】 甲公司发生下列业务：

1. 20×3 年 2 月 1 日，甲公司购入丙公司的股票作为可供出售金融资产，实际支付款项 20 万元（含相关税费 1 万元）。

会计处理：

| 借：可供出售金融资产——成本 | 200 000 |
| 贷：银行存款 | 200 000 |

税务处理：

所得税与会计处理无差异，可供出售金融资产账面价值与计税基础均为 20 万元。

2. 20×3 年 12 月 31 日，该可供出售金融资产的公允价值为 18 万元。

会计处理：

| 借：资本公积——其他资本公积 | 20 000 |
| 贷：可供出售金融资产——公允价值变动 | 20 000 |

税务处理：

所得税与会计处理存在差异，可供出售金融资产账面价值为 18 万元，计税基础不变，仍为 20 万元。

3. 20×4 年 6 月 6 日，出售该股票，取得款项 24 万元。

借：银行存款	240 000
可供出售金融资产——公允价值变动	20 000
贷：可供出售金融资产——成本	200 000
资本公积——其他资本公积	20 000
投资收益（按差额，或借记）	40 000

税务处理：

企业所得税确认的转让所得＝转让收入－计税基础＝24－20＝4(万元)，企业计入当期利润的收入为 4 万元，所得税与会计处理无差异，不必纳税调整。

3. 长期股权投资的初始计量与计税基础差异

表 1-15　　　　　　　　　　长期股权投资的初始计量与计税基础差异

项目	企业会计准则	企业所得税	备注
以支付现金取得的长期股权投资	以支付现金取得的长期股权投资，应当按照实际支付的购买价款作为初始投资成本。	《企业所得税法实施条例》第七十一条规定，通过支付现金方式取得的投资资产，以购买价款为成本。	计税基础与会计初始计量基本是一致的。
以发行权益性证券方式取得的长期股权投资	以发行权益性证券方式取得的长期股权投资，应当按照发行权益性证券的公允价值作为初始投资成本。支付的手续费、佣金与其他相接相关费用，不构成长期股权投资的成本，而应从溢价发行收入中扣除；溢价发行收入不足冲减的，冲减留存收益。	《企业所得税法实施条例》第七十一条规定，通过支付现金以外方式取得的投资资产，以该资产的公允价值和支付的相关税费为成本。《财政部、国家税务总局关于企业手续费及佣金支出税前扣除政策的通知》（财税〔2009〕29 号）规定，企业为发行权益性证券支付给有关证券承销机构的手续费及佣金不得在税前扣除。	计税基础与会计初始计量是一致的。
投资者投入的长期股权投资	投资者投入的长期股权投资，以投资合同或协议约定的价值为初始投资成本，但合同或协议约定价值不公允的除外。	《企业所得税法实施条例》第七十一条规定，通过支付现金以外方式取得的投资资产，以该资产的公允价值和支付的相关税费为成本。	计税基础与会计初始计量是一致的。
以债务重组方式取得的长期股权投资	以非现金资产清偿债务方式取得的长期股权投资，债权人应当对受让的长期股权投资按其公允价值入账，重组债权的账面余额与受让的长期股权投资的公允价值之间的差额，作为债务重组损失计入当期损	《企业所得税法实施条例》第七十一条规定，通过支付现金以外方式取得的投资资产，以该资产的公允价值和支付的相关税费为成本。	计税基础与会计初始计量是一致的。

续表

项目	企业会计准则	企业所得税	备注
	益。债权人已对该债权计提减值准备的，将差额先冲减已计提的减值准备，减值准备不足冲减的部分，计入当期损益。 将债务转为资本的（即债转股方式），债权人应当将享有的股份的公允价值确认为对债务人的投资，重组债权的账面余额与股份的公允价值之间的差额，作为债务重组损失计入当期损益。如果该债权已计提减值准备的，应首先将差额冲减已计提的减值准备，减值准备不足冲减的部分，计入当期损益。 与取得以上长期股权投资直接相关的费用、税金及其他必要支出，应计入其初始投资成本。		
以非货币性资产交换取得的长期股权投资	1. 公允价值模式 在该交换具有商业实质且换入和换出的资产公允价值均能可靠计量的情况下，采用公允价值模式。在该模式下，取得的长期股权投资以换出资产的公允价值和支付的相关税费作为成本，换出资产的公允价值与其账面价值之间的差额，计入当期损益。 2. 成本模式 在该交换不具备商业实质或虽具备商业实质，但换入和换出资产的公允价值不能可靠计量的情况下，采用成本模式。在该模式下，取得的长期股权投资按换出资产的账面价值和支付的相关税费作为成本，不确认损益。	以非现金资产换取其他资产，应当视同销售计算资产转让所得，换入投资和成本应当以换出资产的公允价值为基础确定。	在公允价值模式下，长期股权投资的计税基础与会计初始计量一致。所得税处理和会计处理也一致。 在成本模式下，长期股权投资的的计税基础与会计初始计量不一致。进行所得税处理时，换出资产需视同销售调整应纳税所得额；未来处置该项投资计算股权转让所得（或损失）时，对会计处理确认的转让所得（或损失）作反方向调整，同时按计税基础扣除。
同一控制下企业合并形成的长期股权投资	同一控制下企业合并，合并方以支付现金、转让非现金资产或承担债务方式作为合并对价的，应当在合并日按照取得被合并方所有者权益账面价值的份额作为长期股权投资的初始投资成本。长期股权投资的初始投资成本与支付的现金、转让的非现金资产以及所承担的债务账面价值之间的差额，应当调整资本公积；资本公积不足冲减的，调整留存收益。 合并方以发行权益性证券作为合并对价的，应当在合并日按照取得被合并方所有者权益账面价值的份额	企业长期股权投资的计税基础应当以取得该项投资所付出的全部代价确定。全部代价包括现金、非现金资产的公允价值、所承担债务的公允价值、所发行权益性证券的公允价值，以及支付的相关税费（不含企业所得税），但不包括应自被投资单位收取的已宣告但尚未发放的现金股利或利润。企业实际发生的咨询费、评估费等在发生的当期据实申报扣除。	同一控制下企业合并取得的长期股权投资，其会计初始计量与计税基础差别：其会计成本为合并日所占被合并方所有者权益账面价值的份额，而计税基础为合并日支付的合并对价的公允价值。

续表

项目	企业会计准则	企业所得税	备注
	作为长期股权投资的初始投资成本。按照发行股份的面值总额作为股本，长期股权投资初始投资成本与所发行股份面值总额之间的差额，应当调整资本公积；资本公积不足冲减的，调整留存收益。 企业合并中，合并方或购买方为企业合并发生的审计、法律服务、评估咨询等中介费用以及其他相关管理费用，应当于发生时计入当期损益。		
非同一控制下企业合并形成的长期股权投资	非同一控制下的控股合并中，购买方应当按照确定的合并成本作为长期股权投资的初始投资成本。合并成本包括购买方付出的资产、发生或承担的债务、发行的权益性证券的公允价值以及为进行企业合并发生的各项直接相关费用之和。其中，各项直接相关费用不包括为企业合并发行债券或其他债务支付的手续费、佣金等，也不包括为企业合并发行权益性证券发生的手续费、佣金等费用。 在企业合并中，以支付非货币性资产为合并对价的，所支付的非货币性资产在合并日的公允价值与其账面价值之间的差额应作为资产处置损益，计入企业合并当期的利润表。	企业长期股权投资的计税基础应当以取得该项投资所付出的全部代价确定。全部代价包括现金、非现金资产的公允价值、所承担债务的公允价值、所发行权益性证券的公允价值，以及支付的相关税费（不含企业所得税），但不应自被投资单位收取的已宣告但尚未发放的现金股利或利润。	非同一控制下企业合并形成的长期股权投资，其计税基础与会计成本基本相同。主要差异有： 1. 非同一控制下企业合并发生的各项直接相关费用（如资产评估费等）计入投资成本。但如果企业的购并部门，其设置目的是为了寻找相关的购并机会，维持该部门日常运转的有关费用，不属于与企业合并直接相关的费用，应于发生当期计入当期损益。此外，企业为投资而发生的借款利息、调研费用等，不计入投资计税成本，其税务处理与会计处理是一致的。 2. 通过多次交易分步实现的控股合并，其计税基础为各次计税基础之和。被投资方用留存收益转增资本，视同投资方追加投资，也应计入计税基础。 3. 作为对价的存货已计提减值准备的，本期结转的存货跌价准备应当调减所得。 4. 作为对价的固定资产、无形资产已计提减值准备的，在视同销售计算资产转让所得时，结转的减值准备应当调减所得，同时按税法规定计算转让所得或损失。 在计算资产转让所得或损失时，允许扣除的成本为剩余计税基础： 剩余计税基础＝固定资产、无形资产的初始计税基础－已税前扣除的折旧额、摊销额。

续表

项目	企业会计准则	企业所得税	备注
当被投资方用留存收益转增资本（股本）	投资方只作备查登记，不作账务处理。	被投资单位用留存收益，包括未分配利润、盈余公积、除资本（股本）溢价以外的资本公积，转增资本（股本），应当视同"先分配，再投资"，即转增资本的金额应当视同追加投资，作为投资的计税基础。	被投资方用资本溢价（股本溢价）转增资本（股本）时，不计入投资方的计税基础。

下面我们对上述事项进行举例说明。

【例 1-23】 甲公司于 20×3 年 1 月 26 日自公开市场中买入乙公司 60% 的股份，实际价款 660 万元。另外，在购买过程中支付手续费等相关费用 7 万元。

会计处理：

甲公司应当按照实际支付的购买价款作为取得长期股权投资的成本，

借：长期股权投资   6 670 000

 贷：银行存款   6 670 000

税务处理：

该长期股权投资的计税基础也为 667 万元。

【例 1-24】 20×3 年 2 月，甲公司通过增发 600 万股本公司普通股（每股面值 1 元）取得乙公司 25% 的股权，按照增发前后的平均股价计算，该 600 万股股份的公允价值为 1 300 万元。为增发该部分股份，甲公司向证券承销机构等支付了 40 万元的佣金和手续费。甲公司取得该部分股权后能够对乙公司的生产经营决策施加重大影响。

会计处理：

甲公司应当以所发行股份的公允价值作为取得长期股权投资的成本，

借：长期股权投资   13 000 000

 贷：股本   6 000 000

  资本公积——股本溢价   7 000 000

发行权益性证券过程中支付的佣金和手续费，应冲减权益性证券的溢价发行收入：

借：资本公积——股本溢价   400 000

 贷：银行存款   400 000

税务处理：

该长期股权投资的计税基础与会计初始计量是一致的，也为 1 300 万元。其中支付给承销机构的佣金和手续费也从溢价发行收入中扣减，不构成长期股权投资的计税基础。

相关链接

《财政部、国家税务总局关于企业手续费及佣金支出税前扣除政策的通知》（财税〔2009〕29 号）规定，企业为发行权益性证券支付给有关证券承销机构的手续费及佣金不得在税前扣除。

【例 1-25】 20×3 年 4 月，甲公司以其持有的对 B 公司的长期股权投资作为出资投入 A 公司，投资各方在投资合同中约定，作为出资的该项长期股权投资作价 450 万元。该作价是按照 B 公司股票的市价经考虑相关调整因素后确定的。A 公司注册资本为1 000 万元，甲公司出资占 A 公司注册资本的 25%。取得该项投资后，A 公司根据其持股比例，能够派人参与 B 公司的财务和生产经营决策。

会计处理：

投资者投入的长期股权投资，是指投资者以其持有的对第三方的投资作为出资投入企业，接受投资的企业在确定所取得的长期股权投资的成本时，原则上应按照投资各方在投资合同或协议中约定的价值作为其初始投资成本。例外的情况是，如果投资各方在投资合同或协议中约定的价值明显高于或低于该项投资公允价值的，应以公允价值作为长期股权投资的初始投资成本，由该项出资构成实收资本（或股本）的部分与确认的长期股权投资初始投资成本之间的差额，相应调整资本公积（资本溢价）。

A 公司对于投资者投入的该项长期股权投资应当按照投资合同或协议约定的价值作为初始投资成本，

借：长期股权投资——B 公司		4 500 000
贷：实收资本		2 500 000
资本公积——资本溢价		2 000 000

税务处理：

该项长期股权投资的计税基础与会计初始计量一致，均为 450 万元。

【例 1-26】 20×3 年 4 月，甲公司向同一集团内乙公司的原股东丙公司定向增发100 万股普通股（每股面值 1 元，市价 6.6 元），取得乙公司 100% 的股权，并于当日起能够对乙公司实施控制。合并后乙公司仍维持其独立法人资格继续经营。两公司在企业合并前采取的会计政策相同。合并日，乙公司所有者权益的总额为 400 万元。

会计处理：

合并日甲公司应确认对乙公司的长期股权投资，其成本为合并日享有乙公司账面所有者权益的份额，

借：长期股权投资——乙公司		4 000 000
贷：股本——丙公司		1 000 000
资本公积——股本溢价		3 000 000

税务处理：

该项长期股权投资的计税基础按发行权益性证券的公允价值确定，即为 660（100×6.6）万元。

【例 1-27】 甲公司于 20×3 年 7 月 1 日以银行存款和一项专利技术取得了乙公司75% 的股权，取得该部分股权后能够控制乙公司的生产经营决策。合并中，支付银行存款 100 万元，专利技术账面价值 120 万元（专利技术原价 140 万元，累计摊销 15 万元，减值准备 5 万元），公允价值 160 万元，该项专利技术初始计税基础与会计成本相同，税法按 10 年平均扣除，已累计扣除 28 万元。甲公司与乙公司在合并前不存在任何关联方关系，为非同一控制下的控股合并。不考虑其他税费。

会计处理：

甲公司对于合并形成的对乙公司长期股权投资的初始成本＝100＋160＝260(万元)，

借：长期股权投资	2 600 000
累计摊销	150 000
无形资产减值准备	50 000
贷：无形资产——专利技术	1 400 000
银行存款	1 000 000
营业外收入——处置非流动资产利得	400 000

税务处理：

(1) 长期股权投资的计税基础为260万元。

(2) 专利技术会计转让所得＝160－120＝40(万元)；税法转让所得＝160－(140－28)＝48(万元)；本期应调增应纳税所得额＝48－40＝8(万元)。

4. 长期股权投资的会计核算方法

表 1-16 长期股权投资的会计核算方法

方法	范围
成本法	一是投资企业能够对被投资单位实施控制的长期股权投资，被投资企业为其子公司的长期股权投资；二是对被投资单位不具有共同控制或重大影响，并且在活跃市场中没有报价、公允价值不能可靠计量的长期股权投资。
权益法	投资企业对被投资单位具有共同控制或重大影响的长期股权投资，被投资企业为其合营企业或其联营企业的长期股权投资。

5. 成本法下长期股权投资后续计量的会计与税法差异

表 1-17 成本法下长期股权投资后续计量的会计与税法差异

项目	企业会计准则	企业所得税	备注
初始计量与计税基础	见《长期股权投资的初始计量与计税基础差异》	见《长期股权投资的初始计量与计税基础差异》	
股息、红利等权益性投资收益	采用成本法核算的长期股权投资，除取得投资时实际支付的价款或对价中包含的已宣告但尚未发放的现金股利或利润外，投资企业应当按照享有被投资单位宣告发放的现金股利或利润确认投资收益，不再划分是否属于投资前和投资后被投资单位实现的净利润。	《企业所得税法实施条例》第十七条规定："股息、红利等权益性投资收益是指企业因权益性投资从被投资方取得的收入。股息、红利等权益性投资收益，除国务院财政、税务主管部门另有规定外，按照被投资方作出利润分配决定的日期确认收入的实现。"《企业所得税法》第二十六条第二款规定，符合条件的居民企业之间的股息、红利等权益性投资收益为免税收入。《企业所得税法实施条例》第八十三条规定："符合条件的居民企业之间的股息、红利等权益性投资收益，是指居民企业直接投资于其他居民企业取得的投资收益，不包括连续持有居民企业公开发行并上市流通的股票不足12个月取得的投资收益。"	在投资持有期间，除非追加投资，长期股权投资的计税基础不变。税法上确认的股息、红利等权益性投资收益，其金额是指投资期间投资方"应收股利"科目的金额，也是"投资收益"科目的金额。被投资单位宣告分派的现金股利或利润，不论是投资前产生的，还是投资后产生的，从被投资单位的累计净利润(包括累

续表

项目	企业会计准则	企业所得税	备注
		《国家税务总局关于贯彻落实企业所得税法若干税收问题的通知》(国税函〔2010〕79号)规定:"对企业权益性投资取得股息、红利收入,应以被投资企业股东大会作出利润分配或转股决定的日期,确定收入的实现。被投资企业将股权(票)溢价所形成的资本公积转为股本的,不作为投资方企业的股息、红利收入,投资方企业也不得增加该项长期投资的计税基础。"	计未分配利润和盈余公积)中取得的任何分配支付额,都应当确认为当期股息、红利等权益性投资收益。
被投资单位用留存收益转增资本(股本)	投资方不作账务处理。	被投资单位用留存收益,包括未分配利润、盈余公积、除资本(股本)溢价以外的资本公积,转增资本(股本),税法要求应确认收入,并相应增加该项长期投资的计税基础,并按股息所得依上述规定处理。	被投资企业将股权(票)溢价所形成的资本公积转为股本的,不作为投资方企业的股息、红利收入,投资方企业也不得增加该项长期投资的计税基础。
长期股权投资减值准备	长期股权投资如果存在减值迹象的,应当按照相关准则的规定计提减值准备。计提减值准备时,应借记"资产减值损失"科目,贷记"长期股权投资减值准备"科目。长期股权投资减值准备一经计提,不得转回。处置长期股权投资时,相应结转已计提的减值准备。	企业计提的长期股权投资减值准备不得在税前扣除,长期股权投资的计税基础也不因计提减值准备而减少。	"资产减值损失"科目的金额,应当调整应纳税所得额。
长期股权投资处置	处置长期股权投资,其账面价值与实际取得价款的差额,应当贷记或借记"投资收益"科目。	企业处置长期股权投资,属于转让财产收入,按其计税基础与实际取得价款的差额,并入应纳税所得额纳税。	

下面我们将对上述事项进行举例说明。

【例1-28】甲公司投资业务如下:

1. 20×3年1月1日,甲公司支付现金600万元取得乙公司55%的股权,能够对乙公司实施控制,发生相关税费2万元。

会计处理:

借:长期股权投资——乙公司　　　　　　　　　　　　　　　　6 020 000

　　贷:银行存款　　　　　　　　　　　　　　　　　　　　　　6 020 000

税务处理:

该项长期股权投资的计税基础为602万元。

2. 20×3年4月4日，乙公司宣告分配20×2年实现的净利润。甲公司于20×3年4月10日收到利润30万元。

借：应收股利	300 000
贷：投资收益	300 000
借：银行存款	300 000
贷：应收股利	300 000

税务处理：

该投资收益为免税收入，调减应纳税所得额30万元，该项长期股权投资的计税基础仍为602万元。

3. 20×3年，乙公司发生亏损100万元。

会计处理：

甲公司采用成本法核算，不作账务处理。

税务处理：该项长期股权投资的计税基础仍为602万元。

4. 20×4年6月，乙公司用资本公积（资本溢价）转增资本40万元，用盈余公积转增资本200万元。

会计处理：

甲公司不作账务处理。

税务处理：

资本公积（资本溢价）转增资本40万元不确认为红利，用盈余公积转增资本200万元确认为红利，因此，甲公司应确认红利收入110万元（200×55%），但该收入为免税收入。该项长期股权投资的计税基础为712万元（602＋110）。

5. 20×4年乙公司发生巨额亏损，20×4年年末甲公司计提减值准备300万元。

会计处理：

借：资产减值损失	3 000 000
贷：长期股权投资减值准备	3 000 000

税务处理：

资产减值损失不允许税前扣除，调增应纳税所得额300万元，该项长期股权投资的计税基础为712万元。

6. 20×5年1月26日，甲公司将持有的乙公司的全部股权转让，收到股权转让款320万元。

会计处理：

借：银行存款	3 200 000
长期股权投资减值准备	3 000 000
贷：长期股权投资——乙公司	6 020 000
投资收益	180 000

税务处理：

处置长期股权投资所得＝实际取得价款－计税基础＝320－712＝－392（万元），与会计确认收益差额410万元，应调减应纳税所得额。

6. 权益法下长期股权投资后续计量的会计与税法差异

表 1-18　　　　　　　　　　权益法下长期股权投资后续计量的会计与税法差异

项目	企业会计准则	企业所得税	备注
初始计量与计税基础	权益法下，长期股权投资的初始投资成本大于投资时应享有被投资单位可辨认净资产公允价值份额的，不调整长期股权投资的初始投资成本；当初始投资成本小于投资时应享有被投资单位可辨认净资产公允价值份额的，应调增长期股权投资的成本，其差额应当计入当期损益（营业外收入）。	长期股权投资的计税基础以取得该项投资时所付出的全部代价确定。长期股权投资的初始投资成本无论大于还是小于投资时应享有被投资单位可辨认净资产公允价值份额，都不调整长期股权投资的计税基础。	长期股权投资的初始投资成本小于投资时应享有被投资单位可辨认净资产公允价值份额的，会计上计入当期损益的，在计算应纳税所得额时应进行纳税调减。
投资收益的差异	投资企业取得长期股权投资后，应当按照应享有被投资单位实现的净利润的份额，确认投资收益并调整增加长期股权投资的账面价值。投资企业按照被投资单位宣告分派的利润或现金股利计算应分得的部分，相应调减长期股权投资的账面价值。	被投资单位实现的利润由被投资方缴纳企业所得税，其税后利润投资方不确认所得。只有当被投资单位宣告分配时，投资方才确认股息所得，并按规定对该项股息所得给予免税处理。	权益法下，投资方按照应享有被投资单位实现的净利润的份额，不确认所得。年终申报所得税时，应将"投资收益"科目的金额从利润总额中剔除。同时，投资企业按照被投资单位宣告分派的利润或现金股利计算应分得的部分，也不能减少长期股权投资的计税基础。
投资损失的差异	投资企业取得长期股权投资后，应当按照应分担被投资单位实现的净亏损的份额，确认投资损失并调减长期股权投资的账面价值。投资企业确认被投资单位发生的净亏损，应当以长期股权投资的账面价值以及其他实质上构成对被投资单位净投资的长期权益（如长期应收款等）减记至零为限，投资企业负有承担额外损失义务的除外。被投资单位以后实现净利润的，投资企业在其收益分享额弥补未确认的亏损分担额后，恢复确认收益分享额。	被投资单位单位发生的净亏损只能由被投资单位用以后5年的所得弥补，投资企业不能确认被投资单位发生的净亏损。	权益法下，投资方按照应分担的被投资单位的净亏损的份额，不确认投资损失。年终申报所得税时，应将"投资收益"科目的金额从利润总额中剔除。同时，企业对外投资期间，也不得调整减少长期股权投资的计税基础。此外，"长期应收款"的计税基础也以历史成本为原则，如果符合税法规定的坏账损失确认的条件，允许按历史成本申报扣除。

续表

项目	企业会计准则	企业所得税	备注
投资损益确认的特殊规定	投资企业在确认应享有或分担被投资单位净损益的份额时，应当以取得投资时被投资单位各项可辨认资产等的公允价值为基础，对被投资单位的净利润进行调整后确认。被投资单位采用的会计政策及会计期间与投资企业不一致的，应当按照投资企业的会计政策及会计期间对被投资单位的财务报表进行调整，并据以确认投资损益。	投资方应享有或应分担的被投资单位的净损益的份额，投资方不确认所得或损失。	
被投资单位除净损益以外的所有者权益的其他变动	投资企业对于被投资单位除净损益以外所有者权益的其他变动，在持股比例不变的情况下，企业按照持股比例计算应享有或分担的部分，应调整长期股权投资的账面价值，同时增加或减少资本公积（其他资本公积）。	长期股权投资在持有期间，除非追加或处置部分股权外，其计税基础是不变的，一律以初始计税基础确定。	在此情况下，会计处理不影响应纳税所得额，故不作纳税调整。
股票股利或者用留存收益转增资本	被投资单位分派的股票股利，或者用留存收益转增资本，投资企业不作账务处理，但应于除权日注明所增加的股数，以反映股份的变化情况。	被投资单位用留存收益（包括未分配利润、盈余公积、除资本溢价以外的资本公积）转增资本（股本），应视同"先分配，再投资"进行税务处理。居民纳税人应当按照股本（或实收资本）面值确认股息、红利收入，同时享受免税待遇。被投资单位用留存收益转增资本（股本），应作为追加投资处理，增长长期股权投资的计税基础。	股票股利是股份制公司分派利润的一种主要形式，通常称为红股、送股。被投资企业将股权（票）溢价所形成的资本公积转为股本的，不作为投资方企业的股息、红利收入，投资方企业也不得增加该项长期投资的计税基础。
长期股权投资减值准备	长期股权投资如果存在减值迹象的，应当按照相关准则的规定计提减值准备。计提减值准备时，应借记"资产减值损失"科目，贷记"长期股权投资减值准备"科目。长期股权投资减值准备一经计提，不得转回。处置长期股权投资时，相应结转已计提的减值准备。	企业计提的长期股权投资减值准备不得在税前扣除，长期股权投资的计税基础也不因计提减值准备而减少。	"资产减值损失"科目的金额，应当调整应纳税所得额。

续表

项目	企业会计准则	企业所得税	备注
长期股权投资处置	处置长期股权投资，其账面价值与实际取得价款的差额，应当计入当期损益。采用权益法核算的长期股权投资，因被投资单位除净损益以外所有者权益的其他变动而计入所有者权益的，处置该项投资时应当将原计入所有者权益的部分按相应比例转入当期损益。	企业处置长期股权投资，属于转让财产收入，按其计税基础与实际取得价款的差额，并入应纳税所得额纳税。	
实质	企业所得税：只有成本法，没有权益法。		

下面我们将对上述事项进行举例说明。

【例 1-29】 20×3 年 1 月，甲公司支付价款 500 万元取得乙公司 30% 的股权，能够对乙公司施加重大影响。取得投资时被投资单位净资产账面价值为 2 000 万元（假定被投资单位各项可辨认资产、负债的公允价值与其账面价值相同）。

会计处理：

甲公司能够对乙公司施加重大影响，对该项投资采用权益法核算。甲公司按持股比例 30% 计算应享有 600 万元，则初始投资成本 500 万元与应享有被投资单位可辨认净资产公允价值份额之间的差额 100 万元，应当计入取得投资当期的营业外收入，并调增长期股权投资的账面价值。有关账务处理为：

借：长期股权投资——乙公司（投资成本）　　　　　　　　　　　　6 000 000

　　贷：银行存款　　　　　　　　　　　　　　　　　　　　　　　　5 000 000

　　　　营业外收入　　　　　　　　　　　　　　　　　　　　　　　1 000 000

税务处理：

该项长期股权投资的计税基础为 500 万元，未来处置该项投资时，按此计税基础扣除。会计上确认的"营业外收入"100 万元，在当期应进行纳税调减处理。

【例 1-30】 甲公司投资业务如下：

1. 20×3 年 1 月，甲公司支付价款 500 万元取得乙公司 30% 的股权，能够对乙公司施加重大影响。取得投资时被投资单位净资产账面价值为 1 500 万元，假定甲公司在取得该投资时，乙公司各项可辨认资产、负债的公允价值与其账面价值相等，双方所采用的会计政策及会计期间也相同。

会计处理：

甲公司能够对乙公司施加重大影响，对该项投资采用权益法核算。甲公司按持股比例 30% 计算应享有 450 万元，则初始投资成本 500 万元大于应享有被投资单位可辨认净资产公允价值份额 450 万元，差额 50 万元，不调整长期股权投资的账面价值。

借：长期股权投资——乙公司（投资成本）　　　　　　　　　　　　5 000 000

　　贷：银行存款　　　　　　　　　　　　　　　　　　　　　　　　5 000 000

税务处理：

该项长期股权投资的计税基础也为 500 万元。

2. 20×3年12月，乙公司当年度实现的净损益为400万元，则甲公司当年度应确认的投资收益为120万元。

会计处理：

借：长期股权投资——乙公司（损益调整）　　　　　　　　　　1 200 000

　贷：投资收益　　　　　　　　　　　　　　　　　　　　　　1 200 000

税务处理：

甲公司确认的投资收益120万元，应调减应纳税所得额。长期股权投资计税基础不变，仍为其初始计税基础500万元。

3. 20×4年3月，乙公司分配现金股利100万元，甲公司收到30万元。

会计处理：

借：应收股利　　　　　　　　　　　　　　　　　　　　　　　300 000

　贷：长期股权投资——乙公司（损益调整）　　　　　　　　　　300 000

借：银行存款　　　　　　　　　　　　　　　　　　　　　　　300 000

　贷：应收股利　　　　　　　　　　　　　　　　　　　　　　300 000

税务处理：

该现金股利所得为免税收入，会计处理未影响利润，不必进行纳税调整。长期股权投资计税基础不变，仍为其初始计税基础500万元。

4. 20×4年6月，乙公司因持有的可供出售金融资产公允价值的变动计入资本公积的金额为100万元，则甲公司当年度应确认的享有被投资单位所有者权益的变动30万元。

会计处理：

借：长期股权投资——乙公司（其他权益变动）　　　　　　　　300 000

　贷：资本公积——其他资本公积　　　　　　　　　　　　　　300 000

税务处理：

长期股权投资在持有期间其计税基础不变，仍为其初始计税基础500万元。

5. 20×4年12月，乙公司由于一项主要经营业务市场条件发生变化，当年度亏损600万元。则甲公司当年度应确认的投资损失为180万元。

会计处理：

借：投资收益　　　　　　　　　　　　　　　　　　　　　　1 800 000

　贷：长期股权投资——乙公司（损益调整）　　　　　　　　1 800 000

税务处理：

甲公司确认的投资损失180万元，应调增应纳税所得额。长期股权投资计税基础不变，仍为其初始计税基础500万元。

6. 20×5年1月，甲公司处置长期股权投资，实际收到银行存款510万元。

会计处理：

会计确认投资收益＝510－（500＋30－90）＋30＝100（万元）

借：银行存款　　　　　　　　　　　　　　　　　　　　　　5 100 000

　长期股权投资——乙公司（损益调整）　　　　　　　　　　900 000

贷：长期股权投资——乙公司（投资成本）	5 000 000
长期股权投资——乙公司（其他权益变动）	300 000
投资收益	700 000
借：资本公积——其他资本公积	300 000
贷：投资收益	300 000

税务处理：

处置长期股权投资所得＝实际取得价款－计税基础＝510－500＝10（万元），与会计确认收益差额90万元，应调减应纳税所得额。

7. 长期股权投资核算方法转换的会计与税法差异

表 1-19　　　　　　　长期股权投资核算方法转换的会计与税法差异

企业会计准则	企业所得税
长期股权投资由成本法转为权益法时，应以成本法长期股权投资的账面价值作为按照权益法核算的初始投资成本，并在此基础上比较初始投资成本与应享有被投资单位可辨认净资产公允价值的份额，确定是否需要对长期股权投资的账面价值进行调整。 长期股权投资由权益法转为成本法时，对追加投资导致原持有对联营企业或合营企业转为对子公司投资的，长期股权投资的账面价值应当调整至最初取得投资的成本。因减少投资导致由权益法转为成本法的，应以转换时长期股权投资的账面价值作为按照成本法核算的基础。	长期股权投资核算方法的转换，既不确认损失，也不确认所得。企业应将本期计入损益的金额作纳税调整，同时调整长期股权投资的计税基础。 调整后长期股权投资计税基础＝初始投资计税基础＋追加投资计税基础－本期处置股权的计税基础。 其中， 处置股权的计税基础＝初始投资计税基础×本期处置的被投资单位股权比例/处置前持有的被投资单位股权比例。 调整后的长期股权投资计税基础，即为以后期间处置（转让或清算）该项股权允许在税前扣除的计税基础。

下面我们对上述事项进行举例说明。

【例 1-31】 甲公司持有乙公司35％的有表决权股份，能够对乙公司的生产经营决策施加重大影响，采用权益法核算。20×3年1月，该项长期股权投资的账面价值为2 500万元，其中投资成本2 000万元，损益调整为500万元，1月甲公司将该项投资中的60％对外出售，出售取得价款1 900万元。出售以后，甲公司无法再对乙公司施加重大影响，且该项投资不存在活跃市场，公允价值无法可靠确定，转为采用成本法核算。

会计处理：

因减少投资导致由权益法转为成本法的，应以转换时长期股权投资的账面价值作为按照成本法核算的基础。

借：银行存款	19 000 000
贷：长期股权投资——乙公司（投资成本）	12 000 000
——乙公司（损益调整）	3 000 000
投资收益	4 000 000
借：长期股权投资——乙公司	10 000 000
贷：长期股权投资——乙公司（投资成本）	8 000 000
——乙公司（损益调整）	2 000 000

处置投资后，该项长期股权投资的账面价值为1 000万元。

税务处理：

长期股权投资成本的计税基础以初始投资成本确定，涉及追加投资或处置部分投资的，相应调整计税基础。该项长期股权投资的计税基础＝初始投资计税基础－处置投资计税基础＝2 000－1 200＝800（万元）。

【例 1-32】 甲公司于 20×3 年 1 月取得乙公司 10% 的股权，成本为 600 万元，取得投资时乙公司可辨认净资产公允价值总额为 5 000 万元（公允价值与账面价值相同）。甲公司对其采用成本法核算。

20×6 年 1 月 1 日，甲公司又以 1 200 万元的价格取得乙公司 15% 的股权，当日乙公司可辨认净资产公允价值总额为 8 000 万元（公允价值与账面价值相同）。取得该部分股权后，能够对乙公司的生产经营决策施加重大影响，对该项长期股权投资转为采用权益法核算。甲公司在取得对乙公司 10% 股权后至新增投资日，乙公司通过生产经营活动实现的净利润为 600 万元，未派发现金股利或利润。甲公司按净利润的 10% 提取盈余公积。不考虑投资单位和被投资单位的内部交易及其他因素。

会计处理：

1. 20×6 年 1 月 1 日，甲公司追加投资时，

借：长期股权投资——乙公司（投资成本）　　　　　　　　　12 000 000
　　　贷：银行存款　　　　　　　　　　　　　　　　　　　　　　12 000 000

对于新取得的股权，其成本为 1 200 万元，等于取得该投资时按照该持股比例计算确定应享有被投资单位可辨认净资产公允价值的份额 1 200 万元（8 000×15%），不调整长期股权投资的成本。

2. 对长期股权投资账面价值的调整。

(1) 原 10% 股权的成本 600 万元，大于原投资时应享受被投资单位可辨认净资产公允价值的份额 500 万元（5 000×10%），该部分差额不调整长期股权投资的账面价值。

(2) 对于原投资时至新增投资交易日之间被投资单位可辨认净资产公允价值的变动 3 000 万元，其中，600 万元属于净利润，其余 2 400 万元变动属于其他因素。

相对于原持股比例 10% 计算的净利润部分 60 万元，应调整增加长期股权投资的账面价值，同时调整留存收益（盈余公积、未分配利润）；除实现净利润以外其他原因导致的变动 240 万元，应当调整增长长期股权投资的账面价值，同时计入资本公积（其他资本公积）。

借：长期股权投资——乙公司（损益调整）　　　　　　　　　600 000
　　　　　　　　　　——乙公司（其他权益调整）　　　　　　　2 400 000
　　　贷：盈余公积　　　　　　　　　　　　　　　　　　　　　　60 000
　　　　　利润分配——未分配利润　　　　　　　　　　　　　　　540 000
　　　　　资本公积——其他资本公积　　　　　　　　　　　　　2 400 000

税务处理：

长期股权投资的核算由成本转为权益法，由于不涉及损益的核算，故不作纳税调整。该长期股权投资的计税基础＝初始投资计税基础＋处置投资计税基础＝600＋1 200＝1 800（万元）。

【例 1-33】 20×3 年 1 月 6 日，甲公司取得乙公司 60％的股权，成本为 6 000 万元，乙公司可辨认净资产公允价值总额为 9 000 万元（公允价值与账面价值相同）。甲公司对其采用成本法核算。

20×4 年 3 月 6 日，甲公司将其持有的对乙公司长期股权投资中的 1/3 出售，出售取得价款 3 600 万元，当日被投资单位可辨认净资产公允价值总额为 19 000 万元。自甲公司取得对乙公司长期股权投资后至部分处置投资前，乙公司实现净利润 5 000 万元，其中 20×4 年 1—2 月份实现净利润 1 000 万元。假定乙公司一直未进行利润分配。除所实现净损益外，乙公司未发生其他计入资本公积的交易或事项。甲公司按净利润的 10％提取盈余公积。

在出售 20％的股权后，甲公司对乙公司的持股比例为 40％，在被投资单位董事会中派有代表，但不能对乙公司决策实施控制。对乙公司长期股权投资应由成本法改为按照权益法核算。

会计处理：

1. 20×4 年 3 月 6 日，确认处置长期股权投资损益。

借：银行存款	36 000 000
贷：长期股权投资——乙公司	20 000 000
投资收益	16 000 000

2. 调整长期股权投资账面价值。

（1）剩余长期股权投资的账面价值为 4 000 万元，大于按剩余投资比例 40％计算的应享有原投资时被投资单位可辨认净资产公允价值的份额 3 600 万元（9 000×40％），属于投资作价中的商誉，该部分商誉的价值不需要对长期股权投资的成本进行调整。

（2）处置投资后按剩余持股比例 40％计算的应享有被投资单位自原始投资日至处置交易日可辨认净资产公允价值的份额为 4 000 万元 [（19 000－9 000）×40％]，其中：应享有的 1—2 月份实现净利润 400 万元（处置投资当期期初至处置日被投资单位的净损益变动 1 000×剩余持股比例 40％），记入"投资收益"；应享有的自取得投资时至处置投资当期期初净利润份额为 1 600 万元（原取得投资时至处置投资当期期初被投资单位留存收益的变动 4 000×剩余持股比例 40％），应调整增加长期股权投资的账面价值，同时调整留存收益（盈余公积、未分配利润）；因享有其他因素变动的份额为 2 000 万元 [其他原因导致被投资单位所有者权益变动（19 000－9 000－5 000）×剩余持股比例 40％]，应当调整增加长期股权投资的账面价值，同时记入"资本公积"（其他资本公积）。

借：长期股权投资——乙公司（损益调整）	20 000 000
——乙公司（其他权益调整）	20 000 000
贷：盈余公积	1 600 000
利润分配——未分配利润	14 400 000
投资收益	4 000 000
资本公积——其他资本公积	20 000 000

税务处理：

税法确认股权转让所得＝3 600－2 000＝1 600（万元），与会计的确认金额一致。

长期股权投资核算方法的转变，不确认所得，也不确认损失，会计上确认的"投资收益"400万元应作纳税调减处理。

该项长期股权投资的计税基础＝6 000－2 000＝4 000(万元)。

四、企业所得税特殊纳税事项

(一) 股权转让的税务处理

表 1-20 股权转让税法规定

企业所得税 (居民企业)	根据《国家税务总局关于企业所得税法若干税收问题的通知》(国税函〔2010〕79号)规定，企业转让股权，应于转让协议生效、且完成股权变更手续时，确认收入的实现。转让股权收入扣除为取得该股权所发生的成本后，为股权转让所得。企业在计算股权转让所得时，不得扣除被投资企业未分配利润等股东留存收益中按该项股权所可能分配的金额。 在具体执行中，应注意：一是确认股权转让收入的实现，以转让协议生效，且完成股权变更手续为准。二是一般股权转让中，不得扣除留存收益，与《国家税务总局关于加强非居民企业股权转让所得企业所得税管理的通知》(国税函〔2009〕698号)中对非居民境外转让股权所得规定是一致的。这与清算所得中，股东分得的剩余资产允许扣除留存收益的规定是不同的。 根据《企业所得税法实施条例》第十一条规定，投资方企业从被清算企业分得的剩余资产，其中相当于从被清算企业累计未分配利润和累计盈余公积中应当分得的部分，应当确认为股息所得；剩余资产减除上述股息所得后的余额，超过或者低于投资成本的部分，应当确认为投资资产所得或损失。
企业所得税 (非居民企业)	根据《国家税务总局关于加强非居民企业股权转让所得企业所得税管理的通知》(国税函〔2009〕698号)规定： 一、本通知所称股权转让所得是指非居民企业转让中国居民企业的股权(不包括在公开的证券市场买入并卖出中国居民企业的股票)所取得的所得。 二、扣缴义务人未依法扣缴或者无法履行扣缴义务的，非居民企业应自合同、协议约定的股权转让之日(如果转让方提前取得股权转让收入的，应自实际取得股权转让收入之日)起7日内，到被转让股权的中国居民企业所在地主管税务机关(负责该居民企业所得税征管的机关)申报缴纳企业所得税，非居民企业未按期如实申报的，依照税收征管法的有关规定处理。 三、股权转让所得是指股权转让价减除股权成本价后的差额。 股权转让价是指股权转让人就转让的股权所收取的包括现金、非货币性资产或者权益等形式的金额。如被投资企业有未能分配的利润或税后提存的各项基金等，股权转让人随股权一并转让该股东留存收益权的金额，不得从股权转让价中扣除。 股权成本价是指股权转让人投资入股时向中国居民企业实际交付的出资金额，或购买该项股权时向该股权的原转让人实际支付的股权转让金额。 四、在计算股权转让所得时，以非居民企业向被转让股权的中国居民企业投资时或向原投资方购买该股权时的币种计算股权转让价和股权转让成本价。如果同一非居民企业存在多次投资的，以首次投入资本时的币种计算股权转让价和股权成本价，以加权平均法计算股权成本价；多次投资时币种不一致的，则应按照每次投入资本当日的汇率换算成首次投资时的币种。 五、境外投资方(实际控制方)间接转让中国居民企业股权，如果被转让的境外控股公司所在国(地区)实际税负低于12.5%或者对其居民境外所得不征所得税的，应自股权转让合同签订之日起30日内，向被转让股权的中国居民企业所在地主管税务机关提供以下资料：

	（一）股权转让合同或协议； （二）境外投资方与其所转让的境外控股公司在资金、经营、购销等方面的关系； （三）境外投资方所转让的境外控股公司的生产、经营、人员、账务、财产等情况； （四）境外投资方所转让的境外控股公司与中国居民企业在资金、经营、购销等方面的关系； （五）境外投资方设立被转让的境外控股公司具有合理商业目的的说明； （六）税务机关要求的其他相关资料。 六、境外投资方（实际控制方）通过滥用组织形式等安排间接转让中国居民企业股权，且不具有合理的商业目的，规避企业所得税纳税义务的，主管税务机关层报税务总局审核后可以按照经济实质对该股权转让交易重新定性，否定被用作税收安排的境外控股公司的存在。 七、非居民企业向其关联方转让中国居民企业股权，其转让价格不符合独立交易原则而减少应纳税所得额的，税务机关有权按照合理方法进行调整。 八、境外投资方（实际控制方）同时转让境内或境外多个控股公司股权的，被转让股权的中国居民企业应将整体转让合同和涉及本企业的分部合同提供给主管税务机关，如果没有分部合同，被转让股权的中国居民企业应向主管税务机关提供被整体转让的各个控股公司的详细材料，准确划分境内被转让企业的转让价格。
［相关链接］ 其他税法规定	股权转让不属于不属于流转税的征税范围，不征流转税。因而受让股权的一方取得的该项投资无需取得发票，应将股东会议决议、资产评估报告、股权转让合同、股权价款支付凭证等资料作为入账的依据。
	股权转让合同，属于印花税规定的应税合同，合同双方应按"产权转移书据"依万分之五的税率缴纳印花税。从 2008 年 4 月 1 日起，通过二级市场转让上市公司的股权，应当暂按 1‰的税率征收证券交易印花税，税款由证券公司负责代扣（代收）代缴。
	外国公司转让境内企业的股权，应按 10％的税率征收预提所得税。如果该国（地区）与我签订了相关协定，从其规定。
	外籍个人转让境内企业的股权，应按"财产转让所得"项目依 20％的税率征收个人所得税。
	对个人在上海资产证券交易所、深圳证券交易所转让从上市公司公开发行和转让市场取得的上市公司股票所得，继续免征个人所得税。转让非上市公司的股权，应按"财产转让所得"依 20％的税率征收个人所得税。
	从 2010 年 1 月 1 日起，对个人转让上市公司限售股所得的个人所得税征收问题，应根据《财政部、国家税务总局、证监会关于个人转让上市公司限售股所得征收个人所得税有关问题的通知》（财税〔2009〕167 号）规定，按"财产转让所得"，以每次限售股转让收入，减除股票原值和合理税率后的余额为应纳税所得额，适用 20％的比例税率征收个人所得税。具体的征收管理，按照《国家税务总局关于做好限售股转让所得个人所得税征收管理工作的通知》（国税发〔2010〕8 号）、《国家税务总局关于限售股转让所得个人所得税征缴有关问题的通知》（国税函〔2010〕23 号）规定执行。

下面我们对上述事项进行举例说明。

【例 1-34】甲公司对某公司长期股权投资的计税基础为 600 万元，在被投资企业有 200 万元的留存收益份额，甲公司将股权转让，转让价格为 700 万元。虽然留存收益 200 万元在企业属于税后收益，但是不能在所得额中扣减，股权转让所得应该为 100 万元（700－600）。

【例 1-35】 乙公司对丙公司长期股权投资的计税基础为 200 万元，若丙公司发生清算，乙公司分得剩余财产为 400 万元，其中 100 万元为来源于丙企业的累计未分配利润，60 万元来源于丙企业的累计盈余公积。则乙公司应确认股息所得 160 万元，投资资产所得应该为 40 万元（400－160－200）。

（二）企业重组的税务处理

表 1-21   企业重组的税务处理

一般性税务处理	企业由法人转变为个人独资企业、合伙企业等非法人组织，或将登记注册地转移至中华人民共和国境外（包括港澳台地区）	视同企业进行清算、分配，股东重新投资成立新企业。企业的全部资产以及股东投资的计税基础均应以公允价值为基础确定。"企业的全部资产以及股东投资的计税基础均应以公允价值为基础确定"，是指转变后的非法人组织承续清算企业的资产应以公允价值为基础确定其计税基础。
	企业发生其他法律形式简单改变的	直接变更税务登记，除另有规定外，有关企业所得税纳税事项（包括亏损结转、税收优惠等权益和义务）由变更后企业承继，但因住所发生变化而不符合税收优惠条件的除外。
	企业债务重组	1. 以非货币资产清偿债务，应当分解为转让相关非货币性资产、按非货币性资产公允价值清偿债务两项业务，确认相关资产的所得或损失。 2. 发生债权转股权的，应当分解为债务清偿和股权投资两项业务，确认有关债务清偿所得或损失。 3. 债务人应当按照支付的债务清偿额低于债务计税基础的差额，确认债务重组所得；债权人应当按照收到的债务清偿额低于债权计税基础的差额，确认债务重组损失。 4. 债务人的相关所得税纳税事项原则上保持不变。 上述债务重组的税务处理同《企业会计准则第 12 号——债务重组》中处理相一致。
	企业股权收购、资产收购重组交易	1. 被收购方应确认股权、资产转让所得或损失。 2. 收购方取得股权或资产的计税基础应以公允价值为基础确定。 3. 被收购企业的相关所得税事项原则上保持不变。
	企业合并	1. 合并企业应按公允价值确定接受被合并企业各项资产和负债的计税基础。 2. 被合并企业及其股东都应按清算进行所得税处理。 3. 被合并企业的亏损不得在合并企业结转弥补。
	企业分立	1. 被分立企业对分立出去资产应按公允价值确认资产转让所得或损失。 2. 分立企业应按公允价值确认接受资产的计税基础。 3. 被分立企业继续存在时，其股东取得的对价应视同被分立企业分配进行处理。 4. 被分立企业不再继续存在时，被分立企业及其股东都应按清算进行所得税处理。 5. 企业分立相关企业的亏损不得相互结转弥补。

特殊性税务处理	同时符合 5 个条件	1. 具有合理的商业目的,且不以减少、免除或者推迟缴纳税款为主要目的。 2. 被收购、合并或分立部分的资产或股权比例符合本通知规定的比例。 3. 企业重组后的连续 12 个月内不改变重组资产原来的实质性经营活动。 4. 重组交易对价中涉及股权支付金额符合本通知规定比例。 5. 企业重组中取得股权支付的原主要股东,在重组后连续 12 个月内,不得转让所取得的股权。
	企业债务重组	企业债务重组确认的应纳税所得额占该企业当年应纳税所得额 50% 以上,可以在 5 个纳税年度的期间内,均匀计入各年度的应纳税所得额。 企业发生债权转股权业务,对债务清偿和股权投资两项业务暂不确认有关债务清偿所得或损失,股权投资的计税基础以原债权的计税基础确定。企业的其他相关所得税事项保持不变。
	股权收购	收购企业购买的股权不低于被收购企业全部股权的 75%,且收购企业在该股权收购发生时的股权支付金额不低于其交易支付总额的 85%,可以选择按以下规定处理: 1. 被收购企业的股东取得收购企业股权的计税基础,以被收购股权的原有计税基础确定。 2. 收购企业取得被收购企业股权的计税基础,以被收购股权的原有计税基础确定。 3. 收购企业、被收购企业的原有各项资产和负债的计税基础和其他相关所得税事项保持不变。
	资产收购	受让企业收购的资产不低于转让企业全部资产的 75%,且受让企业在该资产收购发生时的股权支付金额不低于其交易支付总额的 85%,可以选择按以下规定处理: 1. 转让企业取得受让企业股权的计税基础,以被转让资产的原有计税基础确定。 2. 受让企业取得转让企业资产的计税基础,以被转让资产的原有计税基础确定。
	企业合并	企业股东在该企业合并发生时取得的股权支付金额不低于其交易支付总额的 85%,以及同一控制下且不需要支付对价的企业合并,可以选择按以下规定处理: 1. 合并企业接受被合并企业资产和负债的计税基础,以被合并企业的原有计税基础确定; 2. 被合并企业合并前的相关所得税事项由合并企业承继; 3. 可由合并企业弥补的被合并企业亏损的限额=被合并企业净资产公允价值×截至合并业务发生当年年末国家发行的最长期限的国债利率; 4. 被合并企业股东取得合并企业股权的计税基础,以其原持有的被合并企业股权的计税基础确定。
	企业分立	被分立企业所有股东按原持股比例取得分立企业的股权,分立企业和被分立企业均不改变原来的实质经营活动,且被分立企业股东在该企业分立发生时取得的股权支付金额不低于其交易支付总额的 85%,可以选择按以下规定处理: 1. 分立企业接受被分立企业资产和负债的计税基础,以被分立企业的原有计税基础确定。 2. 被分立企业已分立出去资产相应的所得税事项由分立企业承继。

	3. 被分立企业未超过法定弥补期限的亏损额可按分立资产占全部资产的比例进行分配，由分立企业继续弥补。 4. 被分立企业的股东取得分立企业的股权（以下简称"新股"），如需部分或全部放弃原持有的被分立企业的股权（以下简称"旧股"），"新股"的计税基础应以放弃"旧股"的计税基础确定。如不需放弃"旧股"，则其取得"新股"的计税基础可从以下两种方法中选择确定：直接将"新股"的计税基础确定为零；或者以被分立企业分立出去的净资产占被分立企业全部净资产的比例先调减原持有的"旧股"的计税基础，再将调减的计税基础平均分配到"新股"上。 全部或部分放弃旧股举例说明： ①存续分立：A＝A＋B a. A原有股权100万，股东甲30％，股东乙70％，分立为A（存续公司）50万股权，股东甲30％，股东乙70％；B（新设公司）50万股权（股比不定）。这叫不放弃旧股。 b. A原有100万股权，股东甲30％，股东乙70％，分立为A（存续公司）50万股权，股东甲10％，股东乙90％；B（新设公司）50万股权（股比不定）。对于甲这叫部分放弃旧股。 c. A原有100万股权，股东甲30％，股东乙70％，分立为A（存续公司）50万股权，股东甲0％，股东乙100％；B（新设公司）50万股权（股比不定）。对于甲这叫全部放弃旧股。 ②新设分立：A＝B＋C 由于原公司不存在了，不管对于谁都是放弃旧股。
重组日的确定	1. 债务重组，以债务重组合同或协议生效日为重组日。 2. 股权收购，以转让协议生效且完成股权变更手续日为重组日。 3. 资产收购，以转让协议生效且完成资产实际交割日为重组日。 4. 企业合并，以合并企业取得被合并企业资产所有权并完成工商登记变更日期为重组日。 5. 企业分立，以分立企业取得被分立企业资产所有权并完成工商登记变更日期为重组日。
参考文件	企业重组所得税处理参考文件：《财政部、国家税务总局关于企业重组业务企业所得税处理若干问题的通知》（财税〔2009〕59号），企业清算的所得税处理参考文件：《关于企业清算业务企业所得税处理若干问题的通知》（财税〔2009〕60号）。企业重组所需提供资料参考文件：《企业重组业务企业所得税管理办法》（国家税务总局公告2010年第4号）。

企业重组的税务处理规定总结见表1—22。

表 1-22 企业重组的税务处理规定总结

1. 一般性税务处理（一般与会计处理无差异）		按公允价值确认资产的转让所得或损失；按公允价值确认资产或负债的计税基础。 资产转让所得或损失＝被转让资产的公允价值－被转让资产的计税基础
2. 特殊性税务处理（与会计处理存在差异，需纳税调整）	非股权支付部分	按公允价值确认资产的转让所得或损失；按公允价值确认资产或负债的计税基础。 非股权支付对应的资产转让所得或损失＝（被转让资产的公允价值－被转让资产的计税基础)×（非股权支付金额÷被转让资产的公允价值)
	股权支付部分	暂不确认有关资产的转让所得或损失，按原计税基础确认新资产或负债的计税基础。

下面我们对上述事项进行举例说明。

【例 1-36】甲公司欠乙公司购货款 700 000 元。由于甲公司财务发生困难。短期内不能支付已到期的货款，经双方协商，乙公司同意甲公司以其生产的产品偿还债务。该产品公允价值为 400 000 元，实际成本为 240 000 元。甲公司为增值税一般纳税人，适用的增值税税率为 17%。乙公司收到甲公司抵债的产品，并作为库存商品入库。

1. 甲公司的税务处理：

非货币性资产交换视同销售所得＝400 000－240 000＝160 000(元)

债务重组收益＝700 000－400 000－400 000×17%＝232 000(元)

该项重组事项应纳税所得额＝160 000＋232 000＝392 000(元)

借：应付账款		700 000
贷：主营业务收入		400 000
应交税费——应交增值税（销项税额）		68 000
营业外收入——债务重组利得		232 000
借：主营业务成本		240 000
贷：库存商品		240 000

2. 乙公司的税务处理：

债务重组损失＝700 000－400 000－400 000×17%＝232 000(元)

借：库存商品		400 000
应交税费——应交增值税（进项税额）		68 000
营业外支出——债务重组损失		232 000
贷：应收账款		700 000

会计处理与税务处理并无差异。

假定企业符合特殊重组的五个条件，同时假定当年应纳税所得额为 500 000 元，因为重组确认的应纳税所得额 392 000 元占年应纳税所得额的 50% 以上，企业可以选择在 5 个纳税年度内均匀计入应纳税所得额，产生暂时性差异：当年纳税调减 392 000－392 000/5＝313 600(元)，后 4 年每年纳税调增 392 000/5＝78 400(元)。

【例 1-37】甲公司欠乙公司 100 万元，甲公司发生财务困难，双方协商进行债务重组。乙公司同意甲公司以其 10 万股普通股抵偿所欠乙公司 100 万元。假设甲公司普通股的面值为 1 元，协议生效日能达公司股票的市价为 8 元/股。按照债转股的一般性税务处理为：

债权人乙公司：债权的计税基础为 100 万元，收到的债务清偿金额＝取得甲公司股权的公允价值＝10×8＝80(万元)，债务重组损失为 100－80＝20(万元)，按享有甲公司股份的公允价值确认长期股权投资 80 万元。

借：长期股权投资		800 000
营业外支出——债务重组损失		200 000
贷：应收账款		1 000 000

债务人甲公司：债务的计税基础为 100 万元，支付债务的清偿金额＝债务转股权

的公允价值＝10×8＝80(万元)，债务重组所得为100－80＝20万元，债转股后增加股本10万元，增加资本公积10×(8－1)＝70(万元)。

借：应付账款	1 000 000
贷：营业外收入	200 000
实收资本	100 000
资本公积	700 000

会计处理与税务处理并无差异。

假定企业符合特殊重组的五个条件，企业发生债权转股权业务，对债务清偿和股权投资两项业务暂不确认有关债务清偿所得或损失，股权投资的计税基础以原债权的计税基础确定。企业的其他相关所得税事项保持不变。特殊性税务处理与会计存在差异，需进行纳税调整：

债权人乙公司：长期股权投资以100万元作为计税基础，调增应纳税所得额20万元，以后转让该长期股权投资时，假设转让价200万元，投资收益200－80＝120万元，税收上应确让财产转让收入200－100＝100万元，应调减应纳税所得额20万元。

债务人甲公司：调减应纳税所得额20万元。

【例1-38】甲公司以本企业20％的股权（股本100万元，公允价值为600万元）作为支付对价，收购乙公司某固定资产生产线（原值120万元，累计折旧20万元，计税基础100万元，公允价值600万元）。

会计处理：

甲公司：

借：固定资产	600 000
贷：股本	100 000
资本公积	500 000

乙公司：

借：长期股权投资	600 000
累计折旧	20 000
贷：固定资产	120 000
营业外收入	500 000

税务处理：

1. 一般性税务处理方法的涉税处理：

甲公司购买该固定资产生产线后，应以该资产的公允价值600万元为基础确定计税基础。乙公司应确认资产转让所得：600－100＝500(万元)。会计与企业所得税不存在差异，无需纳税调整。

2. 假设甲公司收购乙公司资产的比例大于75％，股权支付占交易总额比例：600÷600＝100％，大于85％，假定同时符合特殊处理的其他条件。特殊性税务处理与会计存在暂时性差异，需进行纳税调整：

长期股权投资以100万元作为计税基础，调减应纳税所得额500万元，以后转让该长期股权投资时，假设转让价700万元，投资收益700－600＝100万元，税收上应确认财产转让收入700－100＝600万元，应调增应纳税所得额500万元。

【例 1-39】甲公司与乙公司达成股权收购协议，甲公司以公允价值为 8 元/股的 7 200 万股股权和 6 400 万元银行存款收购乙公司的全资子公司丙公司 80% 的股份，从而使丙公司成为甲公司的控股子公司。丙公司共有股权 10 000 万股，假定收购日丙公司每股资产的计税基础为 7 元，每股资产的公允价值为 8 元。

会计处理：

甲公司（收购方）：

借：长期股权投资——丙公司	640 000 000
贷：股本	72 000 000
资本公积——股本溢价	504 000 000
银行存款	64 000 000

乙公司（被收购方）：

借：银行存款	64 000 000
长期股权投资——甲公司	576 000 000
贷：长期股权投资——丙公司	560 000 000
投资收益	80 000 000

丙公司（被收购企业）：

不必进行会计处理，只需就股东变更事项进行工商注册变更和税务登记变更。

税务处理：

1. 一般性税务处理方法的涉税处理：

甲公司（收购方）：

甲公司取得丙公司 8 000 万股股权的计税基础按公允价值确定为＝8 000×8＝64 000（万元）。

乙公司（被收购方）：

乙公司转让的丙公司 8 000 万股股权应确认的转让所得＝被转让资产的公允价值－被转让资产的计税基础＝64 000－56 000＝8 000（万元）。

乙公司取得甲公司 7 200 万股股权的计税基础按公允价值确定为＝7 200×8＝57 600（万元）。

丙公司（被收购企业）：

丙公司不需进行任何企业所得税处理。

可见，会计与企业所得税不存在差异，无需纳税调整。

2. 特殊性税务处理方法的涉税处理：

首先，判断是否符合特殊性税务处理条件。

股权收购的丙公司股权数量＝10 000×80%＝8 000（万股）

被转让资产的公允价值＝8 000×8＝64 000（万元）

被转让资产的原计税基础＝8 000×7＝56 000（万元）

股权支付的金额＝7 200×8＝57 600（万元）

股权支付所占比例＝股权支付金额÷被转让资产的公允价值×100%

＝57 600÷64 000×100%＝90%

非股权支付所占比例＝1－90%＝10%

收购企业购买的被收购企业的股权占被收购企业全部股权的80%，超过了75%；收购企业在该股权收购发生时的股权支付比例为90%，超过了交易支付总额的85%，假设该股权收购符合特殊性税务处理的其他条件规定。

丙公司不需进行任何企业所得税处理，只需就股东变更事项进行工商注册变更和税务登记变更。甲公司、乙公司税务处理，见表1-23。

表1-23　　　　　　　　　　甲公司、乙公司税务处理

项目	甲公司（收购方）		乙公司（被收购方）	
股权支付部分	收到：8 000×90%＝7 200万股丙公司股权	按原计税基础确认计税基础＝7 200×7＝50 400（万元）	支出：8 000×90%＝7 200万股丙公司股权	暂不确认有关资产的转让所得或损失
	支出：7 200万股甲公司股权	暂不确认有关资产的转让所得或损失	收到：7 200万股甲公司股权	按原计税基础确认计税基础＝7 200×7＝50 400（万元）
非股权支付部分	收到：8 000×10%＝800万股丙公司股权	按公允价值确认计税基础6 400万元	支出：8 000×10%＝800万股丙公司股权	按公允价值确认资产的转让所得或损失＝800×8－6 400＝0（万元）
	支出：6 400万元银行存款		收到：6 400万银行存款	资产转让所得或损失＝（被转让资产的公允价值－被转让资产的计税基础）×（非股权支付金额÷被转让资产的公允价值）＝（64 000－56 000）×（6 400÷64 000）＝8 000×10%＝800（万元）
汇总	甲公司取得丙公司8 000万股股权的计税基础＝50 400万元（股权支付部分）＋6 400万元（非股权支付部分）＝56 800万元。甲公司股权的转让所得或损失为0。		乙公司取得7 200万股甲公司股权的计税基础为50 400万元。乙公司股权的转让所得或损失为800万元。	

可见，特殊性税务处理与会计存在暂时性差异，需进行纳税调整：

甲公司取得丙公司8 000万股股权的计税基础为56 800万元。

乙公司取得7 200万股甲公司股权的计税基础为50 400万元。乙公司股权的转让所得调减应纳税所得额7 200万元（8 000－800）。

（三）境外所得的税务处理

我国税法规定对境外已纳税款实行限额扣除，抵免限额采用分国不分项的计算原则。具体见表1-24。

表 1-24 境外所得的税务处理

抵免范围	企业取得的下列所得已在境外缴纳的所得税税额,可以从其当期应纳税额中抵免,抵免限额为该项所得依照我国税法规定计算的应纳税额;超过抵免限额的部分,可以在以后 5 个纳税年度内,用每年度抵免限额抵免当年应抵税额后的余额进行抵补。 (1) 居民企业来源于中国境外的应税所得; (2) 非居民企业在中国境内设立机构、场所,取得发生在中国境外但与该机构、场所有实际联系的应税所得。
计算原则	抵免限额应当分国(地区)不分项计算。 所谓"分国不分项",指的是计算抵免限额的时候,境外所得要按不同国家分别计算限额。A 国算 A 国的,B 国算 B 国的,这是分国;但境外的所得不需要区分销售货物收入和财产转让收入等等具体的项目,这是不分项。
税务处理	方法一:企业实际应纳所得税额=企业境内外所得应纳税总额-企业所得税减免、抵免优惠税额-境外所得税抵免额。 方法二:企业实际应纳所得税额=企业境内所得应纳税总额+境外所得税补税额(税率低于我国)。 方法二相比方法一简单,易于理解:境内所得单独计算,境外所得适用税率低,少缴税的单独补税,境外税率高,多缴税的,当年不退,以后五年退。 计算时必须明确三笔金额: (1) 境内应纳税所得额和境外应纳税所得额。 境外所得的纳税所得额=(分回利润+国外已纳税款)=分回利润÷(1-某外国所得税税率) (2) 分国(地区)别的可抵免境外所得税税额(境外某国所得×某国税率)。(境外已纳税款) (3) 分国(地区)别的境外所得税的抵免限额(境外某国所得×我国税率)。(应交税扣除限额) 我国税率,除国务院财政、税务主管部门另有规定外,应为 25%。 以境内、境外全部生产经营活动有关的研究开发费用总额、总收入、销售收入总额、高新技术产品(服务)收入等指标申请并经认定的高新技术企业,其来源于境外的所得可以享受高新技术企业所得税优惠政策,即对其来源于境外所得可以按照 15% 的优惠税率缴纳企业所得税,在计算境外抵免限额时,可按照 15% 的优惠税率计算境内外应纳税总额。 企业不能准确计算上述项目实际可抵免分国(地区)别的境外所得税税额的,在相应国家(地区)缴纳的税收均不得在该企业当期应纳税额中抵免,也不得结转以后年度抵免。
税收饶让	居民企业从与我国政府订立税收协定(或安排)的国家(地区)取得的所得,按照该国(地区)税收法律享受了免税或减税待遇,且该免税或减税的数额按照税收协定规定应视同已缴税额在中国的应纳税额中抵免的,该免税或减税数额可作为企业实际缴纳的境外所得税额用于办理税收抵免。
境外亏损	在汇总计算境外应纳税所得额时,企业在境外同一国家(地区)设立不具有独立纳税地位的分支机构,按照《企业所得税法》及实施条例的有关规定计算的亏损,不得抵减其境内或他国(地区)的应纳税所得额,但可以用同一国家(地区)其他项目或以后年度的所得按规定弥补。

下面我们对上述事项进行举例说明。

【例 1-40】甲公司 20×3 年度境内应纳税所得额为 200 万元(适用税率 25%),在 A 国分支机构的应纳税所得额为 50 万元(A 国税率 20%);在 B 国的分支机构的应纳税所得额为 100 万元(B 国税率 30%)。两个分支机构在 A、B 两国分别缴纳了 10 万元和 30 万元的企业所得税。甲公司 20×3 年度应纳税额的计算:

A国所得抵免限额＝50×25％＝12.5(万元)，A国所得境外已纳税10万元，抵免10万元，补税2.5万元。

B国所得抵免限额＝100×25％＝25（万元），B国所得境外已纳税30万元，抵免25万元，超过限额的5万元当年不得抵免，结转到以后5个年度。

方法一：应纳税额＝(200＋50＋100)×25％－10－25＝52.5（万元）。

方法二：应纳税额＝200×25％＋2.5＝52.5(万元)。

（四）跨地区经营汇总纳税企业所得税预缴与汇缴的税务处理

表 1-25 　　　　　　跨地区经营汇总纳税企业所得税预缴与汇缴

汇总纳税企业	居民企业在中国境内跨地区（指跨省、自治区、直辖市和计划单列市，下同）设立不具有法人资格分支机构的，该居民企业为跨地区经营汇总纳税企业（以下简称汇总纳税企业），除另有规定外，其企业所得税征收管理适用本办法。
汇缴办法	"统一计算、分级管理、就地预缴、汇总清算、财政调库"。 (1) 统一计算，是指总机构统一计算包括汇总纳税企业所属各个不具有法人资格分支机构在内的全部应纳税所得额、应纳税额。 (2) 分级管理，是指总机构、分支机构所在地的主管税务机关都有对当地机构进行企业所得税管理的责任，总机构和分支机构应分别接受机构所在地主管税务机关的管理。 (3) 就地预缴，是指总机构、分支机构应按本办法的规定，分月或分季分别向所在地主管税务机关申报预缴企业所得税。 (4) 汇总清算，是指在年度终了后，总机构统一计算汇总纳税企业的年度应纳税所得额、应纳税额，抵减总机构、分支机构当年已就地分期预缴的企业所得税款后，多退少补。 (5) 财政调库，是指财政部定期将缴入中央国库的汇总纳税企业所得税待分配收入，按照核定的系数调整至地方国库。
就地预缴	1. 总机构和具有主体生产经营职能的二级分支机构，就地分摊缴纳企业所得税。二级分支机构，是指汇总纳税企业依法设立并领取非法人营业执照（登记证书），且总机构对其财务、业务、人员等直接进行统一核算和管理的分支机构。 2. 以下二级分支机构不就地分摊缴纳企业所得税： (1) 不具有主体生产经营职能，且在当地不缴纳增值税、营业税的产品售后服务、内部研发、仓储等汇总纳税企业内部辅助性的二级分支机构，不就地分摊缴纳企业所得税。 (2) 上年度认定为小型微利企业的，其二级分支机构不就地分摊缴纳企业所得税。 (3) 新设立的二级分支机构，设立当年不就地分摊缴纳企业所得税。 (4) 当年撤销的二级分支机构，自办理注销税务登记之日所属企业所得税预缴期间起，不就地分摊缴纳企业所得税。 (5) 汇总纳税企业在中国境外设立的不具有法人资格的二级分支机构，不就地分摊缴纳企业所得税。 注： 1. 总机构设立具有主体生产经营职能的部门（非二级分支机构），且该部门的营业收入、职工薪酬和资产总额与管理职能部门分开核算的，可将该部门视同一个二级分支机构，按规定计算分摊并就地缴纳企业所得税；该部门与管理职能部门的营业收入、职工薪酬和资产总额不能分开核算的，该部门不得视同一个二级分支机构，不得按规定计算分摊并就地缴纳企业所得税。

	2. 汇总纳税企业当年由于重组等原因从其他企业取得重组当年之前已存在的二级分支机构，并作为本企业二级分支机构管理的，该二级分支机构不视同当年新设立的二级分支机构，按规定计算分摊并就地缴纳企业所得税。 3. 汇总纳税企业内就地分摊缴纳企业所得税的总机构、二级分支机构之间，发生合并、分立、管理层级变更等形成的新设或存续的二级分支机构，不视同当年新设立的二级分支机构，按规定计算分摊并就地缴纳企业所得税。
预缴比例	汇总纳税企业按照《企业所得税法》规定汇总计算的企业所得税，包括预缴税款和汇算清缴应缴应退税款，50％在各分支机构间分摊，各分支机构根据分摊税款就地办理缴库或退库；50％由总机构分摊缴纳，其中25％就地办理缴库或退库，25％就地全额缴入中央国库或退库。
预缴形式	企业所得税分月或者分季预缴，由总机构所在地主管税务机关具体核定。 1. 汇总纳税企业应根据当期实际利润额，按照规定的预缴分摊方法计算总机构和分支机构的企业所得税预缴额，分别由总机构和分支机构就地预缴； 2. 在规定期限内按实际利润额预缴有困难的，也可以按照上一年度应纳所得额的 1/12 或 1/4，按照规定的预缴分摊方法计算总机构和分支机构的企业所得税预缴额，分别由总机构和分支机构就地预缴。 预缴方法一经确定，当年度不得变更。
申报预缴	1. 总机构应将本期企业应纳所得税额的50％部分，在每月或季度终了后15日内就地申报预缴。总机构应将本期企业应纳所得税额的另外50％部分，按照各分支机构应分摊的比例，在各分支机构之间进行分摊，并及时通知到各分支机构；各分支机构应在每月或季度终了之日起15日内，就其分摊的所得税额就地申报预缴。 2. 汇总纳税企业预缴申报时，总机构除报送企业所得税预缴申报表和企业当期财务报表外，还应报送汇总纳税企业分支机构所得税分配表和各分支机构上一年度的年度财务报表（或年度财务状况和营业收支情况）；分支机构除报送企业所得税预缴申报表（只填列部分项目）外，还应报送经总机构所在地主管税务机关受理的汇总纳税企业分支机构所得税分配表。 在一个纳税年度内，各分支机构上一年度的年度财务报表（或年度财务状况和营业收支情况）原则上只需要报送一次。
汇算清缴	1. 汇总纳税企业应当自年度终了之日起5个月内，由总机构汇总计算企业年度应纳所得税额，扣除总机构和各分支机构已预缴的税款，计算出应缴应退税款，按照本办法规定的税款分摊方法计算总机构和分支机构的企业所得税应缴应退税款，分别由总机构和分支机构就地办理税款缴库或退库。 汇总纳税企业在纳税年度内预缴企业所得税款少于全年应缴企业所得税款的，应在汇算清缴期内由总、分机构分别结清应缴的企业所得税税款；预缴税款超过应缴税款的，主管税务机关应及时按有关规定分别办理退税，或者经总、分机构同意后分别抵缴其下一年度应缴企业所得税税款。 2. 汇总纳税企业汇算清缴时，总机构除报送企业所得税年度纳税申报表和年度财务报表外，还应报送汇总纳税企业分支机构所得税分配表、各分支机构的年度财务报表和各分支机构参与企业年度纳税调整情况的说明；分支机构除报送企业所得税年度纳税申报表（只填列部分项目）外，还应报送经总机构所在地主管税务机关受理的汇总纳税企业分支机构所得税分配表、分支机构的年度财务报表（或年度财务状况和营业收支情况）和分支机构参与企业年度纳税调整情况的说明。 分支机构参与企业年度纳税调整情况的说明，可参照企业所得税年度纳税申报表附表"纳税调整项目明细表"中列明的项目进行说明，涉及需由总机构统一计算调整的项目不进行说明。

分支机构分摊税款计算方法	1. 总机构按以下公式计算分摊税款： 总机构分摊税款＝汇总纳税企业当期应纳所得税额×50% 2. 分支机构按以下公式计算分摊税款： 所有分支机构分摊税款总额＝汇总纳税企业当期应纳所得税额×50% 某分支机构分摊税款＝所有分支机构分摊税款总额×该分支机构分摊比例 3. 总机构应按照上年度分支机构的营业收入、职工薪酬和资产总额三个因素计算各分支机构分摊所得税款的比例；三级及以下分支机构，其营业收入、职工薪酬和资产总额统一计入二级分支机构；三因素的权重依次为 0.35、0.35、0.30。计算公式如下： $$某分支机构分摊比例＝\frac{该分支机构营业收入}{各分支机构营业收入之和}×0.35$$ $$+\frac{该分支机构职工薪酬}{各分支机构职工薪酬之和}×0.35$$ $$+\frac{该分支机构资产总额}{各分支机构资产总额之和}×0.30$$ 分支机构分摊比例按上述方法一经确定后，除特殊情形外，当年不作调整。 注： 1. 分支机构营业收入，是指分支机构销售商品、提供劳务、让渡资产使用权等日常经营活动实现的全部收入。其中，生产经营企业分支机构营业收入是指生产经营企业分支机构销售商品、提供劳务、让渡资产使用权等取得的全部收入。金融企业分支机构营业收入是指金融企业分支机构取得的利息、手续费、佣金等全部收入。保险企业分支机构营业收入是指保险企业分支机构取得的保费等全部收入。 2. 分支机构职工薪酬，是指分支机构为获得职工提供的服务而给予各种形式的报酬以及其他相关支出。 3. 分支机构资产总额，是指分支机构在经营活动中实际使用的应归属于该分支机构的资产合计额。 4. 上年度分支机构的营业收入、职工薪酬和资产总额，是指分支机构上年度全年的营业收入、职工薪酬数据和上年度 12 月 31 日的资产总额数据，是依照国家统一会计制度的规定核算的数据。 5. 一个纳税年度内，总机构首次计算分摊税款时采用的分支机构营业收入、职工薪酬和资产总额数据，与此后经过中国注册会计师审计确认的数据不一致的，不作调整。 6. 对于按照税收法律、法规和其他规定，总机构和分支机构处于不同税率地区的，先由总机构统一计算全部应纳税所得额，然后按预缴比例和分摊比例，计算划分不同税率地区机构的应纳税所得额，再分别按各自的适用税率计算应纳税额后加总计算出汇总纳税企业的应纳所得税总额，最后按预缴比例和分摊比例，向总机构和分支机构分摊就地缴纳的企业所得税款。

下面我们对上述事项进行举例说明。

【例 1-41】北京市的某总机构，在深圳、济南有两家分支机构，企业所得税分季预缴，根据统一计算的企业第三季度实际应纳所得税额 100 万元。上年度，深圳分支机构营业收入 4 000 万元，职工薪酬 400 万元，资产总额 2 000 万元；济南分支机构营业收入 1 000 万元，职工薪酬 100 万元，资产总额 2 000 万元。

$$北京总机构分摊税款＝100×50\%＝50（万元）$$

$$所有分支机构分摊税款总额＝100×50\%＝50（万元）$$

$$深圳分支机构分摊比例＝\frac{4\,000}{5\,000}×0.35+\frac{400}{500}×0.35+\frac{2\,000}{4\,000}×0.30＝0.71$$

$$\frac{济南分支机构}{分摊比例}=\frac{1\,000}{5\,000}\times0.35+\frac{100}{500}\times0.35+\frac{2\,000}{4\,000}\times0.30=0.29$$

$$\frac{深圳分支机构}{分摊税款}=50\times0.71=35.5(万元)$$

$$\frac{济南分支机构}{分摊税款}=50\times0.29=14.5(万元)$$

北京总机构在季度终了后 15 日内就地申报预缴税款。深圳、济南两家分支机构在季度终了之日起 15 日内,就其分摊的所得税额就地申报预缴税款。

(五) 房地产开发企业的特殊税务处理

由于行业的特殊性、开发经营业务的复杂性、产品开发建设周期长等因素,房地产开发企业的企业所得税税务处理相比一般企业更为复杂,具有其特殊性,主要表现在下列方面。

1. 《国家税务总局关于印发〈房地产开发经营业务企业所得税处理办法〉的通知》(国税发〔2009〕31 号)第六条规定:企业通过正式签订《房地产销售合同》或《房地产预售合同》所取得的收入,应确认为销售收入的实现。

虽然会计核算上将预售收入作为预收账款处理,但税收上属于应税收入,可以将此部分收入理解为税收上的视同销售收入,房地产开发企业销售未完工产品取得的预售收入可作为计算业务招待费、广告费和业务宣传费的销售(营业)收入基数。非房地产开发企业的预收款一般不可以作为业务招待费、广告费和业务宣传费的销售(营业)收入基数。

2. 国税发〔2009〕31 号文件第九条规定:企业销售未完工开发产品取得的收入,应先按预计计税毛利率分季(或月)计算出预计毛利额,计入当期应纳税所得额。开发产品完工后,企业应及时结算其计税成本并计算此前销售收入的实际毛利额,同时将其实际毛利额与其对应的预计毛利额之间的差额,计入当年度企业本项目与其他项目合并计算的应纳税所得额。在年度纳税申报时,企业须出具对该项开发产品实际毛利额与预计毛利额之间差异调整情况的报告以及税务机关需要的其他相关资料。

虽然房地产开发企业销售未完工开发产品取得的预售收入在税收上视同销售收入,但是由于房地产开发企业开发产品的特殊性而无法确定其计税成本,因此采取将未完工开发产品的预计毛利额计入应纳税所得额的方法,待完工后再根据实际毛利额与预计毛利额之间的差异进行调整。非房地产开发企业没有预计毛利润的说法。

3. 国税发〔2009〕31 号文件第十二条规定:企业发生的期间费用、已销开发产品计税成本、营业税金及附加、土地增值税准予当期按规定扣除。

房地产开发企业预缴的营业税金及附加、土地增值税可以按照实际发生的原则当期扣除,而企业所得税的扣除原则一般为权责发生制原则。

4. 国税发〔2009〕31 号文件第三十二条规定:除以下几项预提(应付)费用外,计税成本均应为实际发生的成本。(1)出包工程未最终办理结算而未取得全额发票的,在证明资料充分的前提下,其发票不足金额可以预提,但最高不得超过合同总金额的 10%。(2)公共配套设施尚未建造或尚未完工的,可按预算造价合理预提建造费用。

此类公共配套设施必须符合已在售房合同、协议或广告、模型中明确承诺建造且不可撤销，或按照法律法规规定必须配套建造的条件。（3）应向政府上交但尚未上交的报批报建费用、物业完善费用可以按规定预提。物业完善费用是指按规定应由企业承担的物业管理基金、公建维修基金或其他专项基金。

房地产开发企业三类费用可以预提，这是一般非房地产开发企业所不能享受的。

5. 国税发〔2009〕31号文件第三十五条规定：开发产品完工以后，企业可在完工年度企业所得税汇算清缴前选择确定计税成本核算的终止日，不得滞后。凡已完工开发产品在完工年度未按规定结算计税成本，主管税务机关有权确定或核定其计税成本，据此进行纳税调整，并按《中华人民共和国税收征收管理法》的有关规定对其进行处理。

房地产开发企业可在完工年度企业所得税汇算清缴前选择确定计税成本核算的终止日（即5月31日之前的某一天），可以看作是一个税前扣除的优惠政策，非房地产开发企业计税成本核算的终止日一般为12月31日。

6. 上述税务处理的特殊性导致了房地产开发企业的年度企业所得税纳税申报表的填写与非房地产开发企业填写方法的不同。

下面我们对房地产企业的特殊税务处理和申报表填写进行举例说明。

【例1-42】甲房地产公司A1、A2房产项目资料，见表1-26及表1-27。

表1-26 项目资料

项目	预售开始日期	完工日期	销售完毕日期
A1房产	20×3年2月	20×4年6月	20×4年12月
A2房产	20×4年4月	20×5年9月	20×5年12月

甲房地产公司A1、A2房产项目财务资料：

表1-27 项目财务资料 单位：万元

项目	20×3年						20×4年						
	预售收入	管理人员工资	业务招待费	广告费和业务宣传费	营业税、城建税、教育费附加、地方教育费附加（5.6%）	预缴土地增值税（1%）	预售收入	销售收入（不含结转的预售收入）	完工开发成本	管理人员工资	业务招待费	广告费和业务宣传费	营业税、城建税、教育费附加、地方教育费附加（5.6%）	预缴土地增值税（1%）
A1房产	6 000	60	100	300	336	60		4 000	7 000	70	120	200	504	90
A2房产							5 000							

除上述业务外，不考虑其他纳税事项。

甲房地产公司会计处理为：未完工产品预售收入不确认"主营业务收入"，而通过"预收账款"科目核算，待开发产品完工后，再从"预收账款"科目结转到"主营业务收入"科目。未完工产品预售收入缴纳的税费不确认"营业税金及附加"，"应交税费"科目存在借方余额，待开发产品完工后，再结转到"营业税金及附加"科目。完工产品销售收入确认"主营业务收入"，相应税费直接确认"营业税金及附加"。

甲房地产公司两个年度的企业所得税计算和申报表填写示范：

1. 20×3年度企业所得税计算：

(1) 预计毛利额＝6 000×10％＝600（万元）。

(2) 可扣除项目合计786万元，其中：

①管理人员工资60万元；

②业务招待费30万元（6 000×0.5％＝30，100×60％＝60，应扣除30万元）；

③广告费和业务宣传费300万元（6 000×15％＝900，300＜900，可全额扣除）；

④预售收入缴纳的营业税金及附加396万元。

(3) 应纳税所得额＝600－786＝－186（万元），亏损，应纳企业所得税＝0万元。

(4) 纳税申报表的填写：

①未完工开发产品A1房产预售收入：在附表一第16行"(3) 其他视同销售收入"填列6 000万元，同时在附表三第19行"18. 其他"的"调减金额"栏填列。

②未完工开发产品A1房产预售成本：在附表二第15行"(3) 其他视同销售成本"填列5 400万元（预售收入6 000×90％），同时在附表三第40行"20. 其他"的"调增金额"栏填列。

③未完工开发产品A1房产预计毛利额：在附表三第52行"五、房地产企业预售收入计算的预计利润"的"调增金额"栏填列600万元。

④预售收入缴纳营业税金及附加：在附表三第40行"20. 其他"的"调减金额"栏填列396万元。

⑤业务招待费、广告费和业务宣传费：在附表三第26行"6. 业务招待费支出"与第27行"7. 广告费和业务宣传费支出（填写附表八）"以及附表八填列，填列方法与非房地产企业相同。

⑥假设该公司管理人员工资、业务招待费、广告费和业务宣传费均在"管理费用"科目列支，则管理费用发生额＝60＋100＋300＝460（万元），在附表二第27行"2. 管理费用"填列，填列方法与非房地产企业相同。

填写后的《企业所得税年度纳税申报表》及附表三《纳税调整项目明细表》见表1-28、表1-29，其他附表的填写方法与非房地产企业相同，较为简单，略。

表 1-28　　　　**中华人民共和国企业所得税年度纳税申报表（A 类）**

税款所属期间：20×3 年 1 月 1 日至 20×3 年 12 月 31 日

纳税人名称：甲房地产公司

纳税人识别号：略　　　　　　　　　　　　　　　　金额单位：元（列至角分）

类别	行次	项目	金额
利润总额计算	1	一、营业收入（填附表一）	
	2	减：营业成本（填附表二）	
	3	营业税金及附加	
	4	销售费用（填附表二）	
	5	管理费用（填附表二）	4 600 000.00
	6	财务费用（填附表二）	
	7	资产减值损失	
	8	加：公允价值变动收益	
	9	投资收益	
	10	二、营业利润	−4 600 000.00
	11	加：营业外收入（填附表一）	
	12	减：营业外支出（填附表二）	
	13	三、利润总额（10＋11−12）	−4 600 000.00
应纳税所得额计算	14	加：纳税调整增加额（填附表三）	120 700 000.00
	15	减：纳税调整减少额（填附表三）	117 960 000.00
	16	其中：不征税收入	
	17	免税收入	
	18	减计收入	
	19	减、免税项目所得	
	20	加计扣除	
	21	抵扣应纳税所得额	
	22	加：境外应税所得弥补境内亏损	
	23	纳税调整后所得（13＋14−15＋22）	−1 860 000.00
	24	减：弥补以前年度亏损（填附表四）	
	25	应纳税所得额（23−24）	
应纳税额计算	26	税率（25％）	25％
	27	应纳所得税额（25×26）	
	28	减：减免所得税额（填附表五）	
	29	减：抵免所得税额（填附表五）	
	30	应纳税额（27−28−29）	
	31	加：境外所得应纳所得税额（填附表六）	
	32	减：境外所得抵免所得税额（填附表六）	

续表

类别	行次	项目	金额
	33	实际应纳所得税额（30＋31－32）	
	34	减：本年累计实际已预缴的所得税额	
	35	其中：汇总纳税的总机构分摊预缴的税额	
	36	汇总纳税的总机构财政调库预缴的税额	
	37	汇总纳税的总机构所属分支机构分摊的预缴税额	
	38	合并纳税（母子体制）成员企业就地预缴比例	
	39	合并纳税企业就地预缴的所得税额	
	40	本年应补（退）的所得税额（33－34）	
附列资料	41	以前年度多缴的所得税额在本年抵减额	
	42	以前年度应缴未缴在本年入库所得税额	

纳税人公章： 经办人： 申报日期：20×4 年 5 月 20 日	代理申报中介机构公章： 经办人及执业证件号码： 代理申报日期：　年　月　日	主管税务机关受理专用章： 受理人： 受理日期：　年　月　日

表 1-29　　　企业所得税年度纳税申报表附表三

纳税调整项目明细表

填报时间：20×4 年 5 月 20 日

金额单位：元（列至角分）

	行次	项目	账载金额	税收金额	调增金额	调减金额
			1	2	3	4
	1	一、收入类调整项目	＊	＊	60 000 000.00	60 000 000.00
	2	1. 视同销售收入（填写附表一）	＊	＊	60 000 000.00	＊
＃	3	2. 接受捐赠收入	＊			＊
	4	3. 不符合税收规定的销售折扣和折让				＊
＊	5	4. 未按权责发生制原则确认的收入				
＊	6	5. 按权益法核算长期股权投资对初始投资成本调整确认收益	＊	＊	＊	
	7	6. 按权益法核算的长期股权投资持有期间的投资损益	＊	＊		
＊	8	7. 特殊重组				
＊	9	8. 一般重组				
＊	10	9. 公允价值变动净收益（填写附表七）	＊	＊		
	11	10. 确认为递延收益的政府补助				
	12	11. 境外应税所得（填写附表六）	＊	＊	＊	

续表

行次	项目	账载金额	税收金额	调增金额	调减金额
		1	2	3	4
13	12. 不允许扣除的境外投资损失	*	*		
14	13. 不征税收入（填附表一 [3]）	*	*	*	
15	14. 免税收入（填附表五）	*	*	*	
16	15. 减计收入（填附表五）	*	*	*	
17	16. 减、免税项目所得（填附表五）	*	*	*	
18	17. 抵扣应纳税所得额（填附表五）	*	*	*	
19	18. 其他				60 000 000.00
20	二、扣除类调整项目	*	*	54 700 000.00	57 960 000.00
21	1. 视同销售成本（填写附表二）	*	*	*	54 000 000.00
22	2. 工资薪金支出	600 000.00	600 000.00		
23	3. 职工福利费支出				
24	4. 职工教育经费支出				
25	5. 工会经费支出				
26	6. 业务招待费支出	1 000 000.00	300 000.00	700 000.00	*
27	7. 广告费和业务宣传费支出（填写附表八）	*	*		
28	8. 捐赠支出				*
29	9. 利息支出				
30	10. 住房公积金				*
31	11. 罚金、罚款和被没收财物的损失		*		*
32	12. 税收滞纳金		*		*
33	13. 赞助支出		*		*
34	14. 各类基本社会保障性缴款				
35	15. 补充养老保险、补充医疗保险				
36	16. 与未实现融资收益相关在当期确认的财务费用				
37	17. 与取得收入无关的支出		*		*
38	18. 不征税收入用于支出所形成的费用		*		*
39	19. 加计扣除（填附表五）	*	*	*	
40	20. 其他			54 000 000.00	3 960 000.00
41	三、资产类调整项目	*	*		
42	1. 财产损失				

续表

行次	项目	账载金额	税收金额	调增金额	调减金额
		1	2	3	4
43	2. 固定资产折旧（填写附表九）	＊	＊		
44	3. 生产性生物资产折旧（填写附表九）	＊	＊		
45	4. 长期待摊费用的摊销（填写附表九）	＊	＊		
46	5. 无形资产摊销（填写附表九）	＊	＊		
47	6. 投资转让、处置所得（填写附表十一）	＊	＊		
48	7. 油气勘探投资（填写附表九）	＊	＊		
49	8. 油气开发投资（填写附表九）	＊	＊		
50	9. 其他				
51	四、准备金调整项目（填写附表十）	＊	＊		
52	五、房地产企业预售收入计算的预计利润	＊	＊	6 000 000.00	
53	六、特别纳税调整应税所得	＊	＊		＊
54	七、其他	＊	＊		
55	合　计	＊	＊	120 700 000.00	117 960 000.00

注：1. 标有＊的行次为执行新会计准则的企业填列，标有♯的行次为除执行新会计准则以外的企业填列。

2. 没有标注的行次，无论执行何种会计核算办法，有差异就填报相应行次，填＊号不可填列。

3. 有二级附表的项目只填调增、调减金额，账载金额、税收金额不再填写。

经办人（签章）：　　　　　　　　　　　　法定代表人（签章）：

2. 20×4年度企业所得税计算：

（1）开发产品完工后，企业应及时结算其计税成本并计算此前销售收入的实际毛利额，同时将其实际毛利额与其对应的预计毛利额之间的差额，计入当年度企业本项目与其他项目合并计算的应纳税所得额。

A1房产（完工产品）的实际毛利额＝主营业务收入－主营业务成本＝10 000－7 000＝3 000（万元），

实际毛利额与其对应的预计毛利额之间的差额＝3 000－600＝2 400（万元），

A2房产（未完工产品）的预计毛利额＝预售收入×10％＝5 000×10％＝500（万元），

A1、A2房产销售收入和预售收入对应的应纳税所得额＝2 400＋500＝2 900（万元）。

（2）可扣除项目合计909万元，其中：

①管理人员工资70万元；

②业务招待费45万元（9 000×0.5％＝45，120×60％＝72，应扣除45万元）；

③广告宣传费200万元（9 000×15％＝1 350，200＜1 350，可全额扣除）；

④营业税金及附加594万元（其中：预售收入缴纳330万元，销售收入缴纳264万元）。

（3）去年可弥补亏损额186万元。

（4）应纳税所得额＝2 900－909－186＝1 805（万元），应纳企业所得税＝1 805×25％＝451.25（万元）。

（5）纳税申报表的填写：

①未完工开发产品A2房产预售收入：在附表一第16行"（3）其他视同销售收入"填列5 000万元，同时在附表三第19行"18.其他"的"调减金额"栏填列。完工开发产品A1房产预售收入结转销售收入，在附表一第16行"（3）其他视同销售收入"填列－6 000万元，同时在附表三第19行"18.其他"的"调减金额"栏填列。

②未完工开发产品A2房产预售成本：在附表二第15行"（3）其他视同销售成本"填列4 500万元（预售收入5 000×90％），同时在附表三第40行"20.其他"的"调减金额"栏填列。完工开发产品A1房产预售收入结转销售收入，在附表一第15行"（3）其他视同销售成本"填列－5 400万元，同时在附表三第19行"18.其他"的"调减金额"栏填列。

③预计毛利额：在附表三第52行"五、房地产企业预售收入计算的预计利润"的"调增金额"栏填列500万元。

④销售未完工开发产品A1房产完工结转销售收入时，未完工年度已调增的预计毛利额，在附表三第52行"五、房地产企业预售收入计算的预计利润"的"调减金额"栏填列600万元。

⑤预售收入缴纳的营业税金及附加：在附表三第40行"20.其他"的"调减金额"栏填列330万元。

⑥销售未完工开发产品A1房产完工结转销售收入时，未完工年度已调减的营业税金及附加，在附表三第40行"20.其他"的"调增金额"栏填列396万元。

⑦主营业务收入10 000万元，主营业务成本7 000万元，营业税金及附加660万元（264＋396），管理费用390万元（70＋120＋200），填列方法与非房地产企业相同。

填写后的《企业所得税年度纳税申报表》及附表三《纳税调整项目明细表》见表1-30、表1-31，其他附表的填写方法与非房地产企业相同，较为简单，略。

表1-30　　中华人民共和国企业所得税年度纳税申报表（A类）

税款所属期间：20×4年1月1日至20×4年12月31日

纳税人名称：甲房地产公司

纳税人识别号：略　　　　　　　　　　　　　　　　　金额单位：元（列至角分）

类别	行次	项目	金额
利润总额计算	1	一、营业收入（填附表一）	100 000 000.00
	2	减：营业成本（填附表二）	70 000 000.00
	3	营业税金及附加	6 600 000.00
	4	销售费用（填附表二）	

续表

类别	行次	项目	金额
利润总额计算	5	管理费用（填附表二）	3 900 000.00
	6	财务费用（填附表二）	
	7	资产减值损失	
	8	加：公允价值变动收益	
	9	投资收益	
	10	二、营业利润	19 500 000.00
	11	加：营业外收入（填附表一）	
	12	减：营业外支出（填附表二）	
	13	三、利润总额（10＋11－12）	19 500 000.00
应纳税所得额计算	14	加：纳税调整增加额（填附表三）	710 000.00
	15	减：纳税调整减少额（填附表三）	300 000.00
	16	其中：不征税收入	
	17	免税收入	
	18	减计收入	
	19	减、免税项目所得	
	20	加计扣除	
	21	抵扣应纳税所得额	
	22	加：境外应税所得弥补境内亏损	
	23	纳税调整后所得（13＋14－15＋22）	19 910 000.00
	24	减：弥补以前年度亏损（填附表四）	1 860 000.00
	25	应纳税所得额（23－24）	18 050 000.00
应纳税额计算	26	税率（25%）	25%
	27	应纳所得税额（25×26）	4 512 500
	28	减：减免所得税额（填附表五）	
	29	减：抵免所得税额（填附表五）	
	30	应纳税额（27－28－29）	4 512 500
	31	加：境外所得应纳所得税额（填附表六）	
	32	减：境外所得抵免所得税额（填附表六）	
	33	实际应纳所得税额（30＋31－32）	4 512 500
	34	减：本年累计实际已预缴的所得税额	
	35	其中：汇总纳税的总机构分摊预缴的税额	
	36	汇总纳税的总机构财政调库预缴的税额	

续表

类别	行次	项目	金额
	37	汇总纳税的总机构所属分支机构分摊的预缴税额	
	38	合并纳税（母子体制）成员企业就地预缴比例	
	39	合并纳税企业就地预缴的所得税额	
	40	本年应补（退）的所得税额（33—34）	4 512 500
附列资料	41	以前年度多缴的所得税额在本年抵减额	
	42	以前年度应缴未缴在本年入库所得税额	

纳税人公章：	代理申报中介机构公章：	主管税务机关受理专用章：
经办人：	经办人及执业证件号码：	受理人：
申报日期：20×5 年 5 月 20 日	代理申报日期： 年 月 日	受理日期： 年 月 日

表 1-31   企业所得税年度纳税申报表附表三
纳税调整项目明细表

填报时间：20×5 年 5 月 20 日

金额单位：元（列至角分）

	行次	项目	账载金额	税收金额	调增金额	调减金额
			1	2	3	4
	1	一、收入类调整项目	*	*		
	2	1. 视同销售收入（填写附表一）	*	*	−10 000 000.00	*
#	3	2. 接受捐赠收入	*			*
	4	3. 不符合税收规定的销售折扣和折让				*
*	5	4. 未按权责发生制原则确认的收入				
*	6	5. 按权益法核算长期股权投资对初始投资成本调整确认收益	*	*	*	
	7	6. 按权益法核算的长期股权投资持有期间的投资损益	*	*		
*	8	7. 特殊重组	*	*		
*	9	8. 一般重组	*	*		
*	10	9. 公允价值变动净收益（填写附表七）	*	*		
	11	10. 确认为递延收益的政府补助				
	12	11. 境外应税所得（填写附表六）	*	*	*	
	13	12. 不允许扣除的境外投资损失	*	*		*
	14	13. 不征税收入（填附表一 [3]）	*	*	*	
	15	14. 免税收入（填附表五）	*	*	*	
	16	15. 减计收入（填附表五）	*	*	*	
	17	16. 减、免税项目所得（填附表五）	*	*	*	
	18	17. 抵扣应纳税所得额（填附表五）	*	*	*	
	19	18. 其他			10 000 000.00	

续表

行次	项目	账载金额	税收金额	调增金额	调减金额
		1	2	3	4
20	二、扣除类调整项目	*	*	−4 290 000.00	−5 700 000.00
21	1. 视同销售成本（填写附表二）	*	*	*	−9 000 000.00
22	2. 工资薪金支出	700 000.00	700 000.00		
23	3. 职工福利费支出				
24	4. 职工教育经费支出				
25	5. 工会经费支出				
26	6. 业务招待费支出	1 200 000.00	450 000.00	750 000.00	*
27	7. 广告费和业务宣传费支出（填写附表八）	*	*		
28	8. 捐赠支出				*
29	9. 利息支出				
30	10. 住房公积金				*
31	11. 罚金、罚款和被没收财物的损失		*		*
32	12. 税收滞纳金		*		*
33	13. 赞助支出		*		*
34	14. 各类基本社会保障性缴款				
35	15. 补充养老保险、补充医疗保险				
36	16. 与未实现融资收益相关在当期确认的财务费用				
37	17. 与取得收入无关的支出		*		*
38	18. 不征税收入用于支出所形成的费用		*		*
39	19. 加计扣除（填附表五）	*	*	*	
40	20. 其他			−5 040 000.00	3 300 000.00
41	三、资产类调整项目	*	*		
42	1. 财产损失				
43	2. 固定资产折旧（填写附表九）	*	*		
44	3. 生产性生物资产折旧（填写附表九）	*	*		
45	4. 长期待摊费用的摊销（填写附表九）	*	*		
46	5. 无形资产摊销（填写附表九）	*	*		
47	6. 投资转让、处置所得（填写附表十一）	*	*		
48	7. 油气勘探投资（填写附表九）	*	*		
49	8. 油气开发投资（填写附表九）	*	*		
50	9. 其他				
51	四、准备金调整项目（填写附表十）	*	*		

续表

行次	项目	账载金额	税收金额	调增金额	调减金额
		1	2	3	4
52	五、房地产企业预售收入计算的预计利润	*	*	5 000 000.00	6 000 000.00
53	六、特别纳税调整应税所得	*	*		*
54	七、其他	*	*		
55	合　计	*	*	710 000.00	300 000.00

注：1. 标有 * 的行次为执行新会计准则的企业填列，标有井的行次为除执行新会计准则以外的企业填列。

　　2. 没有标注的行次，无论执行何种会计核算办法，有差异都填报相应行次，填 * 号不可填列。

　　3. 有二级附表的项目只填调增、调减金额，账载金额、税收金额不再填写。

　　　　经办人（签章）：　　　　　　　　　　　　法定代表人（签章）：

五、企业所得税汇算清缴税务处理和纳税申报示范

（一）雨丰机械公司基本情况与财务资料

1. 雨丰机械公司基本情况

L市雨丰机械制造有限公司（以下简称雨丰机械公司），纳税人识别号：370000000000000，系增值税一般纳税人，主要经营范围：生产和销售机械设备及零配件，通常适用增值税税率为17%，企业所得税税率为25%。

2. 雨丰机械公司财务资料

（1）20×3年，雨丰机械公司实现营业利润532 934.00元，实现利润总额2 172 394.00元，本年累计实际已预缴的所得税额440 768.00元。

（2）企业全年平均从业人数为677人，资产总额（全年平均数）为44 477 872.79元。

（3）雨丰机械公司账面损益类科目全年累计发生额，见表1-32。

表 1-32　　　　雨丰机械公司账面损益类科目全年累计发生额
20×3年1月—12月　　　　　　　　　　　　　　　　　单位：元

科目	发生额
主营业务收入	31 280 000.00
其中：销售货物	30 980 000.00
提供劳务	300 000.00
其他业务收入	947 000.00
其中：材料销售收入	907 000.00
其他	40 000.00
主营业务成本	25 210 000.00
其中：销售货物成本	24 960 000.00
提供劳务成本	250 000.00
其他业务成本	720 000.00

科目	发生额
其中：材料销售成本	700 000.00
其他	20 000.00
营业税金及附加	37 770.00
销售费用	1 978 000.00
管理费用	2 699 000.00
财务费用	1 413 000.00
资产减值损失	16 296.00
公允价值变动收益	−200 000.00
投资收益	580 000.00
营业外收入	2 566 000.00
其中：出售无形资产收益	300 000.00
债务重组收益	106 000.00
政府补助收入	800 000.00
捐赠收入	1 260 000.00
其他	100 000.00
营业外支出	926 540.00
其中：罚款支出	12 500.00
非常损失	62 000.00
捐赠支出	852 040.00

（4）雨丰机械公司其他财务情况在"（二）雨丰机械公司与企业所得税相关的经济业务"中的"业务资料"中注明。

（二）雨丰机械公司与企业所得税相关的经济业务

本示范案例仅列举 20×3 年度发生的与企业所得税相关的经济业务，同类业务只列一笔，类似业务和知识延伸在"相关链接"中讲解，与企业所得税无关的经济业务不再列出。

其中：业务 5、业务 6、业务 14、业务 15、业务 38 仅适合执行《企业会计准则》的纳税人，其他业务同时适合执行《企业会计准则》的纳税人与执行《小企业会计准则》的纳税人。

业务 1 存货对外直接捐赠

【业务资料】

12 月 1 日，雨丰机械公司将外购的一批存货甲商品捐赠给宝宝幼儿园，该批存货购入成本为 10 000 元，雨丰公司对外销售价格为 12 000 元。企业账务处理为：

表 1-33   记 账 凭 证
                        20×3 年 12 月 01 日

                                              记字第 01 号
                                              附 件 3 张

摘要	一级账户	明细账户	借方金额	贷方金额
捐赠宝宝幼儿园	营业外支出	捐赠支出	12 040.00	
捐赠宝宝幼儿园	库存商品	甲商品		10 000.00
捐赠宝宝幼儿园	应交税费	应交增值税（销项税额）		2 040.00
合计			12 040.00	12 040.00

会计主管：珠珠   记账：丹丹   审核：何花   出纳：娜娜   制单：丹丹

【税收政策】

1. 《国家税务总局关于企业处置资产所得税处理问题的通知》（国税函〔2008〕828 号）第二条规定：

企业将资产移送他人的下列情形，因资产所有权属已发生改变而不属于内部处置资产，应按规定视同销售确定收入。

（一）用于市场推广或销售；

（二）用于交际应酬；

（三）用于职工奖励或福利；

（四）用于股息分配；

（五）用于对外捐赠；

（六）其他改变资产所有权属的用途。

2. 国税函〔2008〕828 号文件第三条规定：企业发生本通知第二条规定情形时，属于企业自制的资产，应按企业同类资产同期对外销售价格确定销售收入；属于外购的资产，可按购入时的价格确定销售收入。

3. 《中华人民共和国企业所得税法实施条例》第五十一条规定：企业所得税法第九条所称公益性捐赠，是指企业通过公益性社会团体或者县级以上人民政府及其部门，用于《中华人民共和国公益事业捐赠法》规定的公益事业的捐赠。

4. 《中华人民共和国企业所得税法实施条例》第五十三条规定：企业发生的公益性捐赠支出，不超过年度利润总额 12％的部分，准予扣除。年度利润总额，是指企业依照国家统一会计制度的规定计算的年度会计利润。

5. 《中华人民共和国企业所得税法实施条例》第五十四条规定：企业所得税法第十条第（六）项所称赞助支出，是指企业发生的与生产经营活动无关的各种非广告性质支出。

6. 《国家税务总局关于〈中华人民共和国企业所得税年度纳税申报表〉的补充通知》（国税函〔2008〕1081 号）附件《企业所得税年度纳税申报表及附表填报说明》附表三《纳税调整项目明细表》填报说明规定：第 33 行"13. 赞助支出"：第 1 列"账

载金额"填报纳税人按照国家统一会计制度实际发生且不符合税收规定的公益性捐赠的赞助支出的金额。第3列"调增金额"等于第1列；第2列"税收金额"和第4列"调减金额"不填。广告性的赞助支出按广告费和业务宣传费的规定处理，在第27行"广告费与业务宣传费支出"中填报。

【税务处理】

根据上述政策，本业务有两个调整事项：

1. 外购存货用于市场推广或销售、交际应酬、职工奖励或福利、股息分配、对外捐赠等用途，可按购入时的价格确定视同销售收入。因此，在企业所得税汇算清缴时，按照甲商品购入时的价格调增视同销售收入10 000元和视同销售成本10 000元。

2. 该捐赠支出为非公益性捐赠支出，不得在税前扣除。因此，在企业所得税汇算清缴时，视同赞助支出，调增应纳税所得额12 040元。

相关链接

1. 自产资产和外购资产视同销售的计税依据有时候并不相同，将资产用于市场推广或销售、交际应酬、职工奖励或福利、股息分配、对外捐赠等视同销售，属于企业自制的资产，应按企业同类资产同期对外销售价格确定销售收入；属于外购的资产，可按购入时的价格确定销售收入。

2. 增值税和企业所得税视同销售的计税依据有时候并不相同，本例相应的增值税计税依据为商品的对外销售价格12 000元，因此计提销项税额为2 040元。

对企业所得税、增值税、消费税视同销售范围和计税依据的区别总结，见下表：

项目	企业所得税	增值税	消费税
视同销售的范围规定	1. 企业发生非货币性资产交换，以及将货物、财产、劳务用于捐赠、偿债、赞助、集资、广告、样品、职工福利或者利润分配等用途的，应当视同销售货物、转让财产或者提供劳务，但国务院财政、税务主管部门另有规定的除外。 2. 企业发生下列情形的处置资产，除将资产转移至境外以外，由于资产所有权属在形式和实质上均不发生改变，可作为内部处置资产，不视同销售确认收入，相关资产的计税基础延续计算。 （1）将资产用于生产、制造、加工另一产品； （2）改变资产形状、结构或性能； （3）改变资产用途（如，自建商品房转为自用或经营）； （4）将资产在总机构及其分支机构之间转移； （5）上述两种或两种以上情形的混合； （6）其他不改变资产所有权属的用途。 3. 企业将资产移送他人的下列情形，因	8种视同销售行为： 1. 将货物交付其他单位或者个人代销； 2. 销售代销货物； 3. 设有两个以上机构并实行统一核算的纳税人，将货物从一个机构移送其他机构用于销售，但相关机构设在同一县（市）的除外； 4. 将自产或者委托加工的货物用于非增值税应税项目； 5. 将自产、委托加工的货物用于集体福利或者个人消费； 6. 将自产、委托加工或者购进的货物作为投资，提供给其他单位或者个体工商户； 7. 将自产、委托加工或	纳税人将自产自用应税消费品用于生产非应税消费品、在建工程、管理部门、非生产机构、提供劳务、馈赠、赞助、集资、广告、样品、职工福利、奖励等方面应视同销售，于移送使用时纳税。

续表

项目	企业所得税	增值税	消费税
	资产所有权属已发生改变而不属于内部处置资产，应按规定视同销售确定收入。 企业发生下列规定情形时，属于企业自制的资产，应按企业同类资产同期对外销售价格确定销售收入；属于外购的资产，可按购入时的价格确定销售收入。 (1) 用于市场推广或销售； (2) 用于交际应酬； (3) 用于职工奖励或福利； (4) 用于股息分配； (5) 用于对外捐赠； (6) 其他改变资产所有权属的用途。	者购进的货物分配给股东或者投资者； 8. 将自产、委托加工或者购进的货物无偿赠送其他单位或者个人。	
视同销售计税依据	将资产用于市场推广或销售；交际应酬、职工奖励或福利、股息分配、对外捐赠等视同销售，属于企业自制的资产，应按企业同类资产同期对外销售价格确定销售收入；属于外购的资产，可按购入时的价格确定销售收入。 对于外购的资产用于非货币性资产交换、偿债、集资等其他情形，应按公允价值（按照市场价格确定的价值）确定销售收入。	纳税人有价格明显偏低并无正当理由或者有视同销售货物行为而无销售额者，按下列顺序确定销售额： ①按纳税人最近时期同类货物的平均销售价格确定； ②按其他纳税人最近时期同类货物的平均销售价格确定； ③按组成计税价格确定。	纳税人用于换取生产资料和消费资料，投资入股和抵偿债务等方面的应税消费品，应当以纳税人同类应税消费品的最高销售价格作为计税依据计算消费税。 纳税人将自己生产的应税消费品用于其他方面的，与增值税计税依据相同。

3. 属于企业自制的资产，应按企业同类资产同期对外销售价格确定销售收入；属于外购的资产，可按购入时的价格确定销售收入。

值得注意的是该项规定，仅适用于文件列举的情形（即无对价的资产转移），而不适用有对价的资产转移，如"非货币性资产交换、偿债、集资"。

对于自产产品的视同销售价格，应参照同期同类产品的市场销售价格，没有参照价格的，应按成本加合理利润的方法组成计税价格。

对于外购产品的视同销售价格，除文件中列举的情形可按购入时的价格确定外的其他情形，应按公允价值（按照市场价格确定的价值）确认。

4. 部分纳税人对视同销售纳税调整产生了疑惑，部分纳税人仅仅调整视同销售收入，而不调整视同销售成本，他们认为，产品用于捐赠、市场推广、交际应酬等已经将产品成本记入了"营业外支出"、"销售费用"、"管理费用"等科目，在税前得到了扣除，若再调整视同销售成本，就是重复扣除了。这部分纳税人存在多交企业所得税的风险。

按税法规定，对应的视同销售成本应当填写扣除，这符合税法配比原则的要求。而营业外支出、销售费用、管理费用的扣除是企业费用支出的扣除，与视同销售成本扣除是两种不同的扣除，不能理解为存在重复扣除问题。

业务2　销售货物发出商品

【业务资料】

12月1日，雨丰机械公司销售货物100万元（不含增值税），成本80万元，约定3个月试用期满后，满意则付款，不满意可退货。公司会计估计相关经济利益流入概率低于50%，未确认销售收入，公司账务处理：

借：发出商品	800 000
贷：库存商品	800 000

【税收政策】

《国家税务总局关于确认企业所得税收入若干问题的通知》（国税函〔2008〕875号）第一条第一项规定：

企业销售收入的确认，必须遵循权责发生制原则和实质重于形式原则。企业销售商品同时满足下列条件的，应确认收入的实现：

（1）商品销售合同已经签订，企业已将商品所有权相关的主要风险和报酬转移给购货方；

（2）企业对已售出的商品既没有保留通常与所有权相联系的继续管理权，也没有实施有效控制；

（3）收入的金额能够可靠地计量；

（4）已发生或将发生的销售方的成本能够可靠地核算。

【税务处理】

根据上述政策，税法与会计确认销售收入的区别是：相关的经济利益很可能流入企业（超过50%），会计要考虑经济利益流入企业的可能性，而税收不必考虑。这一点很好理解，因为能不能流入属于企业主观判断，税务不便于掌握。为了保证税款的收缴，经济利益的流入性不作为确认收入的条件，要是作为条件了，企业的应收账款对应的销售收入就都可以延期纳税了，那怎么能行呢。

这项销售业务满足税法确认销售的条件，因此，在企业所得税汇算清缴时，调增销售收入100万元，调增销售成本80万元，共调增应纳税所得额20万元。

相关链接

若20×4年3月1日之前发生退货，企业作会计处理：

借：库存商品	800 000
贷：发出商品	800 000

则20×3年度企业所得税汇算清缴时不必作纳税调整，若已完成汇算清缴申报工作，可以在20×4年度企业所得税汇算清缴时，调减应纳税所得额20万元。

若20×4年3月1日对方确认产品合格，同意付款，企业作会计处理：

借：应收账款或银行存款	1 170 000
贷：主营业务收入	1 000 000
应交税费——应交增值税（销项税额）	170 000

借：主营业务成本   800 000
  贷：发出商品   800 000

在20×4年度企业所得税汇算清缴时，调减销售收入100万元，调减销售成本80万元，共调减应纳税所得额20万元。

业务3　确认房屋租金收入

【业务资料】

雨丰机械公司将一间办公室租赁给B公司，签订经营租赁合同，双方约定租赁起止日为20×2年1月1日—20×7年12月31日，20×2—20×3两年免除租金，20×4年—20×7年每年收取租金6万元。

《企业会计准则》中规定：对于出租人提供免租期的，出租人应当将租金总额在不扣除免租期的整个租赁期内，按直线法或其它合理的方法进行分配，免租期内出租人应当确认租金收入。而承租人则应将租金总额在不扣除免租期的整个租赁期内，按直线法或其它合理的方法进行分摊，免租期内应当确认租金费用。

公司按直线法平均确认租金收入，20×2年和20×3年均应确认租金收入＝24÷6＝4(万元)，作出账务处理：

借：应收账款   40 000
  贷：其他业务收入   40 000

【税收政策】

1.《中华人民共和国企业所得税法实施条例》第十九条规定：租金收入，按照合同约定的承租人应付租金的日期确认收入的实现。

2.《国家税务总局关于贯彻落实企业所得税法若干税收问题的通知》（国税函〔2010〕79号）第一条规定：根据《实施条例》第十九条的规定，企业提供固定资产、包装物或者其他有形资产的使用权取得的租金收入，应按交易合同或协议规定的承租人应付租金的日期确认收入的实现。其中，如果交易合同或协议中规定租赁期限跨年度，且租金提前一次性支付的，根据《实施条例》第九条规定的收入与费用配比原则，出租人可对上述已确认的收入，在租赁期内，分期均匀计入相关年度收入。

【税务处理】

根据《企业所得税法实施条例》第十九条规定，20×2—20×3两年均不确认租金收入，企业每年确认的租金收入4万元作纳税调减处理，20×4年—20×7年企业每年确认租金收入4万元，而税法确认的租金收入为6万元，每年纳税调增2万元。前两年调减8万元，后四年调增8万元，属于暂时性差异。

因此，在企业所得税汇算清缴时，调减租金收入4万元。

相关链接

1. 如果交易合同或协议中规定租赁期限跨年度，且租金提前一次性支付的，根据收入与费用配比原则，出租人可对上述已确认的收入，在租赁期内，分期均匀计入相关年度收入。

比如，甲公司与乙公司签订经营租赁合同，双方约定租赁期开始日为20×2年1月1日—20×7年12月31日，每年租金6万元，若20×2年甲公司一次收取了2年的租金12万元，并记入"其他业务收入"科目，则在20×2年纳税调减6万元，在20×3年再作纳税调增6万元。

2. 下列三种收入均按照合同约定的日期确认收入的实现：

（1）利息收入。

《中华人民共和国企业所得税法实施条例》第十八条规定：利息收入，应按照合同约定的债务人应付利息的日期确认收入的实现。

（2）特许权使用费收入。

《中华人民共和国企业所得税法实施条例》第二十条规定：特许权使用费收入，应按照合同约定的特许权使用人应付特许权使用费的日期确认收入的实现。

（3）分期收款方式销售货物收入。

《中华人民共和国企业所得税法实施条例》第二十三条规定：以分期收款方式销售货物的，应按照合同约定的收款日期确认收入的实现；企业受托加工制造大型机械设备、船舶、飞机，以及从事建筑、安装、装配工程业务或者提供其他劳务等，持续时间超过12个月的，应按照纳税年度内完工进度或者完成的工作量确认收入的实现。

业务4　债务重组

【业务资料】

雨丰机械公司欠F公司货款340 000元，由于雨丰机械公司发生财务困难，资金暂时短缺，短期内不能支付已于20×3年11月20日到期的货款。20×3年12月1日，经双方协商，F公司同意雨丰机械公司以其生产的产品偿还债务。该产品的公允价值为200 000元，实际成本为160 000元。F公司于20×3年12月6日收到雨丰机械公司抵债的产品，并作为库存商品入库。该债务重组业务不符合特殊性税务处理条件。

雨丰机械公司的账务处理：

借：应付账款	340 000
贷：主营业务收入	200 000
应交税费——应交增值税（销项税额）	34 000
营业外收入——债务重组利得	106 000
借：主营业务成本	160 000
贷：库存商品	160 000

【税收政策】

《财政部、国家税务总局关于企业重组业务企业所得税处理若干问题的通知》（财税〔2009〕59号）第四条第（二）项规定：

企业债务重组，相关交易应按以下规定处理：

1. 以非货币资产清偿债务，应当分解为转让相关非货币性资产、按非货币性资产公允价值清偿债务两项业务，确认相关资产的所得或损失。

2. 发生债权转股权的，应当分解为债务清偿和股权投资两项业务，确认有关债务清偿所得或损失。

3. 债务人应当按照支付的债务清偿额低于债务计税基础的差额，确认债务重组所得；债权人应当按照收到的债务清偿额低于债权计税基础的差额，确认债务重组损失。

4. 债务人的相关所得税纳税事项原则上保持不变。

【税务处理】

上述债务重组业务不符合特殊性税务处理条件，适用一般性税务处理，其税务处理同《企业会计准则第 12 号——债务重组》中处理相一致，因此，企业所得税汇算清缴时，不必进行纳税调整。

相关链接

F 公司的账务处理：

借：库存商品		200 000
应交税费——应交增值税（进项税额）		34 000
营业外支出——债务重组损失		106 000
贷：应收账款		340 000

业务5　公允价值变动净收益

【业务资料】

雨丰机械公司 20×3 年年初购入投资性房地产，价值 100 万元，12 月 31 日该房产公允价值为 80 万元，公司账务处理：

借：公允价值变动损益	200 000
贷：投资性房地产	200 000

【税收政策】

《财政部、国家税务总局关于执行〈企业会计准则〉有关企业所得税政策问题的通知》（财税〔2007〕80 号）规定：企业以公允价值计量的金融资产、金融负债以及投资性房地产等，持有期间公允价值的变动不计入应纳税所得额，在实际处置或结算时，处置取得的价款扣除其历史成本后的差额应计入处置或结算期间的应纳税所得额。

【税务处理】

会计税法差异分析：

（1）公允价值变动损益 20 万元税前不能列支，调增应纳税所得额；

（2）100 万元房产在 20×3 年税法允许计提折旧 5 万元，调减应纳税所得额。

两项合计应调增 15 万元。

业务6　权益法核算长期股权投资初始投资成本的营业外收入

【业务资料】

雨丰机械公司 12 月 1 日以 200 万元取得 S 公司 30％的股权，取得投资时被投资单位可辨认净资产的公允价值为 700 万元，如雨丰机械公司能够对 S 公司施加重大影响，则公司账务处理：

借：长期股权投资　　　　　　　　　　　　　　　　　　　　2 000 000
　　贷：银行存款　　　　　　　　　　　　　　　　　　　　　2 000 000
借：长期股权投资　　　　　　　　　　　　　　　　　　　　　100 000
　　贷：营业外收入　　　　　　　　　　　　　　　　　　　　　100 000

【税收政策】

《中华人民共和国企业所得税法实施条例》第七十一条规定：（1）通过支付现金方式取得的投资资产，以购买价款为成本；（2）通过支付现金以外的方式取得的投资资产，以该资产的公允价值和支付的相关税费为成本。

【税务处理】

会计准则规定，权益法下，长期股权投资的初始投资成本大于投资时应享有被投资单位可辨认净资产公允价值份额的，不调整长期股权投资的初始投资成本；当初始投资成本小于投资时应享有被投资单位可辨认净资产公允价值份额的，应调增长期股权投资的成本，其差额应当计入当期损益（营业外收入）。

税法规定，长期股权投资的计税基础以取得该项投资时所付出的全部代价确定。长期股权投资的初始投资成本无论大于还是小于投资时应享有被投资单位可辨认净资产公允价值份额，都不调整长期股权投资的计税基础。其中，长期股权投资的初始投资成本小于投资时应享有被投资单位可辨认净资产公允价值份额的，其差额也不应当计入当期损益。会计上计入当期损益的，在计算应纳税所得额时应进行纳税调减。

该项长期股权投资的计税基础为 200 万元，未来处置该项投资时，按此计税基础扣除。在企业所得税汇算清缴时，会计上确认的"营业外收入"10 万元，应调减应纳税所得额。

业务7　企业股权转让

【业务资料】

雨丰机械公司 20×2 年 1 月 1 日投资 100 万元于 T 公司，占 T 公司股权比例 20%。20×3 年 11 月，T 公司未分配利润 50 万元，雨丰机械公司应享有其中 20% 即 10 万元。20×3 年 12 月，雨丰机械公司将该项股权转让给 C 企业，当月取得转让收入为 120 万元，同月，雨丰机械公司股权在工商部门办理股权变更登记为 C 企业，确认投资收益10 万元（120－10－100）。

【税收政策】

《国家税务总局关于企业所得税法若干税收问题的通知》（国税函〔2010〕79 号）规定，企业转让股权，应于转让协议生效、且完成股权变更手续时，确认收入的实现。转让股权收入扣除为取得该股权所发生的成本后，为股权转让所得。企业在计算股权转让所得时，不得扣除被投资企业未分配利润等股东留存收益中按该项股权所可能分配的金额。

【税务处理】

按照上述政策，税法确认的股权转让所得应该为 20 万元（120－100），虽然留存收益 10 万元在 T 公司属于税后收益，但是不能在所得额中扣减。股权转让所得不属于免税收入，企业财务处理与税法存在差异 10 万元，企业所得税汇算清缴时，需进行纳税调整。

在具体执行中，应注意：一是确认股权转让收入的实现，以转让协议生效，且完成股权变更手续为准。二是一般股权转让中，不得扣除留存收益，这与清算所得中，股东分得的剩余资产允许扣除留存收益的规定是不同的，见"相关链接"。三是股权转让所得不属于免税收入。

企业在计算股权转让所得时，不得扣除被投资企业未分配利润等股东留存收益中按该项股权所可能分配的金额。也就是说，虽然体现在留存收益中的税后利润一般为免税收入，但如果不进行分配而随着股权一并转让的，不视为免税收入处理。因此，企业应当先分配利润再转让股权，既可以降低税务风险又可以节税，两全其美。

根据《企业所得税法实施条例》的规定，居民企业应在被投资方作出利润分配决定的日期就确认收入的实现。如果居民企业在被投资方宣告发放股利后，但尚未发放股利前转让股权的，这部分已宣告但尚未发放的股利并不属于国税函〔2010〕79 号文件规定的可能分配的金额，而是确定分配的金额。因此，居民企业在被投资方宣告但尚未发放股利前转让股权的，这部分股利可以从股权转让收入中扣减。同时，受让方取得这部分股利时，不再确认为股息所得，应作为应收项目的冲减。

相关链接

1. 注意股权转让所得与清算所得对留存收益处理的不同。

假设某企业对甲公司长期股权投资的计税基础为 100 万元，若甲公司发生清算，企业分得剩余财产为 200 万元，其中 50 万元为来源于甲企业的累计未分配利润，30 万元来源于企业的累计盈余公积。

《企业所得税法实施条例》第十一条规定："投资方企业从被清算企业分得的剩余资产，其中相当于从被清算企业累计未分配利润和累计盈余公积中应当分得的部分，应当确认为股息所得；剩余资产减除上述股息所得后的余额，超过或者低于投资成本的部分，应当确认为投资资产所得或损失。"

因此，企业应确认股息所得 80 万元，确认投资资产所得 20 万元（200－80－100）。

2. 股权平价转让或低价转让，价格偏低无正当理由的，税务机关有权调整核定转让价格。

业务8　接受捐赠

【业务资料】

雨丰机械公司 12 月 1 日接受到乙公司捐赠转入的一台机器设备，取得的增值税专用发票上注明的不含税价款 854 700.85 元，税额 145 299.15 元，价税合计 1 000 000 元。公司账务处理：

借：固定资产 854 700.85
　　应交税费——应交增值税（进项税额） 145 299.15
　　贷：营业外收入 1 000 000

【税收政策】

《国家税务总局关于企业取得财产转让等所得企业所得税处理问题的公告》（国家税务总局公告 2010 年第 19 号）规定：企业取得财产（包括各类资产、股权、债权等）转让收入、债务重组收入、接受捐赠收入、无法偿付的应付款收入等，不论是以货币形式、还是非货币形式体现，除另有规定外，均应一次性计入确认收入的年度计算缴纳企业所得税。

【税务处理】

税法没有明确规定，接受捐赠收入可以递延纳税，因此，企业应当按照国家税务总局公告 2010 年第 19 号文件规定，将捐赠收入 100 万元一次性计入当年度应纳税所得额，计算缴纳企业所得税。该业务不必进行纳税调整。

相关链接

1. 某些企业习惯将接受捐赠资产记入"资本公积"或"其他应付款"等科目，由于未按照会计准则计入营业外收入，在企业所得税汇算清缴时应当调增应纳税所得额。

2. 到目前为止，税法明确规定允许递延纳税的收入主要有下列两种情形：

（1）《国家税务总局关于发布〈企业政策性搬迁所得税管理办法〉的公告》（国家税务总局公告 2012 年第 40 号）第十五条规定：企业在搬迁期间发生的搬迁收入和搬迁支出，可以暂不计入当期应纳税所得额，而在完成搬迁的年度，对搬迁收入和支出进行汇总清算。

需要注意的是：企业由于搬迁处置存货而取得的收入，应按正常经营活动取得的收入进行所得税处理，不作为企业搬迁收入。

（2）《财政部、国家税务总局关于企业重组业务企业所得税处理若干问题的通知》（财税〔2009〕59 号）对特殊性税务处理的规定：企业债务重组确认的应纳税所得额占该企业当年应纳税所得额 50％以上，可以在 5 个纳税年度的期间内，均匀计入各年度的应纳税所得额。

递延纳税的规定，是针对按权责发生制原则应该当年一次纳税，而给予分期纳税的优惠。而按照权责发生制原则应分期确认收入的，本就不属于递延纳税，因此，不能拘泥于上述规定，对符合权责发生制原则需要分期确认收入而一次收取款项业务可以按权责发生制原则分期纳税。

业务9　法人企业间无偿划转非货币性资产

【业务资料】

1. 雨丰集团公司将其子公司雨丰机械公司的一台机床划转到其子公司乙企业，雨丰机械公司该机床账面原值 300 000 元，计提折旧 60 000 元，该机床公允价值为 260 000 元。乙企业接受后即投入使用。雨丰机械公司账务处理：

借：固定资产清理   240 000

  累计折旧   60 000

  贷：固定资产   300 000

借：营业外支出   240 000

  贷：固定资产清理   240 000

2. 雨丰集团公司将其子公司甲公司的一辆汽车划转到其子公司雨丰机械公司，甲公司该汽车账面原值 320 000 元，计提折旧 60 000 元，该汽车公允价值为 280 000 元。雨丰机械公司接受后即投入使用，账务处理：

借：固定资产   260 000

  贷：营业外收入   260 000

【税收政策】

1.《中华人民共和国企业所得税法》第六条规定：企业以货币形式和非货币形式从各种来源取得的收入，为收入总额，包括接受捐赠收入。

2.《中华人民共和国企业所得税法实施条例》第二十一条规定：企业所得税法第六条第（八）项所称接受捐赠收入，是指企业接受的来自其他企业、组织或者个人无偿给予的货币性资产、非货币性资产。

3.《国家税务总局关于企业处置资产所得税处理问题的通知》（国税函〔2008〕828 号）第二条规定，参见"业务 1、存货对外直接捐赠"。

【税务处理】

根据上述政策规定，雨丰机械公司应作如下纳税调整：

1. 资产划出方雨丰机械公司应视同销售，按划转资产公允价值确认视同销售收入 260 000 元，对其计税基础确认视同销售成本 240 000 元，按差额 20 000 元调增应纳税所得额，另外还需要按照直接捐赠 240 000 元调增应纳税所得额，共应调增应纳税所得额 260 000 元。

2. 资产划入方雨丰机械公司需按照接受资产的公允价值确定应税收入 280 000 元，企业已计入营业外收入 260 000 元，按差额 20 000 元调增应纳税所得额。

相关链接

法人企业间无偿划转非货币性资产还存在其他税务风险：

1. 若是无偿划转存货、机器设备的，资产划出方还必须视同销售缴纳增值税，本例简便起见，未考虑增值税的影响。

2. 若是无偿划转不动产或土地使用权的，资产划出方还必须视同发生应税行为缴纳营业税。另外，不符合免税条件的情况下，资产划出方还需缴纳土地增值税、产权转移书据印花税，资产划入方还需缴纳契税、产权转移书据印花税。

业务 10　分期收款发出商品

【业务资料】

雨丰机械公司采用分期收款发出商品方式销售货物一批，20×3 年 12 月 1 日与客户签订销售合同，合同规定每年 1 月、4 月、7 月、10 月四个月的 20 日之前结算货款。20×3 年 12 月 20 日发出商品，开具增值税专用发票。公司账务处理：

借：应收账款		117 000
贷：主营业务收入		100 000
应交税费——应交增值税（销项税额）		17 000
借：主营业务成本		80 000
贷：库存商品		80 000

【税收政策】

《中华人民共和国企业所得税法实施条例》第二十三条规定：企业的下列生产经营业务可以分期确认收入的实现：

（1）以分期收款方式销售货物的，按照合同约定的收款日期确认收入的实现；

（2）企业受托加工制造大型机械设备、船舶、飞机，以及从事建筑、安装、装配工程业务或者提供其他劳务等，持续时间超过 12 个月的，按照纳税年度内完工进度或者完成的工作量确认收入的实现。

【税务处理】

《中华人民共和国增值税暂行条例》第十九条规定：增值税纳税义务发生时间：销售货物或者应税劳务，为收讫销售款项或者取得索取销售款项凭据的当天；先开具发票的，为开具发票的当天。

由于该企业提前开具发票，因此企业增值税纳税义务时间也相应提前到开具发票的当天，造成了增值税与企业所得税纳税义务时间的不同。

在企业所得税上，未到合同约定的日期是不确认收入的，企业应调减应纳税所得额 20 000 元（100 000－80 000）。若企业不作调整，早缴税款，达不到延迟缴纳税款的好处。

相关链接

1. 很多企业习惯于开具发票确认收入，正是这种习惯造成了提前交税的结果。企业可以这样进行账务处理，减少纳税调整的麻烦，又符合税收政策：

发出商品，开具增值税专用发票时，

　借：应收账款

　　贷：应交税费——应交增值税（销项税额）

合同约定收款日期，

　借：应收账款

　　贷：主营业务收入

　借：银行存款

　　　　贷：应收账款

2. 增值税、企业所得税纳税义务发生时间不一定相同。

业务 11　取得财政性资金（一）

【业务资料】

20×3 年 12 月 1 日，雨丰机械公司受让一宗国有土地，实际支付土地出让金 190 万元。12 月 31 日，市财政局以财政支持的方式退还土地款 90 万元作为奖励，但未具体规定资金的专项用途。公司财务处理：

收到返还土地价款时，冲减土地账面价值，

　　借：无形资产——土地使用权　　　　　　　　　　　　　　　　−900 000

　　　贷：银行存款　　　　　　　　　　　　　　　　　　　　　　−900 000

公司摊销土地使用权时，仍按 190 万元摊销。

【税收政策】

1. 《财政部、国家税务总局关于财政性资金、行政事业性收费、政府性基金有关企业所得税政策问题的通知》（财税〔2008〕151 号）第一条规定：

（1）企业取得的各类财政性资金，除属于国家投资和资金使用后要求归还本金的以外，均应计入企业当年收入总额。

（2）对企业取得的由国务院财政、税务主管部门规定专项用途并经国务院批准的财政性资金，准予作为不征税收入，在计算应纳税所得额时从收入总额中减除。

本条所称财政性资金，是指企业取得的来源于政府及其有关部门的财政补助、补贴、贷款贴息，以及其他各类财政专项资金，包括直接减免的增值税和即征即退、先征后退、先征后返的各种税收，但不包括企业按规定取得的出口退税款；所称国家投资，是指国家以投资者身份投入企业、并按有关规定相应增加企业实收资本（股本）的直接投资。

2. 《财政部、国家税务总局关于专项用途财政性资金企业所得税处理问题的通知》（财税〔2011〕70 号）规定：

一、企业从县级以上各级人民政府财政部门及其他部门取得的应计入收入总额的财政性资金，凡同时符合以下条件的，可以作为不征税收入，在计算应纳税所得额时从收入总额中减除：（一）企业能够提供规定资金专项用途的资金拨付文件；（二）财政部门或其他拨付资金的政府部门对该资金有专门的资金管理办法或具体管理要求；（三）企业对该资金以及以该资金发生的支出单独进行核算。

二、根据实施条例第二十八条的规定，上述不征税收入用于支出所形成的费用，不得在计算应纳税所得额时扣除；用于支出所形成的资产，其计算的折旧、摊销不得在计算应纳税所得额时扣除。

三、企业将符合本通知第一条规定条件的财政性资金作不征税收入处理后，在 5 年（60 个月）内未发生支出且未缴回财政部门或其他拨付资金的政府部门的部分，应计入取得该资金第六年的应税收入总额；计入应税收入总额的财政性资金发生的支出，允许在计算应纳税所得额时扣除。

【税务处理】

企业应结合返还财政资金的具体情况，对照财税〔2008〕151号文件及《财政部、国家税务总局关于专项用途财政性资金企业所得税处理问题的通知》（财税〔2011〕70号）规定判断是否属于不征税收入。

根据上述规定，退还土地款90万元不符合不征税条件，应并入收入总额缴纳企业所得税。该企业正确会计处理应为：

借：银行存款　　　　　　　　　　　　　　　　　　　　　900 000

贷：营业外收入　　　　　　　　　　　　　　　　　　　　900 000

由于企业会计处理错误，应调增应纳税所得额90万元。

业务12　取得财政性资金（二）

20×3年12月1日，雨丰机械公司收到市财政局拨付的技术创新基金80万元，记入"营业外收入"，12月该基金用于技术创新的费用支出10万元。该公司能够提供规定资金专项用途的资金拨付文件，市财政局对该资金有专门的资金管理办法，该公司对该资金以及以该资金发生的支出单独进行核算。

【税收政策】

1.《财政部、国家税务总局关于财政性资金、行政事业性收费、政府性基金有关企业所得税政策问题的通知》（财税〔2008〕151号）第一条规定，参见"业务11、取得财政性资金（一）"。

2.《财政部、国家税务总局关于专项用途财政性资金企业所得税处理问题的通知》（财税〔2011〕70号）规定，参见"业务11、取得财政性资金（一）"。

3.《财政部、国家税务总局关于财政性资金、行政事业性收费、政府性基金有关企业所得税政策问题的通知》（财税〔2008〕151号）规定：企业的不征税收入用于支出所形成的费用，不得在计算应纳税所得额时扣除；企业的不征税收入用于支出所形成的资产，其计算的折旧、摊销不得在计算应纳税所得额时扣除。

【税务处理】

该公司收到市财政局拨付的技术创新基金80万元符合财税〔2011〕70号文件不征税收入条件的规定，属于不征税收入，应调减应纳税所得额80万元，同时不征税收入形成的支出不得税前扣除，应调增应纳税所得额10万元。

相关链接

税务上将收入总额分为征税收入和不征税收入，征税收入进而又分为应税收入和免税收入。免税收入属于应征税而未征税收入，其与不征税收入存在很大区别，无论是免税收入还是不征税收入，税法均有明确列示。

税法上目前明确的免税收入主要有：国债利息收入、符合条件的居民企业之间的股息、红利等权益性投资收益、符合条件的非营利组织的收入。

税法上目前明确的不征税收入主要有：财政性资金、行政事业性收费、政府性基金。

不征税收入和免税收入可以这样理解：

不征税收入：从政府部门取得的收入，并非企业自身经营活动带来的收入。相关费用支出不得税前扣除。

免税收入：企业自身经营活动带来的收入，但因符合税法的优惠政策而免于征税的收入。相关费用支出可以税前扣除。

业务 13　取得专利权转让收入

【业务资料】

雨丰机械公司 12 月 1 日取得专利权转让收入 400 万元，与该项技术转让有关的成本和费用为 370 万元。公司记入"营业外收入"30 万元。

【税收政策】

《中华人民共和国企业所得税法实施条例》第九十条规定：企业所得税法第二十七条第（四）项所称符合条件的技术转让所得免征、减征企业所得税，是指一个纳税年度内，居民企业技术转让所得不超过 500 万元的部分，免征企业所得税；超过 500 万元的部分，减半征收企业所得税。

【税务处理】

符合免税条件的技术转让所得 30 万元，免征企业所得税，应调减应纳税所得额。

相关链接

若该公司技术转让所得为 -30 万元，该怎样进行纳税调整？

很多纳税人认为：税收优惠必须要实质上减少应税所得，即必须是所得为正数的时候，申报优惠才有实际意义。当减免税项目为亏损时，纳税人自然选择不填写优惠内容，不进行纳税调整，这样就达到了应税所得弥补减免税项目亏损的目的。

其实这是不正确的。

《国家税务总局关于做好 2009 年度企业所得税汇算清缴工作的通知》（国税函〔2010〕148 号）在第三条第六项"税收优惠填报口径"规定：对企业取得的免税收入、减计收入以及减征、免征所得额项目，不得弥补当期及以前年度应税项目亏损；当期形成亏损的减征、免征所得额项目，也不得用当期和以后纳税年度应税项目所得抵补。第五条规定：在以后纳税年度企业所得税汇算清缴工作中，上述企业所得税纳税申报口径和汇算清缴工作要求未作调整或特殊规定的，按本通知规定执行。

国税函〔2010〕148 号文件的实质就是：企业取得的税收优惠项目应该单独核算，经营项目和优惠项目不能盈亏相抵。尽管此文件是针对 2009 年度企业所得税汇算清缴工作所制定，但是在未作调整或特殊规定前仍按本通知规定执行。

根据国税函〔2010〕148 号文件的规定，当期形成亏损的减征、免征所得额项目，不得用当期和以后纳税年度应税项目所得弥补。即：纳税人只要有减免税项目，不管项目盈利、亏损，企业必须申报。即企业所得税年度纳税申报表主表第 19 行"减、免税项目所得"必须填写申报，包括负数。不填写负数，就是虚假申报，会给企业带来税务风险。

正确填表方法：企业减征、免征所得项目发生亏损的，企业所得税年度纳税申报表附表五《税收优惠明细表》第31行"（五）符合条件的技术转让所得"，必须以负数填写"－300 000"，不得填报为0，相应在附表三《纳税调整项目明细表》第17行"16.减、免税项目所得（填附表五）"的"调减金额"列填写负数"－300 000"，在主表第19行"减、免税项目所得"填写负数"－300 000"。

业务14 取得股息、红利等权益性投资收益

【业务资料】

雨丰机械公司20×2年1月1日以200万元取得M公司30％的股权，雨丰机械公司能够对B公司施加重大影响，M公司20×2年实现净利润100万元，20×3年4月M公司股东大会作出利润分配决定。4月，雨丰机械公司作出账务处理：

借：长期股权投资——M公司（损益调整） 300 000（1 000 000×30％）
  贷：投资收益 300 000

【税收政策】

1.《中华人民共和国企业所得税法》第二十六条第二款规定：符合条件的居民企业之间的股息、红利等权益性投资收益为免税收入。

2.《中华人民共和国企业所得税法实施条例》第十七条规定：股息、红利等权益性投资收益是指企业因权益性投资从被投资方取得的收入。股息、红利等权益性投资收益，除国务院财政、税务主管部门另有规定外，按照被投资方作出利润分配决定的日期确认收入的实现。

3.《中华人民共和国企业所得税法实施条例》第八十三条规定：企业所得税法第二十六条第（二）项所称符合条件的居民企业之间的股息、红利等权益性投资收益，是指居民企业直接投资于其他居民企业取得的投资收益。企业所得税法第二十六条第（二）项和第（三）项所称股息、红利等权益性投资收益，不包括连续持有居民企业公开发行并上市流通的股票不足12个月取得的投资收益。

4.《国家税务总局关于贯彻落实企业所得税法若干税收问题的通知》（国税函〔2010〕79号）规定：对企业权益性投资取得股息、红利收入，应以被投资企业股东大会作出利润分配或转股决定的日期，确定收入的实现。被投资企业将股权（票）溢价所形成的资本公积转为股本的，不作为投资方企业的股息、红利收入，投资方企业也不得增加该项长期投资的计税基础。

【税务处理】

雨丰机械公司因投资M公司而取得的权益性投资收益300 000元，为免税收入，应调减应纳税所得额。

相关链接

1.怎样理解：符合条件的居民企业之间的股息、红利等权益性投资收益

（1）什么叫"符合条件"。

①居民企业之间——不包括投资到"独资企业、合伙企业、非居民企业"。

②直接投资——不包括"间接投资"。

③连续持有居民企业公开发行并上市流通的股票在一年（12个月）以上取得的投资收益。

（2）什么叫"权益性投资"。

权益性投资是指：为获取其他企业的权益或净资产所进行的投资。如对其他企业的普通股股票投资、为获取其他企业股权的联营投资等，均属权益性投资。企业进行这种投资是为取得对另一企业的控制权，或实施对另一个企业的重大影响，或为了其他目的。

2. 对连续持有居民企业公开发行并上市流通的股票不足12个月取得的投资收益，应按规定征税，主要是考虑这种投资，并不以股息、红利收入为主要目的，主要是从二级市场获得股票转让收益，而且买卖和变动频繁，税收管理难度大，因此，实施条例将持有上市公司股票的时间短于12个月的股息红利收入排除在免税范围之外。

3. 企业转让股权所得的收益，是资产的增值，是财产转让所得，不属于企业所得税法所称"权益性投资收益"免税范畴，应根据税法规定的财产转让所得缴纳企业所得税。

业务15　权益法核算的长期股权投资持有期间的投资损益

【业务资料】

雨丰机械公司持有N公司30％的股份，其初始计税基础为100万元，能够对N公司施加重大影响。20×3年N公司因持有的可供出售金融资产公允价值的变动计入资本公积的金额为100万元，除该事项外，N公司20×3年实现的净损益为60万元。N公司股东大会尚未作出利润分配决定。假定雨丰机械公司与N公司适用的会计政策、会计期间相同，投资时N公司有关资产、负债的公允价值与其账面价值亦相同。雨丰机械公司在确认应享有被投资单位所有者权益的变动时，进行账务处理：

借：长期股权投资——N公司（损益调整）　　　　　　　　180 000

　　　　　　　——N公司（其他权益变动）　　　　　　　300 000

　　贷：投资收益　　　　　　　　　　　　　　　　　　　180 000

　　　　资本公积——其他资本公积　　　　　　　　　　　300 000

【税收政策】

1.《中华人民共和国企业所得税法》第二十六条第二款规定，参见"业务14　取得股息、红利等权益性投资收益"。

2.《中华人民共和国企业所得税法实施条例》第十七条规定，参见"业务14　取得股息、红利等权益性投资收益"。

3.《中华人民共和国企业所得税法实施条例》第八十三条规定，参见"业务14　取得股息、红利等权益性投资收益"。

4.《国家税务总局关于贯彻落实企业所得税法若干税收问题的通知》（国税函〔2010〕79 号）规定，参见"业务 14　取得股息、红利等权益性投资收益"。

5.《中华人民共和国企业所得税法实施条例》第七十一条规定：投资资产按照以下方法确定成本：（1）通过支付现金方式取得的投资资产，以购买价款为成本；（2）通过支付现金以外的方式取得的投资资产，以该资产的公允价值和支付的相关税费为成本。

【税务处理】

根据税法规定，被投资单位实现的利润由被投资方缴纳企业所得税，其税后利润投资方不确认所得。只有当被投资单位宣告分配时，投资方才确认股息所得，并按规定对该项股息所得给予免税处理。因此，权益法下，投资方按照应享有被投资单位实现的净利润的份额，不确认所得。

根据税法规定，长期股权投资在持有期间，除非追加或处置部分股权外，其计税基础是不变的，一律以初始计税基础确定。因此，投资企业按照被投资单位宣告分派的利润或现金股利计算应分得的部分，不能增加长期股权投资的计税基础。投资企业对于被投资单位除净损益以外所有者权益的其他变动，在持股比例不变的情况下，企业按照持股比例计算应享有或分担的部分，也不能增加长期股权投资的计税基础。

雨丰机械公司记入"投资收益"科目的贷方金额 18 万元，在企业所得税汇算清缴时，应调减应纳税所得额。长期股权投资在持有期间其计税基础不变，仍为其初始计税基础 100 万元。

相关链接

若为投资损失，根据税法规定，被投资单位发生的净亏损只能由被投资单位用以后 5 年的所得弥补，投资企业不能确认被投资单位发生的净亏损。因此，权益法下，投资方按照应分担的被投资单位的净亏损的份额，不确认投资损失。在企业所得税汇算清缴时，应将"投资收益"科目的借方发生额调增应纳税所得额。同时，企业对外投资期间，也不得调整减少长期股权投资的计税基础。

业务 16　捐赠支出

【业务资料】

20×3 年，雨丰机械公司向某公益性社会团体捐赠 60 万元，该团体在 20×3 年度《公益性捐赠税前扣除资格的公益性社会团体名单》中，取得省财政部门印制并加盖接受捐赠单位印章的公益性捐赠票据 1 份。公司账务处理：

借：营业外支出 600 000
　　贷：银行存款 600 000

【税收政策】

1.《中华人民共和国企业所得税法》第九条规定：企业发生的公益性捐赠支出，

在年度利润总额 12％以内的部分，准予在计算应纳税所得额时扣除。

2.《中华人民共和国企业所得税法实施条例》第五十一条规定：企业所得税法第九条所称公益性捐赠，是指企业通过公益性社会团体或者县级以上人民政府及其部门，用于《中华人民共和国公益事业捐赠法》规定的公益事业的捐赠。

3.《财政部、国家税务总局、民政部关于公益性捐赠税前扣除有关问题的通知》（财税〔2008〕160 号）第八条规定：公益性社会团体和县级以上人民政府及其组成部门和直属机构在接受捐赠时，应按照行政管理级次分别使用由财政部或省、自治区、直辖市财政部门印制的公益性捐赠票据，并加盖本单位的印章。

4.《财政部、国家税务总局、民政部关于公益性捐赠税前扣除有关问题的通知》（财税〔2008〕160 号）第一条规定：企业通过公益性社会团体或者县级以上人民政府及其部门，用于公益事业的捐赠支出，在年度利润总额 12％以内的部分，准予在计算应纳税所得额时扣除。年度利润总额，是指企业依照国家统一会计制度的规定计算的大于零的数额。

5.《财政部、国家税务总局、民政部关于公益性捐赠税前扣除有关问题的补充通知》（财税〔2010〕45 号）第五条规定：

对于通过公益性社会团体发生的公益性捐赠支出，企业或个人应提供省级以上（含省级）财政部门印制并加盖接受捐赠单位印章的公益性捐赠票据，或加盖接受捐赠单位印章的《非税收入一般缴款书》收据联，方可按规定进行税前扣除。

对于通过公益性社会团体发生的公益性捐赠支出，主管税务机关应对照财政、税务、民政部门联合公布的名单予以办理，即接受捐赠的公益性社会团体位于名单内的，企业或个人在名单所属年度向名单内的公益性社会团体进行的公益性捐赠支出可按规定进行税前扣除；接受捐赠的公益性社会团体不在名单内，或虽在名单内但企业或个人发生的公益性捐赠支出不属于名单所属年度的，不得扣除。

【税务处理】

公益性捐赠支出税前扣除需注意以下几点：

1. 公益性捐赠，是指企业通过公益性社会团体或者县级以上人民政府及其部门，用于《中华人民共和国公益事业捐赠法》规定的公益事业的捐赠。公益性社会团体实行"名单管理"：（1）接受捐赠的公益性社会团体在名单内；（2）企业发生的公益性捐赠支出属于名单所属年度。

2. 取得合法票据，企业应提供省级以上（含省级）财政部门印制并加盖接受捐赠单位印章的公益性捐赠票据，或加盖接受捐赠单位印章的《非税收入一般缴款书》收据联，方可按规定进行税前扣除。

3. 企业发生的公益性捐赠支出，在年度利润总额 12％以内的部分，准予在计算应纳税所得额时扣除。年度利润总额，是指企业依照国家统一会计制度的规定计算的大于零的数额。年度利润总额若是小于零，则公益性捐赠支出不得税前扣除。

该企业向某公益性社会团体捐赠 60 万元，属于公益性捐赠支出，可以在年度利润总额 12％以内税前扣除。

业务 17 支付企业日常费用（一）

【业务资料】

表 1-34

记 账 凭 证

20×3 年 12 月 02 日

记字第 03 号
附 件 2 张

摘要	一级账户	明细账户	借方金额	贷方金额
购办公用品	管理费用	办公费	500.00	
招待客人	管理费用	业务招待费	100.00	
支付费用	库存现金			600.00
合计			600.00	600.00

会计主管：珠珠　　　记账：丹丹　　　审核：何花　　　出纳：娜娜　　　制单：丹丹

注：附件仅只列示与税务风险相关的原始凭证，下同。

表 1-35　　　　　　　　**附件——机打发票**

××省国家税务局通用机打发票

（L 市）

发票联

（国家税务局监制章）

发票代码：000000000001
发票号码：00000002

密码

开票日期：20×3—12—01　　　　行业分类：商业　　　　00000002

客户名称：雨丰机械　　　　客户代码：026
地址：L 市××区××路 6 号　　　银行及账号：37000000800660000×××

品名及名称	规格	单位	数量	单价	金额	备注
办公桌		张	1	500.00	500.00	

合计人民币（大写）⊗伍佰元整　　　　　　　¥500.00

L 市×××办公用品商场（发票专用章）

填票人：××　　　　收款人：YY

注：此发票二○×三年底前开具有效，开具金额超过十万元无效。
注：该公司全称为：L 市雨丰机械制造有限公司。

表 1-36   附件——定额发票

<table>
<tr><td rowspan="2">注：

此发票二〇×三年底前开具有效</td><td>

××省国家税务局通用定额发票
（省国税局监制章）
发 票 联
发票代码：000000000032
发票号码：00000027

密码：
壹 佰 元
（加盖发票专用章有效）

×国税发票字［20×3］1552 号 1.6 千本×50×2
＊××发发科技发展有限公司 20×3 年 10 月印 ＊</td></tr>
</table>

注：此发票票面盖有某炒鸡店发票专用章。

【税收政策】

1.《中华人民共和国发票管理办法》第二十一条规定：不符合规定的发票，不得作为财务报销凭证，任何单位和个人有权拒收。

2.《国家税务总局关于进一步加强普通发票管理工作的通知》（国税发〔2008〕80号）第八条第二款之规定：在日常检查中发现纳税人使用不符合规定发票特别是没有填开付款方全称的发票，不得允许纳税人用于税前扣除、抵扣税款、出口退税和财务报销。

3.《国家税务总局关于认真做好 2011 年打击发票违法犯罪活动工作的通知》（国税发〔2011〕25 号）规定：进一步加强对纳税单位和个人发票使用情况的检查。各级税务机关要将发票检查作为税务检查的必查步骤和必查项目，将纳税单位和个人发票使用情况的检查与行业税收专项检查、区域税收专项整治、重点税源企业检查、专案检查工作一同布置、一同组织、一同进行，做到"查账必查票"、"查案必查票"、"查税必查票"。

【税务处理】

表 1-35：发票客户名称"雨丰机械"未使用付款方全称"L 市雨丰机械制造有限公司"，不能税前扣除。表 1-36：某炒鸡店为餐饮业，为营业税纳税项目，应当使用地税局监制的发票，不能税前扣除。企业应当在企业所得税汇算清缴时进行调增应纳税所得额 600 元。

相关链接

在实际工作中，企业有时候很难取得合规的正式发票，就只能以白条、收据等不合规票据入账，有时也是无奈之举，然而，我国目前实行的是"以票控税"的管理制度，按照税法规定，应作纳税调整。

企业使用不合规票据列支成本、费用的现象，在中小企业中相当普遍，几乎每一家中小企业都存在这个问题，有的甚至金额相当巨大，有必要引起足够的重视。

通常，企业不合规票据的类型主要有下列几种：

1. 发票无抬头，即单位名称一栏未填写内容，或只填写"北京"、"山东"等字样；

2. 抬头名称不是本企业，即用票面为其他单位的发票列支费用，这在存在关联方的企业比较常见。

3. 抬头名称为个人，即单位名称一栏填写某人姓名，通常为公司老板、股东等人员的姓名，如在个人名下的车辆保险费用等。

4. 抬头名称不是本企业全称，这种发票最为普遍，通常填写企业的简称，像"L市雨丰商贸有限公司"填写为"雨丰"，甚至有的填写为"雨风"、"雨沣"等别字。

5. 发票未盖章，发票一般应当加盖发票专用章，未盖章的发票无效。《国务院关于修改〈中华人民共和国发票管理办法〉的决定》（中华人民共和国国务院令第587号）第九规定：开具发票应当按照规定的时限、顺序、栏目，全部联次一次性如实开具，并加盖发票专用章。原来的规定是可以加盖发票专用章或者财务专用章，而现在只能加盖发票专用章。

6. 以前年度发票，比如，企业用开票日期为"20×2年10月1日"的发票作为原始凭证在20×3年1月入账，违背了权责发生制原则，不能在20×3年度税前扣除。扣除方法参考国家税务总局公告2012年第15号文件第六条规定：

根据《中华人民共和国税收征收管理法》的有关规定，对企业发现以前年度实际发生的、按照税收规定应在企业所得税前扣除而未扣除或者少扣除的支出，企业做出专项申报及说明后，准予追补至该项目发生年度计算扣除，但追补确认期限不得超过5年。

企业由于上述原因多缴的企业所得税税款，可以在追补确认年度企业所得税应纳税款中抵扣，不足抵扣的，可以向以后年度递延抵扣或申请退税。

亏损企业追补确认以前年度未在企业所得税前扣除的支出，或盈利企业经过追补确认后出现亏损的，应首先调整该项支出所属年度的亏损额，然后再按照弥补亏损的原则计算以后年度多缴的企业所得税税款，并按前款规定处理。

7. 过期发票，也称旧版发票，比如《国家税务总局关于全国统一式样发票衔接问题的通知》（国税函〔2009〕648号）规定"本通知明确简并取消的票种可使用到2010年12月31日，2011年1月1日起，使用新版统一通用发票"。也就是说，2011年1月1日起，国税函〔2009〕648号明确简并取消的发票就成了旧版发票，不再允许税前扣除。

8. 收据、白条。收据可以分为内部收据和外部收据。外部收据又分为税务部门监制、财务部门监制、部队收据三种。内部收据是单位内部的自制凭证，用于单位内部发生的业务，如材料内部调拨、收取员工押金、退还多余出差借款等等，这时的内部自制收据是合法的凭证，可以作为成本费用入账。单位之间发生业务往来，收款方在收款以后不需要纳税的，收款方就可以开具税务部门监制的收据。行政事业单位发生的行政事业性收费，可以使用财政部门监制的收据。单位与部队之间发生业务往来，按照规定不需要纳税的，可以使用部队监制的收据，这种收据也是合法的凭证，可以入账。除上述几种收据外，单位或个人在收付款时使用的其他自制收据，就是日常所说的"白条"，是不能作为凭证入账的。

9. 发票开具内容笼统含糊。发票开具内容笼统含糊，往往为虚假的经济业务，此类发票内容多为"办公用品"、"计算机耗材"、"打印纸"、"烟、酒、茶"、"培训费"、"宣传费"、"会议费"、"维修费"等内容，且发票金额较大。如在大型商场购买代金券，分成若干办公用品发票开具，把酒店餐饮支出列入会议费，公费旅游支出开具培训费等。

《国家税务总局关于转发中纪委〈关于坚决制止开具虚假发票公款报销行为的通知〉的通知》（国税函〔2003〕230号）规定：财务报销必须规范报销凭证，附正规发票，如果采购商品较多，货物名称、单价、数量等不能在发票中详细反映，还应附供应商提供的明细清单。以上要求不仅限于办公用品的购置，对会议费、培训费、印制费、物业管理、维修、劳务、软件开发、设备租赁、车辆保险等各项费用的支出，亦应按以上要求办理。

《国家税务总局稽查局关于重点企业发票使用情况检查工作相关问题的补充通知》（稽便函〔2011〕31号）规定：对企业列支项目为"会议费"、"餐费"、"办公用品"、"佣金"和各类手续费等的发票，须列为必查发票进行重点检查。对此类发票要逐笔进行查验比对，重点检查企业是否存在利用虚假发票及其他不合法凭证虚构业务项目、虚列成本费用等问题。对必查发票要逐笔进行查验比对，通过对资金、货物等流向和发票信息的审核分析，重点检查其业务的真实性。

目前需要附证明的发票主要是会议费、差旅费、培训费、办公用品费等。会议费和培训费的证明材料应包括：会议时间、地点、出席人员、内容、目的、费用标准、会议材料（会议议程、讨论专件、领导讲话）、支付凭证等。召开董事会会议的会议费也应该按照上述规定提供资料。差旅费的证明材料包括出差时间、地点、人数、事由、天数、费用标准等。

10. 费用项目与发票不符。这主要是发生费用后无法取得发票而使用其他发票顶替入账，比如：有的企业费用项目为招待餐费，后面附的发票却是盖有鞋店章的发票；有的企业费用项目为装卸费，后面附的却是公共汽车票。

11. 假发票。有的假发票很好识别，比如：营业税应税项目一般使用的是地税局监制的发票，增值税应税项目一般使用的是国税局监制的发票，若不是则肯定为假发票；再比如：发票代码的2—5位为行政区划代码前4位，若行政区划代码与发票专用章上的单位所在地不符，则肯定为假票；国税发〔2009〕142号文件规定手工发票的限额应严格控制在百元版和千元版，若为万元版通用手工发票则肯定为假票；又比如：一些不同日期的连号发票一般为假发票。有的假发票不易识别，需要到税局网站查询。

12. 费用重复列支。比如国际航空旅客运输专用发票，票面印有"附机票方可报销，手开无效"，有的公司却将发票与机票分别入账，重复列支费用。

业务 18　支付企业日常费用（二）

【业务资料】

表 1-37

记 账 凭 证
20×3 年 12 月 02 日

记字第 03 号
附 件　2 张

摘要	一级账户	明细账户	借方金额	贷方金额
支付酒水款	管理费用	办公费	5 000.00	
支付业务宣传费	管理费用	业务宣传费	10 000.00	
支付费用	库存现金			15 000.00
合计			15 000.00	15 000.00

会计主管：珠珠　　　记账：丹丹　　　审核：何花　　　出纳：娜娜　　　制单：丹丹

附件：货物名称分别为"酒水"与"礼品"的发票两份，无其他相关资料证明酒水用于办公，礼品用于业务宣传。已知：公司账面全年列支业务招待费 84 000 元，广告费和业务宣传费 136 000 元。

【税收政策】

1.《中华人民共和国企业所得税法实施条例》第四十三条规定：企业发生的与生产经营活动有关的业务招待费支出，按照发生额的 60％扣除，但最高不得超过当年销售（营业）收入的 5‰。

2.《国家税务总局关于〈中华人民共和国企业所得税年度纳税申报表〉的补充通知》（国税函〔2008〕1081 号）附件《企业所得税年度纳税申报表及附表填报说明》附表一《收入明细表》填报说明中规定：第 1 行"销售（营业）收入合计"：填报纳税人根据国家统一会计制度确认的主营业务收入、其他业务收入，以及根据税收规定确认的视同销售收入。本行数据作为计算业务招待费、广告费和业务宣传费支出扣除限额的计算基数。

3.《国家税务总局关于企业所得税执行中若干税务处理问题的通知》（国税函〔2009〕202 号）第一条规定：企业在计算业务招待费、广告费和业务宣传费等费用扣除限额时，其销售（营业）收入额应包括《实施条例》第二十五条规定的视同销售（营业）收入额。

【税务处理】

实际工作中，许多企业财务人员经常将业务招待费与会议费、差旅费、办公费、福利费、业务宣传费等其他费用混淆，将本属于业务招待费的支出计入其他费用，造成招待费核算不准确。该企业列支的酒水、礼品费用未在招待费中列支，应重新归集招待费和业务宣传费：企业所得税汇算清缴时，招待费调增 15 000 元，业务宣传费调减 10 000 元。

相关链接

1. 业务招待费的列支范围

在业务招待费的列支范围上，不论是会计还是税法都未给予准确的界定。在税务执法实践中，通常将业务招待费的支付范围界定为与企业生产经营活动有关的餐饮、香烟、酒水、食品、赠送的礼品、土特产品、旅游门票、正常的娱乐活动等费用支出。企业应准备足够有效的材料来证明与生产经营有关，并同时保证业务招待费用的真实性，越客观的证据越有效。

企业应将业务招待费与会议费、业务宣传费等其他费用严格区分，不得将业务招待费挤入其他费用。同时要严格区分给客户的回扣、贿赂等非法支出，对此不能作为业务招待费而应直接作纳税调整。

一般来讲，外购礼品用于赠送的，应作为业务招待费，但如果礼品是纳税人自行生产或经过委托加工，赠送给潜在客户，对企业的形象、产品有标记及宣传作用的，也可作为业务宣传费；但是，赠送给既有客户，是用来维系客户关系的一种手段，不能起到宣传企业形象的作用，应作为业务招待费。

2. 业务招待费≠餐费，餐费≠业务招待费

在实际工作中，有的企业财务人员认为餐费就是业务招待费，也有的企业财务人员认为业务招待费就是餐费，错误地把餐费和业务招待费划上等号，导致企业多缴或少缴企业所得税。其实餐费与业务招待费不是一回事！

（1）业务招待费≠餐费：业务招待费除了用于接待的餐费，还包括向客户赠送的礼品、正常的娱乐活动等。

（2）餐费≠业务招待费：

①重大节日的员工聚餐、加班工作餐等等，这些与接待客户根本没有关系，只是企业内部员工发生的餐费，显然不属于业务招待费，聚餐可以在福利费列支，工作餐则可以在办公费列支。

②差旅费中发生的餐费可全额税前扣除。差旅费是指出差旅途中的费用支出，包括购买车、船、火车、飞机的票费、住宿费、伙食补助费及其他方面的支出。使用餐费发票报销出差旅途中的用餐费用需填写差旅费报销单，列明出差人员姓名、地点、时间、任务等内容，与车票、住宿费发票等支付凭证等一起作为附件。

在证明资料不足的情况下，为了减少税企争议，建议企业最好不用餐费发票报销，而改用发放误餐补助的方式，不但在企业所得税前可以扣除，也不征收个人所得税。

根据《财政部、国家税务总局关于误餐补助范围确定问题的通知》（财税字〔1995〕82号）的规定，对个人因公在城区、郊区工作，不能在工作单位或返回就餐，确实需要在外就餐，根据实际误餐顿数，按合理的标准领取的误餐费不征税；对一些单位以误餐补助名义发给职工的补贴、津贴，应当并入当月工资、薪金所得计征个人所得税。

③会议费中发生的餐费可全额税前扣除。会议费是指召开会议所发生的一切合理费用，包括租用会议场所费用、会议资料费、交通费、茶水费、餐费、住宿费等支出。但企业要保存好会议费的证明材料，具体包括会议时间、地点、出席人员、内容、目的、费用标准、支付凭证等。另外，最好不要单独开具餐费发票，而应根据实际用途

一并按会议费开具发票。

为了准确划分餐费的费用项目，建议企业完善财务制度，将业务招待费与差旅费、会议费和职工福利费严格区分，不得将业务招待费挤入这些费用，同时把不属于业务招待费的餐费分离出来，但注意保留能够证明费用项目的证明资料，以备税务机关检查，避免不必要的税务风险。

3. 业务招待费的扣除基数

根据国税函〔2008〕1081号文件规定，企业计算年度可在企业所得税前扣除的业务招待费，应以《收入明细表》中的"销售（营业）收入合计"即主营业务收入、其他业务收入和视同销售收入之和为基数计算确定。对经税务机关查增的收入，企业纳税申报时未在"销售（营业）收入合计"中申报，大部分税务机关认为是企业对扣除权利的放弃，其数据不可以追加作为所属年度业务招待费的计算基数。

但是，《河北省国家税务局、河北省地方税务局关于明确企业所得税若干业务问题的公告》（河北省国家税务局、河北省地方税务局公告2012年第1号）第十二条规定：对纳税人在稽查、检查过程中查补的收入，可以作为所属年度企业业务招待费、广告费和业务宣传费的计算基数。河北省是个特例，其他省市无此规定的不可以参考。

4. 从事股权投资业务的企业业务招待费扣除限额

《国家税务总局关于贯彻落实企业所得税法若干税收问题的通知》（国税函〔2010〕79号）第八条规定：对从事股权投资业务的企业（包括集团公司总部、创业投资企业等），其从被投资企业所分配的股息、红利以及股权转让收入，可以按规定的比例计算业务招待费扣除限额。

计算基数仅包括从被投资企业所分配的股息、红利以及股权转让收入三项收入，不包括权益法核算的账面投资收益，以及按公允价值计量金额资产的公允价值变动。

业务19 支付罚款、滞纳金、违约金

【业务资料】

12月4日，雨丰机械公司因少缴税款被主管税务机关处以罚款10 000元并加收滞纳金500元，计入营业外支出。同日，因未能按时交货而向购货方支付违约金2 000元，取得收据1份，计入营业外支出。

【税收政策】

1.《中华人民共和国企业所得税法》第八条规定：企业实际发生的与取得收入有关的、合理的支出，包括成本、费用、税金、损失和其他支出，准予在计算应纳税所得额时扣除。

2.《中华人民共和国企业所得税法》第十条第四项中规定，在计算应纳税所得额时，罚金、罚款和被没收财物的损失不得扣除。

3.《国家税务总局关于印发〈中华人民共和国企业所得税年度纳税申报表〉的通知》（国税发〔2008〕101号）明确规定："罚金、罚款和被没收财物的损失"不包括纳税人按照经济合同规定支付的违约金（包括银行罚息）、罚款和诉讼费。

【税务处理】

罚款通常分为两类：

一类是行政性罚款，其大多依据的是国家法律、行政法规，具有较强的法定性和强制性，如工商登记部门、税务部门、公安部门对企业的罚款。

另一类是经营性罚款，主要是根据经济合同或行业惯例，对企业在经营活动中的违约行为给予的惩罚，如纳税人按照经济合同规定支付的违约金（包括银行罚息）、罚款和诉讼费等。

罚款性质不同，税前扣除规定也不同。行政性罚款不得在税前扣除，而经营性罚款可在企业所得税前全额扣除。

在企业所得税汇算清缴时，应调减应纳税所得额 10 500 元。

相关链接

行政性罚款通常需要取得财政票据，而经营性罚款有的需要取得发票，有的则不需要取得发票，具体有下列 5 种情形：

1. 签订购销合同的双方，如合同未履行，收到违约金的一方作为营业外收入，并入当期应纳税所得税额，计算缴纳所得税。因为未发生经营活动，所以不涉及流转税问题，不需要取得发票。

2. 签订购销合同的双方，如销售方不能按期交货等（不包括质量问题）原因造成违约，购货方收到的违约金，作为营业外收入，并入当期应纳税所得税额，计算缴纳所得税。因为未实际发生销售商品、提供服务等经营活动，所以不涉及流转税问题，不需要取得发票。

3. 签订购销合同的双方，如销售方因质量问题造成违约，则属销售折让的范畴，购货方收到的违约金应作进项转出处理。购货方需提供主管税务机关出具的销售折让或退货证明，销售方凭此开具红字发票。

4. 合同已履行，因购货方违约而付给销售方的违约金，则该违约金应属于价外费用，要随同价款一起计征流转税的。此时，销售方收到的违约金应出具发票。

5. 购货方（付款方）收取违约金，无论对方在何时违约，都不需要开具发票，只需开具收据。开具发票的前提是销售商品、提供劳务等而取得了经营收入，而购货方收取违约金并不是经营收入，因此不需要开具发票。

销售方应当出具发票的，购货方必须以发票作为合法凭证，否则不得税前扣除。

业务 20　借款利息支出（一）

【业务资料】

雨丰机械公司的注册资本为 1 000 万元。20×3 年按同期金融机构贷款利率从其关联方借款 3 000 万元，发生借款利息 60 万元。企业不能够提供相关资料证明该关联方借款符合独立交易原则的和该企业的实际税负不高于境内关联方。公司账务处理：

借：财务费用　　　　　　　　　　　　　　　　　　　　　600 000

　　贷：银行存款　　　　　　　　　　　　　　　　　　　　　600 000

【税收政策】

1. 《中华人民共和国企业所得税法实施条例》第三十八条规定：

企业在生产经营活动中发生的下列利息支出，准予扣除：

（一）非金融企业向金融企业借款的利息支出、金融企业的各项存款利息支出和同业拆借利息支出、企业经批准发行债券的利息支出；

（二）非金融企业向非金融企业借款的利息支出，不超过按照金融企业同期同类贷款利率计算的数额的部分。

2. 《国家税务总局关于企业所得税若干问题的公告》（国家税务总局公告2011年第34号）第一条"关于金融企业同期同类贷款利率确定问题"规定：

根据《实施条例》第三十八条规定，非金融企业向非金融企业借款的利息支出，不超过按照金融企业同期同类贷款利率计算的数额的部分，准予税前扣除。鉴于目前我国对金融企业利率要求的具体情况，企业在按照合同要求首次支付利息并进行税前扣除时，应提供"金融企业的同期同类贷款利率情况说明"，以证明其利息支出的合理性。

"金融企业的同期同类贷款利率情况说明"中，应包括在签订该借款合同当时，本省任何一家金融企业提供同期同类贷款利率情况。该金融企业应为经政府有关部门批准成立的可以从事贷款业务的企业，包括银行、财务公司、信托公司等金融机构。"同期同类贷款利率"是指在贷款期限、贷款金额、贷款担保以及企业信誉等条件基本相同下，金融企业提供贷款的利率。既可以是金融企业公布的同期同类平均利率，也可以是金融企业对某些企业提供的实际贷款利率。

3. 《财政部、国家税务总局关于企业关联方利息支出税前扣除标准有关税收政策问题的通知》（财税〔2008〕121号）规定：

一、在计算应纳税所得额时，企业实际支付给关联方的利息支出，不超过以下规定比例和税法及其实施条例有关规定计算的部分，准予扣除，超过的部分不得在发生当期和以后年度扣除。

企业实际支付给关联方的利息支出，符合本通知第二条规定外，其接受关联方债权性投资与其权益性投资比例为：

（一）金融企业，为5∶1；

（二）其他企业，为2∶1。

二、企业如果能够按照税法及其实施条例的有关规定提供相关资料，并证明相关交易活动符合独立交易原则的；或者该企业的实际税负不高于境内关联方的，其实际支付给境内关联方的利息支出，在计算应纳税所得额时准予扣除。

4. 《国家税务总局关于印发〈特别纳税调整实施办法（试行）〉的通知》（国税发〔2009〕2号）第八十九条规定：

企业关联债资比例超过标准比例的利息支出，如要在计算应纳税所得额时扣除，除遵照本办法第三章规定外，还应准备、保存、并按税务机关要求提供以下同期资料，证明关联债权投资金额、利率、期限、融资条件以及债资比例等均符合独立交易原则：

（一）企业偿债能力和举债能力分析；

（二）企业集团举债能力及融资结构情况分析；

（三）企业注册资本等权益投资的变动情况说明；

（四）关联债权投资的性质、目的及取得时的市场状况；

（五）关联债权投资的货币种类、金额、利率、期限及融资条件；

（六）企业提供的抵押品情况及条件；

（七）担保人状况及担保条件；

（八）同类同期贷款的利率情况及融资条件；

（九）可转换公司债券的转换条件；

（十）其他能够证明符合独立交易原则的资料。

5.《国家税务总局关于印发〈特别纳税调整实施办法〉（试行）的通知》（国税发〔2009〕2号）第九十条规定：企业未按规定准备、保存和提供同期资料证明关联债权投资金额、利率、期限、融资条件以及债资比例等符合独立交易原则的，其超过标准比例的关联方利息支出，不得在计算应纳税所得额时扣除。

【税务处理】

由于债务人支付给债权人的利息可以在税前扣除，而股东获得的股息不能在税前扣除，纳税人在为投资经营而筹措资金时，常常刻意设计资金来源结构，加大借入资金比例，扩大债务与权益的比率，形成"资本弱化"，但由于财务人员对税法政策掌握不够全面，仅仅知道利率超过金融企业同期同类贷款利率的部分需要纳税调整，却不知道关联方借款利息支出扣除还要受到债资比的限制，而给企业带来税务风险。

关联方借款利息支出税前扣除必须同时受利率不超过金融企业同期同类贷款利率和债资比例限制的制约。

许多财务人员看不懂财税〔2008〕121号文件的规定，这条规定的意思就是：对于金融企业从关联方取得的借款金额超过其权益性投资（注册资本）500%，其他企业超过200%的，超过部分的利息支出不得税前扣除，未超过部分的利息支出准予按照金融机构同类同期贷款利率计算的数额内税前扣除。

该公司债资比例为3（3 000÷1 000），大于其接受关联方债权性投资与其权益性投资比例2，因此，不得扣除的利息支出＝年度实际支付的全部关联方利息×（1－标准比例÷关联债资比例）＝60×（1－2/3）＝20（万元），需要调增应纳税所得额。

企业要想不受债资比例限制全额扣除关联方利息，则必须按照《特别纳税调整实施办法（试行）》（国税发〔2009〕2号）第八十九条和第九十条规定提供相关证明资料。

相关链接

1. 上面是企业间借款利息扣除的税务扣除，下面看一下企业向个人借款利息支出的扣除条件。

《国家税务总局关于企业向自然人借款的利息支出企业所得税税前扣除问题的通知》（国税函〔2009〕777号）规定：

一、企业向股东或其他与企业有关联关系的自然人借款的利息支出，应根据《中华人民共和国企业所得税法》（以下简称税法）第四十六条及《财政部、国家税务总局关于企业关联方利息支出税前扣除标准有关税收政策问题的通知》（财税〔2008〕121号）规定的条件，计算企业所得税扣除额。

二、企业向除第一条规定以外的内部职工或其他人员借款的利息支出，其借款情况同时符合以下条件的，其利息支出在不超过按照金融企业同期同类贷款利率计算的数额的部分，根据税法第八条和税法实施条例第二十七条规定，准予扣除。

（一）企业与个人之间的借贷是真实、合法、有效的，并且不具有非法集资目的或其他违反法律、法规的行为；

（二）企业与个人之间签订了借款合同。

2. 融资性售后回租业务，租赁期间，承租人支付的属于融资利息的部分，作为企业财务费用在税前扣除。不受金融企业同期同类贷款利率的限制。税法依据：《国家税务总局关于融资性售后回租业务中承租方出售资产行为有关税收问题的公告》（国家税务总局公告〔2010〕第13号）。

业务21　借款利息支出（二）

【业务资料】

雨丰机械公司在20×3年列支向非金融企业和个人借款的利息支出20万元，未取得利息发票，仅凭对方开具的收取利息的收据入账。列支向雨丰集团资金结算中心的利息支出26万元，也未取得发票，仅取得结算中心自制的利息收据入账。公司账务处理：

借：财务费用　　　　　　　　　　　　　　　　　　460 000
　　贷：银行存款　　　　　　　　　　　　　　　　460 000

【税收政策】

1.《中国人民共和国发票管理办法》第二十条规定：销售商品、提供服务以及从事其他经营活动的单位和个人，对外发生经营业务收取款项，收款方应向付款方开具发票；特殊情况下由付款方向收款方开具发票。

2.《营业税税目注释》规定：贷款属于"金融保险业"税目的征收范围，而贷款是指将资金贷与他人使用的行为。不论金融机构还是其他单位，只要是发生将资金贷与他人使用的行为，均应视为发生贷款行为，按"金融保险业"税目征收营业税。

3.《财政部、国家税务总局关于非金融机构统借统还业务征收营业税问题的通知》（财税字〔2000〕7号）规定：一、为缓解中小企业融资难的问题，对企业主管部门或企业集团中的核心企业等单位（以下简称统借方）向金融机构借款后，将所借资金分拨给下属单位（包括独立核算单位和非独立核算单位），并按支付给金融机构的借款利率水平向下属单位收取用于归还金融机构的利息不征收营业税。二、统借方将资金分拨给下属单位，不得按高于支付给金融机构的借款利率水平向下属单位收取利息，否则，将视为具有从事贷款业务的性质，应对其向下属单位收取的利息全额征收营业税。

【税务处理】

从上述规定我们可以得出结论：

1. 企业向关联方收取的利息费用需缴纳营业税的，开发票；不缴纳营业税的，开具收据。

2. 企业向无关联的自然人借款支出应真实、合法、有效，收取利息的个人需要配合企业到主管地税机关申请代开发票，并承担相应的营业税、城建税、教育费附加、地方性税费附加和个人所得税。如果企业替个人"扛税"即代为承担这些税款一般也很难被税务机关同意税前扣除。

3. 实务中，税务机关对财务公司（属于非银行金融机构）开具的经银监局备案的票据通常予以认可，各子公司可以凭此票据进行税前扣除；而对结算中心开具的收据，税务机关通常认定为不合规票据，不允许在所得税税前扣除，企业应取得税务机关监制的发票，才可以税前扣除。

因此，除满足财税字〔2000〕7 号规定不缴纳营业税的利息支出可以凭借收据税前列支外，其他非金融机构借款利息支出均应取得利息发票才可以税前列支。

该公司利息支出均属于应取得而未取得发票的情形，应调增应纳税所得额 46 万元。

相关链接

关于"统借统还"借款利息企业所得税的税前扣除凭据，税务机关一般不要求代开利息收入的发票，使用收据即可税前扣除。但是，企业应当有充足的证明材料来证明自己的借款利息支出属于"统借统还"性质。

集团公司总部每年可编制《统借统还本金及利息支出分摊计算表》，将从银行借来的资金下发使用及利息分摊情况进行统计，列明总计从银行取得多少贷款，下发各项目公司多少本金，每个项目公司应当负担的利息是多少，同时提供银行贷款合同、集团内借款利息费用分摊的协议等相关的证明材料，证明自己下拨的贷款及收取的利息属于"统借统还"性质；而各子公司凭借《统借统还本金及利息支出分摊计算表》、实际取得借款额及支付利息费用的收据等相关证明材料与主管税局沟通，证明自己使用的借款及列支的利息支出均属于"统借统还"性质。

业务 22 银行承兑汇票贴现利息支出

【业务资料】

表 1-38

记 账 凭 证

20×3 年 12 月 02 日

记字第 03 号
附 件 2 张

摘要	一级账户	明细账户	借方金额	贷方金额
承兑汇票贴现	银行存款		450 000.00	
承兑汇票贴现	财务费用	贴现息	50 000.00	
承兑汇票贴现	应收票据			500 000.00
合计			500 000.00	500 000.00

会计主管：珠珠   记账：丹丹   审核：何花   出纳：娜娜   制单：丹丹

附件为一份收据及贴现凭证复印件（申请贴现人为乙公司）。

业务内容为雨丰机械公司销售货物取得一份银行承兑汇票，票面金额 50 万元，雨丰机械公司将该汇票出售给乙公司，取得银行存款 45 万元。

【税收政策】

1. 《中华人民共和国企业所得税法》第八条规定：企业实际发生的与取得收入有关的、合理的支出，包括成本、费用、税金、损失和其他支出，准予在计算应纳税所得额时扣除。

2. 《中华人民共和国企业所得税法实施条例》第二十七条规定：企业所得税法第八条所称有关的支出，是指与取得收入直接相关的支出。企业所得税法第八条所称合理的支出，是指符合生产经营活动常规，应当计入当期损益或者有关资产成本的必要和正常的支出。

3. 《中华人民共和国票据法》第十条规定：票据的签发、取得和转让，应当遵循诚实信用的原则，具有真实的交易关系和债权债务关系。票据的取得，必须给付对价，即应当给付票据双方当事人认可的相对应的代价。

【税务处理】

真实、合法和合理是纳税人经营活动中发生支出可以税前扣除的主要条件和基本原则。合法性是指无论支出是否实际发生或合理与否，如果是非法支出，不符合税法的有关规定，即使财务会计法规或制度规定可作为费用支出，也不得在企业所得税前扣除。合法性是显而易见的，也就是非法支出不允许在税前扣除。

单纯从票据上看，由于没有取得合规票据，该笔贴现息支出也不可以税前扣除。当然，即使该企业取得了乙公司开具的利息发票，由于出售银行承兑汇票违反了《中华人民共和国票据法》，相关的费用仍然不得税前扣除。

在企业所得税汇算清缴时，企业应当调增应纳税所得额 50 000 元。

业务 23 担保支出

【业务资料】

雨丰机械公司董事长与甲公司董事长为表兄弟，甲公司需要向银行借款，需要雨丰机械公司作担保人。经董事会批准，雨丰机械公司以厂房为被担保人甲公司提供连带责任担保，后因甲公司扩大生产经营规模，资金短缺，回笼资金也出现困难，不能按期足额偿还银行贷款，雨丰机械公司代为偿还银行利息 30 万元，计入财务费用。公司账务处理：

借：财务费用　　　　　　　　　　　　　　　　　　　　　　300 000
　　贷：银行存款　　　　　　　　　　　　　　　　　　　　　300 000

【税收政策】

《国家税务总局关于发布〈企业资产损失所得税税前扣除管理办法〉的公告》（国家税务总局公告 2011 年第 25 号）第四十四条规定：企业对外提供与本企业生产经营活动有关的担保，因被担保人不能按期偿还债务而承担连带责任，经追索，被担保人无偿还能力，对无法追回的金额，比照本办法规定的应收款项损失进行处理。与本企业生产经营活动有关的担保是指企业对外提供的与本企业应税收入、投资、融资、材料采购、产品销售等生产经营活动相关的担保。

【税务处理】

根据上述政策规定，雨丰机械公司为甲公司提供担保与本企业生产经营活动无关，另外，甲公司不能按期足额偿还银行贷款，也未必真无偿还能力，可能只是暂时的资金短缺，因此，担保人代被担保人偿还的银行利息30万元，不得税前扣除。

在企业所得税汇算清缴时，企业应当调增应纳税所得额30万元。

业务24　固定资产计提折旧（一）

【业务资料】

雨丰机械公司将一台机器设备评估增值金额计入资本公积科目，并按评估增值后的资产价值计提折旧，20×3年比按资产原值多计提折旧1万元。

雨丰机械公司将一台机器设备无偿借出，20×3年该设备仍然计提折旧0.6万元。

【税收政策】

1.《中华人民共和国企业所得税法实施条例》第五十六条规定：

企业的各项资产，包括固定资产、生物资产、无形资产、长期待摊费用、投资资产、存货等，以历史成本为计税基础。

前款所称历史成本，是指企业取得该项资产时实际发生的支出。

企业持有各项资产期间资产增值或者减值，除国务院财政、税务主管部门规定可以确认损益外，不得调整该资产的计税基础。

2.《中华人民共和国企业所得税法》第十一条规定：

在计算应纳税所得额时，企业按照规定计算的固定资产折旧，准予扣除。下列固定资产不得计算折旧扣除：

（一）房屋、建筑物以外未投入使用的固定资产；

（二）以经营租赁方式租入的固定资产；

（三）以融资租赁方式租出的固定资产；

（四）已足额提取折旧仍继续使用的固定资产；

（五）与经营活动无关的固定资产；

（六）单独估价作为固定资产入账的土地；

（七）其他不得计算折旧扣除的固定资产。

【税务处理】

企业的各项资产以历史成本为计税基础，该企业评估增值部分计提的折旧1万元，不得税前扣除，在企业所得税汇算清缴时，企业应当调增应纳税所得额。

企业无偿借出的固定资产，相关的经济利益没有流入企业，属于与经营活动无关的固定资产，该项固定资产所计提的折旧0.6万元，不属于与取得应税收入相关的支出，不得在企业所得税税前扣除。

因此，在企业所得税汇算清缴时，企业应调增应纳税所得额1.6万元。

相关链接

1. 企业列支的不得税前扣除的固定资产折旧费用，通常还有下列情形：

（1）除房屋、建筑物以外未投入使用的固定资产折旧都不得税前扣除，只有房屋、建筑物，无论是否闲置都可以税前扣除。

（2）非公司名下的固定资产，以在股东个人名下的车辆最为常见。

（3）以收据等不合规票据列支的固定资产。

2. "停止使用"是否包括季节性停工和大修理停工？

季节性停工期间的固定资产折旧不属于上述不得扣除的范围，因此《中华人民共和国企业所得税法实施条例》第五十九条规定的停止使用的固定资产，应当自停止使用月份的次月起停止计算折旧，不包括季节性停工和大修理期间的固定资产折旧。季节性停用和大修理停用是与企业生产经营相关的暂时停用，是生产安排所需，是为了更好的为生产服务，不属于未投入使用的固定资产，因此，该部分的设备应该提取折旧。

3. 企业购入已提足折旧的固定资产怎样计提折旧？

《中华人民共和国企业所得税法实施条例》五十八条第一项规定：外购的固定资产，以购买价款和支付的相关税费以及直接归属于使该资产达到预定用途发生的其他支出为计税基础。

对于企业购入已提足折旧的固定资产，主管税务机关首先应当根据已使用过固定资产的新旧磨损程度、使用情况以及是否进行改良等因素合理估计新旧程度，然后与该固定资产的法定折旧年限相乘确定。如果有关固定资产的新旧程度难以准确估计，主管税务机关有权采取其他合理方法。

4. 高值易耗品单位价值较高，但使用时间低于12个月，需要作为固定资产吗？

《中华人民共和国企业所得税法实施条例》第五十七条规定，企业所得税法第十一条所称固定资产，是指企业为生产产品、提供劳务、出租或者经营管理而持有的、使用时间超过12个月的非货币性资产，包括房屋、建筑物、机器、机械、运输工具以及其他与生产经营活动有关的设备、器具、工具等。对于固定资产的判定，不能仅仅依据价值的高低，而应当根据税法的规定综合考虑，高值易耗品虽然单位价值高，但是使用时间一般不超过12个月，所以不能视为固定资产，可作为低值易耗品进行管理，相关费用可以税前一次扣除。

5. 对于固定资产的判定，不能仅仅依据价值的高低，企业不能将价值相对较低但符合规定的电子设备、办公家具等固定资产作为低值易耗品在管理费用或销售费用科目一次性列支。

业务 25　固定资产计提折旧（二）

【业务资料】

雨丰机械公司一辆货车按照 8 年计提折旧，20×3 年共计提折旧 3 万元；一台生产设备按照 5 年计提折旧，20×3 年共计提折旧 2 万元。其他固定资产均按照税法最低年限计提折旧。

【税收政策】

1. 《中华人民共和国企业所得税法实施条例》第六十条规定：

除国务院财政、税务主管部门另有规定外，固定资产计算折旧的最低年限如下：

（一）房屋、建筑物，为 20 年；

（二）飞机、火车、轮船、机器、机械和其他生产设备，为 10 年；

（三）与生产经营活动有关的器具、工具、家具等，为 5 年；

（四）飞机、火车、轮船以外的运输工具，为 4 年；

（五）电子设备，为 3 年。

2. 《国家税务总局关于企业所得税应纳税所得额若干税务处理问题的公告》（国家税务总局公告 2012 年第 15 号）第八条规定：根据企业所得税法第二十一条规定，对企业依据财务会计制度规定，并实际在财务会计处理上已确认的支出，凡没有超过企业所得税法和有关税收法规规定的税前扣除范围和标准的，可按企业实际会计处理确认的支出，在企业所得税前扣除，计算其应纳税所得额。

【税务处理】

货车按照 8 年计提折旧，超过企业所得税法规定的运输工具折旧年限 4 年，没有超过企业所得税法和有关税收法规规定的税前扣除范围和标准的，为减少会计与税法差异的调整，便于税收征管，企业按照会计上确认的支出，在税务处理时，将不再进行调整。

生产设备按照 5 年计提折旧，低于企业所得税法规定的生产设备折旧年限 10 年，按税法规定的最低年限应计提折旧 1 万元，会计比税法多计提折旧 1 万元，在企业所得税汇算清缴时，企业应调增应纳税所得额 1 万元。

相关链接

符合条件的固定资产可以加速折旧，加速折旧政策如下：

1. 《国家税务总局关于企业固定资产加速折旧所得税处理有关问题的通知》（国税发〔2009〕81 号）规定：

（1）企业拥有并用于生产经营的主要或关键的固定资产，由于以下原因确需加速折旧的，可以缩短折旧年限或者采取加速折旧的方法：①由于技术进步，产品更新换代较快的；②常年处于强震动、高腐蚀状态的。

（2）企业采取缩短折旧年限方法的，对其购置的新固定资产，最低折旧年限不得低于《实施条例》第六十条规定的折旧年限的 60%；若为购置已使用过的固定资产，其最低折旧年限不得低于《实施条例》规定的最低折旧年限减去已使用年限后剩余年限的 60%。最低折旧年限一经确定，一般不得变更。

（3）企业采取加速折旧方法的，可以采用双倍余额递减法或者年数总和法。加速折旧方法一经确定，一般不得变更。

（4）企业确需对固定资产采取缩短折旧年限或者加速折旧方法的，应在取得该固定资产后一个月内，向其企业所得税主管税务机关备案。

2.《财政部、国家税务总局关于进一步鼓励软件产业和集成电路产业发展企业所得税政策的通知》（财税〔2012〕27 号）第七条规定：企业外购的软件，凡符合固定资产或无形资产确认条件的，可以按照固定资产或无形资产进行核算，其折旧或摊销年限可以适当缩短，最短可为 2 年（含）。

3.《财政部、国家税务总局关于进一步鼓励软件产业和集成电路产业发展企业所得税政策的通知》（财税〔2012〕27 号）第八条规定：集成电路生产企业的生产设备，其折旧年限可以适当缩短，最短可为 3 年（含）。

业务 26　固定资产计提折旧（三）

【业务资料】

20×2 年 12 月 20 日，雨丰机械公司一座办公楼已经达到预定可使用状态，但是因为尚未办理工程军竣工决算而未取得全额发票，公司按照合同暂估了办公楼成本 200 万元，20×3 年 1—6 月份计提折旧 4.75 万元。20×3 年 7 月取得全额发票，办公楼实际成本为 180 万元，公司及时调整了办公楼成本，7—12 月份计提折旧 4.275 万元，但是未调整 1—6 月份原已计提的折旧。

【税收政策】

《国家税务总局关于贯彻落实企业所得税法若干税收问题的通知》（国税函〔2010〕79 号）规定：企业固定资产投入使用后，由于工程款项尚未结清未取得全额发票的，可暂按合同规定的金额计入固定资产计税基础计提折旧，待发票取得后进行调整。但该项调整应在固定资产投入使用后 12 个月内进行。

【税务处理】

雨丰机械公司按照《企业会计准则第 4 号——固定资产》规定的"已达到预定可使用状态但尚未办理竣工决算的固定资产，应当按照估计价值确定其成本，并计提折旧；待办理竣工决算后，再按实际成本调整原来的暂估价值，但不需要调整原已计提的折旧额"进行处理，符合会计规定，但是税法和会计存在着差异：会计规定不需要调整原已计提的折旧额，税法规定在固定资产投入使用后 12 个月内进行调整原已计提的折旧额。

调整方法如下：

表 1-39

取得发票时间	计税基础	已提折旧	未提折旧
12 个月内取得发票	调整	调整	调整
12 个月后取得发票	调整	不调整	调整

因此，20×3 年 1—6 月份按税法规定，多计提折旧 47 500－42 750＝4 750（元），在企业所得税汇算清缴时，企业应调增应纳税所得额 4 750 元。

业务 27　固定资产计提折旧（四）

【业务资料】

雨丰机械公司 20×2 年 12 月 12 日收到丙公司抵账的一台机器设备，按其原账面价值 30 万元减除已计提 4 年的折旧 11.4 万元的余额 18.6 万元作为入账价值，折旧年限按剩余年限 6 年计算。20×3 年计提折旧 29 450 元。假设该机器设备的公允价值为 20 万元，雨丰机械公司支付的相关税费为 2 万元，残值率 5%。

【税收政策】

《中华人民共和国企业所得税法实施条例》第五十八条第五款的规定，通过捐赠、投资、非货币性资产交换、债务重组等方式取得的固定资产，以该资产的公允价值和支付的相关税费为计税基础，不得低于实施条例规定的最低年限计提折旧。

【税务处理】

雨丰机械公司通过抵账取得的固定资产按原账面价值减除已计提的折旧作为入账价值计算以及折旧年限按剩余年限计算的方法，不符合上述规定，对存在差异的部分应作纳税调整处理。

通过捐赠、投资、非货币性资产交换、债务重组等方式取得的固定资产，无论新旧，无论已经计提折旧多少年，都要按照该资产的公允价值和支付的相关税费为计税基础，按照不得低于实施条例规定的最低年限计提折旧。

20×3 年该公司应计提折旧 = 22×(1-5%)÷10 = 20 900(元)，多计提折旧 = 29 450-20 900 = 8 550(元)。

企业所得税汇算清缴时，应调增应纳税所得额 8 550 元。

业务 28　房屋改建支出与机器设备修理支出

【业务资料】

20×2 年，雨丰机械公司将一台机器设备的修理支出 30 万元计入制造费用一次性列支，该设备的修理支出达到其原值的 60%，修理后该设备可以延长使用年限 1 年。另将租赁的房屋（合同约定的剩余租赁期限 3 年）发生的改建支出 6 万元计入管理费用一次性列支。

【税收政策】

1. 《中华人民共和国企业所得税法》第十三条规定：

在计算应纳税所得额时，企业发生的下列支出作为长期待摊费用，按照规定摊销的，准予扣除：

（一）已足额提取折旧的固定资产的改建支出；

（二）租入固定资产的改建支出；

（三）固定资产的大修理支出；

（四）其他应当作为长期待摊费用的支出。

2. 《中华人民共和国企业所得税法实施条例》第六十八条规定：固定资产的改建支出，是指改变房屋或者建筑物结构、延长使用年限等发生的支出。已足额提取折旧的固定资产的改建支出，按照固定资产预计尚可使用年限分期摊销；租入固定资产的改建支出，按照合同约定的剩余租赁期限分期摊销。

3. 《中华人民共和国企业所得税法实施条例》第六十九条规定：

固定资产的大修理支出，按照固定资产尚可使用年限分期摊销。

固定资产的大修理支出，是指同时符合下列条件的支出：（1）修理支出达到取得固定资产时的计税基础50％以上；（2）修理后固定资产的使用年限延长2年以上。

4.《中华人民共和国企业所得税法实施条例》第七十条规定：其他应当作为长期待摊费用的支出，自支出发生月份的次月起，分期摊销，摊销年限不得低于3年。

【税务处理】

达到税法规定标准的固定资产改建支出及大修理支出，不得一次性列支费用，应计入长期待摊费用，分期摊销；达不到税法规定标准的固定资产改建支出及修理支出，一次性列支费用，当期全额税前扣除。

固定资产修理支出30万元，未达到税法规定的固定资产大修理支出标准，不应作为长期待摊费用，可作为当期费用，按规定在企业所得税前一次扣除，不必进行纳税调整。

租入固定资产的改建支出6万元，按照合同约定的剩余租赁期限3年分期摊销，每年摊销2万元。

企业所得税汇算清缴时，应调增应纳税所得额4万元。

相关链接

上述税收政策中，长期待摊费用中未包括开办费，因此，开办费可以在开始经营之日的当年一次性扣除，也可以按照"其他应当作为长期待摊费用的支出"不低于3年分期摊销，但是处理方法一经选定，不得改变。

《国家税务总局关于企业所得税若干税务事项衔接问题的通知》（国税函〔2009〕98号）第九条规定：新税法中开（筹）办费未明确列作长期待摊费用，企业可以在开始经营之日的当年一次性扣除，也可以按照新税法有关长期待摊费用的处理规定处理，但一经选定，不得改变。

业务29　固定资产建造期间的支出

【业务资料】

20×3年，雨丰机械公司将房屋建造期间的借款利息10万元计入财务费用，将竣工结算前发生的房屋装修支出12万元计入管理费用。20×3年末，该房屋尚未竣工。

【税收政策】

1.《中华人民共和国企业所得税法实施条例》第五十七条规定：固定资产，是指企业为生产产品、提供劳务、出租或者经营管理而持有的、使用时间超过12个月的非货币性资产，包括房屋、建筑物、机器、机械、运输工具以及其他与生产经营活动有关的设备、器具、工具等。

2.《中华人民共和国企业所得税法实施条例》第三十七条规定：企业为购置、建造固定资产、无形资产和经过12个月以上的建造才能达到预定可销售状态的存货发生借款的，在有关资产购置、建造期间发生的合理的借款费用，应当作为资本性支出计入有关资产的成本，并依照本条例的规定扣除。

【税务处理】

该企业将资本性的支出作为费用一次性列支，减少了当期利润少缴了企业所得税，应调增应纳税所得额。

1. 竣工结算前发生的房屋装修支出，应计入固定资产原值，不低于 20 年计提折旧。若房屋的装修费用发生在竣工结算后，符合固定资产改建支出情形的，发生的改建支出也应增加固定资产计税基础。

2. 房屋建造期间的借款利息，应当作为资本性支出计入房屋的成本，按税法规定计提折旧。

企业所得税汇算清缴时，应调增应纳税所得额 22 万元。

业务30 土地使用权摊销

【业务资料】

雨丰机械公司的土地使用权账面价值 200 万元，按 20 年来摊销，每年摊销 10 万元。已知：该公司取得的土地使用权的有效期是 50 年，营业执照的有效期为 20 年。

【税收政策】

《中华人民共和国企业所得税法实施条例》第六十七条规定：无形资产按照直线法计算的摊销费用，准予扣除。无形资产的摊销年限不得低于 10 年。作为投资或者受让的无形资产，有关法律规定或者合同约定了使用年限的，可以按照规定或者约定的使用年限分期摊销。

【税务处理】

通常情况下，有关法律规定或者合同约定土地使用权的使用年限即是其使用寿命，因此该公司取得的土地使用权应按 50 年摊销，每年摊销 4 万元，企业应当调增应纳税所得额 6 万元（10－4）。

相关链接

《中华人民共和国企业所得税法实施条例》第六十六条规定：外购的无形资产，以购买价款和支付的相关税费以及直接归属于使该资产达到预定用途发生的其他支出为计税基础。

无形资产的计税基础应当包含支付的相关税费以及直接归属于使该资产达到预定用途发生的其他支出，有的企业未将这部分税费和支出计入无形资产账面价值，而是直接计入管理费用，应当进行纳税调整。

业务31 支付手续费及佣金

【业务资料】

1. 12 月 1 日，雨丰机械公司以现金方式支付某中介服务公司佣金 1 万元。

2. 12 月 7 日，雨丰机械公司仅以工资单的形式列支业务手续费及佣金支出 8 000 元。

【税收政策】

《财政部、国家税务总局关于企业手续费及佣金支出税前扣除政策的通知》（财税

〔2009〕29号）规定：

一、企业发生与生产经营有关的手续费及佣金支出，不超过以下规定计算限额以内的部分，准予扣除；超过部分，不得扣除。

1. 保险企业：财产保险企业按当年全部保费收入扣除退保金等后余额的15％（含本数，下同）计算限额；人身保险企业按当年全部保费收入扣除退保金等后余额的10％计算限额。

2. 其他企业：按与具有合法经营资格中介服务机构或个人（不含交易双方及其雇员、代理人和代表人等）所签订服务协议或合同确认的收入金额的5％计算限额。

二、企业应与具有合法经营资格中介服务企业或个人签订代办协议或合同，并按国家有关规定支付手续费及佣金。除委托个人代理外，企业以现金等非转账方式支付的手续费及佣金不得在税前扣除。企业为发行权益性证券支付给有关证券承销机构的手续费及佣金不得在税前扣除。

三、企业不得将手续费及佣金支出计入回扣、业务提成、返利、进场费等费用。

四、企业已计入固定资产、无形资产等相关资产的手续费及佣金支出，应当通过折旧、摊销等方式分期扣除，不得在发生当期直接扣除。

五、企业支付的手续费及佣金不得直接冲减服务协议或合同金额，并如实入账。

六、企业应当如实向当地主管税务机关提供当年手续费及佣金计算分配表和其他相关资料，并依法取得合法真实凭证。

【税务处理】

1. 支付手续费及佣金的形式，除委托个人代理外，不得以现金等非转账方式支付。因此，该公司以现金方式支付的佣金1万元不得税前扣除。

2. 该公司仅以工资单的形式列支业务手续费及佣金支出是不可以税前扣除的，应当依据手续费及佣金计算分配表、发票、合同等相关资料进行税前扣除。

企业所得税汇算清缴时，应调增应纳税所得额1.8万元。

相关链接

一般企业实际发生的手续费及佣金的税前扣除，必须满足以下条件：

1. 与企业的生产经营相关。

2. 需要签订书面合同或协议。

3. 签订合同或协议的单位或个人应该具有"中介服务"的经营范围以及中介服务资格证书，签订合同或协议的单位或个人，不包括交易双方及其雇员、代理人和代表人等。

4. 支付的手续费及佣金数额，不得超过税法规定比例。

5. 支付手续费及佣金的形式，除委托个人代理外，不得以现金等非转账方式支付。财政部、国家税务总局联合下文对费用支付形式进行规范，可以说是极其少见的，应该引起纳税人的高度重视。

凡是一般企业实际支付的手续费及佣金，未满足上述条件之一的，均不得税前扣除。

业务 32　劳动保护支出

【业务资料】

雨丰机械公司将一批服装作为劳动保护支出在管理费用和制造费用中列支，附件为两份发票，一份发票货物名称为工作服，数量 200 套，单价 100 元，金额 20 000 元，开票单位为某劳保用品公司；另一份发票货物名称为西服，数量 2 套，单价 5 000 元，金额 10 000 元，开票单位为某高档服装商厦。

【税收政策】

1.《中华人民共和国企业所得税法实施条例》第四条规定：企业发生的合理的劳动保护支出，准予扣除。

2.《国家税务总局关于企业所得税若干问题的公告》（国家税务总局公告 2011 年第 34 号）第二条关于企业员工服饰费用支出扣除问题规定：企业根据其工作性质和特点，由企业统一制作并要求员工工作时统一着装所发生的工作服饰费用，可以作为企业合理的支出给予税前扣除。

【税务处理】

劳动保护支出需要满足以下条件，一是必须是确因工作需要，如果企业所发生的所谓支出，并非出于工作的需要，那么其支出就不得予以扣除；二是为其雇员配备或提供，而不是给其他与其没有任何劳动关系的人配备或提供；三是限于工作服、手套、安全保护用品、防暑降温品等，如高温冶炼企业职工、道路施工企业的防暑降温品，采煤工人的手套、头盔等用品。显然，该公司购买的工作服符合劳动保护支出的条件，而购买的高档知名品牌服装不符合劳动保护支出的条件，不应当直接在税前扣除。

高档服装若作为企业中、高层员工的形象塑造支出，也是公司形象宣传的需要，即使采购服装在发票上注明类别为劳保用品，也不能按照劳动保护费进行税前扣除，其实质属于一种非货币性福利。但企业计入劳动保护费就可能全额税前扣除和少计应代扣代缴职工的个人所得税。

这两套西服不属于企业统一制作并要求员工工作时统一着装所发生的工作服饰费用，也没有证据表明是公司形象宣传的需要，应界定为与公司生产经营无关的费用支出，不可以作为企业合理的支出给予税前扣除。

企业所得税汇算清缴时，应调增应纳税所得额 10 000 元。

相关链接

企业正确区分劳动保护支出和福利费支出，不仅可以防范企业所得税税务风险，也可以防范增值税税务风险。

发放给职工个人的劳动保护用品是保护劳动者安全健康的一种预防性辅助措施，不是生活福利待遇，非因工作需要和国家规定以外的带有普遍福利性质的支出，应界定为福利费支出，按照相关的标准申报扣除。

在增值税方面，劳动保护支出可以抵扣进项税额，而福利费支出不得抵扣进项税额。

业务 33　车辆所发生的汽油费、保险费等费用支出

【业务资料】

雨丰机械公司与职工个人签订了车辆租赁合同，按照合同规定支付了租赁车辆所发生的租赁费 10 000 元，车辆保险费 6 000 元、汽油费 8 800 元。

【税收政策】

1.《中华人民共和国企业所得税法》第八条规定，企业实际发生的与取得收入有关的、合理的支出，包括成本、费用、税金、损失和其他支出，准予在计算应纳税所得额时扣除。

2.《中华人民共和国企业所得税法实施条例》第四十七条规定：

企业根据生产经营活动的需要租入固定资产支付的租赁费，按照以下方法扣除：

(1) 以经营租赁方式租入固定资产发生的租赁费支出，按照租赁期限均匀扣除；

(2) 以融资租赁方式租入固定资产发生的租赁费支出，按照规定构成融资租入固定资产价值的部分应当提取折旧费用，分期扣除。

【税务处理】

企业以经营租赁方式租入车辆发生的租赁费支出，凭租赁费发票等合法有效凭据准予税前扣除。企业支付的汽油费属于与取得收入有关的、合理的支出，可以按税收规定扣除。

但是，应由个人承担的车辆购置税、车辆保险费等费用，不管是否签订租赁合同或协议，均不得在税前扣除。

企业所得税汇算清缴时，应调增应纳税所得额 6 000 元。

> **相关链接**
>
> 企业以融资租赁方式租入车辆发生的租赁费支出，租赁费不得一次税前扣除，应按照规定计入融资租入固定资产价值提取折旧费用，分期扣除。
>
> 《中华人民共和国企业所得税法实施条例》第五十八条第三项规定：融资租入的固定资产，以租赁合同约定的付款总额和承租人在签订租赁合同过程中发生的相关费用为计税基础，租赁合同未约定付款总额的，以该资产的公允价值和承租人在签订租赁合同过程中发生的相关费用为计税基础。
>
> 融资租赁是指在实质上转移与一项资产所有权有关的全部风险和报酬的一种租赁，符合下列条件之一的租赁为融资租赁：
>
> (1) 在租赁期满时，租赁资产的所有权转让给承租方；
>
> (2) 租赁期为资产使用年限的大部分（75% 或以上）；
>
> (3) 租赁期内租赁最低付款额大于或基本等于租赁开始日资产的公允价值。

业务 34　保险费支出

【业务资料】

雨丰机械公司为职工缴纳基本养老保险费、基本医疗保险费、失业保险费、工伤保

险费、生育保险费等基本社会保险费共计 327 000 元。雨丰机械公司为公司车辆缴纳的机动车交通事故责任强制保险费 12 000 元，给司机和保安缴纳人身意外保险费 4 000 元。

【税收政策】

1. 《中华人民共和国企业所得税法实施条例》第三十五条规定：企业依照国务院有关主管部门或者省级人民政府规定的范围和标准为职工缴纳的基本养老保险费、基本医疗保险费、失业保险费、工伤保险费、生育保险费等基本社会保险费和住房公积金，准予扣除。企业为投资者或者职工支付的补充养老保险费、补充医疗保险费，在国务院财政、税务主管部门规定的范围和标准内，准予扣除。

2. 《中华人民共和国企业所得税法实施条例》第三十六条规定：除企业依照国家有关规定为特殊工种职工支付的人身安全保险费和国务院财政、税务主管部门规定可以扣除的其他商业保险费外，企业为投资者或者职工支付的商业保险费，不得扣除。

3. 《中华人民共和国企业所得税法实施条例》第四十六条规定：企业参加财产保险，按照规定缴纳的保险费，准予扣除。

【税务处理】

1. 为职工缴纳基本养老保险费、基本医疗保险费、失业保险费、工伤保险费、生育保险费等基本社会保险费，准予扣除。

2. 公司缴纳的机动车交通事故责任强制保险费，属于财产保险，准予税前扣除。

3. 文件中对于"特殊工种"没有具体的解释，根据国家税务总局企业所得税法实施条例释义中提到：国家其他法律法规强制规定企业应当为其职工投保的人身安全保险，如果不是国家法律法规所强制性规定的，企业自愿为其职工投保的所谓人身安全保险而发生的保险费支出不准予税前扣除的，此类保险费范围的大小、保险费率的高低、投保对象的多少等都是有国家法律法规依据的，如《建筑法》第四十八条规定，建筑施工企业必须为从事危险作业的职工办理意外伤害保险，支付保险费。《煤炭法》第四十四条规定，煤矿企业必须为煤矿井下作业职工办理意外伤害保险，支付保险费。

因此，公司给司机和保安缴纳的人身意外保险费在缴纳企业所得税时不可税前扣除。

企业所得税汇算清缴时，应调增应纳税所得额 4 000 元。

相关链接

在特殊工种范围明确之前，建议企业在处理特殊工种职工人身安全保险费税前扣除时，按照谨慎性原则进行处理，否则，会带来不必要的税务风险。

在特殊工种范围明确之前，可参考《特种作业人员安全技术培训考核管理规定》（国家安全生产监督管理总局令第 30 号）规定的特种作业目录：

1. 电工作业：指对电气设备进行运行、维护、安装、检修、改造、施工、调试等作业（不含电力系统进网作业）。

2. 焊接与热切割作业：指运用焊接或者热切割方法对材料进行加工的作业（不含《特种设备安全监察条例》规定的有关作业）。

3. 高处作业：指专门或经常在坠落高度基准面 2 米及以上有可能坠落的高处进行的作业。

4. 制冷与空调作业：指对大中型制冷与空调设备运行操作、安装与修理作业。

5. 煤矿安全作业。

6. 金属非金属矿山安全作业。

7. 石油天然气安全作业。

8. 冶金（有色）生产安全作业。

9. 危险化学品安全作业：指从事危险化工工艺过程操作及化工自动化控制仪表安装、维修、维护的作业。

10. 烟花爆竹安全作业：指从事烟花爆竹生产、储存中的药物混合、造粒、筛选、装药、筑药、压药、搬运等危险工序的作业。

11. 安全监管总局认定的其他作业。

业务35 工资薪金及职工福利费

【业务资料】

雨丰机械公司职工的加班费、奖金等支出 22 000 元未通过职工薪酬核算而直接计入相关费用类科目。

雨丰机械公司按照《财政部关于企业加强职工福利费财务管理的通知》（财企〔2009〕242 号）文件规定将住房补贴、交通补贴、通讯补贴 20 000 元记入"应付职工薪酬——职工工资"。

雨丰机械公司职工食堂内固定资产的折旧额、维修费 6 000 元直接记入"管理费用——折旧费"、"管理费用——维修费"。

已知：公司账面全年实际发生工资薪金总额 3 018 000 元，职工福利费 418 000 元。

【税收政策】

1. 《中华人民共和国企业所得税法实施条例》第三十四条规定：企业发生的合理的工资薪金支出，准予扣除。工资薪金，是指企业每一纳税年度支付给在本企业任职或者受雇的员工的所有现金形式或者非现金形式的劳动报酬，包括基本工资、奖金、津贴、补贴、年终加薪、加班工资，以及与员工任职或者受雇有关的其他支出。

2. 《国家税务总局关于企业工资薪金及职工福利费扣除问题的通知》（国税函〔2009〕3 号）第一条规定：

"合理工资薪金"，是指企业按照股东大会、董事会、薪酬委员会或相关管理机构制订的工资薪金制度规定实际发放给员工的工资薪金。税务机关在对工资薪金进行合理性确认时，可按以下原则掌握：

（1）企业制订了较为规范的员工工资薪金制度；

（2）企业所制订的工资薪金制度符合行业及地区水平；

（3）企业在一定时期所发放的工资薪金是相对固定的，工资薪金的调整是有序进行的；

（4）企业对实际发放的工资薪金，已依法履行了代扣代缴个人所得税义务；

（5）有关工资薪金的安排，不以减少或逃避税款为目的。

3. 《国家税务总局关于企业工资薪金及职工福利费扣除问题的通知》（国税函〔2009〕3 号）第二条规定："工资薪金总额"，是指企业按照本通知第一条规定实际发放的工资薪金总和，不包括企业的职工福利费、职工教育经费、工会经费以及养老保险费、医疗保险费、失业保险费、工伤保险费、生育保险费等社会保险费和住房公积金。属于国有性质的企业，其工资薪金，不得超过政府有关部门给予的限定数额；超过部分，不得计入企业工资薪金总额，也不得在计算企业应纳税所得额时扣除。

4. 《国家税务总局关于企业所得税应纳税所得额若干税务处理问题的公告》（国家税务总局公告 2012 年第 15 号）第一条规定：企业因雇用季节工、临时工、实习生、返聘离退休人员以及接受外部劳务派遣用工所实际发生的费用，应区分为工资薪金支出和职工福利费支出，并按《企业所得税法》规定在企业所得税前扣除。其中属于工资薪金支出的，准予计入企业工资薪金总额的基数，作为计算其他各项相关费用扣除的依据。

5. 《中华人民共和国企业所得税法实施条例》第四十条规定：企业发生的职工福利费支出，不超过工资薪金总额 14% 的部分，准予扣除。

6. 《国家税务总局关于企业工资薪金及职工福利费扣除问题的通知》（国税函〔2009〕3 号）第三条规定：

企业职工福利费，包括以下内容：

（1）尚未实行分离办社会职能的企业，其内设福利部门所发生的设备、设施和人员费用，包括职工食堂、职工浴室、理发室、医务所、托儿所、疗养院等集体福利部门的设备、设施及维修保养费用和福利部门工作人员的工资薪金、社会保险费、住房公积金、劳务费等。

（2）为职工卫生保健、生活、住房、交通等所发放的各项补贴和非货币性福利，包括企业向职工发放的因公外地就医费用、未实行医疗统筹企业职工医疗费用、职工供养直系亲属医疗补贴、供暖费补贴、职工防暑降温费、职工困难补贴、救济费、职工食堂经费补贴、职工交通补贴等。

（3）按照其他规定发生的其他职工福利费，包括丧葬补助费、抚恤费、安家费、探亲假路费等。

【税务处理】

一般企业对职工福利费扣除比例掌握较好，但是对于职工工资总额和职工福利费列支标准往往把握不准，存在少列、多列、混淆的情形。

1. 工资薪金，是指企业每一纳税年度支付给在本企业任职或者受雇的员工的所有现金形式或者非现金形式的劳动报酬，包括基本工资、奖金、津贴、补贴、年终加薪、加班工资，以及与员工任职或者受雇有关的其他支出。加班费、奖金等支出 22 000 元应调增工资薪金总额。

2. 按国税函〔2009〕3 号文的要求，对住房补贴、交通补贴或车改补贴、通讯补贴一律按福利费的要求进行税前扣除。这是税法和会计之间的差异，应将住房补贴、交通补贴、通讯补贴 20 000 元从工资薪金总额中扣减，调整到福利费中去。

3. 企业一般重视现金和货物福利，却往往忽视了福利部门的固定资产折旧费用、维修费用等也应当作为职工福利费核算。应将职工食堂内固定资产的折旧额、维修费

6 000元调整到福利费中去。

另外，税法和会计核算都明确将供暖费补贴、职工防署降温费作为福利费的组成内容。会计核算直接在成本费用中列支的，年终汇算清缴要调整到福利费总额中，一并计算是否超过福利费税前扣除标准。

企业所得税汇算清缴时，应调增工资薪金总额2 000元，调增职工福利费26 000元，这样三项经费扣除限额才能计算准确。

相关链接

1. 从上述规定看，并非如有些企业所想的做个工资表就可以税前扣除了，因为工资薪金还要符合国税函〔2009〕3号所列的合理性条件，除编制工资表外，还需要制订较为规范的符合行业及地区水平的员工工资薪金制度，与职工签订合法有效的劳动合同，缴纳社会保险，代扣个人所得税，合理区分职工薪酬与福利费等其他支出，等等。

企业支付给本企业员工的工资薪金，以工资表和相应的付款单据为税前扣除凭证。

企业应按规定保管工资分配方案、工资结算单、企业与职工签订的劳动合同、个人所得税扣缴情况以及社保机构盖章的社会保险名单清册，作为备查资料。

2. 关于"应付职工薪酬——职工工资"科目余额问题，比如，企业于2012年1月发放2011年12月计提的职工工资以及年终奖，这部分跨年度发放的工资及奖金是否可在2011年度企业所得税汇算清缴时税前扣除？对这个问题，目前还有争议。有人认为今年调增明年调减，有人认为今年调增明年调减意义不大，可以不用调整。下面说说笔者的看法。

企业在汇算清缴期限内（次年5月31日前）发放的属于汇算清缴年度应负担的合理的工资薪金支出可认定为纳税年度实际发生，在工资薪金支出所属的纳税年度可以税前扣除。在汇算清缴期限结束后补发上年或者以前纳税年度合理的工资薪金支出的，应在工资薪金支出实际发放年度税前扣除。

从目前较多的地方性操作规范（比如：青地税函〔2010〕2号文件）来看，倾向于次年5月31日前发放的工资薪金允许当年度税前扣除的越来越多。

出于谨慎性考虑，对于有争议的纳税事项，各地纳税人还要关注当地税务局的规定，当地无明确规定的，要事先与税务局做好沟通，才能避免税务风险。

3. 因工作需要，母公司向其子公司派遣员工，母子公司均向派遣员工支付工资薪金，员工与母公司签订劳动合同，没有与子公司签订劳动合同，其子公司支付的工资薪金如何扣除？

母公司与子公司之间存在着特殊关系，员工在母公司与子公司之间因为业务关系调配也很正常，按照实质重于形式的原则，子公司若能够提供母公司出具的董事会或类似机构作出的调配决定及员工名册等充分适当的凭据，子公司发放给与其没有订立劳动合同的员工的合理的工资薪金可以税前扣除。

4. 允许税前扣除的企业员工工资是否必须以企业为员工缴纳社会保险为前提？

工资薪金发放的对象是在本企业任职或者受雇用的员工。所谓"任职或者受雇用的员工"，一般是指有连续性的服务关系，其主要收入（或者很大一部分收入）来源于任职的企业，并且这种收入基本代表了提供服务人员的劳动。对于季节性行业，由于经营活动需要雇用临时工，临时雇用人员的报酬是以计时或计件工资的形式来体现的。企业是否与员工签订劳动合同及为员工缴纳"三险一金"，可以作为对任职或者受雇用的员工进行综合判断的条件，但是不再作为必要条件。

5. 企业发生劳务派遣人员工资薪金时，应以劳务公司开具的发票、企业与劳务公司签订的用工合同以及付款单据为税前扣除凭证。

6. 可以为公司的股东发工资和奖金吗？

参加管理和运作的股东可以在公司里领取工资和奖金，在计算个人所得税时和其他员工一样。不在公司任职的股东，不能领取工资和奖金，只能分红。

7. 关于国税函〔2009〕3号文中的福利费范围问题，文件中的列举内容是部分列举还是全部列举？目前有的税务机关执行时是按全部列举来执行的，也就是文件中列举的内容可以作为福利费在限额中扣除，不在范围内的内容，属于与收入无关的支出，不得税前扣除。

国家税务总局所得税司巡视员卢云在2012年4月11日与网友在线交流时明确："国税函〔2009〕3号文第三条仅列举了职工福利费的部分内容。没有列举的费用项目如确实是为企业全体属于职工福利性质的费用支出目的，且符合税法规定的权责发生制原则，以及对支出税前扣除合法性、真实性、相关性、合理性和确定性要求的，可以作为职工福利费按规定在企业所得税前扣除。"

业务36 职工教育经费

【业务资料】

雨丰机械公司20×3年计提职工教育经费75 500元，实际发生72 500元，列支范围符合税法规定，职工教育经费年末余额3 000元。

【税收政策】

1.《中华人民共和国企业所得税法实施条例》第四十二条规定：除国务院财政、税务主管部门另有规定外，企业发生的职工教育经费支出，不超过工资、薪金总额2.5%的部分，准予扣除；超过部分，准予在以后纳税年度结转扣除。

2.《国家税务总局关于企业所得税若干税务事项衔接问题的通知》（国税函〔2009〕98号）第五条规定：对于在2008年以前已经计提但尚未使用的职工教育经费余额，2008年及以后新发生的职工教育经费应先从余额中冲减。仍有余额的，留在以后年度继续使用。

3.《财政部、全国总工会、国家发改委、教育部、科技部国防科工委、人事部、劳动保障部、国务院国资委、国家税务总局、全国工商联关于企业职工教育经费提取与使用管理的意见》（财建〔2006〕317号）第一条第五项规定：

企业职工教育培训经费列支范围包括：1. 上岗和转岗培训；2. 各类岗位适应性培训；3. 岗位培训、职业技术等级培训、高技能人才培训；4. 专业技术人员继续教育；5. 特种作业人员培训；6. 企业组织的职工外送培训的经费支出；7. 职工参加的职业技能鉴定、职业资格认证等经费支出；8. 购置教学设备与设施；9. 职工岗位自学成才奖励费用；10. 职工教育培训管理费用；11. 有关职工教育的其他开支。

财建〔2006〕317 号文件第一条第九项规定：企业职工参加社会上的学历教育以及个人为取得学位而参加的在职教育，所需费用应由个人承担，不能挤占企业的职工教育培训经费。

财建〔2006〕317 号文件第一条第十项规定：对于企业高层管理人员的境外培训和考察，其一次性单项支出较高的费用应从其他管理费用中支出，避免挤占日常的职工教育培训经费开支。

【税务处理】

虽然雨丰机械公司计提的职工教育经费支出不超过工资、薪金总额 2.5%，但也应当对计提而未实际发生的职工教育经费支出 3 000 元进行纳税调整。

相关链接

1. 关于职工教育经费问题，企业还应注意职工教育经费的使用范围。企业职工教育经费必须专款专用，只有"属于企业发生的与培训有关的费用"才可列入职工教育经费，列支范围参考财建〔2006〕317 号文件。企业的职工教育培训经费提取、列支与使用必须严格遵守国家有关财务会计和税收制度的规定，要保证经费专项用于职工特别是一线职工的教育和培训，严禁挪作他用。

2. 职工教育经费超过扣除限额部分，准予在以后纳税年度结转扣除，勿忘以后年度进行纳税调减处理。

3. 关于职工教育经费问题，企业还应注意高管人员与一线职工教育经费列支的比例应该符合规定：对高管人员的培训支出不应超过年度企业发生的职工教育经费支出的 40%，因为财建〔2006〕317 号文件第一条第八项规定：为保障企业职工的学习权利和提高他们的基本技能，职工教育培训经费的 60% 以上应用于企业一线职工的教育和培训。当前和今后一个时期，要将职工教育培训经费的重点投向技能型人才特别是高技能人才的培养以及在岗人员的技术培训和继续学习。

业务37 工会经费

【业务资料】

雨丰机械公司 20×3 年实际拨缴的工会经费 60 400 元，其中：40 400 元取得工会经费收入专用收据，20 000 元未取得工会经费收入专用收据或工会经费代收凭据。

【税收政策】

1.《中华人民共和国企业所得税法实施条例》第四十一条规定：企业拨缴的工会经费，不超过工资薪金总额 2% 的部分，准予扣除。

2.《国家税务总局关于工会经费企业所得税税前扣除凭据问题的公告》（国家税务总局公告 2010 年第 24 号）规定：自 2010 年 7 月 1 日起，企业拨缴的职工工会经费，不超过工资薪金总额 2% 的部分，凭工会组织开具的《工会经费收入专用收据》在企业所得税税前扣除。

3.《国家税务总局关于税务机关代收工会经费企业所得税税前扣除凭据问题的公告》（国家税务总局公告 2011 年 30 号）规定：自 2010 年 1 月 1 日起，在委托税务机关代收工会经费的地区，企业拨缴的工会经费，也可凭合法、有效的工会经费代收凭据依法在税前扣除。

【税务处理】

雨丰机械公司 20×3 年实际拨缴的工会经费虽未超过工资薪金总额 2%，但由于 20 000 元的工会经费未取得《工会经费收入专用收据》或工会经费代收凭据，也不能税前扣除，应当调增应纳税所得额。

相关链接

1. 从 2010 年 7 月 1 日起，启用财政部统一印制并套印财政部票据监制章的《工会经费收入专用收据》，同时废止《工会经费拨缴款专用收据》。

2. "合法、有效的工会经费代收凭据"，应包括各级工会交由税务机关使用的《工会经费（筹备金）专用缴款书》（用于银行转账）、《工会经费（筹备金）专用缴款凭证》（用于收取现金）、《代收工会经费通用缴款书》和《中华人民共和国专用税收缴款书》等相关扣缴凭证。

3. 计提而未实际发生的工会经费不得税前扣除，应当调增应纳税所得额。超过扣除限额的工会经费不准予在以后纳税年度结转扣除，属于永久性差异，这一点与职工教育经费（暂时性差异）不同。

4. 工会经费和职工教育经费可以在实际支付时按照实际发生数进行计提。工会经费和职工教育经费应该通过应付职工薪酬核算，不能直接在费用中列支。

业务 38　计提坏账准备

【业务资料】

雨丰机械公司应收账款账龄均不超过一年，没有迹象表明应收款项的回收出现困难，12 月 31 日，根据应收账款期末余额的 5% 计算本期应计提坏账准备金额 16 296 元。坏账准备计提金额计算见表 1-40。

表 1-40　　　　　　　　　　　坏账准备计提金额计算表　　　　　　　　　　单位：元

应收账款期末余额	计提比例	坏账准备期末余额	坏账准备期初余额	核销坏账金额	已核销坏账又收回金额	本期应计提金额
475 320	5%	23 766	7 470	0	0	16 296

$$\begin{array}{l}\dfrac{\text{本期应计提}}{\text{金额}}=\dfrac{\text{坏账准备}}{\text{期末余额}}-\left(\dfrac{\text{坏账准备}}{\text{期初余额}}-\dfrac{\text{核销坏}}{\text{账金额}}+\dfrac{\text{已核销坏账}}{\text{又收回金额}}\right)\end{array}$$

坏账准备期末余额＝应收账款期末余额×计提比例

公司进行账务处理：

借：资产减值损失　　　　　　　　　　　　　　　　　　　　　　　　16 296

　　贷：坏账准备　　　　　　　　　　　　　　　　　　　　　　　　　　16 296

【税收政策】

《国家税务总局关于企业所得税执行中若干税务处理问题的通知》（国税函〔2009〕202 号）第二条规定：除财政部和国家税务总局核准计提的准备金可以税前扣除外，其他行业、企业计提的各项资产减值准备、风险准备等准备金均不得税前扣除。

【税务处理】

雨丰机械公司计提的坏账准备金额 16 296 元，不得税前扣除，应调增应纳税所得额。

业务 39　研究开发费用加计扣除

【业务资料】

雨丰机械公司研发支出明细科目发生额见表 1-41：

表 1-41　　　　　　　　　　　　研发支出明细科目发生额

明细科目	金额（元）
直接材料费	189 000
新产品设计费	20 000
设备维修费	12 000
会议费	16 000
差旅费	8 000
社会保险费	26 000
实验室折旧费	20 000
研发设备折旧费	80 000
现场试验费	6 000
合　计	377 000

【税收政策】

1. 《国家税务总局关于印发〈企业研究开发费用税前扣除管理办法（试行）〉的通知》（国税发〔2008〕116 号）第四条规定：

企业从事《国家重点支持的高新技术领域》和国家发展改革委员会等部门公布的《当前优先发展的高技术产业化重点领域指南（2007 年度）》规定项目的研究开发活动，其在一个纳税年度中实际发生的下列费用支出，允许在计算应纳税所得额时按照规定实行加计扣除。

（1）新产品设计费、新工艺规程制定费以及与研发活动直接相关的技术图书资料费、资料翻译费。

（2）从事研发活动直接消耗的材料、燃料和动力费用。

（3）在职直接从事研发活动人员的工资、薪金、奖金、津贴、补贴。

（4）专门用于研发活动的仪器、设备的折旧费或租赁费。

（5）专门用于研发活动的软件、专利权、非专利技术等无形资产的摊销费用。

（6）专门用于中间试验和产品试制的模具、工艺装备开发及制造费。

（7）勘探开发技术的现场试验费。

（8）研发成果的论证、评审、验收费用。

2.《企业研究开发费用税前扣除管理办法（试行）》第七条规定：

企业根据财务会计核算和研发项目的实际情况，对发生的研发费用进行收益化或资本化处理的，可按下述规定计算加计扣除：

（1）研发费用计入当期损益未形成无形资产的，允许再按其当年研发费用实际发生额的50％，直接抵扣当年的应纳税所得额。

（2）研发费用形成无形资产的，按照该无形资产成本的150％在税前摊销。除法律另有规定外，摊销年限不得低于10年。

3.《企业研究开发费用税前扣除管理办法（试行）》第八条规定：法律、行政法规和国家税务总局规定不允许企业所得税前扣除的费用和支出项目，均不允许计入研究开发费用。

【税务处理】

可以加计扣除的研发支出必须是国税发〔2008〕116号文件中列举的八大项目，未列举的研发费支出不得加计扣除。对下列按照财务核算口径归集的研究开发费用不得加计扣除：

1. 企业在职研发人员的社会保险费、住房公积金等人工费用以及外聘研发人员的劳务费用。

2. 用于研发活动的房屋的折旧费或租赁费，以及仪器、设备、房屋等相关固定资产的运行维护、维修等费用。专门用于研发活动的设备不含汽车等交通运输工具。

3. 用于中间试验和产品试制的设备调整及检验费，样品、样机及一般测试手段购置费，试制产品的检验费等。

4. 研发成果的评估以及知识产权的申请费、注册费、代理费等费用。

5. 与研发活动直接相关的其他费用，包括会议费、差旅费、办公费、外事费、研发人员培训费、培养费、专家咨询费、高新科技研发保险费用等。

6. 在研究开发费用加计扣除时，企业研发人员指直接从事研究开发活动的在职人员，不包括外聘的专业技术人员以及为研究开发活动提供直接服务的管理人员。

因此，雨丰机械公司不得加计扣除的研发支出有设备维修费、会议费、差旅费、社会保险费、从事研发活动的实验室折旧费等，共计82 000元，应将这些费用剔除后，按照295 000元（377 000－82 000）进行加计扣除。

相关链接

1. 技术开发费中如果包括财政拨款，由于财政拨款属于不征税收入，其相应的支出也不得扣除，也不得作为技术开发费加计扣除的计算基数。

2. 根据《国家税务总局关于企业所得税若干税务事项衔接问题的通知》（国税函〔2009〕98号）第八条的规定，企业技术开发费加计扣除部分已形成企业年度亏损，可以用以后年度所得弥补，但结转年限最长不得超过5年。

3. 企业未设立专门的研发机构或企业研发机构同时承担生产经营任务的，应对研发费用和生产经营费用分开进行核算,准确、合理地计算各项研究开发费用支出,对划分不清的,不得实行加计扣除。

企业必须对研究开发费用实行专账管理,同时必须按照本办法附表的规定项目,准确归集填写年度可加计扣除的各项研究开发费用实际发生金额。企业应于年度汇算清缴所得税申报时向主管税务机关报送本办法规定的相应资料。申报的研究开发费用不真实或者资料不齐全的,不得享受研究开发费用加计扣除,主管税务机关有权对企业申报的结果进行合理调整。

企业在一个纳税年度内进行多个研究开发活动的,应按照不同开发项目分别归集可加计扣除的研究开发费用额。

4. 企业实际发生的研究开发费,在年度中间预缴所得税时,允许据实计算扣除,在年度终了进行所得税年度申报和汇算清缴时,再依照税法规定计算加计扣除。

5. 企业一定要严格按照税法规定进行研究开发费用的加计扣除,防止因随意扩大研发费用加计扣除范围或对研发费用把握不准确可能带来的税务风险,特别提醒纳税人:可以加计扣除的研发费用远远小于申请高新技术企业中的研发费用,更不同于财务核算中的研发费用,企业必须区分研究开发费用的三个口径:高新技术企业认定口径(国科发火〔2008〕362号)、会计核算口径(财企〔2007〕194号)、企业所得税加计扣除口径(国税发〔2008〕116号),三者不能混淆。研究开发费用三项口径对照表,见表1-42。

表1-42　　　　　　　　　研究开发费用三项口径对照表

项目	会计核算口径	高新技术企业认定口径	所得税加计扣除口径
	《财政部关于企业加强研发费用财务管理的若干意见》(财企〔2007〕194号)	《高新技术企业认定管理工作指引》(国科发火〔2008〕362号)	《企业研究开发费用税前扣除管理办法(试行)》(国税发〔2008〕116号)
直接材料、燃料和动力费	研发活动直接消耗的材料、燃料和动力费用。	企业为实施研究开发项目而购买的原材料等相关支出。如:水和燃料(包括煤气和电)使用费等。	从事研发活动直接消耗的材料、燃料和动力费用。
人工费用	企业在职研发人员的工资、奖金、津贴、补贴、社会保险费、住房公积金等人工费用以及外聘研发人员的劳务费用。	从事研究开发活动人员(也称研发人员)全年工资薪金,包括基本工资、奖金、津贴、补贴、年终加薪、加班工资以及与其任职或者受雇有关的其他支出。	在职直接从事研发活动人员的工资、薪金、奖金、津贴、补贴。
仪器、设备、房屋等固定资产折旧费或租赁费以及相关费用	用于研发活动的仪器、设备、房屋等固定资产的折旧费或租赁费以及相关固定资产的运行维护、维修等费用。	为执行研究开发活动而购置的仪器和设备以及研究开发项目在用建筑物的折旧费,包括研发设施改建、改装、装修和修理过程中发生的长期待摊费用。用于研究开发活动的仪器设备的简单维护费;以经营租赁方式租入的固定资产发生的租赁费等。	专门用于研发活动的仪器、设备的折旧费或租赁费。

续表

项目	会计核算口径	高新技术企业认定口径	所得税加计扣除口径
	《财政部关于企业加强研发费用财务管理的若干意见》（财企〔2007〕194号）	《高新技术企业认定管理工作指引》（国科发火〔2008〕362号）	《企业研究开发费用税前扣除管理办法（试行）》（国税发〔2008〕116号）
无形资产摊销	用于研发活动的软件、专利权、非专利技术等无形资产的摊销费用。	因研究开发活动需要购入的专有技术（包括专利、非专利发明、许可证、专有技术、设计和计算方法等）所发生的费用摊销。	专门用于研发活动的软件、专利权、非专利技术等无形资产的摊销费用。
中间试验和产品试制的模具、工艺装备开发及制造费等	用于中间试验和产品试制的模具、工艺装备开发及制造费，设备调整及检验费，样品、样机及一般测试手段购置费，试制产品的检验费等。	用于中间试验和产品试制达不到固定资产标准的模具、样品、样机及一般测试手段购置费、试制产品的检验费等。装备调试费主要包括工装准备过程中研究开发活动所发生的费用（如研制生产机器、模具和工具，改变生产和质量控制程序，或制定新方法及标准等）。为大规模批量化和商业化生产所进行的常规性工装准备和工业工程发生的费用不能计入。	专门用于中间试验和产品试制的模具、工艺装备开发及制造费。
研发成果论证、评审、验收费用	研发成果的论证、评审、验收、评估以及知识产权的申请费、注册费、代理费等费用。	无	研发成果的论证、评审、验收费用。
现场试验费	无	无	勘探开发技术的现场试验费。
设计费用	无	为新产品和新工艺的构思、开发和制造，进行工序、技术规范、操作特性方面的设计等发生的费用。	新产品设计费和新工艺规程制定费。
合作开发、委托外部研究开发费用	通过外包、合作研发等方式，委托其他单位、个人或者与之合作进行研发而支付的费用。	委托外部研究开发费用，是指企业委托境内其他企业、大学、研究机构、转制院所、技术专业服务机构和境外机构进行研究开发活动所发生的费用（项目成果为企业拥有，且与企业的主要经营业务紧密相关）。委托外部研究开发费用的发生金额应按照独立交易原则确定。认定过程中，按照委托外部研究开发费用发生额的80%计入研发费用总额。	对企业共同合作开发的项目，凡符合上述条件的（即国税发〔2008〕116号第四条规定），由合作各方就自身承担的研发费用分别按照规定计算加计扣除。（国税发〔2008〕116号第五条规定）对企业委托给外单位进行开发的研发费用，凡符合上述条件的（即国税发〔2008〕116号第四条规定），由委托方按照规定计算加计扣除，受托方不得再进行加计扣除。

续表

项目	会计核算口径	高新技术企业认定口径	所得税加计扣除口径
	《财政部关于企业加强研发费用财务管理的若干意见》（财企〔2007〕194号）	《高新技术企业认定管理工作指引》（国科发火〔2008〕362号）	《企业研究开发费用税前扣除管理办法（试行）》（国税发〔2008〕116号）
			对委托开发的项目，受托方应向委托方提供该研发项目的费用支出明细情况，否则，该委托开发项目的费用支出不得实行加计扣除。（国税发〔2008〕116号第六条规定）
与研发活动直接相关的其他费用	与研发活动直接相关的其他费用，包括技术图书资料费、资料翻译费、会议费、差旅费、办公费、外事费、研发人员培训费、培养费、专家咨询费、高新科技研发保险费用等。	为研究开发活动所发生的其他费用，如办公费、通讯费、专利申请维护费、高新科技研发保险费等。此项费用一般不得超过研究开发总费用的10%，另有规定的除外。	研发活动直接相关的技术图书资料费、资料翻译费。

业务40　存货发生实际损失

【业务资料】

20×3年，雨丰机械公司因特大暴雨损毁一批原材料，该批原材料成本70 000元，已计提存货跌价准备8 000元（以前年度已按照国税函〔2009〕202号文件规定进行了调增应纳税所得额处理），无残值。该公司已向主管税务机关申报相关资料。

该公司账务处理如下：

借：待处理财产损溢 62 000
　　存货跌价准备 8 000
　　贷：原材料 70 000
借：营业外支出 62 000
　　贷：待处理财产损溢 62 000

【税收政策】

《国家税务总局关于企业所得税执行中若干税务处理问题的通知》（国税函〔2009〕202号）第二条规定：除财政部和国家税务总局核准计提的准备金可以税前扣除外，其他行业、企业计提的各项资产减值准备、风险准备等准备金均不得税前扣除。

《财政部、国家税务总局关于企业资产损失税前扣除政策的通知》（财税〔2009〕57号）第八条规定：对企业毁损、报废的固定资产或存货，以该固定资产的账面净值或存货的成本减除残值、保险赔款和责任人赔偿后的余额，作为固定资产或存货毁损、报废损失在计算应纳税所得额时扣除。

【税务处理】

该公司已向主管税务机关申报存货实际损失相关资料，存货发生实际损失 70 000 元可税前扣除，企业计入营业外支出 62 000 元，前期调增的存货跌价准备 8 000 元，在本期企业所得税汇算清缴时，应调减应纳税所得额。

相关链接

许多企业财务人员对税法理解不透，不清楚哪些项目应该纳税调减，也不知道该如何进行纳税调减处理，结果多缴了税款，给企业带来了不应有的经济损失。为降低企业多缴税款的税务风险，笔者对在企业所得税汇算清缴时需要作纳税调减处理的项目进行了归类梳理，提醒财务人员予以重视。

企业所得税汇算清缴时需要作纳税调减处理的项目：

1. 广告费、业务宣传费支出和职工教育经费支出，如果以前年度超标纳税调增，在当年所得税汇算清缴时，应考虑纳税调减因素，依法作纳税调减处理。

2. 企业为开发新技术、新产品、新工艺发生的研究开发费用，未形成无形资产计入当期损益的，在按照规定据实扣除的基础上，按照研究开发费用的 50％加计扣除；形成无形资产的，按照无形资产成本的 150％摊销。

3. 企业安置残疾人员的，在按照支付给残疾职工工资的据实扣除的基础上，按照支付给残疾职工工资的 100％加计扣除。

4. 以前年度工资余额已作调增处理，企业本年度发放以前年度工资的余额部分，应作纳税调减处理。

5. 以前年度提取的各项减值准备已作纳税调增处理，本年度因价值恢复、资产转让、实际损失等原因转回时，应作纳税调减处理。

6. 以前年度发生的因未取得合法凭证已作纳税调增的应扣未扣、应计未计支出，待纳税人取得发票等合法凭证后，可以在追补确认年度企业所得税应纳税款中抵扣，不足抵扣的，可以向以后年度递延抵扣或申请退税。以前年度发生的因漏计、少计等原因导致的应提未提折旧、少结转成本等应计未计支出，待纳税人发现后，也可以在追补确认年度企业所得税应纳税款中抵扣，不足抵扣的，可以向以后年度递延抵扣或申请退税。

7. 固定资产、无形资产、长期待摊费用和投资性房地产，会计核算与税收规定摊销年限不同产生的纳税调减额。

8. 企业发生税法上的未按权责发生制原则确认的收入，如：分期收款销售收入、持续时间超过 12 个月的收入、利息、租金、特许权使用费收入，会计核算与税收规定不同产生的差异应作纳税调减处理。

9. 企业按权益法核算长期股权投资对初始投资成本调整确认收益，会计核算与税收上的差异应作纳税调减处理。

10. 以公允价值计量的交易性金融资产、交易性金融负债和投资性房地产等，在资产负债日公允价值大于其账面价值时，应作纳税调减处理。

11. 由于债权人原因导致债务不能清偿或不需清偿的部分，税法规定应并入所得征税，实际支付时应作纳税调减处理。

12. 从事房地产开发业务的纳税人本期将预售收入转为销售收入，其结转的预售收入已按税收规定的预计利润率计算的预计利润，应作纳税调减处理。

13. 不征税收入、免税收入、减计收入、减免税项目等应作纳税调减处理。

14. 抵扣应纳税所得额：创业投资企业采取股权投资方式投资于未上市的中小高新技术企业 2 年以上的，可以按照其投资额的 70% 在股权持有满 2 年的当年抵扣该创业投资企业的应纳税所得额；当年不足抵扣的，可以在以后纳税年度结转抵扣。

15. 抵免应纳税额（而非应纳税所得额）：企业购置并实际使用《环境保护专用设备企业所得税优惠目录》、《节能节水专用设备企业所得税优惠目录》和《安全生产专用设备企业所得税优惠目录》规定的环境保护、节能节水、安全生产等专用设备的，该专用设备的投资额的 10% 可以从企业当年的应纳税额中抵免；当年不足抵免的，可以在以后 5 个纳税年度结转抵免。

16. 境外已纳税超过抵免限额的部分，可以在以后 5 个纳税年度内，用每年度的抵免限额抵免当年应抵税额后的余额进行抵补。

17. 企业以前年度符合弥补亏损的，在年终结账汇算清缴时应考虑弥补亏损因素。

18. 其他需要作纳税调减的项目。

企业财务人员要想在企业所得税汇算清缴工作中全面、准确地处理纳税调减项目，减少企业多缴税款的税务风险，应当在平时的工作中就做好准备：设置备查簿，随时记录暂时性差异项目的发生与转回情况、每一纳税年度的纳税调整情况。这样做，既能减轻汇算清缴时的工作量，又能保证汇算清缴的全面、准确，还能更好地应对税务检查。

业务 41　企业专用设备投资额抵免企业所得税

【业务资料】

雨丰机械公司 20×3 年 12 月花费 200 万元购置一套安全生产专用设备（属于财税〔2008〕118 号文件规定的目录范围），取得增值税普通发票，其中：企业自筹资金 100 万元、银行贷款 50 万元、财政拨款 50 万元。另外，支付设备运费及安装调试费等相关费用 2 万元。该套设备于 20×3 年 12 月投入使用。财政拨款 50 万元计入递延收益，虽为不征税收入，但因未影响当期利润，不需纳税调整。以后年度转为营业外收入时再纳税调减。

【税收政策】

1.《财政部、国家税务总局关于执行环境保护专用设备企业所得税优惠目录、节能节水专用设备企业所得税优惠目录和安全生产专用设备企业所得税优惠目录有关问题的通知》（财税〔2008〕48 号）规定：

一、企业自 2008 年 1 月 1 日起购置并实际使用列入《目录》范围内的环境保护、节能节水和安全生产专用设备，可以按专用设备投资额的 10% 抵免当年企业所得税应纳税额；企业当年应纳税额不足抵免的，可以向以后年度结转，但结转期不得超过 5 个纳税年度。

二、专用设备投资额，是指购买专用设备发票价税合计价格，但不包括按有关规定退还的增值税税款以及设备运输、安装和调试等费用。

三、当年应纳税额，是指企业当年的应纳税所得额乘以适用税率，扣除依照企业所得税法和国务院有关税收优惠规定以及税收过渡优惠规定减征、免征税额后的余额。

四、企业利用自筹资金和银行贷款购置专用设备的投资额，可以按企业所得税法的规定抵免企业应纳所得税额；企业利用财政拨款购置专用设备的投资额，不得抵免企业应纳所得税额。

五、企业购置并实际投入使用、已开始享受税收优惠的专用设备，如从购置之日起5个纳税年度内转让、出租的，应在该专用设备停止使用当月停止享受企业所得税优惠，并补缴已经抵免的企业所得税税款。转让的受让方可以按照该专用设备投资额的10%抵免当年企业所得税应纳税额；当年应纳税额不足抵免的，可以在以后5个纳税年度结转抵免。

六、根据经济社会发展需要及企业所得税优惠政策实施情况，国务院财政、税务主管部门会同国家发展改革委、安监总局等有关部门适时对《目录》内的项目进行调整和修订，并在报国务院批准后对《目录》进行更新。

注：现行目录为《财政部、国家税务总局、国家发展改革委关于公布节能节水专用设备企业所得税优惠目录（2008年版）和环境保护专用设备企业所得税优惠目录（2008年版）的通知》（财税〔2008〕115号）和《财政部、国家税务总局、安全监督总局关于公布安全生产专用设备企业所得税优惠目录（2008年版）的通知》（财税〔2008〕118号）两个文件规定的目录。

2.《国家税务总局关于环境保护节能节水安全生产等专用设备投资抵免企业所得税有关问题的通知》（国税函〔2010〕256号）规定：自2009年1月1日起，纳税人购进并实际使用《环境保护专用设备企业所得税优惠目录》、《节能节水专用设备企业所得税优惠目录》和《安全生产专用设备企业所得税优惠目录》范围内的专用设备并取得增值税专用发票的，在按照《财政部、国家税务总局关于执行环境保护专用设备企业所得税优惠目录节能节水专用设备企业所得税优惠目录和安全生产专用设备企业所得税优惠目录有关问题的通知》（财税〔2008〕48号）第二条规定进行税额抵免时，如增值税进项税额允许抵扣，其专用设备投资额不再包括增值税进项税额；如增值税进项税额不允许抵扣，其专用设备投资额应为增值税专用发票上注明的价税合计金额。企业购买专用设备取得普通发票的，其专用设备投资额为普通发票上注明的金额。

【税务处理】

专用设备投资额，是指购买专用设备发票价税合计价格，但不包括按有关规定退还的增值税税款以及设备运输、安装和调试等费用。另外，企业购置专用设备的投资额只有自筹资金和银行贷款部分可以抵免，而利用财政拨款购置专用设备的投资额不得抵免企业应纳所得税额。因此，计算如下：

专用设备投资额＝200－50＝150（万元）

专用设备投资额抵免所得税额＝150×10％＝15（万元）

相关链接

企业在计算专用设备投资额抵免所得税额时，一定要注意以下几点：

1. 企业投资抵免企业所得税的专用设备必须是符合国家相关规定的环保设备、节能节水设备和安全生产设备。

2. 企业按照投资额的10％抵扣当年的企业所得税时，不能将设备进项税额、运输、安装和调试等费用计算在内。

增值税进项税额允许抵扣，纳税人由于自身原因未获得抵扣，计算抵免的企业所得税时，投资额也不应包含进项税额。进项税不能抵扣的情形主要包括：属于增值税暂行条例列举的不能抵扣的情形；取得发票不符合规定；超越抵扣规定的时限；抵扣手续不符合规定。取得发票不符合规定、超越抵扣规定的时限和抵扣手续不符合规定三种不能抵扣的情形，通常是该货物进项税本来允许抵扣的，只是违反了相关规定，而不能抵扣。因此，纳税人要注意取得的符合抵扣条件的专用设备应及时进行认证抵扣，以避免自身的税务风险。

3. 企业利用财政拨款购置专用设备的投资额，不得计算抵免企业应纳所得税额。

4. 已开始享受税收优惠的专用设备，在购置之日起5个纳税年度内转让、出租的，应在该专用设备停止使用当月停止享受企业所得税优惠，并补缴已经抵免的企业所得税税款。

5. 企业所得税优惠管理包括审批和备案两种方式。其中，备案管理分为事先备案和事后报送相关资料两种具体方式。未按规定提请审批、备案或虽提请审批、备案但主管税务机关未予确认的，纳税人不得享受税收优惠。企业应当按照总局及所在省份的国税局、地税局的备案规定，做好减免税备案工作，减少不必要的损失。比如山东省国家税务局要求企业购置用于安全生产专用设备的主要应提供以下资料：

①《企业所得税优惠事项备案报告书》。

②专用设备说明书、检测报告等技术资料，及企业所购买专用设备类别、名称、型号、技术指标、参照标准、应用领域、能效标准等具体项目说明。

③购置专用设备合同、融资租赁合同、发票复印件。购置专用设备资金来源说明及相关材料。

④专用设备投入使用时间及证明投入使用的影像资料。

⑤企业原有生产工艺流程及专用设备投入使用后的实际效果。

⑥国税机关要求提供的其他资料。

（三）雨丰机械公司年度纳税申报表填制

1. 雨丰机械公司企业所得税年度纳税申报表填写方法，见表1-43。

表 1-43　　　　　　　**雨丰机械公司企业所得税年度纳税申报表填写方法**

业务	税务处理	申报表填写
业务 1　存货对外直接捐赠	按照甲商品购入时的价格调增视同销售收入 10 000 元和视同销售成本 10 000 元。 直接捐赠视同赞助支出，调增应纳税所得额 12 040 元。	《收入明细表》第 15 行"(2) 货物、财产、劳务视同销售收入"、《成本费用明细表》第 14 行"(2) 货物、财产、劳务视同销售成本"及第 23 行"7. 捐赠支出"，《纳税调整项目明细表》第 2 行"1. 视同销售收入（填写附表一）"及第 21 行"1. 视同销售成本（填写附表二）"，《纳税调整项目明细表》第 33 行"13. 赞助支出"。
业务 2　销售货物发出商品	调增销售收入 100 万元，调增销售成本 80 万元，共调增应纳税所得额 20 万元。	《收入明细表》第 16 行"(3) 其他视同销售收入"、《成本费用明细表》第 15 行"(3) 其他视同销售成本"，《纳税调整项目明细表》第 2 行"1. 视同销售收入（填写附表一）"及第 21 行"1. 视同销售成本（填写附表二）"。
业务 3　确认房屋租金收入	调减租金收入 4 万元。	《纳税调整项目明细表》第 5 行"4. 未按权责发生制原则确认的收入"。
业务 4　债务重组	不必进行纳税调整。	《收入明细表》第 23 行"6. 债务重组收益"，《纳税调整项目明细表》第 9 行"8. 一般重组"。
业务 5　公允价值变动净收益	(1) 公允价值变动损益 20 万元税前不能列支，调增应纳税所得额； (2) 100 万元房产在 20×3 年税法允许计提折旧 5 万元，调减应纳税所得额。 两项合计应调增 15 万元。	20×3 年期初，房产账面价值＝房产计税基础＝100 万元。 20×3 年期末，房产账面价值 80 万元（100－20），房产计税基础＝实际成本－税收累计折旧＝100－5＝95(万元)。 《以公允价值计量资产纳税调整表》第 9 行"三、投资性房地产"，《纳税调整项目明细表》第 10 行"9. 公允价值变动净收益（填写附表七）"。 实践中，存在另一种填写方法：《以公允价值计量资产纳税调整表》中的期末计税基础不减去折旧，而是在后面的《资产折旧、摊销纳税调整明细表》中填列。填写方法虽然不一样，但结果是一样的。
业务 6　权益法核算长期股权投资初始投资成本的营业外收入	会计上确认的"营业外收入"10 万元，应调减应纳税所得额。	《收入明细表》第 26 行"9. 其他"，《长期股权投资所得（损失）明细表》第 5 列"权益法核算对初始投资成本调整产生的收益"，《纳税调整项目明细表》第 6 行"5. 按权益法核算长期股权投资对初始投资成本调整确认收益"。
业务 7　企业股权转让	税法确认投资收益 20 万元，会计确认投资收益 10 万元，应调增应纳税所得额 10 万元。	《长期股权投资所得（损失）明细表》第 11～16 列"投资转让所得（损失）"，《纳税调整项目明细表》第 47 行"6. 投资转让、处置所得（填写附表十一）"。

续表

业务	税务处理	申报表填写
业务8 接受捐赠	会计上已确认"营业外收入"100万元,不必进行纳税调整。	《收入明细表》第25行"8.捐赠收入"。
业务9 法人企业间无偿划转非货币性资产	1. 资产划出方雨丰机械公司应视同销售,按划转资产公允价值确认视同销售收入260 000元,对其计税基础确认视同销售成本240 000元,按差额20 000调增应纳税所得额,另外还需要按照直接捐赠240 000元调增应纳税所得额,共应调增应纳税所得额260 000元。	《收入明细表》第15行"(2)货物、财产、劳务视同销售收入",《成本费用明细表》第14行"(2)货物、财产、劳务视同销售成本"及第23行"7.捐赠支出",《纳税调整项目明细表》第2行"1.视同销售收入(填写附表一)"及第21行"1.视同销售成本(填写附表二)"。《纳税调整项目明细表》第33行"13.赞助支出"。
	资产划入方雨丰机械公司需按照接受资产的公允价值确定应税收入280 000元,企业已计入营业外收入260 000元,按差额20 000元调增应纳税所得额。	《收入明细表》第25行"8.捐赠收入",《纳税调整项目明细表》第3行"2.接受捐赠收入"。
业务10 分期收款发出商品	在企业所得税上未到合同约定的日期,是不确认收入的,企业应调减应纳税所得额20 000元(100 000-80 000)。	《纳税调整项目明细表》第5行"4.未按权责发生制原则确认的收入"及第40行"20.其他"。另一种不规范的填写方法:企业应在附表三《纳税调整项目明细表》第19行"18.其他"一栏中作调减处理,次年到了合同规定的日期,再作调增处理。
业务11 取得财政性资金(一)	退还土地款90万元,应调增应纳税所得额90万元。	《纳税调整项目明细表》第19行"18.其他"。
业务12 取得财政性资金(二)	该公司收到市财政局拨付的技术创新基金80万元符合财税〔2011〕70号文件不征税收入条件的规定,属于不征税收入,应调减应纳税所得额80万元,同时不征税收入形成的支出不得税前扣除,应调增应纳税所得额10万元。	《收入明细表》第24行"7.政府补助收入"、《纳税调整项目明细表》第14行"13.不征税收入"、第38行"18.不征税收入用于支出所形成的费用"。
业务13 取得专利权转让收入	符合免税条件的技术转让所得30万元,免征企业所得税,应调减应纳税所得额。	《收入明细表》第21行"4.出售无形资产收益",《税收优惠明细表》第31行"(五)符合条件的技术转让所得",《纳税调整项目明细表》第17行"16.减、免税项目所得(填附表五)"。
业务14 取得股息、红利等权益性投资收益	因投资A公司而取得的权益性投资收益300 000元,为免税收入,应调减应纳税所得额。	《税收优惠明细表》中第3行"2.符合条件的居民企业之间的股息、红利等权益性投资收益",《纳税调整项目明细表》第15行"14.免税收入(填附表五)"。

续表

业务	税务处理	申报表填写
业务 15 权益法核算的长期股权投资持有期间的投资损益	记入"投资收益"科目的贷方金额 18 万元,在企业所得税汇算清缴时,应调减应纳税所得额。长期股权投资在持有期间其计税基础不变,仍为其初始计税基础 100 万元。	《纳税调整项目明细表》第 7 行"6. 按权益法核算的长期股权投资持有期间的投资损益"。
业务 16 捐赠支出	某公益性社会团体捐赠 60 万元,属于公益性捐赠支出,可以在年度利润总额 12% 以内税前扣除。	《纳税调整项目明细表》第 28 行"8. 捐赠支出"。
业务 17 支付企业日常费用(一)	调增应纳税所得额 600 元。	《纳税调整项目明细表》第 40 行"20. 其他"。
业务 18 支付企业日常费用(二)	企业所得税汇算清缴时,招待费调增 15 000 元,业务宣传费调减 10 000 元。账面业务招待费 84 000 元,广告费和业务宣传费 136 000 元。调整后的招待费用 99 000 元,广告费和业务宣传费 126 000 元。	《纳税调整项目明细表》第 26 行"6. 业务招待费支出"、第 27 行"7. 广告费和业务宣传费支出(填写附表八)"。《广告费和业务宣传费跨年度纳税调整表》第 1 行"本年度广告费和业务宣传费支出"。
业务 19 支付罚款、滞纳金、违约金	调减应纳税所得额 10 500 元。	《成本费用明细表》第 21 行"5. 罚款支出",《纳税调整项目明细表》第 31 行"11. 罚金、罚款和被没收财物的损失"、第 32 行"12. 税收滞纳金"。
业务 20 借款利息支出(一)	不得扣除的利息支出 20 万元,需要调增应纳税所得额。	《纳税调整项目明细表》第 29 行"9. 利息支出"。
业务 21 借款利息支出(二)	该公司利息支出均属于应取得而未取得发票的情形,应调增应纳税所得额 46 万元。	《纳税调整项目明细表》第 29 行"9. 利息支出"。
业务 22 银行承兑汇票贴现利息支出	调增应纳税所得额 50 000 元。	《纳税调整项目明细表》第 29 行"9. 利息支出"。
业务 23 担保支出	调增应纳税所得额 30 万元。	《纳税调整项目明细表》第 37 行"17. 与取得收入无关的支出"。
业务 24 固定资产计提折旧(一)	企业的各项资产以历史成本为计税基础,该企业评估增值部分计提的折旧 1 万元,不得税前扣除,在企业所得税汇算清缴时,企业应当调增应纳税所得额。企业无偿借出的固定资产,相关的经济利益没有流入企业,属于与经营活动无关的固定资产,该项固定资产所计提的折旧 0.6 万元,不属于与取得应税收入相关的支出,不得在企业所得税税前扣除。因此,在企业所得税汇算清缴时,企业应调增应纳税所得额 1.6 万元。	《资产折旧、摊销纳税调整明细表》第 1～6 行"一、固定资产"。注:企业除上述固定资产外,其他固定资产均按税法规定计提折旧。由于只有个别固定资产未按税法规定计提折旧,因此,在第 3 列"会计折旧、摊销年限"中还是以大多数固定资产计提折旧的年限列示,这些个别固定资产会计折旧通过第 5 列"会计本期折旧、摊销额"填列。

业务	税务处理	申报表填写
业务25 固定资产计提折旧（二）	货车按照8年计提折旧，超过《企业所得税法》规定的运输工具折旧年限4年，没有超过《企业所得税法》和有关税收法规规定的税前扣除范围和标准的，为减少会计与税法差异的调整，便于税收征管，企业按照会计上确认的支出，在税务处理时，将不再进行调整。 生产设备按照5年计提折旧，低于《企业所得税法》规定的生产设备折旧年限10年，按税法规定的最低年限应计提折旧1万元，会计比税法多计提折旧1万元，在企业所得税汇算清缴时，企业应调增应纳税所得额1万元。	《资产折旧、摊销纳税调整明细表》第1~6行"一、固定资产"。
业务26 固定资产计提折旧（三）	多计提折旧4750元（47500－42750），在企业所得税汇算清缴时，企业应调增应纳税所得额4750元。	《资产折旧、摊销纳税调整明细表》第1~6行"一、固定资产"。
业务27 固定资产计提折旧（四）	调增应纳税所得额8550元。	《资产折旧、摊销纳税调整明细表》第1~6行"一、固定资产"。
业务28 房屋改建支出与机器设备修理支出	租入固定资产的改建支出6万元，按照合同约定的剩余租赁期限3年分期摊销，每年摊销2万元。 企业所得税汇算清缴时，应调增应纳税所得额4万元。	《资产折旧、摊销纳税调整明细表》第12行"2．租入固定资产的的改建支出"。
业务29 固定资产建造期间的支出	该企业将资本性的支出作为费用一次性列支，减少了当期利润少缴了企业所得税，应调增应纳税所得额。 企业所得税汇算清缴时，应调增应纳税所得额22万元。在建工程完工后，调增固定资产计税基础。	《纳税调整项目明细表》第50行"9．其他"。
业务30 土地使用权摊销	通常情况下，有关法律规定或者合同约定土地使用权的使用年限即是其使用寿命，因此该公司取得的土地使用权应按50年摊销，每年摊销4万元，企业应当调增应纳税所得额6万元（10－4）。	《资产折旧、摊销纳税调整明细表》第15行"四、无形资产"。
业务31 支付手续费及佣金	调增应纳税所得额1.8万元。	《纳税调整项目明细表》第40行"20．其他"。
业务32 劳动保护支出	调增应纳税所得额10 000元。	《纳税调整项目明细表》第40行"20．其他"。

续表

业务	税务处理	申报表填写
业务 33 车辆所发生的汽油费、保险费等费用支出	调增应纳税所得额 6 000 元。	《纳税调整项目明细表》第 40 行"20. 其他"。
业务 34 保险费支出	为职工缴纳的基本社会保险费 327 000 元和财产保险 12 000 元准予扣除。给司机和保安缴纳人身意外保险费 4 000 元，应调增应纳税所得额。	《纳税调整项目明细表》第 34 行"14. 各类基本社会保障性缴款"及第 40 行"20. 其他"。
业务 35 工资薪金及职工福利费	调增工资薪金总额 2 000 元，调增职工福利费 26 000 元，这样三项经费扣除限额才能计算准确。账面工资薪金总额 3 018 000 元，职工福利费 418 000 元。调整后的工资薪金总额 3 020 000 元，职工福利费 444 000 元。	《纳税调整项目明细表》第 22 行"2. 工资薪金支出"、第 23 行"3. 职工福利费支出"。
业务 36 职工教育经费	计提而未实际发生的职工教育经费支出 3 000 元，调增应纳税所得额。	《纳税调整项目明细表》第 24 行"4. 职工教育经费支出"。
业务 37 工会经费	未取得《工会经费收入专用收据》或工会经费代收凭据的工会经费 20 000 元，调增应纳税所得额。	《纳税调整项目明细表》第 25 行"5. 工会经费支出"。
业务 38 计提坏账准备	计提的坏账准备金额 16 296 元，不得税前扣除，应调增应纳税所得额。	《资产减值准备项目调整明细表》第 1 行"坏（呆）账准备"。
业务 39 研究开发费用加计扣除	符合加计扣除的研究开发费用 295 000 元，调减应纳税所得额 147 500 元。	《税收优惠明细表》中第 10 行"1. 开发新技术、新产品、新工艺发生的研究开发费用"，《纳税调整项目明细表》第 39 行"19. 加计扣除（填附表五）"。
业务 40 存货发生实际损失	存货发生实际损失 70 000 元可税前扣除，企业计入营业外支出 62 000 元，前期调增的存货跌价准备 8 000 元，在本期企业所得税汇算清缴时，应调减应纳税所得额 8 000 元。	存货跌价准备应当填写《资产减值准备项目调整明细表》第 2 行"存货跌价准备"栏下"期初余额"、"本期转回额"、"纳税调整额"分别填入 8 000、8 000、−8 000，在《纳税调整项目明细表》中第 51 行"四、准备金调整项目（填写附表十）"栏"调减金额"列相应填写 8 000。在《纳税调整项目明细表》中第 42 行"1. 财产损失"栏"账载金额"、"税收金额"、"调增金额"、"调减金额"四列按照 70 000 元、70 000 元、0、0 填列。这样，《成本费用明细表》中第 22 行"6. 非常损失" 62 000 元与《纳税调整项目明细表》中第 51 行"调减金额" 8 000 元之和正好为税收上确认的原材料损失 70 000 元。

续表

业务	税务处理	申报表填写
业务41 企业专用设备投资额抵免企业所得税	专用设备投资额抵免所得税额15万元（150×10%）。	《税收优惠明细表》第43行"（三）企业购置用于安全生产专用设备的投资额抵免的税额"、《中华人民共和国企业所得税年度纳税申报表（A类）》第29行"减：抵免所得税额（填附表五）"。
账面损益类科目全年累计发生额	表1-32中账面损益类科目全年累计发生额，即利润表中科目累计金额。	《中华人民共和国企业所得税年度纳税申报表（A类）》第1~13行，《收入明细表》第1~12行及第17~26行，《成本费用明细表》第1~11行及第16~28行。

2. 中华人民共和国企业所得税年度纳税申报表及附表，见表1-44至表1-53。

表1-44　　　中华人民共和国企业所得税年度纳税申报表（A类）

税款所属期间：20×3年01月01日至20×3年12月31日

纳税人名称：L市雨丰机械制造有限公司

纳税人识别号：370000000000000　　　　　　　　　　金额单位：元（列至角分）

类别	行次	项目	金额
利润总额计算	1	一、营业收入（填附表一）	32 227 000.00
	2	减：营业成本（填附表二）	25 930 000.00
	3	营业税金及附加	37 770.00
	4	销售费用（填附表二）	1 978 000.00
	5	管理费用（填附表二）	2 699 000.00
	6	财务费用（填附表二）	1 413 000.00
	7	资产减值损失	16 296.00
	8	加：公允价值变动收益	−200 000.00
	9	投资收益	580 000.00
	10	二、营业利润	532 934.00
	11	加：营业外收入（填附表一）	2 566 000.00
	12	减：营业外支出（填附表二）	926 540.00
	13	三、利润总额（10+11−12）	2 172 394.00
应纳税所得额计算	14	加：纳税调整增加额（填附表三）	4 382 536.00
	15	减：纳税调整减少额（填附表三）	3 017 500.00
	16	其中：不征税收入	800 000.00
	17	免税收入	300 000.00
	18	减计收入	
	19	减、免税项目所得	300 000.00
	20	加计扣除	147 500.00
	21	抵扣应纳税所得额	
	22	加：境外应税所得弥补境内亏损	
	23	纳税调整后所得（13+14−15+22）	3 537 430.00
	24	减：弥补以前年度亏损（填附表四）	
	25	应纳税所得额（23−24）	3 537 430.00

续表

类别	行次	项目	金额
应纳税额计算	26	税率（25％）	25％
	27	应纳所得税额（25×26）	884 357.50
	28	减：减免所得税额（填附表五）	
	29	减：抵免所得税额（填附表五）	150 000.00
	30	应纳税额（27−28−29）	734 357.50
	31	加：境外所得应纳所得税额（填附表六）	
	32	减：境外所得抵免所得税额（填附表六）	
	33	实际应纳所得税额（30+31−32）	734 357.50
	34	减：本年累计实际已预缴的所得税额	440 768.00
	35	其中：汇总纳税的总机构分摊预缴的税额	
	36	汇总纳税的总机构财政调库预缴的税额	
	37	汇总纳税的总机构所属分支机构分摊的预缴税额	
	38	合并纳税（母子体制）成员企业就地预缴比例	
	39	合并纳税企业就地预缴的所得税额	
	40	本年应补（退）的所得税额（33−34）	293 589.50
附列资料	41	以前年度多缴的所得税额在本年抵减额	
	42	以前年度应缴未缴在本年入库所得税额	
纳税人公章： 经办人： 申报日期：20×4年4月14日		代理申报中介机构公章： 经办人及执业证件号码： 代理申报日期：　年　月　日	主管税务机关受理专用章： 受理人： 受理日期：　年　月　日

表 1-45　　　　　　企业所得税年度纳税申报表附表一（1）
收入明细表

填报时间：20×4年4月14日　　　金额单位：元（列至角分）

行次	项目	金额
1	一、销售（营业）收入合计（2+13）	33 497 000.00
2	（一）营业收入合计（3+8）	32 227 000.00
3	1. 主营业务收入（4+5+6+7）	31 280 000.00
4	（1）销售货物	30 980 000.00
5	（2）提供劳务	300 000.00
6	（3）让渡资产使用权	
7	（4）建造合同	
8	2. 其他业务收入（9+10+11+12）	947 000.00
9	（1）材料销售收入	907 000.00
10	（2）代购代销手续费收入	
11	（3）包装物出租收入	
12	（4）其他	40 000.00
13	（二）视同销售收入（14+15+16）	1 270 000.00
14	（1）非货币性交易视同销售收入	
15	（2）货物、财产、劳务视同销售收入	270 000.00
16	（3）其他视同销售收入	1 000 000.00

续表

行次	项目	金额
17	二、营业外收入（18＋19＋20＋21＋22＋23＋24＋25＋26）	2 566 000.00
18	1. 固定资产盘盈	
19	2. 处置固定资产净收益	
20	3. 非货币性资产交易收益	
21	4. 出售无形资产收益	300 000.00
22	5. 罚款净收入	
23	6. 债务重组收益	106 000.00
24	7. 政府补助收入	800 000.00
25	8. 捐赠收入	1 260 000.00
26	9. 其他	100 000.00

表 1-46　　　　　　　企业所得税年度纳税申报表附表二（1）

成本费用明细表

填报时间：20×4 年 4 月 14 日　　　　　金额单位：元（列至角分）

行次	项目	金额
1	一、销售（营业）成本合计（2＋7＋12）	26 980 000.00
2	（一）主营业务成本（3＋4＋5＋6）	25 210 000.00
3	（1）销售货物成本	24 960 000.00
4	（2）提供劳务成本	250 000.00
5	（3）让渡资产使用权成本	
6	（4）建造合同成本	
7	（二）其他业务成本（8＋9＋10＋11）	720 000.00
8	（1）材料销售成本	700 000.00
9	（2）代购代销费用	
10	（3）包装物出租成本	
11	（4）其他	20 000.00
12	（三）视同销售成本（13＋14＋15）	1 050 000.00
13	（1）非货币性交易视同销售成本	
14	（2）货物、财产、劳务视同销售成本	250 000.00
15	（3）其他视同销售成本	800 000.00
16	二、营业外支出（17＋18＋…＋24）	926 540.00
17	1. 固定资产盘亏	
18	2. 处置固定资产净损失	
19	3. 出售无形资产损失	
20	4. 债务重组损失	
21	5. 罚款支出	12 500.00
22	6. 非常损失	62 000.00
23	7. 捐赠支出	852 040.00
24	8. 其他	
25	三、期间费用（26＋27＋28）	6 090 000.00
26	1. 销售（营业）费用	1 978 000.00
27	2. 管理费用	2 699 000.00
28	3. 财务费用	1 413 000.00

表 1-47　　　　　　　　**企业所得税年度纳税申报表附表三**

纳税调整项目明细表

填报时间：20×4 年 4 月 14 日　　　　　　金额单位：元（列至角分）

	行次	项目	账载金额	税收金额	调增金额	调减金额
			1	2	3	4
	1	一、收入类调整项目	＊	＊	2 340 000.00	1 820 000.00
	2	1. 视同销售收入（填写附表一）	＊	＊	1 270 000.00	＊
＃	3	2. 接受捐赠收入	＊	20 000.00	20 000.00	＊
	4	3. 不符合税收规定的销售折扣和折让				＊
＊	5	4. 未按权责发生制原则确认的收入	160 000.00	20 000.00		140 000.00
＊	6	5. 按权益法核算长期股权投资对初始投资成本调整确认收益	＊	＊	＊	100 000.00
	7	6. 按权益法核算的长期股权投资持有期间的投资损益	＊	＊		180 000.00
＊	8	7. 特殊重组				
＊	9	8. 一般重组	106 000.00	106 000.00		
＊	10	9. 公允价值变动净收益（填写附表七）	＊	＊	150 000.00	
	11	10. 确认为递延收益的政府补助				
	12	11. 境外应税所得（填写附表六）	＊	＊	＊	
	13	12. 不允许扣除的境外投资损失	＊	＊		＊
	14	13. 不征税收入（填附表一 [3]）	＊	＊	＊	800 000.00
	15	14. 免税收入（填附表五）	＊	＊	＊	300 000.00
	16	15. 减计收入（填附表五）	＊	＊	＊	
	17	16. 减、免税项目所得（填附表五）	＊	＊	＊	300 000.00
	18	17. 抵扣应纳税所得额（填附表五）	＊	＊	＊	
	19	18. 其他		900 000.00	900 000.00	
	20	二、扣除类调整项目	＊	＊	1 574 940.00	1 197 500.00
	21	1. 视同销售成本（填写附表二）	＊	＊	＊	1 050 000.00
	22	2. 工资薪金支出	3 020 000.00	3 020 000.00		
	23	3. 职工福利费支出	444 000.00	422 800.00	21 200.00	
	24	4. 职工教育经费支出	75 500.00	72 500.00	3 000.00	
	25	5. 工会经费支出	60 400.00	40 400.00	20 000.00	
	26	6. 业务招待费支出	99 000.00	59 400.00	39 600.00	＊
	27	7. 广告费和业务宣传费支出（填写附表八）	＊	＊		
	28	8. 捐赠支出	600 000.00	600 000.00		＊
	29	9. 利息支出	1 110 000.00	400 000.00	710 000.00	
	30	10. 住房公积金				＊
	31	11. 罚金、罚款和被没收财物的损失	10 000.00	＊	10 000.00	＊
	32	12. 税收滞纳金	500.00	＊	500.00	＊
	33	13. 赞助支出	252 040.00	＊	252 040.00	＊

续表

行次	项目	账载金额	税收金额	调增金额	调减金额
		1	2	3	4
34	14. 各类基本社会保障性缴款	327 000.00	327 000.00		
35	15. 补充养老保险、补充医疗保险				
36	16. 与未实现融资收益相关在当期确认的财务费用				
37	17. 与取得收入无关的支出	300 000.00	*	300 000.00	*
38	18. 不征税收入用于支出所形成的费用	100 000.00	*	100 000.00	*
39	19. 加计扣除（填附表五）	*	*	*	147 500.00
40	20. 其他	118 600.00		118 600.00	
41	三、资产类调整项目	*	*	459 300.00	
42	1. 财产损失	70 000.00	70 000.00		
43	2. 固定资产折旧（填写附表九）	*	*	39 300.00	
44	3. 生产性生物资产折旧（填写附表九）	*	*		
45	4. 长期待摊费用的摊销（填写附表九）	*	*	40 000.00	
46	5. 无形资产摊销（填写附表九）	*	*	60 000.00	
47	6. 投资转让、处置所得（填写附表十一）	*	*	100 000.00	
48	7. 油气勘探投资（填写附表九）	*	*		
49	8. 油气开发投资（填写附表九）	*	*		
50	9. 其他	220 000.00		220 000.00	
51	四、准备金调整项目（填写附表十）	*	*	8 296.00	
52	五、房地产企业预售收入计算的预计利润	*	*		
53	六、特别纳税调整应税所得	*	*		*
54	七、其他	*	*		
55	合计	*	*	4 382 536.00	3 017 500.00

表 1-48 　　　　　　　企业所得税年度纳税申报表附表五
税收优惠明细表

填报时间：20×4 年 4 月 14 日　　　　　　　金额单位：元（列至角分）

行次	项目	金额
1	一、免税收入（2＋3＋4＋5）	300 000.00
2	1. 国债利息收入	
3	2. 符合条件的居民企业之间的股息、红利等权益性投资收益	300 000.00
4	3. 符合条件的非营利组织的收入	
5	4. 其他	
6	二、减计收入（7＋8）	
7	1. 企业综合利用资源，生产符合国家产业政策规定的产品所取得的收入	
8	2. 其他	
9	三、加计扣除额合计（10＋11＋12＋13）	147 500.00
10	1. 开发新技术、新产品、新工艺发生的研究开发费用	147 500.00

续表

行次	项目	金额
11	2. 安置残疾人员所支付的工资	
12	3. 国家鼓励安置的其他就业人员支付的工资	
13	4. 其他	
14	四、减免所得额合计（15＋25＋29＋30＋31＋32）	300 000.00
15	（一）免税所得（16＋17＋…＋24）	
16	1. 蔬菜、谷物、薯类、油料、豆类、棉花、麻类、糖料、水果、坚果的种植	
17	2. 农作物新品种的选育	
18	3. 中药材的种植	
19	4. 林木的培育和种植	
20	5. 牲畜、家禽的饲养	
21	6. 林产品的采集	
22	7. 灌溉、农产品初加工、兽医、农技推广、农机作业和维修等农、林、牧、渔服务业项目	
23	8. 远洋捕捞	
24	9. 其他	
25	（二）减税所得（26＋27＋28）	
26	1. 花卉、茶以及其他饮料作物和香料作物的种植	
27	2. 海水养殖、内陆养殖	
28	3. 其他	
29	（三）从事国家重点扶持的公共基础设施项目投资经营的所得	
30	（四）从事符合条件的环境保护、节能节水项目的所得	
31	（五）符合条件的技术转让所得	300 000.00
32	（六）其他	
33	五、减免税合计（34＋35＋36＋37＋38）	
34	（一）符合条件的小型微利企业	
35	（二）国家需要重点扶持的高新技术企业	
36	（三）民族自治地方的企业应缴纳的企业所得税中属于地方分享的部分	
37	（四）过渡期税收优惠	
38	（五）其他	
39	六、创业投资企业抵扣的应纳税所得额	
40	七、抵免所得税额合计（41＋42＋43＋44）	150 000.00
41	（一）企业购置用于环境保护专用设备的投资额抵免的税额	
42	（二）企业购置用于节能节水专用设备的投资额抵免的税额	
43	（三）企业购置用于安全生产专用设备的投资额抵免的税额	150 000.00
44	（四）其他	
45	企业从业人数（全年平均人数）	677
46	资产总额（全年平均数）	44 477 872.79
47	所属行业（工业企业　　其他企业）	工业企业

表 1-49　　　　　　企业所得税年度纳税申报表附表七

以公允价值计量资产纳税调整表

填报时间：20×4 年 4 月 14 日　　　　　　金额单位：元（列至角分）

行次	资产种类	期初金额		期末金额		纳税调整额（纳税调减以"－"表示）
		账载金额（公允价值）	计税基础	账载金额（公允价值）	计税基础	
		1	2	3	4	5
1	一、公允价值计量且其变动计入当期损益的金融资产					
2	1. 交易性金融资产					
3	2. 衍生金融工具					
4	3. 其他以公允价值计量的金融资产					
5	二、公允价值计量且其变动计入当期损益的金融负债					
6	1. 交易性金融负债					
7	2. 衍生金融工具					
8	3. 其他以公允价值计量的金融负债					
9	三、投资性房地产	1 000 000.00	1 000 000.00	800 000.00	950 000.00	150 000.00
10	合计	1 000 000.00	1 000 000.00	800 000.00	950 000.00	150 000.00

表 1-50　　　　　　企业所得税年度纳税申报表附表八

广告费和业务宣传费跨年度纳税调整表

填报时间：20×4 年 4 月 14 日　　　　　　金额单位：元（列至角分）

行次	项目	金额
1	本年度广告费和业务宣传费支出	126 000.00
2	其中：不允许扣除的广告费和业务宣传费支出	
3	本年度符合条件的广告费和业务宣传费支出（1－2）	126 000.00
4	本年计算广告费和业务宣传费扣除限额的销售（营业）收入	33 497 000.00
5	税收规定的扣除率	15%
6	本年广告费和业务宣传费扣除限额（4×5）	5 024 550.00
7	本年广告费和业务宣传费支出纳税调整额（3≤6，本行＝2 行；3＞6，本行＝1－6）	
8	本年结转以后年度扣除额（3＞6，本行＝3－6；3≤6，本行＝0）	
9	加：以前年度累计结转扣除额	
10	减：本年扣除的以前年度结转额	
11	累计结转以后年度扣除额（8＋9－10）	

表 1-51

企业所得税年度纳税申报表附表九

资产折旧、摊销纳税调整明细表

填报日期：20×4 年 4 月 14 日

金额单位：元（列至角分）

行次	资产类别	资产原值		折旧、摊销年限		本期折旧、摊销额		纳税调整额
		账载金额 1	计税基础 2	合计 3	税收 4	合计 5	税收 6	7
1	一、固定资产	12 060 000.00	12 060 000.00	*	*	1 084 300.00	1 045 000.00	39 300.00
2	1. 房屋建筑物	4 400 000.00	4 400 000.00	20	20	192 750.00	188 000.00	4 750.00
3	2. 飞机、火车、轮船、机械和其他生产设备	6 200 000.00	6 200 000.00	10	10	552 550.00	518 000.00	34 550.00
4	3. 与生产经营有关的器具工具家具	200 000.00	200 000.00	5	5	36 000.00	36 000.00	
5	4. 飞机、火车、轮船以外的运输工具	1 000 000.00	1 000 000.00	4	4	225 000.00	225 000.00	
6	5. 电子设备	260 000.00	260 000.00	3	3	78 000.00	78 000.00	
7	二、生产性生物资产			*	*			
8	1. 林木类							
9	2. 畜类							
10	三、长期待摊费用	60 000.00	60 000.00	*	*	60 000.00	20 000.00	40 000.00
11	1. 已足额提取折旧的固定资产的改建支出							
12	2. 租入固定资产的改建支出	60 000.00	60 000.00	1	3	60 000.00	20 000.00	40 000.00
13	3. 固定资产大修理支出							
14	4. 其他长期待摊费用							
15	四、无形资产	2 000 000.00	2 000 000.00	20	50	100 000.00	40 000.00	60 000.00
16	五、油气勘探投资							
17	六、油气开发投资							
18	合计	14 120 000.00	14 120 000.00	*	*	1 244 300.00	1 105 000.00	139 300.00

注：雨丰机械公司各类固定资产原值均与计税基础相同，且为已知条件。

表1-52

企业所得税年度纳税申报表附表十

资产减值准备项目调整明细表

填报时间：20×4年4月14日

金额单位：元（列至角分）

行次	准备金类别	期初余额 1	本期转回额 2	本期计提额 3	期末余额 4	纳税调整额 5
1	坏（呆）账准备	7 470.00		16 296.00	23 766.00	16 296.00
2	存货跌价准备	8 000.00	8 000.00			−8 000.00
3	*其中：消耗性生物资产减值准备		—			
4	*持有至到期投资减值准备					
5	*可供出售金融资产减值					
6	#短期投资跌价准备					
7	长期股权投资减值准备					
8	*投资性房地产减值准备					
9	固定资产减值准备					
10	在建工程（工程物资）减值准备					
11	*生产性生物资产减值准备					
12	无形资产减值准备					
13	商誉减值准备					
14	贷款损失准备					
15	矿区权益减值					
16	其他					
17	合　计	15 470.00	8 000.00	16 296.00	23 766.00	8 296.00

表 1-53

企业所得税年度纳税申报表附表十一

长期股权投资所得（损失）明细表

填报时间：20×4 年 4 月 14 日

金额单位：元（列至角分）

行次	被投资企业	期初投资额	本年度增(减)投资额	投资成本 初始投资成本	投资成本 权益法核算对初始投资成本调整产生的收益	会计核算投资收益	会计投资损益	税收确认的股息红利 免税收入	税收确认的股息红利 全额征税收入	会计与税收的收益差异	投资转让所得（损失） 投资转让净收入	投资转让的会计成本	投资转让的税收成本	会计上确认的转让所得或损失	按税收计算的投资转让所得或损失	会计与税收的差异
		2	3	4	5	6(7+14)	7	8	9	10(7-8-9)	11	12	13	14(11-12)	15(11-13)	16(14-15)
1	S公司	2 000 000		2 000 000	100 000											
2	M公司	2 000 000		2 000 000		300 000	300 000	300 000								
3	N公司	1 000 000		1 000 000		180 000	180 000	180 000								
4	丁公司	1 000 000	−1 000 000	1 000 000		100 000					1 200 000	1 100 000	1 000 000	100 000	200 000	−100 000
5																
6																
7																
8																
合计		6 000 000	−1 000 000	6 000 000	100 000	580 000	480 000	480 000			1 200 000	1 100 000	1 000 000	100 000	200 000	−100 000

投资损失补充资料

行次	项目	当年度结转金额	已弥补金额	本年度弥补金额	结转以后年度待弥补金额
1	第一年				
2	第二年				
3	第三年				
4	第四年				
5	第五年				

以前年度结转在本年度税前扣除的股权投资转让损失

备注：

企业以前年度没有亏损，《企业所得税税前弥补亏损明细表》（附表四）可不填写，企业没有境外所得，《境外所得税税抵免明细表》（附表六）可不填写。

第二章　增值税

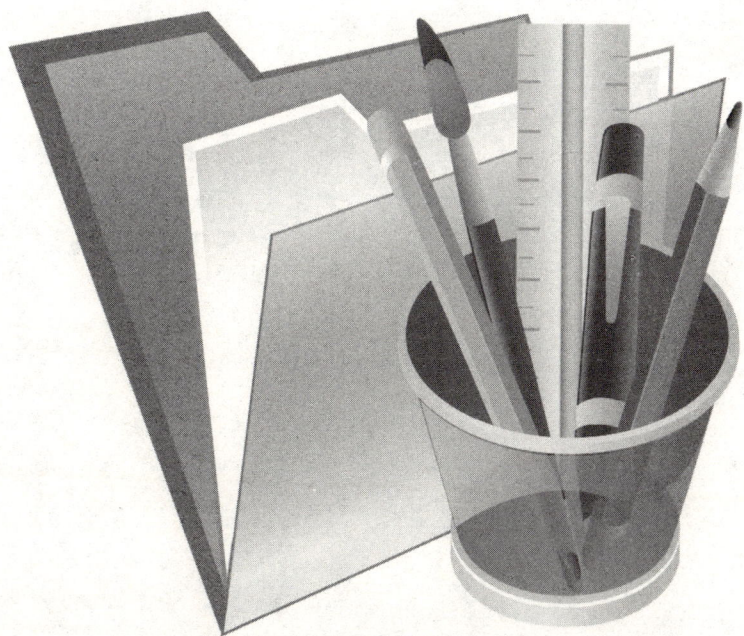

从税收收入规模来看，增值税是我国目前最大的税种，在会计实务、纳税申报中，增值税是一个极其重要的税种，同时也是较难掌握的税种，涉及的增值税相关政策也比较多，因此，不少纳税人对相关增值税政策把握不准、理解不透、出现一定的认识偏差，稍有不慎就很容易出现多缴或漏缴增值税款的情况，给企业带来经济损失和税收风险。

为了帮助广大财务人员提升增值税税务处理和纳税申报实战技能，笔者在深入研究增值税相关政策的基础上，结合纳税人在日常账务处理过程中经常遇到的增值税重点问题、疑难问题及其容易忽视的问题，进行认真、系统的分析、整理，总结出了一套极其实用的增值税业务核算处理方法和一些日常节税小技巧，帮助广大财务人员提高自己的增值税业务税务处理水平，从而正确地核算增值税业务并能够让企业合法、合理地降低增值税税负，减轻纳税人负担。

本章先对企业增值税业务处理过程中遇到的难点和重点问题进行专题讲解，然后以L市雨丰电脑有限公司为例，对企业常见的增值税业务税务处理和纳税申报进行示范，以达到切实提高读者实战能力之目的。

一、一般纳税人增值税主要纳税事项

一般纳税人增值税主要纳税事项，见表2-1。

表2-1　　　　　　　　　　一般纳税人增值税主要纳税事项

购入一般货物	用于应税项目，取得抵扣凭证。	支付的增值税借记"应交税费——应交增值税（进项税额）"科目。
	用于应税项目，未取得抵扣凭证。	支付的增值税计入货物成本。
	用于非应税项目，不管是否取得抵扣凭证。	
进口货物	取得海关进口增值税专用缴款书。	按照海关进口增值税专用缴款书上注明的增值税额借记"应交税费——应交增值税（进项税额）"科目。
购入免税货物	企业购进免税货物一般不能抵扣。	支付的增值税计入货物成本。
	购进免税农产品。	支付的增值税借记"应交税费——应交增值税（进项税额）"科目。
销售一般货物	销售货物或者提供加工、修理修配劳务，不管是否开具何种发票，即使没有开具发票，也要按照税法缴纳增值税。	按照销售额和规定税率计算并向购买方收取的增值税额记入"应交税费——应交增值税（销项税额）"。

视同销售	1. 将货物交付其他单位或者个人代销； 2. 销售代销货物； 3. 设有两个以上机构并实行统一核算的纳税人，将货物从一个机构移送其他机构用于销售，但相关机构设在同一县（市）的除外； 4. 将自产或者委托加工的货物用于非增值税应税项目； 5. 将自产、委托加工的货物用于集体福利或者个人消费； 6. 将自产、委托加工或者购进的货物作为投资，提供给其他单位或者个体工商户； 7. 将自产、委托加工或者购进的货物分配给股东或者投资者； 8. 将自产、委托加工或者购进的货物无偿赠送其他单位或者个人。	1. 在计提销项税额时，要按照"成本转账、售价计税"的原则核算。 2. 成本的确定：自产货物的成本为实际的生产成本，外购货物的成本为实际采购成本。 3. 售价的确定：售价即为公允价值，按下列顺序确定销售额：纳税人最近时期同类货物的平均销售价格、其他纳税人最近时期同类货物的平均销售价格、组成计税价格。 4. 用于非增值税应税项目、无偿赠送的增值税视同销售行为，在会计上不做收入，直接按照成本转账；其他视同销售行为，应当确认收入，结转成本。
兼营不同税率的货物或者应税劳务	分别核算不同税率货物或者应税劳务的销售额；未分别核算销售额的，从高适用税率。	
兼营免税、减税项目	分别核算免税、减税项目的销售额；未分别核算销售额的，不得免税、减税。	
兼营非增值税应税项目	纳税人的经营范围既包括增值税应税项目又包括非增值税应税项目，但不发生在同一项销售行为中。	分别核算货物或者应税劳务的销售额和非增值税应税项目的营业额；未分别核算的，由主管税务机关核定货物或者应税劳务的销售额。
一般混合销售行为	一项销售行为既涉及货物又涉及非增值税应税劳务（属于应缴营业税的交通运输业、建筑业、金融保险业、邮电通信业、文化体育业、娱乐业、服务业税目征收范围的劳务）。	从事货物的生产、批发或者零售的企业、企业性单位和个体工商户的混合销售行为，视为销售货物，应当缴纳增值税；其他单位和个人的混合销售行为，视为销售非增值税应税劳务，不缴纳增值税。
特殊混合销售行为	销售自产货物并同时提供建筑业劳务。	分别核算货物的销售额和非增值税应税劳务的营业额，并根据其销售货物的销售额计算缴纳增值税，非增值税应税劳务的营业额不缴纳增值税；未分别核算的，由主管税务机关核定其货物的销售额。

出口产品	实行"免、抵、退"管理办法的企业	当期出口产品不予免征、抵扣和退税的增值税额，借记"主营业务成本"，贷记"应交税费——应交增值税（进项税额转出）"。当期予以抵扣的增值税额，借记"应交税费——应交增值税（出口抵减内销产品应纳税额）"，贷记"应交税费——应交增值税（出口退税）"。当期予以退回的增值税款，借记"其他应收款"，贷记"应交税费——应交增值税（出口退税）"。
	未实行"免、抵、退"管理办法的企业	出口产品实现销售时，借记"应收账款"等科目，按照税法规定应收的出口退税，借记"其他应收款"，按照税法规定不予退还的增值税额，借记"主营业务成本"，按照销售商品收入，贷记"主营业务收入"，按照税法规定应交的增值税额，贷记"应交税费——应交增值税（销项税额）"。
不得从销项税额中抵扣进项税额的情形	下列项目的进项税额不得从销项税额中抵扣： 1. 用于非增值税应税项目、免征增值税项目、集体福利或者个人消费的购进货物或者应税劳务； 2. 非正常损失的购进货物及相关的应税劳务； 3. 非正常损失的在产品、产成品所耗用的购进货物或者应税劳务； 4. 国务院财政、税务主管部门规定的纳税人自用消费品； 5. 第1项至第4项规定的货物的运输费用和销售免税货物的运输费用。	购进货物时能够确定进项税额不能抵扣的，直接将进项税额计入购入货物及接受劳务的成本；购进货物时无法确定进项税额能否抵扣的，可先记入"进项税额"，待确定发生不予抵扣项目时，再通过"进项税额转出"，记入相关科目。
销项税额的确定	1. 开具增值税专用发票和增值税普通发票，按发票上注明的税额确定。没有开具增值税专用发票和增值税普通发票的，按公式计算确定： 销项税额＝不含税销售额×增值税税率 不含税销售额＝含税销售额÷(1＋增值税税率) 2. 销售额为纳税人销售货物或者应税劳务向购买方收取的全部价款和价外费用，但是不包括收取的销项税额。 3. 价外费用，包括价外向购买方收取的手续费、补贴、基金、集资费、返还利润、奖励费、违约金、滞纳金、延期付款利息、赔偿金、代收款项、代垫款项、包装费、包装物租金、储备费、优质费、运输装卸费以及其他各种性质的价外收费。但下列项目不包括在内： (1) 受托加工应征消费税的消费品所代收代缴的消费税。	

	(2) 同时符合以下条件的代垫运输费用： ①承运部门的运输费用发票开具给购买方的； ②纳税人将该项发票转交给购买方的。 (3) 同时符合以下条件代为收取的政府性基金或者行政事业性收费： ①由国务院或者财政部批准设立的政府性基金，由国务院或者省级人民政府及其财政、价格主管部门批准设立的行政事业性收费； ②收取时开具省级以上财政部门印制的财政票据； ③所收款项全额上缴财政。 (4) 销售货物的同时代办保险等而向购买方收取的保险费，以及向购买方收取的代购买方缴纳的车辆购置税、车辆牌照费。 4. 纳税人有价格明显偏低并无正当理由或者视同销售货物行为而无销售额者，按下列顺序确定销售额： (1) 按纳税人最近时期同类货物的平均销售价格确定； (2) 按其他纳税人最近时期同类货物的平均销售价格确定； (3) 按组成计税价格确定。组成计税价格的公式为： $$组成计税价格＝成本\times(1＋成本利润率)$$ 属于应征消费税的货物，其组成计税价格中应加计消费税额。 公式中的成本是指：销售自产货物的为实际生产成本，销售外购货物的为实际采购成本。公式中的成本利润率由国家税务总局确定。
进项税额的确定	1. 取得增值税专用发票，按增值税专用发票上注明的税额抵扣。 2. 取得海关进口增值税专用缴款书，按海关进口增值税专用缴款书上注明的税额抵扣。 3. 取得农产品收购发票或者销售发票，按照农产品收购发票或者销售发票上注明的农产品买价和13%的扣除率计算的进项税额抵扣。买价，包括纳税人购进农产品在农产品收购发票或者销售发票上注明的价款和按规定缴纳的烟叶税。进项税额计算公式： $$进项税额＝买价\times13\%$$ 4. 取得运输费用结算单据，按照运输费用结算单据上注明的运输费用金额和7%的扣除率计算的进项税额抵扣。运输费用金额，是指运输费用结算单据上注明的运输费用（包括铁路临管线及铁路专线运输费用）、建设基金，不包括装卸费、保险费等其他杂费。运输费用和其他杂费合并开具运杂费的，不得抵扣。进项税额计算公式： $$进项税额＝运输费用金额\times7\%$$
进项税额转出的确定	1. 若确定原材料购入时原抵扣的进项税额，直接转出即可，若不能确定则需要计算出原材料应该转出的进项税额，需要注意相应的运费进项税额也要一并转出，计算公式为： $$进项税额转出＝(材料成本－运费)\times17\%＋运费/(1－7\%)\times7\%$$ 2. 若原材料是免税农产品，计算公式为： $$进项税额转出＝原材料成本/(1－13\%)\times13\%$$ 3. 在产品、产成品发生上述行为，在确定进项税额转出金额时，按照生产这些在产品、产成品所耗用购进货物或应税劳务已经抵扣了的进项税额计算，而不是在产品、产成品的实际成本，因为实际成本里还包括一些没有抵扣过的诸如人工费、折旧费等成本费用。

	在产品、产成品所耗用购进货物或应税劳务已经抵扣了的进项税额能够确定的,直接转出,不能确定的则计算转出,计算公式同1。 4. 已抵扣进项税额的固定资产在发生上述行为的情况下,按下列公式确定进项税额转出金额: $$进项税额转出=固定资产净值×适用税率$$
应纳增值税税额的计算	应纳增值税税额=销项税额-(进项税额+上期留抵税额-进项税额转出-免抵退货物应退税额)+简易办法应纳税额+纳税检查调整税额
纳税期限	一般纳税人申报期限为每月1日至15日(遇最后一日为法定节假日的,顺延1日;在每月1日至15日内有连续3日以上法定休假日的,按休假日天数顺延,要随时关注税务局通知),一般纳税人必须在申报期限内进行抄税(抄税之前不能开票),并携带税控IC卡及相关资料到办税服务厅办理报税工作,逾期未报税会使税控IC卡锁死,不能开票。锁死期是按当月申报期来定,比如说5月申报期限是到5月20日,超过20天不到税务局报税IC卡就会锁死。 强烈建议企业应该在每月1日抄税,抄税后在规定申报期限内到税务机关报税。

二、增值税低税率及简易征收所涉及的疑难问题

增值税低税率及简易征收所涉及的疑难问题,主要包括:发票开具类型、适用税率、开具方法、相应的申报表填写等重点疑难问题,见表2-2。

表2-2   增值税低税率及简易征收疑难问题汇总表

类别	相关政策	发票类型	开具方法	申报表填写
适用13%税率的货物	1. 粮食、食用植物油; 2. 自来水、暖气、冷气、热水、煤气、石油液化气、天然气、沼气、居民用煤炭制品; 3. 图书、报纸、杂志; 4. 饲料、化肥、农药、农机、农膜; 5. 农产品(具体征税范围暂继续按照《财政部、国家税务总局关于印发〈农业产品征税范围注释〉的通知》(财税字〔1995〕52号)及现行相关规定执行); 6. 音像制品; 7. 电子出版物; 8. 二甲醚; 9. 花椒油。 1~4项为增值税暂行条例规定的4类货物,5~8项为财税〔2009〕9号文件规定的4类货物,9项为国家税务总局公告2011年第33号文件规定的货物。	可以开具增值税专用发票。	金额栏:不含税销售额 税率栏:13% 税额栏:不含税销售额×13%	填写增值税纳税申报表附列资料(表一)"一、按适用税率征收增值税货物及劳务的销售额和销项税额明细"中"应税货物"中的"13%征收率"相关栏次。

类别	相关政策	发票类型	开具方法	申报表填写
按6%征收率简易征收类（一般纳税人）	1. 县及县以下小型水力发电单位生产的电力。小型水力发电单位，是指各类投资主体建设的装机容量为5万千瓦以下（含5万千瓦）的小型水力发电单位。 2. 建筑用和生产建筑材料所用的砂、土、石料。 3. 以自己采掘的砂、土、石料或其他矿物连续生产的砖、瓦、石灰（不含粘土实心砖、瓦）。 4. 用微生物、微生物代谢产物、动物毒素、人或动物的血液或组织制成的生物制品。 5. 自来水。增值税一般纳税人生产销售瓶装、桶装矿泉水、纯净水的仍可比照自来水简易征收办法按6%征收率征收增值税。 6. 商品混凝土（仅限于以水泥为原料生产的水泥混凝土）。	可以开具增值税专用发票。	金额栏：价税合计销售额÷(1+6%) 税率栏：6% 税额栏：不含税销售额×6%	填写增值税纳税申报表附列资料（表一）"二、简易征收办法征收增值税货物的销售额和应纳税额明细"中"6%征收率"相关栏次。 增值税纳税申报表主表第5栏"按简易征收办法征税货物销售额"和第21栏"按简易征收办法计算的应纳税额"自动生成。
按4%征收率简易征收类（一般纳税人）	1. 寄售商店代销寄售物品（包括居民个人寄售的物品在内）。 2. 典当业销售死当物品。 3. 经国务院或国务院授权机关批准的免税商店零售的免税品。	可以开具增值税专用发票。	金额栏：价税合计销售额÷(1+4%) 税率栏：4% 税额栏：不含税销售额×4%	填写增值税纳税申报表附列资料（表一）"二、简易征收办法征收增值税货物的销售额和应纳税额明细"中"4%征收率"相关栏次。 增值税纳税申报表主表第5栏"按简易征收办法征税货物销售额"和第21栏"按简易征收办法计算的应纳税额"自动生成。
按4%征收率减半征收类（一般纳税人）	1. 销售按照税法规定不得抵扣进项税额且未抵扣的固定资产，按4%征收率减半征收。 2. 销售2009年1月1日前购进的固定资产，按4%征收率减半征收。 3. 销售旧货。	只能开具普通发票，不能开具增值税专用发票。	增值税普通发票： 金额栏：价税合计销售额÷(1+4%) 税率栏：4% 税额栏：填写未减半征收前的应纳税额（不含税销售额×4%）	填写增值税纳税申报表附列资料（表一）"二、简易征收办法征收增值税货物的销售额和应纳税额明细"中"开具普通发票"的"4%征收率"相关栏次。 增值税纳税申报表主表第5栏"按简易征收办法征税货物销售额"和第21栏"按简易征收办法计算的应纳税额"自动生成。 将计算的减征税额填入主表第23栏"应纳税额减征额"栏次。

续表

类别	相关政策	发票类型	开具方法	申报表填写
按4%征收率减半征收类（小规模纳税人）	销售旧货。	只能开具普通发票，不能代开增值税专用发票。	金额栏：填写含税销售额 应纳税额＝含税销售额÷（1＋3%）×2%	将不含税销售额填入增值税纳税申报表第4栏"销售使用过的应税固定资产不含税销售额"。 申报表第10栏"本期应纳税额"数据＝第4栏数据×2%＋第1栏数据×3%，在纳税申报时系统会自动生成。 第11栏"本期应纳税额减征额"栏次不得填入任何数据。
按3%征收率简易征收类（一般纳税人）	属于增值税一般纳税人的药品经营企业销售生物制品，可以选择简易办法按照生物制品销售额和3%的征收率计算缴纳增值税。药品经营企业，是指取得（食品）药品监督管理部门颁发的《药品经营许可证》，获准从事生物制品经营的药品批发企业和药品零售企业。	可以开具增值税专用发票。	金额栏：价税合计销售额÷(1＋3%) 税率栏：3% 税额栏：不含税销售额×3%	填写增值税纳税申报表附列资料（表一）"二、简易征收办法征收增值税货物的销售额和应纳税额明细"中"3%征收率"相关栏次。 增值税纳税申报表主表第5栏"按简易征收办法征税货物销售额"和第21栏"按简易征收办法计算的应纳税额"自动生成。
按2%征收率简易征收（小规模纳税人）	小规模纳税人销售自己使用过的固定资产。	只能开具普通发票，不能代开增值税专用发票。	金额栏：填写含税销售额 应纳税额＝含税销售额÷（1＋3%）×2%	将不含税销售额填入增值税纳税申报表第4栏"销售使用过的应税固定资产不含税销售额"。 申报表第10栏"本期应纳税额"数据＝第4栏数据×2%＋第1栏数据×3%，在纳税申报时系统会自动生成，第11栏"本期应纳税额减征额"栏次不得填入任何数据。
政策依据	《中华人民共和国增值税暂行条例》（国务院令538号）、《中华人民共和国增值税暂行条例实施细则》（财政部国家税务总局令50号）、《国家税务总局关于增值税简易征收政策有关管理问题的通知》（国税函〔2009〕90号）、《财政部、国家税务总局关于部分货物适用增值税低税率和简易办法征收增值税政策的通知》（财税〔2009〕9号）、《国家税务总局关于药品经营企业销售生物制品有关增值税问题的公告》（国家税务总局公告2012年第20号）。			

> 温馨提醒

1. 增值税一般纳税人按简易征收办法征税后，对生产销售简易征收货物购进的进项税额不得抵扣，例如销售 2009 年 1 月 1 日前购进的固定资产所发生的运输费用不得抵扣进项税额。

对属于一般纳税人的自来水公司销售自来水按简易办法依照 6% 征收率征收增值税，不得抵扣其购进自来水取得增值税扣税凭证上注明的增值税税款。

2. 增值税一般纳税人生产销售下列货物，不再执行简易征收增值税办法。

（1）原料中掺有煤矸石、石煤、粉煤灰、烧煤锅炉的炉底渣（不包括高炉水渣）生产的墙体材料。

（2）有机肥、基质土。

3. 一般纳税人选择 6% 征收率简易征收办法计算缴纳增值税后，36 个月内不得变更。

4. 属于增值税一般纳税人的药品经营企业销售生物制品，选择简易办法计算缴纳增值税的，36 个月内不得变更计税方法。

5. 金属矿采选产品、非金属矿采选产品增值税税率为 17%，但居民用煤炭制品与自来水、暖气、煤气等生活必需品适用 13% 的低税率。

6. 环氧大豆油、氢化植物油不属于食用植物油的征税范围，应适用 17% 增值税税率。（国家税务总局公告 2011 年第 43 号）

三、纳税人销售自己使用过的固定资产、旧货、其他物品等疑难问题

表 2-3　　　　　销售自己使用过的固定资产、旧货、其他物品疑难问题汇总表

纳税人	销售情形	税务处理	发票类型	计税公式
一般纳税人	销售其按照规定不得抵扣且未抵扣进项税额的固定资产。（国家税务总局公告 2012 年 1 号） 纳税人购进或者自制固定资产时为小规模纳税人，认定为一般纳税人后销售该固定资产。（国家税务总局公告 2012 年 1 号）	按简易办法依 4% 征收率减半征收增值税	只能开具增值税普通发票（税率一栏按 4%）	增值税＝售价/(1＋4%)×4%×50%
	2009 年 1 月 1 日前购进或者自制的固定资产	按简易办法依 4% 征收率减半征收增值税	只能开具增值税普通发票（税率一栏按 4%）	增值税＝售价/(1＋4%)×4%×50%
	2009 年 1 月 1 日后购进或者自制的固定资产（国家税务总局公告 2012 年 1 号规定的情形除外）	按照适用税率征收增值税	可以开具增值税专用发票（税率一栏按适用税率）	增值税＝售价/(1＋17%)×17%（假设适用税率为 17%）
	销售自己使用过的除固定资产以外的其他物品	按照适用税率征收增值税		
	销售旧货	按照简易办法依照 4% 征收率减半征收	只能开具增值税普通发票（税率一栏按 4%）	增值税＝售价/(1＋4%)×4%×50%

续表

纳税人	销售情形	税务处理	发票类型	计税公式
小规模纳税人（除其他个人外）	销售旧货	按照简易办法依照4％征收率减半征收	只能开具普通发票，不得代开增值税专用发票	增值税＝售价/(1＋3％)×4％×50％
	销售自己使用过的固定资产（不区分购进年限）	按2％的征收率征收增值税		增值税＝售价/(1＋3％)×2％
	销售自己使用过的除固定资产以外的其他物品	减按3％征收率征收增值税		增值税＝售价/(1＋3％)×3％

注：旧货，是指进入二次流通的具有部分使用价值的货物（含旧机动车、旧摩托车和旧游艇），但不包括使用过的物品。

四、增值税扣税凭证主要审查内容

增值税扣税凭证主要审查内容见表2-4：

表 2-4   **增值税扣税凭证主要审查内容**

增值税专用发票的审查	增值税专用发票中的品名、数量、金额等项目真实，并与实际交易相符。
	增值税专用发票准确、完整，特别是购买方名称、税号、地址、电话、开户银行及账号、货物名称、数量、单价、金额、税率、税额等，一定要检查无误。
	是否属于不得开具增值税专用发票的情形： 1. 向消费者个人销售货物或者应税劳务的。 2. 销售货物或者应税劳务适用免税规定的。 3. 小规模纳税人销售货物或者应税劳务的。 4. 商业企业一般纳税人零售的烟、酒、食品、服装、鞋帽（不包括劳保专用部分）、化妆品等消费品。 5. 商业企业向供货方收取的各种收入，一律不得开具增值税专用发票。 6. 增值税一般纳税人销售免税货物，一律不得开具专用发票，但国有粮食购销企业销售免税粮食除外。
	混合销售行为，只有将销售货物和提供非增值税应税劳务同时开在一张发票上才能体现混合销售行为的完整性，增值税专用发票"货物及应税劳务名称"不能单独开具运输费、装卸费等非增值税应税劳务，否则就属于未按规定开具发票，这类增值税专用发票是不允许抵扣的。
	价外费用，可与销售货物合并开具增值税专用发票，但需要在不同栏次中注明，也可单独开具增值税专用发票，货物名称一栏可填写为手续费、贴现息、逾期付款利息等价外费用名称。
	汇总填开发票，"商品或劳务名称"栏不填写，"计量单位"、"数量"、"单价"栏可以不填写。但汇总填开的专用发票，必须附有使用防伪税控系统开具的加盖发票专用章的销货清单。
	折扣方式销售货物，销售额和折扣额在同一张发票上分别注明是指销售额和折扣额在同一张发票上的"金额"栏分别注明的，可按折扣后的销售额征收增值税。未在同一张发票"金额"栏注明折扣额，而仅在发票的"备注"栏注明折扣额的，折扣额不得从销售额中减除。

	红字发票开具符合要求，《通知单》应与《申请单》一一对应，红字专用发票应与《通知单》一一对应，但一份蓝字专用发票可以对应多份《通知单》，这是因为一份蓝字专用发票可以分多次冲销，但多份《通知单》的合计金额、税额不能大于该份蓝字专用发票的金额、税额，否则不允许开具。不得由购货方给销售方开具等额发票来替代。
	是否按照增值税纳税义务的发生时间开具。 销售货物或者应税劳务，为收讫销售款项或者取得索取销售款项凭据的当天；先开具发票的，为开具发票的当天。按销售结算方式的不同，具体为： 1. 采取直接收款方式销售货物，不论货物是否发出，均为收到销售款或者取得索取销售款凭据的当天。 2. 采取托收承付和委托银行收款方式销售货物，为发出货物并办妥托收手续的当天。 3. 采取赊销和分期收款方式销售货物，为书面合同约定的收款日期的当天，无书面合同的或者书面合同没有约定收款日期的，为货物发出的当天。 4. 采取预收货款方式销售货物，为货物发出的当天，但生产销售生产工期超过 12 个月的大型机械设备、船舶、飞机等货物，为收到预收款或者书面合同约定的收款日期的当天。 5. 委托其他纳税人代销货物，为收到代销单位的代销清单或者收到全部或者部分货款的当天。未收到代销清单及货款的，为发出代销货物满 180 天的当天。 6. 销售应税劳务，为提供劳务同时收讫销售款或者取得索取销售款的凭据的当天。 7. 纳税人发生视同销售货物行为，为货物移送的当天。
运输费用结算单据的审查	增值税一般纳税人外购货物和销售货物所支付的运输费用，准予抵扣的运费结算单据（普通发票），是指国营铁路、民有航空和水上运输单位开具的货票，以及从事货物运输的非国有运输单位开具的套印全国统一发票监制章的货票。
	一般纳税人购进货物或应税劳务支付运输费用，其付款凭证上的收款单位应与开具运输发票的单位名称一致，否则其进项税额不予抵扣。
	货物运输发票应当分别注明运费和杂费，未分别注明而合并为运杂费的其进项税额不予抵扣。
	货物运输发票，其发货人、收货人、起运地、到达地、运输方式、货物名称、货物数量、运输单价、运费金额等项目的填写必须齐全，与货物发票上所列的有关项目必须相符，否则不予抵扣。
	一般纳税人取得的项目填写不齐全的运输发票（附有运输清单的汇总开具的运输发票除外）不得计算抵扣进项税额。 但是一项运输业务无法明确单位运价和运输里程时，《国家税务总局关于使用新版公路、内河货物运输业统一发票有关问题的通知》（国税发〔2006〕67 号）第五条第（五）款规定的"运输项目及金额"栏的填开内容中，"运价"和"里程"两项内容可不填列。 运输发票为汇总开具的，纳税人应在发票后面附项目填写齐全的运输清单。
	根据《国家税务总局关于新版公路内河货物运输业统一发票有关使用问题的通知》（国税发〔2007〕101 号）规定，自开票纳税人开具货运发票时，不再加盖开票人专章。因此，一般纳税人取得某运输单位自开的新版公路、内河货物运输业统一发票，未加盖开票人专章，是符合规定的发票，可以作为进项税额抵扣凭证。

	增值税一般纳税人取得的汇总开具的运输发票，凡附有运输企业开具并加盖发票专用章的运输清单，允许计算抵扣进项税额。
	对增值税一般纳税人购进或销售货物取得的《中国铁路小件货物快运运单》列明的铁路快运包干费、超重费、到付运费和转运费，可按 7% 的扣除率计算抵扣进项税额。
	增值税一般纳税人取得的国际货物运输代理业发票和国际货物运输发票，不得计算抵扣进项税额。
	准予计算进项税额抵扣货运发票种类，不包括增值税一般纳税人取得的货运定额发票。
	增值税一般纳税人采取邮寄方式销售、购买货物所支付的邮寄费，不允许计算进项税额抵扣。
	纳税人购买或销售免税货物所发生的运输费用，不得计算进项税额抵扣。
	运输费用价格要合理。纳税人购进、销售货物所支付的运输费用明显偏高，经过审查不合理的，不予抵扣。
海关进口增值税专用缴款书	海关进口增值税专用缴款书项目填写要齐全；能够提供相关单证，海关进口增值税专用缴款书原件、纸制抵扣清单及抵扣清单电子信息要一致，专用缴款书号码、进口口岸代码、进口口岸名称、填发日期、税款金额等项目一致，采集抵扣凭证份数与清单采集信息记录数目相符，纸质清单数据和清单电子信息一致。
	海关进口增值税专用缴款书上标明有两个单位名称的，即，既有代理进口单位名称，又有委托进口单位名称的，只准予其中取得专用缴款书原件的一个单位抵扣税款。申报抵扣税款的委托进口单位，必须提供相应的海关进口增值税专用缴款书原件、委托代理合同及付款凭证，否则，不予抵扣进项税款。
农产品收购发票和销售发票	农产品收购发票仅限于从事农业产品收购、加工、经营业务的增值税一般纳税人领购使用。在增值税一般纳税人向农业生产者个人收购其自产农产品时，可以自行开具农产品收购发票。 增值税一般纳税人向农业生产单位收购农产品，以及向从事农产品经营的单位和个人购进农产品的，不得自行开具农产品收购发票，而应由农业生产单位、或农产品经营者开具普通发票，或到税务机关申请代开发票；经营者是一般纳税人的可以按规定开具专用发票。

五、不得从销项税额中抵扣进项税额的情形

《中华人民共和国增值税暂行条例》第十条规定：下列项目的进项税额不得从销项税额中抵扣：

1. 用于非增值税应税项目、免征增值税项目、集体福利或者个人消费的购进货物或者应税劳务；

2. 非正常损失的购进货物及相关的应税劳务；

3. 非正常损失的在产品、产成品所耗用的购进货物或者应税劳务；

4. 国务院财政、税务主管部门规定的纳税人自用消费品；

5. 本条第 1 项至第 4 项规定的货物的运输费用和销售免税货物的运输费用。

对以上 5 条，《中华人民共和国增值税暂行条例实施细则》（以下简称《实施细则》）进行了解释。

1.《实施细则》第二十一条规定：购进货物，不包括既用于增值税应税项目（不含免征增值税项目）也用于非增值税应税项目、免征增值税（以下简称免税）项目、集体福利或者个人消费的固定资产。前款所称固定资产，是指使用期限超过 12 个月的机器、机械、运输工具以及其他与生产经营有关的设备、工具、器具等。

温馨提醒

这条规定比较绕口，很多人感到不好理解，其实就一个意思，即：只有专门用于非增值税应税项目、免税项目、集体福利或者个人消费的机器设备进项税额才不得抵扣，其他混用的机器设备进项税额均可以抵扣。

征收增值税的混合销售行为，其混合销售行为中用于非增值税应税项目的购进货物和应税劳务的进项税额也可以抵扣。

兼营免税项目或者非增值税应税劳务而无法划分不得抵扣的进项税额的，不得抵扣的进项税额＝当月无法划分的全部进项税额×当月免税项目销售额、非增值税应税劳务营业额合计÷当月全部销售额、营业额合计。

2.《实施细则》第二十二条规定：个人消费包括纳税人的交际应酬消费。

温馨提醒

集体福利或者个人消费，是指企业内部供职工使用的食堂、浴室、理发室、宿舍、幼儿园等福利设施及其设备、物品或者纳税人以福利、奖励、津贴等形式发放给职工的个人物品和纳税人的交际应酬消费。另外，劳保用品取得增值税专用发票的可以抵扣进项税额。

3.《实施细则》第二十三条规定：非增值税应税项目，是指提供非增值税应税劳务、转让无形资产、销售不动产和不动产在建工程。前款所称不动产是指不能移动或者移动后会引起性质、形状改变的财产，包括建筑物、构筑物和其他土地附着物。纳税人新建、改建、扩建、修缮、装饰不动产，均属于不动产在建工程。

温馨提醒

购进货物或劳务用于机器设备类的在建工程可以抵扣，只有用于房屋建筑物类的不动产在建工程才不可以抵扣。

4.《实施细则》第二十四条规定：非正常损失，是指因管理不善造成被盗、丢失、霉烂变质的损失。

温馨提醒

非正常损失，仅包括因管理不善造成被盗、丢失、霉烂变质的损失。自然灾害等其他损失均不属于非正常损失。

5.《实施细则》第二十五条规定：纳税人自用的应征消费税的摩托车、汽车、游艇，其进项税额不得从销项税额中抵扣。

温馨提醒

纳税人自用的应征消费税的摩托车、汽车、游艇，由于容易和个人拥有的物品相混淆，为堵塞税收漏洞，不允许抵扣。但经营销售摩托车、汽车、游艇的销售企业购入目的是销售，可以抵扣进项税额。

6. 发生上述行为的已抵扣进项税额的存货、固定资产要作进项税额转出，进项税额转出金额的确定：

购进货物和应税劳务按照购进货物和应税劳务时实际抵扣的进项税额进行转出，无法准确确定该项进项税额的，按照当期实际成本乘以适用税率计算，进口货物实际成本包括进价、运费、保险费等其他相关费用，国内购进货物实际成本包括进价和运费两部分。

温馨提醒

①若确定原材料购入时原抵扣的进项税额，直接转出即可，若不能确定则需要计算出原材料应该转出的进项税额，需要注意相应的运费进项税额也要一并转出，计算公式为：

进项税额转出＝（材料成本－运费）×17％＋运费/（1－7％）×7％

②若原材料是免税农产品，计算公式为：

进项税额转出＝原材料成本/（1－13％）×13％

②在产品、产成品发生上述行为，在确定进项税额转出金额时，按照生产这些在产品、产成品所耗用购进货物或应税劳务已经抵扣了的进项税额计算，而不是在产品、产成品的实际成本，因为实际成本里还包括一些没有抵扣过的诸如人工费、折旧费等成本费用。

在产品、产成品所耗用购进货物或应税劳务已经抵扣了的进项税额能够确定的，直接转出，不能确定的则计算转出，计算公式同①。

③已抵扣进项税额的固定资产在发生上述行为的情况下，按下列公式确定进项税额转出金额：

进项税额转出＝固定资产净值×适用税率

【例 2-1】甲公司管理部门领用生产用原材料一批赠送客户，实际成本为 2 000 元；为建设厂房领用生产用原材料一批，实际成本为 10 000 元。则甲公司会计账务处理为：

借：营业外支出 2 340

　　贷：原材料 2 000

应交税费——应交增值税（进项税额转出）	340
借：在建工程	11 700
贷：原材料	10 000
应交税费——应交增值税（进项税额转出）	1 700

【例 2-2】甲公司由于保管不善，原材料发生非常损失，其实际成本为 2 000 元；在产品发生非常损失，其实际成本为 20 000 元，其中所耗原材料成本为 10 000 元；产成品发生非正常损失，其实际成本为 26 000 元，其中所耗原材料成本为 18 000 元。

分为两种情况：

情况一：这些原材料在购入时均取得专用发票进行了抵扣，则甲公司会计账务处理为：

（1）计算进项税转出额：

原材料进项税转出：2 000×17%＝340(元)

在产品进项税转出：10 000×17%＝1 700(元)

产成品进项税转出：18 000×17%＝3 060(元)（有的会计计算为 26 000×17%＝4 420(元)，是要多交冤枉税的）

（2）进行会计处理：

借：待处理财产损溢——待处理流动资产损溢	2 340
贷：原材料	2 000
应交税费——应交增值税（进项税额转出）	340
借：待处理财产损溢——待处理流动资产损溢	21 700
贷：生产成本	20 000
应交税费——应交增值税（进项税额转出）	1 700
借：待处理财产损溢——待处理流动资产损溢	29 060
贷：库存商品	26 000
应交税费——应交增值税（进项税额转出）	3 060

情况二：这些原材料在购入时没有取得专用发票没有抵扣，则甲公司会计账务处理为：

不必进项税转出，直接进行账务处理：

借：待处理财产损溢——待处理流动资产损溢	48 000
贷：原材料	2 000
生产成本	20 000
库存商品	26 000

【例 2-3】20×3 年 7 月 10 日，甲公司接受乙公司捐赠的一台设备，增值税专用发票上注明的价款 100 000 元，增值税 17 000 元。20×4 年 7 月 20 日，该设备由于保管不慎被盗（不考虑相关的支出和收入），该设备 20×3 年 8 月至 20×4 年 7 月已按会计准则计提折旧 10 000 元。甲公司账务处理：

1. 20×3 年 7 月 10 日，甲公司收到捐赠设备时

借：固定资产	100 000

应交税费——应交增值税（进项税额）	17 000
贷：营业外收入	117 000

2. 20×4年7月20日，该设备由于保管不慎被盗处理时，该设备净值＝100 000－10 000＝90 000(元)，应予以转出的进项税＝90 000×17％＝15 300(元)

借：固定资产清理	90 000	
累计折旧	10 000	
贷：固定资产		100 000
借：固定资产清理	15 300	
贷：应交税费——应交增值税（进项税额转出）		15 300
借：营业外支出	105 300	
贷：固定资产清理		105 300

六、视同销售的增值税账务处理

（一）自产或委托加工货物用于非增值税应税项目的账务处理

企业将自产或委托加工的货物用于非增值税应税项目，应视同销售货物计算应交增值税。

在这种视同销售行为中，由于货物并没有实质性转移，其所有权、控制权和管理权还是归企业所有，其相关风险和报酬也没有发生转移，因此不符合收入确认的条件，不能将其确认为收入，只能按成本结转。账务处理时，按同类货物的成本价和销项税额，借记"在建工程"等科目，按货物的成本价，贷记"库存商品"等科目，按同类货物的销售价格和规定的增值税税率计算的销项税额，贷记"应交税费——应交增值税（销项税额）"科目。

【例2-4】甲公司是一家生产加气砼的企业，20×3年3月为改善职工生活，领用了一批自产的成本价6万元的加气砼砌块，新建几间职工宿舍，该批加气砼砌块当期售价8万元。这是典型的将自产产品用于非增值税应税项目。则甲公司会计处理为：

销项税额＝80 000×17％＝13 600(元)

借：在建工程	73 600	
贷：库存商品		60 000
应交税费——应交增值税（销项税额）		13 600

（二）将货物交付他人代销的账务处理

将货物交付他人代销的销售方式，应视同销售，和一般销售行为基本相同，明显会产生经济利益的流入。不同的是，委托方和代销方签订委托代销协议，并按照协议规定，委托方将货物交付与受托方，货物仅仅进行了空间的转移，而所有权并未发生转移，经济利益也没有流入委托方，因此其交付货物时不能确认为收入。

对于委托方何时确认销售收入和增值税纳税义务发生时间有如下规定：

《中华人民共和国增值税暂行条例》第十九条规定：增值税纳税义务发生时间：（一）销售货物或者应税劳务，为收讫销售款项或者取得索取销售款项凭据的当天；先开具发票的，为开具发票的当天。

《中华人民共和国增值税暂行条例实施细则》第三十八条规定：条例第十九条第一款第（一）项规定的收讫销售款项或者取得索取销售款项凭据的当天，按销售结算方式的不同，具体为：……（五）委托其他纳税人代销货物，为收到代销单位的代销清单或者收到全部或者部分货款的当天。未收到代销清单及货款的，为发出代销货物满180天的当天。

根据上述两条规定，委托方将货物交付他人代销，一般为收到代销方转来的代销清单的当天确认为纳税义务发生时间，开具增值税专用发票的时间也应当为收到代销清单的当天。但在实际工作中可能存在另外三种情况：一是在收到代销清单之前提前开具发票，这种情况下，增值税纳税义务发生时间为开具发票的当天；二是在收到代销清单之前已经收到全部或部分货款，这种情况下，增值税纳税义务发生时间为收到全部或部分货款的当天；三是发出代销商品超过180天仍未收到代销清单及货款的，这种情况下，也应该视同销售实现，一律征收增值税，增值税纳税义务发生时间为发出代销商品满180天的当天。

根据委托代销协议的约定有两种结算方式，一种是视同买断，另一种是根据销售额的一定比例收取手续费。

1. 受托方作为自购自销处理的，视同买断，不涉及手续费的问题，企业应在受托方销售货物并交回代销清单时，为受托方开具专用发票，按"价税合计"栏的金额，借记"银行存款"、"应收账款"等科目，按"金额"栏的金额，贷记"主营业务收入"、"其他业务收入"等科目，按"税额"栏的金额，贷记"应交税费——应交增值税（销项税额）"科目。

【例2-5】甲公司是一家电脑生产企业，20×3年1月与乙公司签订委托代销协议，按照协议规定，甲公司按不含税销售价格5 800元/台向乙公司收取销售货款，乙公司实际的销售价格在甲公司确定的指导价格范围内自主决定，实际售价与合同价的差额归乙公司所有，甲公司不再支付代销手续费。20×3年1月甲公司发出电脑1 300台，电脑实际成本为5 000元/台，至2月底结账时，收到乙公司的代销清单，代销清单显示乙公司销售1 000台，乙公司实际销售价格6 000元/台，则甲公司应按销售数量和合同价格确认销售收入，并计算增值税的销项税额为98.6万元。则甲公司会计处理为：

（1）将委托代销商品发给乙公司时

借：发出商品或委托代销商品	6 500 000
贷：库存商品	6 500 000

（2）收到乙公司的代销清单时

借：应收账款	6 786 000
贷：主营业务收入	5 800 000
应交税费——应交增值税（销项税额）	986 000
借：主营业务成本	5 000 000

| | 贷：发出商品或委托代销商品 | 5 000 000 |

2. 受托方只根据销售额的一定比例收取代销手续费的，企业应在受托方交回代销清单时，为受托方开具专用发票，按"价税合计"栏的金额扣除手续费后的余额，借记"银行存款"、"应收账款"等科目，按手续费金额，借记"销售费用"等科目，按"金额"栏的金额，贷记"主营业务收入"、"其他业务收入"等科目；按"税额"栏的金额，贷记"应交应税金——应交增值税（销项税额）"科目。

【例 2-6】甲公司是一家电脑生产企业，20×3 年 1 月与乙公司签订委托代销协议，按照协议规定，乙公司应按不含税销售价格 6 000 元/台进行销售，甲公司按照 200 元/台向乙公司支付手续费。20×3 年 1 月甲公司发出电脑 1 300 台，电脑实际成本为 5 000 元/台，至 2 月底结账时，收到乙公司的代销清单，代销清单显示乙公司销售 1 000 台，则甲公司应按销售清单确认销售收入，并计算增值税的销项税额为 102 万元。则甲公司会计处理为：

(1) 将委托代销商品发给乙公司时

| 借：发出商品或委托代销商品 | 6 500 000 |
| 　贷：库存商品 | 6 500 000 |

(2) 收到乙公司的代销清单时

借：应收账款	7 020 000
贷：主营业务收入	6 000 000
应交税费——应交增值税（销项税额）	1 020 000
借：销售费用——手续费	200 000
贷：银行存款	200 000
借：主营业务成本	5 000 000
贷：发出商品或委托代销商品	5 000 000

（三）销售代销货物的账务处理

1. 企业将销售代销货物作为自购自销处理的，视同买断，不涉及手续费问题，在这种方式下，代销方销售委托代销的货物就和销售自有的货物一样会带来经济利益的流入。其中，和委托方约定的结算价格就是企业取得此收入的成本，而实际的销售价格就是这项业务经济利益的总流入量。所以应该在销售货物时，为购货方开具专用发票，确认销售收入，记入"主营业务收入"科目。

编制会计分录时，按专用发票"价税合计"栏的金额，借记"应收账款"等科目；按"税额"栏的金额，贷记"应交税费——应交增值税（销项税额）"科目，按"金额"栏的金额，贷记"主营业务收入"等科目。

【例 2-7】继续以例 2-5 为例，乙公司应按实际销售价格确认销售收入，则乙公司会计处理为：

(1) 收到受托代销的商品，按数量 1 300 台和约定的价格 5 800 元/台，

| 借：受托代销商品 | 7 540 000 |
| 　贷：受托代销商品款 | 7 540 000 |

（2）销售代销商品时：按销售数量1 000台和销售价格6 000元/台，

借：应收账款　　　　　　　　　　　　　　　　　　　　7 020 000

　　贷：主营业务收入　　　　　　　　　　　　　　　　　6 000 000

　　　　应交税费——应交增值税（销项税额）　　　　　　1 020 000

同时结转代销商品1 000台的成本，

借：主营业务成本　　　　　　　　　　　　　　　　　　　5 800 000

　　贷：受托代销商品　　　　　　　　　　　　　　　　　5 800 000

（3）收到对方发票：

借：受托代销商品款　　　　　　　　　　　　　　　　　　5 800 000

　　应交税费——应交增值税（进项税额）　　　　　　　　　986 000

　　贷：应付账款　　　　　　　　　　　　　　　　　　　6 786 000

2. 企业销售代销货物只根据销售额的一定比例收取代销手续费的，代销方提供的其实只是一种服务，所收取的手续费就是委托方支付的劳务费用，虽然会带来经济利益的流入，但是这种流入和实质上的销售是有区别的。实质上的销售是将销售收入和相应的销售成本配比的，而这种行为所取得的手续费收入不是销售所得，没有相应的销售成本配比，这种劳务行为应该属于其他业务收入。代销方和委托方进行结算的款项是全部的销售收入，因此在销售代销商品完成时，不确认"主营业务收入"，而是将相应款项扣除手续费后作为对委托方的负债，结算时支付给委托方，但是代销方应在销售货物时，为购货方开具专用发票。

编制会计分录时，按"价税合计"栏金额，借记"银行存款"等科目，按"金额"栏的金额，贷记"应付账款"科目，按"税额"栏的金额，贷记"应交税费——应交增值税（销项税额）"科目。

【例2-8】继续以例2-6为例，则乙公司会计处理为：

（1）收到受托代销的商品，按数量1 300台和约定的价格6 000元/台

借：受托代销商品　　　　　　　　　　　　　　　　　　　7 800 000

　　贷：受托代销商品款　　　　　　　　　　　　　　　　7 800 000

（2）销售代销商品时：按销售数量1 000台和销售价格6 000元/台

借：银行存款　　　　　　　　　　　　　　　　　　　　　7 020 000

　　贷：应付账款　　　　　　　　　　　　　　　　　　　6 000 000

　　　　应交税费——应交增值税（销项税额）　　　　　　1 020 000

同时结转代销商品1 000台的成本。

借：受托代销商品款　　　　　　　　　　　　　　　　　　6 000 000

　　贷：受托代销商品　　　　　　　　　　　　　　　　　6 000 000

（3）收到对方发票

借：应交税费——应交增值税（进项税额）　　　　　　　1 020 000

　　贷：应付账款　　　　　　　　　　　　　　　　　　　1 020 000

（4）支付货款并确认代销手续费时

借：应付账款　　　　　　　　　　　　　　　　　　　　　7 020 000

　　　　贷：其他业务收入——手续费收入　　　　　　　　　　　　　200 000
　　　　　　银行存款　　　　　　　　　　　　　　　　　　　　　6 820 000
　　（5）计征营业税
　　　　借：营业税金及附加　　　　　　　　　　　　　　　　　　　10 000
　　　　　　贷：应交税费——应交营业税　　　　　　　　　　　　　10 000

　　受托方收到代销商品并入库后，受托方对商品负有管理和销售的责任，保管中对短缺和毁损商品负有赔偿责任，销售后有返还货款的责任，对未售完的商品可以退回。因此，尽管受托代销商品在法律上不属于受托企业的资产，但为了更好地尽到受托方的管理和销售责任，受托企业仍将"受托代销商品"作为受托方的资产列示在资产负债表中，但为和企业自有资产（存货）相区分，应将"受托代销商品"和"存货"并列于资产负债表的流动资产中。

　　受托代销商品款是核算企业接受代销商品的货款，销售后有返还货款的责任，显然受托代销商品款符合负债的定义，也符合负债的确认条件。因此"受托代销商品款"应作为单独项目列示在资产负债表的流动负债项目中。

　　受托代销商品和受托代销商品款应单独列示于资产负债表中。这样处理虽然有虚增企业资产和负债之嫌，但能充分反映企业的经营状况，并且更有利于计算有关偿债能力等指标。

（四）非同一县（市）将货物从一个机构移送其他机构用于销售

　　非同一县（市）将货物从一个机构移送其他机构用于销售，应作视同销售，计算销项税额，其增值税纳税义务发生时间为货物移送的当天。

　　根据《国家税务总局关于企业所属机构间移送货物征收增值税问题的通知》（国税发〔1998〕第137号）规定：

　　"非同一县（市）将货物从一个机构移送其他机构用于销售，所称的用于销售，是指受货机构发生以下情形之一的经营行为：

　　1. 向购货方开具发票；

　　2. 向购货方收取货款。

　　受货机构的货物移送行为有上述两项情形之一的，应当向所在地税务机关缴纳增值税；未发生上述两项情形的，则应由总机构统一缴纳增值税。

　　如果受货机构只就部分货物向购买方开具发票或收取货款，则应当区别不同情况计算并分别向总机构所在地或分支机构所在地缴纳税款。"

　　满足视同销售条件时，移送货物的一方应视同销售，在货物移送当天开具增值税专用发票，计算销项税额，异地受货机构符合条件可作进项税额抵扣，会计处理与正常销售业务相同。

　　若受货机构没有发生上述两项情形的，机构之间移送货物不属于"用于销售"的行为，收货方只相当于一个仓库使用，只做货物进、销、存仓库保管账，不作涉税的会计处理。移货方也不用视同销售计算缴纳增值税，等到货物实际对外销售时，再确认收入计算缴纳增值税。

（五）自产、委托加工或购买货物无偿赠送他人的账务处理

企业将自产、委托加工或购买的货物无偿赠送他人，应视同销售货物计算应交增值税。

为什么要视同销售，可以这样来理解：自产、委托加工的货物本身所耗原材料和支付的加工费等项目的"进项税额"、购买货物时的"进项税额"已从"销项税额"中抵扣了，若不视同销售，企业就会占国家的便宜；试想，买卖双方若互相"赠送"，那国家将无法收税。为了堵塞税收漏洞，这类业务要视同销售计税。

无偿赠送他人的行为虽然发生了所有权的转移，但企业并未获得经济利益，企业资产、所有者权益都没有增加。无偿赠送不是企业的经营活动，更不是实质上的销售行为，因此不符合收入确认的条件，不能作为收入处理，只能按成本进行结转。

确认销售成立、发生纳税义务并开具增值税专用发票或普通发票的时间，为移送货物的当天。

账务处理时，按货物的成本价，贷记"库存商品"、"原材料"等科目，按同类货物的销售价格或组成计税价格和规定的增值税税率计算的销项税额，贷记"应交税费——应交增值税（销项税额）"，按货物的成本价和销项税额，借记"营业外支出"等科目。

【例2-9】甲公司将一批自产的产品作为救灾物资捐赠给某灾区，该批产品实际成本16 000元，同类货物的销售价格为20 000元，其适用的增值税税率为17%。则甲公司会计处理为：

销项税额=20 000×17%=3 400（元）

借：营业外支出	19 400
贷：库存商品	16 000
应交税费——应交增值税（销项税额）	3 400

（六）自产、委托加工或购买货物作为投资，提供给其他单位或个体工商户的账务处理

企业将自产或委托加工的货物作为投资，提供给其他单位或个体工商户，应视同销售货物计算应交增值税。

这种视同销售行为可以这样理解：长期股权投资等资产的增加就是货物投资转出给企业带来的经济利益，只不过其表现形式不是货币资金而已。换一个角度来考虑，如果企业采取货币资金方式取得同等份额的投资，其所支付的货币资金的金额应该是和该货物的公允价值以及相应的增值税额相等，而不是和该货物的生产成本及按其公允价值计算的增值税之和对等。可见，这种视同销售行为所产生的长期股权投资等要按照投出货物的公允价值和相应的增值税来进行计量。

账务处理时，按同类货物的公允价值和销项税额，借记"长期股权投资"等科目，按货物的公允价值，贷记"主营业务收入"等科目，按同类货物的公允价值和规定的增值税税率计算的销项税额，贷记"应交税费——应交增值税（销项税额）"科目。

【例2-10】20×3年4月，甲公司经董事会批准，将自产的一批成本为40万元、公

允价值为 50 万元的商品向 A 公司进行投资，则甲公司会计处理为：

借：长期股权投资——A 公司		585 000
贷：主营业务收入		500 000
应交税费——应交增值税（销项税额）		85 000
借：主营业务成本		400 000
贷：库存商品		400 000

（七）将自产、委托加工或者购进的货物分配给股东或者投资者的账务处理

企业将自制、委托加工或购进的货物分配给股东或投资者，由于股东或投资者是有别于该企业的另一个会计主体，虽然没有直接反映出与交易相关的经济利益流入企业，但其已将商品所有权的主要风险和报酬转移给了股东或投资者。其经济利益的流入表现为间接的形式，实际上它与将货物出售后取得货币资产，然后再分配利润给股东，并无实质区别，只是没有现金流入或流出而已。现在以货物的形式分发股利或利润也就会使企业的其他资产少流出企业，间接地相当于有经济利益流入企业，这种流入的表现就是企业债务的减少，因此应该确认收入。

确认销售成立、发生纳税义务并开具增值税专用发票（股东或投资者为法人且为一般纳税人）或普通发票（投资者或股东为自然人或小规模纳税人）的时间，为分配货物的当天。

账务处理时，应按货物的公允价值贷记"主营业务收入"、"其他业务收入"，按货物的公允价值和适用税率计算的应纳增值税税额，贷记"应交税费——应交增值税（销项税额）"，按分配货物的公允价值和应纳增值税两项之和，借记"应付利润"。

【例 2-11】甲公司系一家生产电脑的企业，20×3 年 1 月 26 日以其生产的成本为 45 000 元的笔记本电脑和委托加工成本为 20 000 元的彩电作为应付利润分配给投资者，这批电脑的售价为 60 000 元，委托加工产品彩电没有同类产品售价。则甲公司会计处理为：

1 月 26 日，该企业将笔记本电脑和委托加工的产品彩电作为股利分配给某股东，甲公司会计处理为：

笔记本电脑应计销项税额＝60 000×17％＝10 200(元)

委托加工产品彩电组成计税价格＝20 000×(1＋10％)＝22 000(元)

委托加工产品彩电应计销项税额＝22 000×17％＝3 740(元)

借：应付利润		95 940
贷：主营业务收入		60 000
其他业务收入		22 000
应交税费——应交增值税（销项税额）		13 940

结转成本分录略。

（八）自产、委托加工货物用于集体福利或个人消费的账务处理

企业将自产、委托加工的货物用于集体福利或个人消费等，应视同销售货物计算

应交增值税。

这种视同销售行为常见于企业以非货币资产的形式支付职工薪酬。虽然职工是企业内部人员，但是通过薪酬的方式向其转移非货币资产在转移后变成了职工的私有财产，企业不再具有所有权和控制权，和将货物分配给股东或投资者一样，实质上也是一种资产的对外转移，会使企业的其他资产少流出企业，间接地相当于有经济利益流入企业，这种流入的表现同样是企业债务的减少，因此应该按其公允价值确认收入。

账务处理时，按同类货物的公允价值（销售价格）和销项税额，借记"在建工程"、"应付职工薪酬——职工福利费"等科目，按同类货物的公允价值（销售价格），贷记"主营业务收入"等科目，按同类货物的公允价值（销售价格）和规定的增值税税率计算的销项税额，贷记"应交税费——应交增值税（销项税额）"科目。

【例 2-12】 甲公司系一家生产电脑的企业，共有管理人员 20 人，20×3 年 12 月以其生产的成本为 80 000 元的笔记本电脑作为元旦福利发放给管理人员，这批电脑的售价为 100 000 元。则甲公司会计处理为：

公司决定发放非货币福利时，

借：管理费用	117 000
贷：应付职工薪酬——非货币性福利	117 000

实际发放非货币福利时（注意与外购产品发放福利的区别），

借：应付职工薪酬——非货币性福利	117 000
贷：主营业务收入	100 000
应交税费——应交增值税（销项税额）	17 000
借：主营业务成本	80 000
贷：库存商品	80 000

七、包装物缴纳增值税的账务处理

随同产品出售但单独计价的包装物，按价税合计金额，借记"银行存款"、"应收账款"等科目，按包装物单独计价所得价款，贷记"其他业务收入"科目，按增值税额贷记"应交税费——应交增值税（销项税额）"科目。

随同产品出售但不单独计价的包装物，按货物与包装物的价税合计金额，借记"银行存款"、"应收账款"等科目，贷记"主营业务收入"科目，按增值税额贷记"应交税费——应交增值税（销项税额）"科目。

对于纳税人为销售货物而出租、出借包装物收取的押金，《国家税务总局关于印发〈增值税若干问题的规定〉的通知》（国税发〔1993〕154 号）明确指出，纳税人为销售货物而出租、出借包装物收取的押金，单独记账核算的，不并入销售额征税；但对因逾期未收回包装物不再退还的押金，应按所包装货物的适用税率计算销项税额。

企业对逾期未退还包装物而没收的押金，按收取的押金（含增值税的销售额），借记"其他应付款"科目，按规定的税率将含增值税的押金收入换算为不含增值税的销售额，贷记"其他业务收入"（企业会计准则）、"营业外收入"（小企业会计准则）等科目，按不含增值税的销售额和规定的税率计算的增值税，贷记"应交税费——应交增值税（销项税额）"科目。

> ### 温馨提醒
>
> 1. 纳税人为销售货物而出租、出借包装物收取的押金，没有单独记账核算的，应当并入销售额征税。
>
> 2. 逾期，是指按合同规定实际逾期或以1年为期限作为标准，对收取1年以上的押金，无论是否退还均应并入销售额征税。
>
> 3. 包装物押金不应混同于包装物租金，包装物租金在销售货物时应当作为价外费用并入销售额计算缴纳增值税。
>
> 4. 出租包装物收取的押金，与销售货物无关的，则无论是否退还押金，均不征收增值税。
>
> 5. 特殊情形：酒类（除啤酒、黄酒外）包装物押金的增值税账务处理比较特殊，另外还涉及消费税的账务处理。《国家税务总局关于加强增值税征收管理若干问题的通知》（国税发〔1995〕192号）规定："从1995年6月1日起，对销售除啤酒、黄酒外的其他酒类产品而收取的包装物押金，无论是否返还以及会计上如何核算，均应并入当期销售额征税。"
>
> 6. 啤酒生产企业将啤酒瓶、酒桶等包装物出租给其他酒厂使用，取得的租金和押金，是单纯的租赁行为，与销售货物无关，也不用缴纳增值税。

【例2-13】甲公司是一家食品生产企业，于20×3年1月销售给乙公司一批食品，其中随同产品出售但单独计价的包装物计税价值10万元，另外还有一部分约定3个月后返还的包装物1万元，收取包装物押金11 700元。20×3年4月乙公司未能返还包装物，则甲公司没收包装物押金11 700元。

1. 20×3年1月销售食品时，随同产品出售但单独计价的包装物，

借：银行存款		117 000
贷：其他业务收入		100 000
应交税费——应交增值税（销项税额）		17 000

收取包装物押金，

借：银行存款		11 700
贷：其他应付款		11 700

2. 20×3年4月乙公司未能返还包装物，没收包装物押金时，

借：其他应付款		11 700
贷：其他业务收入/营业外收入		10 000
应交税费——应交增值税（销项税额）		1 700

【例2-14】甲公司是一家粮食白酒生产企业，于20×3年1月销售白酒40万斤，不含税销售收入100万元，另外收取包装物押金11 700元，约定3个月后返还包装物，若20×3年4月逾期未能返还包装物，则没收包装物押金。（白酒适用消费税税率

20%，定额税率 0.5 元/斤）

    1. 20×3 年 1 月销售白酒时，

        借：银行存款   1 181 700

           贷：主营业务收入   1 000 000

             其他应付款   11 700

             应交税费——应交增值税（销项税额）   170 000

    2. 计算 40 万斤白酒应纳消费税税额＝100×20%＋40×0.5＝40（万元）

        借：营业税金及附加   400 000

           贷：应交税费——应交消费税   400 000

    3. 计算包装物押金应纳增值税税额＝11 700/1.17×17%＝1 700（元）

      计算包装物押金应纳消费税税额＝11 700/1.17×20%＝2 000（元）

        借：销售费用或营业税金及附加   3 700

           贷：应交税费——应交增值税（销项税额）   1 700

             应交税费——应交消费税   2 000

    将计提的流转税金计入销售费用还是营业税金及附加，企业会计准则和税收法规对此也没有明确规定，不管怎样处理都不会影响纳税和利润核算，所以都是可行的。考虑到企业销售产品收取押金的做法实质上是企业的一种营销策略，由此产生的所有支出计入销售费用更为合适，这样能较好地反映企业经济业务的实质，也有利于企业作出更适当的财务预算方案。

    4. 20×3 年 4 月包装物到期时，

    （1）若收回包装物：

        借：其他应付款   11 700

           贷：银行存款   11 700

    （2）若未收回包装物，没收包装物押金时：

        借：其他应付款   11 700

           贷：其他业务收入/营业外收入   11 700

八、进出口货物增值税纳（退）税账务处理

（一）进口货物的增值税账务处理

    企业进口货物，按照进口货物应计入采购成本的金额，借记"材料采购"、"原材料"等科目，按照海关提供的完税凭证上注明的增值税额，借记"应交税费——应交增值税（进项税额）"科目，按照应付或实际支付的金额，贷记"应付账款"、"银行存款"等科目。其具体账务处理方法与国内购进货物的处理方法相同，只是扣税依据和进口货物应纳税额的计算不同。进口货物应纳税额的计算方法如下：

        应纳增值税＝组成计税价格×税率

        组成计税价格＝关税完税价格＋关税＋消费税

对于征收消费税的进口货物，组成计税价格分为两种形式：

(1) 实行从价定率办法计算纳税的计算。

组成计税价格＝（关税完税价格＋关税）÷（1－消费税税率）

(2) 实行从价定率和从量定额混合征收办法计算纳税的计算。

$$组成计税价格＝\left(\begin{array}{c}关税完税\\价格\end{array}＋关税＋\begin{array}{c}进口\\数量\end{array}×\begin{array}{c}消费税\\定额税率\end{array}\right)÷\left(1－\begin{array}{c}消费税\\税率\end{array}\right)$$

【例 2-15】甲公司 20×3 年 4 月进口一批货物，该批货物在国外的买价为 60 万元，另该批货物运抵我国海关前发生包装费、运输费、保险费等共 5 万元。货物报关后，该公司按规定缴纳了进口环节增值税并取得了海关开具的完税凭证。20×3 年 6 月该批货物在国内全部销售，取得不含税销售额 100 万元。（关税税率为 20%、货物消费税税率 20%）

1. 20×3 年 4 月进口货物时，

完税价格＝600 000＋50 000＝650 000（元）

关税＝650 000×20%＝130 000（元）

组成计税价格＝（650 000＋130 000）÷（1－20%）＝975 000（元）

进口环节应缴纳的增值税税额＝975 000×17%＝165 750（元）

借：原材料　　　　　　　　　　　　　　　　　　　　　　975 000
　　应交税费——应交增值税（进项税额）　　　　　　　　165 750
　　贷：银行存款　　　　　　　　　　　　　　　　　　　　　1 140 750

2. 国内销售时，

国内销售环节的销项税额＝1 000 000×17%＝170 000（元）

借：银行存款　　　　　　　　　　　　　　　　　　　　1 170 000
　　贷：主营业务收入　　　　　　　　　　　　　　　　　　1 000 000
　　　　应交税费——应交增值税（销项税额）　　　　　　　　170 000

有出口货物的企业，其出口退税分为以下两种情况处理。

(二)"免、抵、退"税的增值税账务处理

"免、抵、退"税办法的含义："免"税，是指对生产企业出口的自产货物，免征本企业生产销售环节增值税；"抵"税，是指生产企业出口自产货物所耗用原材料、零部件、燃料、动力等应予退还的进项税额，抵顶内销货物的应纳税额；"退"税，是指生产企业出口的自产货物在当月内应抵顶的进项税额大于应纳税额时，对未抵顶完的部分予以退税。

实行"免、抵、退"办法有进出口经营权的生产企业，按规定计算的当期出口货物不予免征、抵扣和退税的税额，计入出口货物成本，借记"主营业务成本"等科目，贷记"应交税费——应交增值税（进项税额转出）"科目。按规定计算的当期应予抵扣

的税额，借记"应交税费——应交增值税（出口抵减内销产品应纳税额）"科目，贷记"应交税费——应交增值税（出口退税）"科目。因应抵扣的税额大于应纳税额而未全部抵扣，按规定应予以退回的税款，借记"其他应收款——应收出口退税"等科目，贷记"应交税费——应交增值税（出口退税）"科目；收到退回的税款，借记"银行存款"科目，贷记"其他应收款——应收出口退税"等科目。

"免、抵、退"税的计算方法有 4 步：

第 1 步，计算不得免征和抵扣税额：

$$\begin{aligned}\text{当期不得免征和}\atop\text{抵扣税额}=&\text{出口货物}\atop\text{离岸价格}\times\text{外汇人民币}\atop\text{折合率}\times\left(\text{出口货物}\atop\text{适用税率}-\text{出口货物}\atop\text{退税率}\right)\\&-\text{当期不得免征和}\atop\text{抵扣税额抵减额}\end{aligned}$$

其中：

$$\text{当期不得免征和}\atop\text{抵扣税额抵减额}=\text{免税购进}\atop\text{原材料价格}\times\left(\text{出口货物}\atop\text{适用税率}-\text{出口货物}\atop\text{退税率}\right)$$

第 2 步，计算当期应纳增值税额：

$$\text{当期应纳}\atop\text{税额}=\text{当期内销货物的}\atop\text{销项税额}-\left(\text{当期进项}\atop\text{税额}-\text{当期不得免征和}\atop\text{抵扣税额}\right)-\text{上期末留}\atop\text{抵税额}$$

第 3 步，计算当期免抵退税额：

$$\text{当期免抵}\atop\text{退税额}=\text{出口货物}\atop\text{离岸价}\times\text{外汇人民币}\atop\text{折合率}\times\text{出口货物}\atop\text{退税率}-\text{免抵退税}\atop\text{额抵减额}$$

其中：免抵退税额抵减额＝免税购进原材料价格×出口货物退税率

第 4 步，确定应退税额和免抵税额：

$$\text{当期应退}\atop\text{税额}=\text{当期期末留抵税额或}\atop\text{当期免抵退税额}\left(\text{"当期期末留抵税额"和"当期}\atop\text{免抵退税额"中较小者}\right)$$

$$\text{当期免抵}\atop\text{税额}=\text{当期免抵}\atop\text{退税额}-\text{当期应}\atop\text{退税额}\left(\text{"当期期末}\atop\text{留抵税额"}\leqslant\text{"当期免抵}\atop\text{退税额"}\right)\text{时}$$

当期免抵税额＝0（"当期期末留抵税额"＞"当期免抵退税额"时）

下面我们举例说明这个步骤的应用。

【例 2-16】甲公司为一家具有进出口经营权的生产企业，增值税一般纳税人。20×3 年 2 月购进原材料一批，取得的增值税专用发票已经通过认证，专用发票注明的价款为 300 万元，进项税额为 51 万元。本月内销货物不含税销售额 150 万元，已经收到货款存入银行，本月出口货物的销售额折合人民币 200 万元，出口货物的征税税率为 17％，退税税率为 13％。内销和出口货物成本 300 万元，上月末留抵税款 2.5 万元。

甲公司首先计算有关数据：

（1）当期不得免征和抵扣税额＝200×（17％－13％）＝8（万元）

（2）当期应纳税额＝150×17％－(51－8)－2.5＝－20(万元)

（3）当期免抵退税额＝200×13％＝26(万元)

（4）"当期期末留抵税额"≤"当期免抵退税额"时：

当期应退税额＝当期期末留抵税额＝20(万元)

当期免抵税额＝当期免抵退税额－当期应退税额＝26－20＝6(万元)

甲公司账务处理：

1. 国内采购原材料时，

借：原材料	3 000 000
应交税费——应交增值税（进项税额）	510 000
贷：银行存款	3 510 000

2. 内销货物时，

借：银行存款	1 755 000
贷：主营业务收入	1 500 000
应交税费——应交增值税（销项税额）	255 000

外销货物时，

借：应收账款	2 000 000
贷：主营业务收入	2 000 000

结转销售成本，

借：主营业务成本	3 000 000
贷：库存商品	3 000 000

3. 月末根据《免抵退税汇总申报表》中计算出的"免抵退税不予免征和抵扣税额"，进行账务处理，

借：主营业务成本	80 000
贷：应交税费——应交增值税（进项税额转出）	80 000

4. 月末根据《免抵退税汇总申报表》中计算出的"应退税额"、"免抵税额"，进行账务处理，

借：其他应收款——应收出口退税	200 000
贷：应交税费——应交增值税（出口退税）	200 000
借：应交税费——应交增值税（出口抵减内销产品应纳税额）	60 000
贷：应交税费——应交增值税（出口退税）	60 000

也可以合并处理，

借：其他应收款——应收出口退税	200 000
应交税费——应交增值税（出口抵减内销产品应纳税额）	60 000
贷：应交税费——应交增值税（出口退税）	260 000

5. 收到退税款时，

借：银行存款	200 000
贷：其他应收款——应收出口退税	200 000

从上面的例子中，我们可以看出，按照步骤进行"免、抵、退"税的账务处理，

似乎也并不难。但是在实务中，遇到的情形要比上例复杂得多，比如出口货物单证不齐，出口货物退关退回，预估运费、保险费及佣金与实际支付发生差额等各种情形都有可能出现。针对这些实际问题，笔者精心编制了一道包含上述多种情形的例题，在例题中将为大家讲解这些疑难问题的账务处理方法。

【例 2-17】乙公司为一家具有进出口经营权的生产企业，增值税一般纳税人。20×3年 2 月出口销售额 100 万美元（FOB 价，下同），其中单证不齐出口销售额 40 万美元，另外，20×2 年 12 月出口货物 2 月份收齐单证销售额 20 万美元，20×3 年 1 月出口货物 2 月份收齐单证销售额 10 万美元，20×2 年 11 月出口货物 20×3 年 2 月份仍未收齐单证的销售额 10 万美元。2 月份内销销售收入 200 万元人民币（不含税价），购进原材料 500 万元人民币（不含税价），取得专用发票均已认证。2 月支付 20×2 年 12 月出口货物的运费、保险费和佣金共计 10 万美元（20×2 年 12 月预估运费、保险费和佣金计 12 万美元，已入账），当月发生 2 笔退运业务，其中一笔退运货物是在 20×3 年 1 月出口的，退运货物的原出口销售额为 4 万美元，另一笔货物是 20×2 年 12 月出口的，退运货物的原出口销售额为 5 万美元。上月末留抵税款 1 万元。乙公司销售的货物的征税税率适用 17%，退税率适用 13%，美元汇率为 1：6.83。

则乙公司 20×3 年 2 月账务处理：

1. 根据实现的出口销售收入 6 830 000 元（1 000 000×6.83）

借：应收账款——××公司（美元）　　　　　　　　　　6 830 000
　　贷：主营业务收入——外销收入　　　　　　　　　　　　　6 830 000

根据实现的内销销售收入，

借：应收账款——××公司（人民币）　　　　　　　　　2 340 000
　　贷：主营业务收入——内销收入　　　　　　　　　　　　　2 000 000
　　　　应交税费——应交增值税（销项税额）　　　　　　　　　340 000

结转库存商品的主营业务成本的会计分录略。

2. 根据采购的原材料

借：原材料　　　　　　　　　　　　　　　　　　　　　5 000 000
　　应交税费——应交增值税（进项税额）　　　　　　　　850 000
　　贷：应付账款　　　　　　　　　　　　　　　　　　　　　5 850 000

3. 根据退运的 20×3 年 1 月的出口货物原出口销售额冲减当期出口销售收入 273 200 元（40 000 ×6.83）

借：应收账款——××公司（美元）　　　　　　　　　　－273 200
　　贷：主营业务收入——外销收入　　　　　　　　　　　　　－273 200

温馨提醒

本年度发生退运出口货物时，根据退运货物的原出口销售额冲减当期出口销售收入，同时，应在"生产企业出口退税申报系统"中进行负数申报。原出口销售额是指对于货物出口时与退运时汇率不同的，应以货物出口时的汇率计算。

4．月末，根据计算的不得免征和抵扣税额

不得免征和抵扣税额＝(1 000 000－40 000)×6.83×(17%－13%)＝262 272(元)

借：主营业务成本 262 272

贷：应交税费——应交增值税（进项税额转出） 262 272

温馨提醒

(1) 下面两个公式中的"出口货物离岸价格"的数据一般情况下并不相同：

$$\begin{array}{l}\text{当期不得免征和} \\ \text{抵扣税额}\end{array} = \begin{array}{l}\text{出口货物} \\ \text{离岸价格}\end{array} \times \begin{array}{l}\text{外汇人民币} \\ \text{折合率}\end{array} \times \left(\begin{array}{l}\text{出口货物} \\ \text{适用税率}\end{array} - \begin{array}{l}\text{出口货物} \\ \text{退税率}\end{array}\right)$$
$$- \begin{array}{l}\text{当期不得免征和} \\ \text{抵扣的税额抵减额}\end{array}$$

$$\begin{array}{l}\text{当期免抵} \\ \text{退税额}\end{array} = \begin{array}{l}\text{出口货物} \\ \text{离岸价格}\end{array} \times \begin{array}{l}\text{外汇人民币} \\ \text{折合率}\end{array} \times \begin{array}{l}\text{出口货物} \\ \text{退税率}\end{array} - \begin{array}{l}\text{免抵退税} \\ \text{额抵减额}\end{array}$$

计算"当期不得免征和抵扣税额"的"出口货物离岸价格"包含单证不齐的出口销售额，而计算"当期免抵退税额"的"出口货物离岸价格"不包含单证不齐的出口销售额，而包含前期出口货物本期收齐单证的出口销售额。

(2) 在月末账务处理时，应将本年度出口的退运货物销售额从出口销售额中扣除以计算"不得免征和抵扣税额"。

5．计算应退税额、免抵税额

当期应交税额＝340 000－(850 000－262 272)－10 000＝－257 728(元)，即期末留抵税额为 257 728 元。

免抵退税额＝(1 000 000－400 000＋200 000＋100 000)×6.83×13%＝799 110(元)。

由于期末留抵税额小于免抵退税额，所以应退税额＝期末留抵税额＝257 728 元，免抵税额＝799 110－257 728＝541 382(元)。

根据计算的应退税额，

借：其他应收款——应收出口退税 257 728

贷：应交税费——应交增值税（出口退税） 257 728

根据计算的免抵税额，

借：应交税费——应交增值税（出口抵减内销应纳税额） 541 382

贷：应交税费——应交增值税（出口退税） 541 382

6．根据支付的 20×2 年 12 月的运费、保险费和佣金 683 000 元 (100 000×6.83)

借：其他应付款 683 000

贷：银行存款 683 000

7．调整 20×2 年 12 月预估运费、保险费和佣金的差额

调整出口销售收入＝(120 000－100 000)×6.83＝136 600(元)

借：其他应付款 136 600

贷：以前年度损益调整   136 600

调整主营业务成本=(120 000-100 000)×6.83×(17%-13%)=5 464(元)

  借：以前年度损益调整   5 464

    贷：应交税费——应交增值税（进项税额转出）   5 464

调整免抵退税额=(120 000-100 000)×6.83×13%=17 758(元)

  借：应交税费——应交增值税（出口抵减内销应纳税额） 17 758

    贷：应交税费——应交增值税（出口退税）   17 758

温馨提醒

对于按会计准则规定允许扣除的运费、保险费和佣金，与原预估入账金额有差额的，须在本期根据销售收入调整额进行调整，以前年度的贷记"以前年度损益调整（蓝字或红字）"，同时调整进项税额转出和免抵退税额。本年度的贷记"主营业务收入（蓝字或红字）"，在月末将汇总计算的"免抵退税不予免征和抵扣税额"一次性结转至"主营业务成本"中。

8. 根据20×2年12月出口的货物退运原出口销售额341 500元（50 000×6.83）

  借：以前年度损益调整   341 500

    贷：应收账款——××公司（美元）   341 500

退运货物补交免抵退税款=341 500×13%=44 395(元)，

  借：应交税费——应交增值税（已交税金）   44 395

    贷：银行存款   44 395

温馨提醒

本年度发生以前年度出口货物退运时，根据退运货物的原出口销售额记入"以前年度损益调整"，并根据退运货物的原出口销售额乘原出口退税率补交免抵退税款。注意与本年度出口货物退运的不同，对于以前年度出口货物在当年退运时，不在"出口退税申报系统"中进行冲减，计算"免抵退税不得免征和抵扣税额"时不用从出口销售额中扣除，直接计算补交免抵退税款。

9. 对20×2年11月出口，20×3年2月份仍未收齐单证的10万美元，不作账务处理，因为"企业须在货物报关出口后90天内申报退税，否则不予退税"的规定已经废止。《国家税务总局关于发布〈出口货物劳务增值税和消费税管理办法〉的公告》（国家税务总局公告2012年第24号）第五条重新规定了企业申报退税的期限："企业应在货物报关出口之日次月起至次年4月30日前的各增值税纳税申报期内，收齐有关凭证，向主管税务机关办理出口货物增值税、消费税免退税申报。经主管税务机关批准，企业在增值税纳税申报期以外的其他时间也可办理免退税申报。逾期的，企业不得申报免退税。"

假设 20×2 年 11 月出口的 10 万美元，20×3 年 4 月 30 日前仍未收齐单证，也不用再按原规定视同内销征税。根据《财政部、国家税务总局关于出口货物劳务增值税和消费税政策的通知》（财税〔2012〕39 号）第六条第三项规定，出口企业或其他单位未按规定申报或未补齐增值税退（免）税凭证的出口货物劳务实行免征增值税政策，具体是指：

（1）未在国家税务总局规定的期限内申报增值税退（免）税的出口货物劳务。

（2）未在规定期限内申报开具《代理出口货物证明》的出口货物劳务。

（3）已申报增值税退（免）税，却未在国家税务总局规定的期限内向税务机关补齐增值税退（免）税凭证的出口货物劳务。

对于适用增值税免税政策的出口货物劳务，出口企业或其他单位可以依照现行增值税有关规定放弃免税，并依照规定缴纳增值税。

【例 2-18】丙公司为一家具有进出口经营权的生产企业，增值税一般纳税人。20×3 年 6 月发现两笔错误：一笔是 20×3 年 4 月在计算出口销售额时因为用错汇率导致少报 10 万元人民币，还有一笔是 20×2 年 12 月在计算出口销售额时因为用错汇率导致多报 10 万元人民币。丙公司销售的货物的征税税率适用 17%，退税率适用 13%。

1. 20×3 年 4 月在计算出口销售额时因为用错汇率导致少报 10 万元人民币，在 20×3 年 6 月发现时，根据少报的销售收入调整主营业务收入，同时应在当期用负数将前期错误申报数据全额冲减，再重新全额申报。

借：应收账款/银行存款　　　　　　　　　　　　　　　　　　　100 000
　　贷：主营业务收入　　　　　　　　　　　　　　　　　　　　　100 000

温馨提醒

不用将该笔销售收入乘以征退税率之差单独调整主营业务成本，而是在月末将汇总计算的"不得免征和抵扣税额"一次性结转至"主营业务成本"中。

2. 20×2 年 12 月在计算出口销售额时因为用错汇率导致多报 10 万元人民币，在 20×3 年 6 月发现时，根据少报的销售收入调整"以前年度损益调整"。

借：应收账款/银行存款　　　　　　　　　　　　　　　　　　　−100 000
　　贷：以前年度损益调整　　　　　　　　　　　　　　　　　　　−100 000

根据少报的销售收入乘以征退税率之差＝100 000×(17%−13%)＝4 000(元)。

借：以前年度损益调整　　　　　　　　　　　　　　　　　　　　−4 000
　　贷：应交税费——应交增值税（进项税额转出）　　　　　　　　−4 000

根据少报的销售收入乘以退税率＝100 000×13%＝13 000(元)。

借：应交税费——应交增值税（出口抵减内销应纳税额）　　　　　−13 000
　　贷：应交税费——应交增值税（出口退税）　　　　　　　　　　−13 000

（三）"先征后退"的增值税账务处理

外贸企业货物出口销售时，其出口销售环节的增值税免征，按当期出口货物应收的款项，借记"应收账款"等科目，按当期出口货物实现的销售收入，贷记"主营业务收入"等科目。按规定计算的应收出口退税，借记"其他应收款——应收出口退税"科目，贷记"应交税费——应交增值税（出口退税）"科目。按规定计算的不予退回的税金，借记"主营业务成本"等科目，贷记"应交税费——应交增值税（进项税额转出）"科目。收到退回的税款，借记"银行存款"科目，贷记"其他应收款——应收出口退税"等科目。

外贸企业出口货物劳务增值税免退税，依下列公式计算：

1. 外贸企业出口委托加工修理修配货物以外的货物：

$$增值税应退税额＝增值税退（免）税计税依据×出口货物退税率$$

2. 外贸企业出口委托加工修理修配货物：

$$\begin{array}{c}出口委托加工修理修配货物的\\增值税应退税额\end{array}＝\begin{array}{c}委托加工修理修配的\\增值税退（免）税计税依据\end{array}×\begin{array}{c}出口货物\\退税率\end{array}$$

外贸企业出口货物（委托加工修理修配货物除外）增值税退（免）税的计税依据，为购进出口货物的增值税专用发票注明的金额或海关进口增值税专用缴款书注明的完税价格。

外贸企业出口委托加工修理修配货物增值税退（免）税的计税依据，为加工修理修配费用增值税专用发票注明的金额。外贸企业应将加工修理修配使用的原材料（进料加工海关保税进口料件除外）作价销售给受托加工修理修配的生产企业，受托加工修理修配的生产企业应将原材料成本并入加工修理修配费用开具发票。

【例2-19】甲公司为一家具有进出口经营权的外贸公司，从某公司购进出口货物一批，取得的增值税专用发票注明的价款为100万元，进项税额为17万元，货款已用银行存款支付。当月该批商品已全部出口，售价折合人民币为120万元，申请退税的单证齐全。该货物退税率为13%。

1. 购进货物并验收入库时。

借：库存商品	1 000 000
应交税费——应交增值税（进项税额）	170 000
贷：银行存款	1 170 000

2. 出口报关销售时。

借：应收账款	1 200 000
贷：主营业务收入	1 200 000

结转出口商品成本，

借：主营业务成本	1 000 000
贷：库存商品	1 000 000

3. 申报出口退税时，外贸企业支付收购货款的同时也支付了生产经营该货物的企业已纳的增值税款，因此，在货物出口后按收购成本与退税率计算退款给外贸企业，征、退税之差计入企业成本。

本环节应退增值税额＝1 000 000×13%＝130 000（元），

借：其他应收款——应收出口退税	130 000

贷：应交税费——应交增值税（出口退税）　　　　　　　130 000

转出增值税额＝170 000－130 000＝40 000(元)

借：主营业务成本　　　　　　　　　　　　　　　　　　40 000

贷：应交税费——应交增值税（进项税额转出）　　　　40 000

4. 收到增值税退税款时。

借：银行存款　　　　　　　　　　　　　　　　　　　130 000

贷：其他应收款——应收出口退税　　　　　　　　　130 000

九、增值税优惠政策的账务处理

（一）增值税"直接免征"的账务处理

直接免征增值税，即纳税人不必缴纳增值税款。例如《中华人民共和国增值税暂行条例》规定的免税项目：①农业生产者销售的自产农产品；②避孕药品和用具；③古旧图书；④直接用于科学研究、科学试验和教学的进口仪器、设备；⑤外国政府、国际组织无偿援助的进口物资和设备；⑥由残疾人的组织直接进口供残疾人专用的物品；⑦销售的自己使用过的物品。

按照增值税专用发票管理规定，除国家另有规定外，纳税人销售免税项目不得开具专用发票，尽管不能开具增值税专用发票，但其开具给购买方的普通发票金额却是含税销售额，并且按含税销售额收取款项。

下面举例说明增值税"直接免征"的账务处理。

【例2-20】某酒类生产企业销售副产品酒糟，开具普通发票，票面金额11 700元，销售酒类产品不含税销售额40 000元，购进原材料的进项税额为1 000元，则该企业销售酒糟的相关账务处理：

1. 开具普通发票时，会计分录为：

借：银行存款　　　　　　　　　　　　　　　　　　　11 700

贷：主营业务收入　　　　　　　　　　　　　　　　10 000

应交税费——应交增值税（销项税额）　　　　　　1 700

2. 同时，应将销项税额作为直接免征的税额进行结转，会计分录为：

借：应交税费——应交增值税（减免税款）　　　　　　1 700

贷：主营业务收入　　　　　　　　　　　　　　　　1 700

3. 同时，在购进项目部分用于免税项目的情况下，为生产免税货物而耗用的原材料的进项税额不得抵扣，对于免税项目应转出的进项税额要计入成本，进项税额转出金额可采用销售额比例法计算，即用免税项目的销售额占总销售额的比例来计算分摊应转出的进项税额。进项税额转出＝1 000×10 000/(10 000＋40 000)＝200(元)，会计分录为：

借：主营业务成本　　　　　　　　　　　　　　　　　　200

贷：应交税费——应交增值税（进项税额转出）　　　　200

如果纳税人购进货物或者发生劳务时已经明确要用于免税项目，其购进货物或者发生劳务时进项税额就应计入采购成本，不用进行进项税额转出的账务处理。

温馨提醒

根据《企业会计准则第16号——政府补助》应用指南中明确规定："除税收返还外，税收优惠还包括直接减征、免征、增加计税抵扣额、抵免部分税额等形式。这类税收优惠并未直接向企业无偿提供资产，不作为本准则规范的政府补助。"因而，直接免征的增值税税额不能按照政府补助进行账务处理记入"营业外收入"。根据《企业会计准则第14号——收入》对收入的定义，"收入，是指企业在日常活动中形成的、会导致所有者权益增加的、与所有者投入资本无关的经济利益的总流入"，企业享受增值税直接免征形成的经济利益流入是与企业日常活动密不可分的，完全符合收入的定义，因而，企业直接免征的增值税税额应该记入企业的"主营业务收入"。《小企业会计准则》也同样处理。

（二）增值税"直接减征"的账务处理

直接减征，即按应征税款的一定比例征收。一般纳税人、小规模纳税人销售自己使用过的物品和旧货，适用按简易办法依4%征收率减半征收增值税。除此之外，目前，还没有按比例减征的其他规定，大多是采用降低税率或按简易办法征收的方式给予优惠。

【例2-21】某一般纳税人销售旧摩托车三辆，取得价款10 400元，开具增值税普通发票，金额栏10 000元，税率栏4%，税额栏400元。则该企业销售旧摩托车的相关账务处理：

确认销售收入时，按正常销售确认收入。

借：银行存款　　　　　　　　　　　　　　　　　　　　　　10 400

　　贷：主营业务收入（销售旧设备时，记入"固定资产清理"）　　10 000

　　　　应交税费——未交增值税（按4%征收率计算）　　　　　　400

根据《企业会计准则第16号——政府补助》应用指南规定和《企业会计准则第14号——收入》规定，直接减征的税款应记入"营业外收入——政府补助"。《小企业会计准则》也同样处理。

借：应交税费——未交增值税（按4%征收率减半计算）　　　　200

　　贷：营业外收入　　　　　　　　　　　　　　　　　　　　200

温馨提醒

很多人都将按简易办法依4%征收率减半征收增值税的业务通过"销项税额"核算，其实并不妥当，因为这样处理，增值税纳税申报表的销项税额无法与应交增值税明细账的销项税额金额相符，造成账表不符。而应该通过"未交增值税"核算，这样才能做到增值税纳税申报表和应交增值税明细账相符。

（三）增值税"即征即退"、"先征后退"、"先征后返"的账务处理

"即征即退"：即税务机关将应征的增值税征收入库后，即时退还；"先征后退"：与即征即退差不多，只是退税的时间略有差异；"先征后返"：即税务机关正常将增值税征收入库，然后由财政机关按税收政策规定审核并返还企业所缴入库的增值税。

"即征即退"、"先征后退"、"先征后返"三种优惠的区别是：①返还机关不同，即征即退、先征后退的税款由税务机关退还，先征后返的税款由财政机关返还。②取得的时间不同，即征即退最快，先征后退次之，先征后返最慢。

"即征即退"、"先征后退"、"先征后返"三种优惠的共同点是：都是在增值税正常缴纳之后退库，对增值税抵扣链条的完整性并无影响，因此，销售货物时，可以按规定开具增值税专用发票，正常计算销项税额，购买方也可以凭票正常抵扣。

根据《企业会计准则第16号——政府补助》应用指南规定，这3种优惠政策完全符合政府补助的定义，所退（返）税款应记入"营业外收入——政府补助"。账务处理如下：

销售商品时，根据正常销售确认收入，

 借：银行存款

  贷：主营业务收入

   应交税费——应交增值税（销项税额）

缴纳增值税款时，与平常账务处理相同，

 借：应交税费——应交增值税（已交税金）（本月上交本月应交的增值税）

  应交税费——未交增值税（本月上交以前期间应交未交的增值税）

  贷：银行存款

收到增值税返还，

 借：银行存款

  贷：营业外收入——政府补助

除了收到增值税返还的会计处理，其他会计处理与普通购销业务相同，不再举例。

🖊 **温馨提醒**

《财政部、国家税务总局关于增值税营业税消费税实行先征后返等办法有关城建税和教育费附加政策的通知》（财税〔2005〕72号）规定：对增值税、营业税、消费税（以下简称"三税"）实行先征后返、先征后退、即征即退办法的，除另有规定外，对随"三税"附征的城市维护建设税和教育费附加，一律不予退（返）还。

十、商业企业以返利、返点、促销费、进店费、展示费、管理费等名义向生产企业收取的各种费用的账务处理

商业企业以返利、返点、促销费、进店费、展示费、管理费等名义向生产企业收

取的各种费用的账务处理，分为下述两种情况。

（一）商业企业收取与商品销售量、销售额无必然关系的各项费用的税务与会计处理

根据《国家税务总局关于商业企业向货物供应方收取的部分费用征收流转税问题的通知》（国税发〔2004〕36号）的规定，对商业企业向供货方收取的与商品销售量、销售额无必然联系，且商业企业向供货方提供一定劳务的收入，例如进场费、广告促销费、上架费、展示费、管理费等，不属于平销返利，不冲减当期增值税进项税额，应按营业税的适用税目税率征收营业税。

这种情况下，商业企业应当开具服务业发票缴纳营业税，而供货方对此类费用作为销售费用列支。

【例2-22】商业企业甲公司为一般纳税人，生产企业乙公司是其常年货物供应商。20×3年7月甲公司共向乙公司购货11.7万元，并向乙公司收取进场费、展示费等费用1万元，乙公司用银行存款支付费用。

商业企业甲公司会计处理：

借：银行存款（或应付账款）　　　　　　　　　　　　　　10 000
　　贷：其他业务收入　　　　　　　　　　　　　　　　　10 000
借：其他业务成本　　　　　　　　　　　　　　　　　　　500
　　贷：应交税费——应交营业税　　　　　　　　　　　　500

生产企业乙公司会计处理：

借：销售费用　　　　　　　　　　　　　　　　　　　　　10 000
　　贷：银行存款　　　　　　　　　　　　　　　　　　　10 000

（二）商业企业收取与商品销售量、销售额挂钩的各种返还收入的税务与会计处理

根据《国家税务总局关于商业企业向货物供应方收取的部分费用征收流转税问题的通知》（国税发〔2004〕36号）的规定，对商业企业向供货方收取的与商品销售量、销售额挂钩（如以一定比例、金额、数量计算）的各种返还收入，无论采用何种返利方式（现金返利或实物返利），均应按照平销返利行为的有关规定冲减当期增值税进项税额，不征收营业税。商业企业从供货方收取的各种收入，一律不得开具增值税专用发票。

当期应转出的进项税额的计算公式为：

$$进项税额转出=\frac{当期取得的返还资金}{1+所购货物适用增值税税率}\times 所购货物适用增值税税率$$

商业企业对收到"平销返利"的会计处理，"平销返利"实质上是货物供应方对商业企业进销差价损失的弥补，且一般是在商品售出后结算的，因此应冲减"主营业务成本"。若是在次年才收到返利，应通过"以前年度损益调整"核算，若商品尚未售出就收到返利，则冲减"库存商品"。

生产企业（供货方）对给予商业企业"平销返利"的会计处理，按销售折让进行

处理。有两种方法：第一种方法是在销售时，将返利（即折让金额）和销售价款开在同一张发票上，账务处理可以直接按折让后的金额入账；第二种方法是在实际返还时按有关规定开具红字发票冲销收入和冲减销项税额，账务处理可以用红字冲销原来确定的销售收入和相应的销项税额。

几种不同的返利方式会计处理举例如下。

1. 现金返利

【例 2-23】 承例 2-22，20×3 年 8 月，甲公司已经全部以相同价格对外销售该批货物，甲公司按货物销售额的 10% 与乙公司结算返利，甲公司收到 1.17 万元的现金返利，应转出进项税额：$11\ 700 \div 1.17 \times 17\% = 1\ 700$（元），同时冲减主营业务成本 10 000 元。

商业企业甲公司会计处理：

借：银行存款   11 700
  贷：主营业务成本   10 000
    应交税费——应交增值税（进项税额转出）   1 700

若收到返利时，商品尚未售出，则冲减库存商品，

借：银行存款   11 700
  贷：库存商品   10 000
    应交税费——应交增值税（进项税额转出）   1 700

生产企业乙公司会计处理：

借：银行存款   −11 700
  贷：主营业务收入   −10 000
    应交税费——应交增值税（销项税额）   −1 700

2. 实物返利，供货方开具增值税专用发票

【例 2-24】 假设上例中乙公司以一批含税公允价值 1.17 万元的商品返利，同时乙公司向甲公司开具了增值税专用发票，则甲公司会计处理：

借：库存商品   10 000
  应交税费——应交增值税（进项税额）   1 700
  贷：主营业务成本   10 000
    应交税费——应交增值税（进项税额转出）   1 700

3. 实物返利，供货方开具普通发票

【例 2-25】 假设上例中乙公司向甲公司开具的是普通发票，则甲公司会计处理：

借：库存商品   11 700
  贷：主营业务成本   10 000
    应交税费——应交增值税（进项税额转出）   1 700

十一、混合销售和兼营非增值税应税项目区别及增值税账务处理

在日常税务处理中，混合销售行为和兼营非增值税应税项目经常发生，不少会计

却将这两项业务混淆，造成多缴或少缴增值税款。可见，这两项业务的税务处理对不少会计来说还是一个难点。

我们先来看一下两项业务的概念和税收规定。

1. 混合销售行为

混合销售行为，是指一项销售行为既涉及货物又涉及非增值税应税劳务（属于应缴营业税的交通运输业、建筑业、金融保险业、邮电通信业、文化体育业、娱乐业、服务业税目征收范围的劳务）。

《中华人民共和国增值税暂行条例实施细则》第五条规定：除本细则第六条的规定外，从事货物的生产、批发或者零售的企业、企业性单位和个体工商户的混合销售行为，视为销售货物，应当缴纳增值税；其他单位和个人的混合销售行为，视为销售非增值税应税劳务，不缴纳增值税。

从事货物的生产、批发或者零售的企业、企业性单位和个体工商户，包括以从事货物的生产、批发或者零售为主，并兼营非增值税应税劳务的单位和个体工商户在内。具体来说，就是增值税应税销售额占增值税应税额和非增值税应税额之和的50％以上。

2. 兼营非增值税应税项目

兼营非增值税应税项目，是指纳税人的经营范围既包括增值税应税项目又包括非增值税应税项目，但不发生在同一项销售行为中。

《中华人民共和国增值税暂行条例实施细则》第七条规定：纳税人兼营非增值税应税项目的，应分别核算货物或者应税劳务的销售额和非增值税应税项目的营业额；未分别核算的，由主管税务机关核定货物或者应税劳务的销售额。

3. 混合销售和兼营非增值税应税项目的区别（见表2-5）

表2-5　　　　　　　　　混合销售和兼营非增值税应税项目的区别

混合销售行为	兼营非增值税应税项目
销售货物和提供非增值税应税劳务是在同一项销售行为中发生的	销售货物或应税劳务和提供非应税劳务是纳税人经营范围中的两种经营项目，不在同一项销售行为中发生
销售货物和提供非增值税应税劳务的价款是同时从一个购买方取得的	销售货物或应税劳务和提供非应税劳务不是同时发生在同一购买者身上，价款要向两个以上的购买者收取
按经营主业只征收一种税，或征增值税或征营业税，特殊情况除外①	分别核算，分别征收增值税和营业税，未分别核算的，由主管税务机关核定货物或者应税劳务的销售额

①特殊情况，是指在混合销售行为中的特殊规定：

1. 销售自产货物并同时提供建筑业劳务的行为，应当分别核算货物的销售额和非增值税应税劳务的营业额，并根据其销售货物的销售额计算缴纳增值税，非增值税应税劳务的营业额不缴纳增值税；未分别核算的，由主管税务机关核定其货物的销售额。

2. 电信单位（电信局及电信局批准的其他从事电信业务的单位）自己销售无线寻呼机、移动电话，并为客户提供有关的电信劳务服务的，属于混合销售，征收营业税；对单纯销售无线寻呼机、移动电话，不提供有关的电信劳务服务的，征收增值税。

从事运输业务的单位与个人,发生销售货物并负责运输所售货物的混合销售行为,自 2009 年 1 月 1 日起应征收营业税,不再征收增值税。

《财政部、国家税务总局关于增值税、营业税若干政策规定的通知》(财税字〔1994〕第 26 号)第四条第二项规定的"从事运输业务的单位与个人,发生销售货物并负责运输所售货物的混合销售行为,征收增值税"已被财税〔2009〕61 号文件明确废止。因此,从事运输业务的单位与个人,发生销售货物并负责运输所售货物的混合销售行为,应该按照《中华人民共和国增值税暂行条例实施细则》第五条规定自 2009 年 1 月 1 日起缴纳营业税,不再缴纳增值税。

下面分别就混合销售和兼营非增值税应税项目两种行为进行举例说明。

【例 2-26】甲公司是一家空调销售企业,在销售空调的同时负责为客户安装。20×3 年 7 月销售空调取得不含税收入 200 000 元,同时为客户提供安装服务,取得不含税收入 10 000 元,本月允许抵扣的进项税额 25 700 元。

甲公司的销售和安装业务发生在同一项销售行为中,两项业务的款项同时向某一个购买者收取,该行为属混合销售行为,根据公司经营主业为货物销售,此项混合销售行为只缴纳增值税。增值税额为:(200 000＋10 000)×17％－25 700＝10 000(元)。

【例 2-27】乙公司从事装饰材料销售业务,并兼营装饰装修业务,20×3 年 7 月销售装饰材料取得不含税收入 100 万元,装饰装修业务收入 40 万元,本月允许抵扣的进项税额 10 万元。

若乙公司分开核算销售额,应缴纳增值税 100×17％－10＝7(万元),计算营业税 40×3％＝1.2(万元),共缴纳税款 8.2 万元。

若乙公司没有分开核算销售额,则由主管税务机关核定货物或者应税劳务的销售额,假设主管国税局对装饰材料不含税销售额核定为 105 万元,主管地税局对装饰装修营业额核定为 45 万元,那么乙公司应缴纳增值税 105×17％－10＝7.85(万元),计算营业税 45×3％＝1.35(万元),共缴纳税款 9.2 万元。

尽管兼营业务不分开核算,也会按照税务机关核定的销售额和营业额分别缴纳增值税和营业税,但是笔者还是强烈建议纳税人应该将兼营业务分开核算,以免税务机关核定的销售额或营业额高于实际销售额或营业额,多缴税款而承担更高的税负,上例就是这样,不分开核算比分开核算多缴纳税款 1 万元(9.2－8.2)。

兼营业务分开核算要做到以下几点:①合同或协议分开签订;②发票分别开具:货物或增值税应税劳务开具国税发票,非增值税应税劳务开具地税发票;③会计处理分别入账,分开核算。

十二、辅导期一般纳税人的特殊账务处理

辅导期一般纳税人的特殊账务处理有"待抵扣进项税额"和"增购发票预缴税款"两种情况，除这两种外，其他账务处理与正式一般纳税人相同。

（一）"待抵扣进项税额"的账务处理

辅导期纳税人取得的增值税专用发票抵扣联、海关进口增值税专用缴款书以及运输费用结算单据应当在交叉稽核比对无误后，方可抵扣进项税额。

辅导期纳税人应当在"应交税费"科目下增设"待抵扣进项税额"明细科目，核算尚未交叉稽核比对的专用发票抵扣联、海关进口增值税专用缴款书以及运输费用结算单据（以下简称增值税抵扣凭证）注明或者计算的进项税额。

辅导期纳税人取得增值税抵扣凭证后，借记"应交税费——待抵扣进项税额"明细科目，贷记相关科目。交叉稽核比对无误后，根据交叉稽核比对结果相符的增值税抵扣凭证本期数据申报抵扣进项税额，借记"应交税费——应交增值税（进项税额）"科目，贷记"应交税费——待抵扣进项税额"科目。经核实不得抵扣的进项税额，红字借记"应交税费——待抵扣进项税额"，红字贷记相关科目。

（二）"增购发票预缴税款"的账务处理

关于辅导期一般纳税人"增购发票预缴税款"的账务处理，笔者见过不同的人用不同的方法，但是并没有多少人掌握既让增值税的账务处理过程清楚明白，又使得增值税科目与纳税申报表相一致的方法。下面，笔者将把这种方法奉献给大家。

预缴税款时，借记"应交税费——应交增值税（已交税金）"，贷记"银行存款"。

月末本月应交税费大于预缴税金，余额部分借记"应交税费——应交增值税（转出未交增值税）"，贷记"应交增值税——未交增值税"。月末终了后 15 日内扣款时，借记"应交增值税——未交增值税"，贷记"银行存款"。

月末本月应交税费小于预缴税金，余额部分借记"应交增值税——未交增值税"，贷记"应交税费——应交增值税（转出多交增值税）"。多交增值税由以后月份实现的增值税抵减。

【例 2-28】甲公司为辅导期一般纳税人，本期购进一批原材料，取得增值税专用发票，不含税价 100 000 元，进项税额 17 000 元，发票已经认证，货款以银行存款支付。本期销售商品含税收入 234 000 元，已收到货款。本期因增购发票预缴税款 10 000 元。上期认证发票进项税额 30 000 元本期交叉稽核比对结果相符，已经收到《稽核结果通知书》。本期甲公司账务处理：

1. 甲公司销售商品。

借：银行存款　　　　　　　　　　　　　　　　　　　234 000
　　贷：主营业务收入　　　　　　　　　　　　　　　　　　200 000

应交税费——应交增值税（销项税额）　　　　　　　　34 000

2. 甲公司购进原材料，发票本期已经认证但下期经过交叉稽核比对结果相符才能申报抵扣。

借：原材料　　　　　　　　　　　　　　　　　　　100 000
　　应交税费——待抵扣进项税额　　　　　　　　　　17 000
　　贷：银行存款　　　　　　　　　　　　　　　　　117 000

3. 甲公司增购发票预缴税款 10 000 元。

借：应交税费——应交增值税（已交税金）　　　　　　10 000
　　贷：银行存款　　　　　　　　　　　　　　　　　10 000

4. 上期认证发票进项税额 30 000 元本期交叉稽核比对结果相符，收到《稽核结果通知书》。

借：应交税费——应交增值税（进项税额）　　　　　　30 000
　　贷：应交税费——待抵扣进项税额　　　　　　　　30 000

5. 计算本期应交增值税＝本月销项税额 34 000－进项税额 30 000＝4 000(元)。

6. 将本期应交增值税与预缴税款比较。

由于预缴 10 000 元，抵减本期应交增值税 4 000 元，还多交 6 000 元，将多交部分转入"应交税费——未交增值税"科目，

借：应交税费——未交增值税　　　　　　　　　　　　6 000
　　贷：应交税费——应交增值税（转出多交增值税）　　6 000

此时，"应交税费——应交增值税"科目月末借方余额＝－34 000＋10 000＋30 000－6 000＝0，即"应交税费——应交增值税"科目月末无余额；"应交税费——未交增值税"科目借方余额为 6 000 元，即期末多缴税额。

申报时，本月实现增值税 4 000 元将在填完附表后在增值税纳税申报表主表 24 行"应纳税额合计"自动生成，预缴税款 10 000 元填在增值税纳税申报表主表 28 行"分次预缴税额"栏，32 行"期末未缴税额（多缴为负数）"为－6 000，与"应交税费——未交增值税"科目借方余额一致。

如果本月销项小于进项，没有增值税应纳税款，这时把预缴税款 10 000 元转入"应交税费——未交增值税"科目（账务处理同上）。月末"应交税费——应交增值税"科目借方余额为留抵税金；与增值税纳税申报表主表 20 行"期末留抵税额"金额一致。"应交税费——未交增值税"科目月末借方余额为预缴税款 10 000 元，与增值税纳税申报表主表 32 行"期末未缴税额（多缴为负数）"一致。

十三、农产品增值税进项税额核定扣除的账务处理

为加强农产品增值税进项税额抵扣管理，经国务院批准，对财政部和国家税务总局纳入试点范围的增值税一般纳税人（以下称试点纳税人）购进农产品增值税进项税额，实施核定扣除办法。

试点纳税人购进农产品不再凭增值税扣税凭证抵扣增值税进项税额，购进除农产

品以外的货物、应税劳务和应税服务，增值税进项税额仍按现行有关规定抵扣。

农产品增值税进项税额核定扣除方法主要有以下几点：

1. 试点纳税人以购进农产品为原料生产货物的，农产品增值税进项税额可按照以下方法核定：

（1）投入产出法：参照国家标准、行业标准（包括行业公认标准和行业平均耗用值）确定销售单位数量货物耗用外购农产品的数量（以下称农产品单耗数量）。

当期允许抵扣农产品增值税进项税额依据农产品单耗数量、当期销售货物数量、农产品平均购买单价（含税，下同）和农产品增值税进项税额扣除率（扣除率为销售货物的适用税率，以下简称"扣除率"）计算。公式为：

$$\begin{array}{l}当期允许抵扣农产品\\增值税进项税额\end{array}=\begin{array}{l}当期农产品\\耗用数量\end{array}\times\begin{array}{l}农产品平均\\购买单价\end{array}\times\frac{扣除率}{1+扣除率}$$

$$\begin{array}{l}当期农产品\\耗用数量\end{array}=\begin{array}{l}当期销售\\货物数量\end{array}\left(\begin{array}{l}不含采购除农产品以外的\\半成品生产的货物数量\end{array}\right)\times\begin{array}{l}农产品\\单耗数量\end{array}$$

对以单一农产品原料生产多种货物或者多种农产品原料生产多种货物的，在核算当期农产品耗用数量和平均购买单价时，应依据合理的方法归集和分配。

平均购买单价是指购买农产品期末平均买价，不包括买价之外单独支付的运费和入库前的整理费用。期末平均买价计算公式：

$$\begin{array}{l}期末平均\\买价\end{array}=\frac{\begin{array}{l}期初库存\\农产品数量\end{array}\times\begin{array}{l}期初平均\\买价\end{array}+\begin{array}{l}当期购进\\农产品数量\end{array}\times\begin{array}{l}当期\\买价\end{array}}{\begin{array}{l}期初库存\\农产品数量\end{array}+\begin{array}{l}当期购进\\农产品数量\end{array}}$$

如果期初没有库存农产品，当期也未购进农产品的，农产品"期末平均买价"以该农产品上期期末平均买价计算；上期期末仍无农产品买价的依此类推。

（2）成本法：依据试点纳税人年度会计核算资料，计算确定耗用农产品的外购金额占生产成本的比例（以下称农产品耗用率）。当期允许抵扣农产品增值税进项税额依据当期主营业务成本、农产品耗用率以及扣除率计算。公式为：

$$\begin{array}{l}当期允许抵扣农产品\\增值税进项税额\end{array}=\begin{array}{l}当期主营\\业务成本\end{array}\times\begin{array}{l}农产品\\耗用率\end{array}\times\frac{扣除率}{1+扣除率}$$

$$农产品耗用率=\frac{上年投入生产的农产品外购金额}{上年生产成本}$$

"主营业务成本"、"生产成本"中不包括其未耗用农产品的产品的成本。

农产品外购金额（含税）不包括不构成货物实体的农产品（包括包装物、辅助材料、燃料、低值易耗品等）和在购进农产品之外单独支付的运费、入库前的整理费用。

对以单一农产品原料生产多种货物或者多种农产品原料生产多种货物的，在核算当期主营业务成本以及核定农产品耗用率时，试点纳税人应依据合理的方法进行归集和分配。

农产品耗用率由试点纳税人向主管税务机关申请核定。

年度终了，主管税务机关应根据试点纳税人本年实际对当年已抵扣的农产品增值税进项税额进行纳税调整，重新核定当年的农产品耗用率，并作为下一年度的农产品耗用率。

（3）参照法：新办的试点纳税人或者试点纳税人新增产品的，试点纳税人可参照所属行业或者生产结构相近的其他试点纳税人确定农产品单耗数量或者农产品耗用率。次年，试点纳税人向主管税务机关申请核定当期的农产品单耗数量或者农产品耗用率，并据此计算确定当年允许抵扣的农产品增值税进项税额，同时对上一年增值税进项税额进行调整。核定的进项税额超过实际抵扣增值税进项税额的，其差额部分可以结转下期继续抵扣；核定的进项税额低于实际抵扣增值税进项税额的，其差额部分应按现行增值税的有关规定将进项税额做转出处理。

2. 试点纳税人购进农产品直接销售的，农产品增值税进项税额按照以下方法核定扣除：

$$\text{当期允许抵扣农产品增值税进项税额} = \frac{\text{当期销售农产品数量}}{1-\text{损耗率}} \times \text{农产品平均购买单价} \times \frac{13\%}{1+13\%}$$

$$\text{损耗率} = \frac{\text{损耗数量}}{\text{购进数量}}$$

3. 试点纳税人购进农产品用于生产经营且不构成货物实体的（包括包装物、辅助材料、燃料、低值易耗品等），增值税进项税额按照以下方法核定扣除：

$$\text{当期允许抵扣农产品增值税进项税额} = \text{当期耗用农产品数量} \times \text{农产品平均购买单价} \times \frac{13\%}{1+13\%}$$

农产品单耗数量、农产品耗用率和损耗率统称为农产品增值税进项税额扣除标准（以下称扣除标准）。

4. 试点纳税人购进农产品取得的农产品增值税专用发票和海关进口增值税专用缴款书，按照注明的金额及增值税额一并计入成本科目；自行开具的农产品收购发票和取得的农产品销售发票，按照注明的买价直接计入成本。

5. 试点纳税人应自执行农产品增值税进项税额核定扣除办法之日起，将期初库存农产品以及库存半成品、产成品耗用的农产品增值税进项税额作转出处理。

6. 试点纳税人应当按照规定准确计算当期允许抵扣农产品增值税进项税额，并从相关科目转入"应交税费——应交增值税（进项税额）"科目。未能准确计算的，由主管税务机关核定。

7. 试点纳税人购进的农产品价格明显偏高或偏低，且不具有合理商业目的的，由主管税务机关核定。

8. 试点纳税人在计算农产品增值税进项税额时，应按照下列顺序确定适用的扣除标准：

（1）财政部和国家税务总局不定期公布的全国统一的扣除标准。

（2）省级税务机关商同级财政机关根据本地区实际情况，报经财政部和国家税务总局备案后公布的适用于本地区的扣除标准。

（3）省级税务机关依据试点纳税人申请，按照规定的核定程序审定的仅适用于该试点纳税人的扣除标准。

9. 试点纳税人扣除标准核定程序。

（1）试点纳税人以农产品为原料生产货物的扣除标准核定程序：

①申请核定。以农产品为原料生产货物的试点纳税人应于当年1月15日前（2012年为7月15日前）或者投产之日起30日内，向主管税务机关提出扣除标准核定申请并提供有关资料。申请资料的范围和要求由省级税务机关确定。

②审定。主管税务机关应对试点纳税人的申请资料进行审核，并逐级上报给省级税务机关。

省级税务机关应由货物和劳务税处牵头，会同政策法规处等相关部门组成扣除标准核定小组，核定结果应由省级税务机关下达，主管税务机关通过网站、报刊等多种方式及时向社会公告核定结果。未经公告的扣除标准无效。

省级税务机关尚未下达核定结果前，试点纳税人可按上年确定的核定扣除标准计算申报农产品进项税额。

（2）试点纳税人购进农产品直接销售、购进农产品用于生产经营且不构成货物实体扣除标准的核定采取备案制，抵扣农产品增值税进项税额的试点纳税人应在申报缴纳税款时向主管税务机关备案。备案资料的范围和要求由省级税务机关确定。

10. 试点纳税人对税务机关根据规定核定的扣除标准有疑义或者生产经营情况发生变化的，可以自税务机关发布公告或者收到主管税务机关《税务事项通知书》之日起30日内，向主管税务机关提出重新核定扣除标准申请，并提供说明其生产、经营真实情况的证据，主管税务机关应当自接到申请之日起30日内书面答复。

11. 试点纳税人在申报期内，除向主管税务机关报送《增值税一般纳税人纳税申报办法》规定的纳税申报资料外，还应报送《农产品核定扣除增值税进项税额计算表（汇总表）》、《投入产出法核定农产品增值税进项税额计算表》、《成本法核定农产品增值税进项税额计算表》、《购进农产品直接销售核定农产品增值税进项税额计算表》、《购进农产品用于生产经营且不构成货物实体核定农产品增值税进项税额计算表》。

12. 试点纳税人纳税申报时，应将《农产品核定扣除增值税进项税额计算表（汇总表）》中"当期允许抵扣农产品增值税进项税额"合计数填入《增值税纳税申报表附列资料（表二）》第6栏的"税额"栏，不填写第6栏"份数"和"金额"数据。

《增值税纳税申报表附列资料（表二）》第1、2、3、5栏有关数据中不反映农产品的增值税进项税额。

试点纳税人应自执行农产品增值税进项税额核定扣除办法之日起，将期初库存农产品以及库存半成品、产成品耗用的农产品增值税进项税额作转出处理，转出的增值税进项税额，填入《增值税纳税申报表附列资料（表二）》第17栏"按简易征收办法征税货物用""税额"栏。

【例2-29】甲公司12月销售1 000吨巴氏杀菌牛乳（蛋白质含量≥3.3%），其主营业务成本为720万元，农产品耗用率为70%，原乳单耗数量为1.196。公司期初库存原乳 1 000 吨，平均单价为 4 100 元/吨，本月购进 1 200 吨，平均单价为 3 900 元/吨，本月单独支付原乳运费 1 200 元。分别用投入产出法、成本法计算允许抵扣农产品增值税进项税额。

1. 投入产出法

平均购买单价是指购买农产品期末平均买价，不包括买价之外单独支付的运费和入库前的整理费用。

$$\text{期末平均买价} = \frac{\text{期初库存农产品数量} \times \text{期初平均买价} + \text{当期购进农产品数量} \times \text{当期买价}}{\text{期初库存农产品数量} + \text{当期购进农产品数量}}$$

$$= (1\,000 \times 4\,100 + 1\,200 \times 3\,900)/(1\,000 + 1\,200)$$

$$= 3\,990.91(\text{元/吨})$$

$$\text{当期允许抵扣农产品增值税进项税额} = \text{当期农产品耗用数量} \times \text{农产品平均购买单价} \times \frac{\text{扣除率}}{1 + \text{扣除率}}$$

$$= 1\,000 \times 1.196 \times 3\,990.91 \times 13\%/(1 + 13\%)$$

$$= 549\,120.96(\text{元})$$

账务处理：

购买原乳入库：

借：原材料——原乳		4 680 000
贷：银行存款		4 680 000

核定抵扣进项税额：

借：应交税费——应交增值税（进项税额）		549 120.96
贷：原材料——原乳		549 120.96

2. 成本法

$$\text{当期允许抵扣农产品增值税进项税额} = \text{当期主营业务成本} \times \text{农产品耗用率} \times \frac{\text{扣除率}}{1 + \text{扣除率}}$$

$$= 7\,200\,000 \times 70\% \times 13\%/(1 + 13\%)$$

$$= 579\,823.01(\text{元})$$

由于这里的农产品耗用率是按照上年指标计算出来的，因此年末应该根据当年实际，对已抵扣的进项税额进行调整。

账务处理：

购买原乳入库：

借：原材料——原乳		4 680 000
贷：银行存款		4 680 000

核定抵扣进项税额：

借：应交税费——应交增值税（进项税额）		579 823.01
贷：原材料——原乳		579 823.01

【例 2-30】 某试点纳税人从 10 月份开始执行农产品增值税进项税额核定扣除办法，10 月份期初存货所含进项税额 30 万元，则在 10 月份应当作进项税额转出 30 万元。当年 10—12 月份按规定参照行业农产品单耗数量计算实际抵扣农产品进项税额 100 万元。次年按规定程序核定后，允许抵扣的进项税额为 120 万元，则少抵扣的 20 万元可结转下期抵扣；如确定允许抵扣的进项税额为 80 万元，则多抵扣的 20 万元作进项税额转出处理。

十四、营改增的特殊账务处理

（一）试点一般纳税人差额征税的会计处理

一般纳税人提供应税服务，试点期间按照营业税改征增值税有关规定允许从销售额中扣除其支付给非试点纳税人价款的，应在"应交税费——应交增值税"科目下增设"营改增抵减的销项税额"专栏，用于记录该企业因按规定扣减销售额而减少的销项税额；同时，"主营业务收入"、"主营业务成本"等相关科目应按经营业务的种类进行明细核算。

企业接受应税服务时，按规定允许扣减销售额而减少的销项税额，借记"应交税费——应交增值税（营改增抵减的销项税额）"科目，按实际支付或应付的金额与上述增值税额的差额，借记"主营业务成本"等科目，按实际支付或应付的金额，贷记"银行存款"、"应付账款"等科目。

对于期末一次性进行账务处理的企业，期末，按规定当期允许扣减销售额而减少的销项税额，借记"应交税费——应交增值税（营改增抵减的销项税额）"科目，贷记"主营业务成本"等科目。

【例 2-31】 试点纳税人甲运输公司是增值税一般纳税人，20×2 年 12 月取得全部收入 400 万元，其中，国内客运收入 365 万元，支付非试点联运企业运费 100 万元并取得发票，销售货物收入 30 万元，运送该批货物取得运输收入 5 万元。所有收入均以银行存款结算货款，假设该公司期初无留抵税额，本月未发生进项税额。甲运输公司账务处理如下：

1. 确定税率：运输收入属于营业税改征增值税的应税服务，属交通运输业，服务税率为 11％；销售货物属于增值税应税货物，税率为 17％。

2. 取得收入，

主营业务收入 ＝ （365＋5）÷（1＋11％）＋30÷（1＋17％）＝358.97(万元)

销项税额 ＝ （365＋5）÷（1＋11％）×11％＋30÷（1＋17％）×17％＝41.03(万元)

借：银行存款   4 000 000

    贷：主营业务收入   3 589 700

        应交税费——应交增值税（销项税额）   410 300

3. 支付联运企业运费，

主营业务成本 ＝ 100÷（1＋11％）＝ 90.09(万元)

营改增抵减的销项税额＝100÷(1＋11％)×11％＝9.91(万元)

借：主营业务成本 900 900

  应交税费——应交增值税（营改增抵减的销项税额） 99 100

  贷：银行存款 1 000 000

甲运输公司销售额为 358.97－90.09＝268.88(万元)，

甲运输公司应交增值税额为 41.03－9.91＝31.12(万元)。

【例 2-32】承例 2-31，假定甲运输公司支付试点联运企业（小规模纳税人）运费 60 万元，取得税务机关代开的增值税专用发票，其他条件不变。甲运输公司账务处理如下：

1. 取得收入。

主营业务收入＝（365＋5)÷(1＋11％)＋30÷(1＋17％)＝358.97(万元)

销项税额＝（365＋5)÷(1＋11％)×11％＋30÷(1＋17％)×17％＝41.03(万元)

借：银行存款 4 000 000

  贷：主营业务收入 3 589 700

    应交税费——应交增值税（销项税额） 410 300

2. 支付联运企业运费，根据《交通运输业和部分现代服务业营业税改征增值税试点有关事项的规定》规定，试点纳税人接受试点纳税人中的小规模纳税人提供的交通运输业服务，按照取得的增值税专用发票上注明的价税合计金额和 7％的扣除率计算进项税额。

可抵扣进项税额＝60×7％＝4.2(万元)

借：主营业务成本 558 000

  应交税费——应交增值税（进项税额） 42 000

  贷：银行存款 600 000

【例 2-33】承例 2-31，假设甲运输公司支付试点联运企业（一般纳税人）运费 111 万元并取得增值税专用发票，其他条件不变。甲运输公司账务处理如下：

1. 取得收入。

借：银行存款 4 000 000

  贷：主营业务收入 3 589 700

    应交税费——应交增值税（销项税额） 410 300

2. 支付联运企业运费。

可抵扣进项税额＝111÷(1＋11％)×11％＝11(万元)

借：主营业务成本 1 000 000

  应交税费——应交增值税（进项税额） 110 000

  贷：银行存款 1 110 000

（二）试点小规模纳税人差额征税的会计处理

小规模纳税人提供应税服务，试点期间按照营业税改征增值税有关规定允许从销售额中扣除其支付给非试点纳税人价款的，按规定扣减销售额而减少的应交增值税应直接冲减"应交税费——应交增值税"科目。

企业接受应税服务时，按规定允许扣减销售额而减少的应交增值税，借记"应交税费——应交增值税"科目，按实际支付或应付的金额与上述增值税额的差额，借记"主营业务成本"等科目，按实际支付或应付的金额，贷记"银行存款"、"应付账款"等科目。

对于期末一次性进行账务处理的企业，期末，按规定当期允许扣减销售额而减少的应交增值税，借记"应交税费——应交增值税"科目，贷记"主营业务成本"等科目。

【例2-34】 试点纳税人乙运输公司是小规模纳税人，20×2年12月取得全部收入61.8万元，其中，国内运输收入50万元，支付非试点联运企业运费10.3万元并取得发票，销售货物收入11.8万元。所有收入均以银行存款结算货款。乙运输公司账务处理如下：

1. 确定税率：小规模纳税人征收率均为3%。

2. 取得收入。

主营业务收入＝61.8÷(1+3%)＝60(万元)

销项税额＝61.8÷(1+3%)×3%＝1.8(万元)

借：银行存款	618 000
贷：主营业务收入	600 000
应交税费——应交增值税	18 000

3. 支付联运企业运费。

主营业务成本＝10.3÷(1+3%)＝10(万元)

营改增抵减的销项税额＝10.3÷(1+3%)×3%＝0.3(万元)

借：主营业务成本	100 000
应交税费——应交增值税	3 000
贷：银行存款	103 000

乙运输公司销售额为60－10＝50(万元)，乙运输公司应交增值税额为1.8－0.3＝1.5(万元)。

▧ **温馨提醒**

1. 对于小规模增值税纳税人增值税的核算，一般只设"应交税费——应交增值税"科目，对于按规定扣减销售额而减少的销项税额，不再单独设立科目。

2. 假设乙运输公司支付试点联运企业运费10.3万元，取得交通运输业发票，其他条件不变。根据《交通运输业和部分现代服务业营业税改征增值税试点有关事项的规定》规定，试点纳税人中的小规模纳税人提供交通运输业服务和国际货物运输代理服务，按照国家有关营业税政策规定差额征收营业税的，其支付给试点纳税人的价款，也允许从其取得的全部价款和价外费用中扣除；试点小规模纳税人从事联运业务无论联运合作方的纳税人类型，都可以差额计算销售额。即试点小规模纳税人，接受小规模纳税人联运业务的差额征税的会计与税务处理，与联运企业是否试点无关，会计处理方法相同。

十五、原增值税一般纳税人税务处理和纳税申报示范

（一）雨丰电脑公司基本情况与财务资料

L市雨丰电脑有限公司（以下简称雨丰电脑公司），纳税人识别号：370000000000066，系增值税一般纳税人，主要经营范围：生产和销售各类电脑及耗材，通常适用增值税税率为17%。法定代表人姓名：丰收，注册地址：L市××区××路6号，开户银行及账号：37000000800310000000，电话号码：5310000。

20×3年12月"应交税费——未交增值税"科目期初余额248 205.37元，20×3年1—11月数据：应税货物销售额449 987 000元，应税劳务销售额1 224 000元，销项税额73 156 000元，进项税额71 094 200元，进项税额转出366 000元。

除特殊说明外，20×3年12月取得的增值税专用发票和运输发票均已通过认证。

（二）雨丰电脑公司与增值税相关的经济业务

本章仅列举20×3年12月雨丰电脑公司发生的与增值税相关的经济业务，同类业务只列一笔，类似业务和知识延伸在"相关链接"中讲解。与增值税无关的经济业务与税务处理不再列出。

业务1　购原材料

【业务资料】

雨丰电脑公司11月份购入的一批用于生产电脑的原材料，12月份才取得增值税专用发票40份，增值税专用发票上注明金额41 315 000元，税额7 023 550元，原材料通过铁路运往公司所在地，公司支付运输费10万元，建设基金2万元，装卸费2万元，保险费3万元，6月份取得货运发票5份，有关费用已在货运发票上分别注明。

【税收政策】

1.《中华人民共和国增值税暂行条例》第八条规定：

纳税人购进货物或者接受应税劳务（以下简称购进货物或者应税劳务）支付或者负担的增值税额，为进项税额。

下列进项税额准予从销项税额中抵扣：

（一）从销售方取得的增值税专用发票上注明的增值税额。

（二）从海关取得的海关进口增值税专用缴款书上注明的增值税额。

（三）购进农产品，除取得增值税专用发票或者海关进口增值税专用缴款书外，按照农产品收购发票或者销售发票上注明的农产品买价和13%的扣除率计算的进项税额。进项税额计算公式：

$$进项税额＝买价×扣除率$$

（四）购进或者销售货物以及在生产经营过程中支付运输费用的，按照运输费用结算单据上注明的运输费用金额和 7% 的扣除率计算的进项税额。进项税额计算公式：

进项税额＝运输费用金额×扣除率

准予抵扣的项目和扣除率的调整，由国务院决定。

2.《中华人民共和国增值税暂行条例实施细则》第十八条规定：条例第八条第二款第（四）项所称运输费用金额，是指运输费用结算单据上注明的运输费用（包括铁路临管线及铁路专线运输费用）、建设基金，不包括装卸费、保险费等其他杂费。

【账务处理】

运输发票抵扣进项税额＝(10＋2)×10 000×7%＝8 400(元)

原材料入账价值＝41 315 000＋100 000＋20 000＋20 000＋30 000－8 400
＝41 476 600(元)

借：原材料　　　　　　　　　　　　　　　　41 476 600
　　应交税费——应交增值税（进项税额）　　7 031 950
　　贷：银行存款　　　　　　　　　　　　　48 508 550

业务 2　购生产设备

【业务资料】

雨丰电脑公司购入生产用设备一台，取得增值税专用发票 1 份，增值税专用发票上注明金额 50 000 元，税额 8 500 元，另外支付运输费 500 元，取得运输发票 1 份。款项均以银行存款支付。

【税收政策】

《中华人民共和国增值税暂行条例》第八条规定，见业务 1。

【账务处理】

运输发票抵扣进项税额＝500×7%＝35(元)，固定资产入账价值＝50 000＋500－35＝50 465(元)，财务处理：

借：固定资产　　　　　　　　　　　　　　　50 465
　　应交税费——应交增值税（进项税额）　　8 535
　　贷：银行存款　　　　　　　　　　　　　59 000

业务 3　购置客车

【业务资料】

雨丰电脑公司购置了两辆客车，一辆客车专门用于接送员工上下班，取得机动车销售统一发票 1 份，金额 100 000 元，税额 17 000 元；另一辆客车既用于运输货物又用于接送员工上下班，取得机动车销售统一发票 1 份，金额 120 000 元，税额 20 400 元。企业以用银行存款支付车款。

【税收政策】

1. 《中华人民共和国增值税暂行条例》第十条规定：

下列项目的进项税额不得从销项税额中抵扣：

（一）用于非增值税应税项目、免征增值税项目、集体福利或者个人消费的购进货物或者应税劳务；

（二）非正常损失的购进货物及相关的应税劳务；

（三）非正常损失的在产品、产成品所耗用的购进货物或者应税劳务；

（四）国务院财政、税务主管部门规定的纳税人自用消费品；

（五）本条第（一）项至第（四）项规定的货物的运输费用和销售免税货物的运输费用。

2. 《中华人民共和国增值税暂行条例实施细则》第二十一条规定：

条例第十条第（一）项所称购进货物，不包括既用于增值税应税项目（不含免征增值税项目）也用于非增值税应税项目、免征增值税（以下简称免税）项目、集体福利或者个人消费的固定资产。

前款所称固定资产，是指使用期限超过 12 个月的机器、机械、运输工具以及其他与生产经营有关的设备、工具、器具等。

3. 《国家税务总局关于推行机动车销售统一发票税控系统有关工作的紧急通知》（国税发〔2008〕117 号）第一条规定：自 2009 年 1 月 1 日起，增值税一般纳税人从事机动车（应征消费税的机动车和旧机动车除外）零售业务必须使用税控系统开具机动车销售统一发票。

【账务处理】

雨丰电脑公司购置客车用于接送员工上下班属于集体福利范畴，因此，企业新购用于接送员工上下班的客车的进项税额不得抵扣。

而既用于运输货物又用于接送员工上下班的购进客车属于混用的固定资产，其进项税额可以抵扣。

借：固定资产 220 000
应交税费——应交增值税（进项税额） 37 400
贷：银行存款 257 400
借：固定资产 17 000
贷：应交税费——应交增值税（进项税额转出） 17 000

业务4 购监控设备

【业务资料】

雨丰电脑公司车间需安装监控设备，取得增值税专用发票 1 份，增值税专用发票上注明价款为 10 万元，增值税 1.7 万元，以银行存款支付。另支付运费 0.5 万元，取得运输发票 1 份。

【税收政策】

1. 《中华人民共和国增值税暂行条例》第十条规定，见业务3。

2.《财政部、国家税务总局关于固定资产进项税额抵扣问题的通知》（财税〔2009〕113号）规定：

以建筑物或者构建物为载体的附属设备和配套设施，无论在会计处理上是否单独记账与核算，均应作为建筑物或者构建物的组成部分，其进项税额不得在销项税额中抵扣。

附属设备和配套设施是指：给排水、采暖、卫生、通风、照明、通讯、煤气、消防、中央空调、电梯、电气、智能化楼宇设备和配套设施。

【账务处理】

根据上述规定，监控设备作为智能化楼宇设备，属于以建筑物或者构筑物为载体的附属设备和配套设施，其进项税额不得在销项税额中抵扣。

借：固定资产	104 650
应交税费——应交增值税（进项税额）	17 350
贷：银行存款	122 000
借：固定资产	17 350
贷：应交税费——应交增值税（进项税额转出）	17 350

业务5　购商品发放福利

【业务资料】

雨丰电脑公司于12月份购入一批食用油作为元旦福利发放给职工，并取得增值税专用发票1份，不含税价格为50 000元，进项税额8 500元，全部款项以银行存款支付。该发票未认证。

【税收政策】

《中华人民共和国增值税暂行条例》第十条规定，见业务3。

【账务处理】

借：管理费用	11 700
生产成本	46 800
贷：应付职工薪酬——非货币性福利	58 500
借：应付职工薪酬——非货币性福利	58 500
贷：银行存款	58 500

业务6　存货发生损失

【业务资料】

雨丰电脑公司由于保管不善，原材料发生非正常损失，其实际成本为20 000元（含运输费用2 140元）；产成品发生非正常损失，其实际成本为26 000元，其中所耗原材料成本为18 000元。这些原材料在购入时均取得专用发票进行了抵扣。

【税收政策】

1.《中华人民共和国增值税暂行条例》第十条规定，见业务3。

2. 《中华人民共和国增值税暂行条例实施细则》第二十七条规定：已抵扣进项税额的购进货物或者应税劳务，发生条例第十条规定的情形的（免税项目、非增值税应税劳务除外），应当将该项购进货物或者应税劳务的进项税额从当期的进项税额中扣减；无法确定该项进项税额的，按当期实际成本计算应扣减的进项税额。

3. 《中华人民共和国增值税暂行条例实施细则》第二十四条规定：非正常损失是指因管理不善造成被盗、丢失、霉烂变质的损失。

【账务处理】

1. 若确定原材料购入时原抵扣的进项税额，直接转出即可，若不能确定则需要计算出原材料应该转出的进项税额，需要注意相应的运费进项税额也要一并转出，计算公式为：

$$进项税额转出＝（材料成本－运费）×17\%＋运费/（1－7\%）×7\%$$

因此，原材料进项税额转出＝（20 000－2 140）×17\%＋2 140/（1－7\%）×7\%＝3 197.28（元）。

2. 在产品、产成品发生上述行为，在确定进项税额转出金额时，按照生产这些在产品、产成品所耗用购进货物或应税劳务已经抵扣了的进项税额计算，而不是在产品、产成品的实际成本，因为实际成本里还包括一些没有抵扣过的诸如人工费、折旧费等成本费用。

在产品、产成品所耗用购进货物或应税劳务已经抵扣了的进项税额能够确定的，直接转出；不能确定的则计算转出，计算公式同1。

因此，产成品进项税额转出＝18 000×17\%＝3 060（元）。

财务处理：

借：待处理财产损溢——待处理流动资产损溢　　　　　　52 257.28
　　贷：原材料　　　　　　　　　　　　　　　　　　　20 000
　　　　库存商品　　　　　　　　　　　　　　　　　　26 000
　　　　应交税费——应交增值税（进项税额转出）　　　6 257.28

　▰　相关链接

1. 若原材料是免税农产品，计算公式为：

$$进项税额转出＝原材料成本/（1－13\%）×13\%$$

2. 已抵扣进项税额的固定资产在发生上述行为的情况下，按下列公式确定进项税额转出金额：

$$进项税额转出＝固定资产净值×适用税率$$

3. 在购入时没有取得专用发票或取得专用发票但是没有抵扣的，不必进项税转出。

4. 不得从销项税额中抵扣进项税额的非正常损失，仅指因管理不善造成被盗、丢失、霉烂变质的损失，其他损失都可以抵扣进项税额，比如：自然灾害造成的货物损失、超过保质期无法进行销售造成的货物损失等。

5. 各种形式的进项税额转出所涉及的三方面问题：

（1）应该作进项税额转出而未转出的，比如：某些企业将购进的货物用于非应税项目未转出进项税额或少转出的，购进的货物发生非正常损失不处理未转出进项税额等情形。

（2）转出金额是否正确，比如，某些企业将50吨原材料用于非应税项目，只计40吨故意少转出进项税额的情形。

（3）转出的时间，比如，购进的货物在1月发生非正常损失，到6月份才进行处理的情形。

业务7　直接销售方式销售产品

【业务资料】

雨丰电脑公司以直接销售方式将6 000台电脑按6 000元/台的不含税价格销售给代理商，已经全部开具增值税专用发票，共计40份，不含税金额3 600万元，税额612万元。截至本月底已经收到货款4 000万元，尚有212万元货款未收到。

【税收政策】

《中华人民共和国增值税暂行条例实施细则》第三十八条规定：

条例第十九条第一款第（一）项规定的收讫销售款项或者取得索取销售款项凭据的当天，按销售结算方式的不同，具体为：

（一）采取直接收款方式销售货物，不论货物是否发出，均为收到销售款或者取得索取销售款凭据的当天；

（二）采取托收承付和委托银行收款方式销售货物，为发出货物并办妥托收手续的当天；

（三）采取赊销和分期收款方式销售货物，为书面合同约定的收款日期的当天，无书面合同的或者书面合同没有约定收款日期的，为货物发出的当天；

（四）采取预收货款方式销售货物，为货物发出的当天，但生产销售生产工期超过12个月的大型机械设备、船舶、飞机等货物，为收到预收款或者书面合同约定的收款日期的当天；

（五）委托其他纳税人代销货物，为收到代销单位的代销清单或者收到全部或者部分货款的当天，未收到代销清单及货款的，为发出代销货物满180天的当天；

（六）销售应税劳务，为提供劳务同时收讫销售款或者取得索取销售款的凭据的当天；

（七）纳税人发生本细则第四条第（三）项至第（八）项所列视同销售货物行为，为货物移送的当天。

【账务处理】

借：银行存款		40 000 000
应收账款		2 120 000
贷：主营业务收入		36 000 000
应交税费——应交增值税（销项税额）		6 120 000

业务 8　委托代销方式销售产品

【业务资料】

雨丰电脑公司与乙公司签订委托代销协议，按照协议规定，乙公司应按不含税销售价格 6 000 元/台进行销售，雨丰电脑公司按照 200 元/台向乙公司支付手续费。2010 年 12 月雨丰电脑公司发出电脑 1 300 台，电脑实际成本为 5 000 元/台，至 12 月底结账时，收到乙公司的代销清单，代销清单显示乙公司销售 1 000 台，雨丰电脑公司按销售清单确认的销售数量 1 000 台和不含税销售金额 600 万元开具增值税专用发票 7 份。

【税收政策】

《中华人民共和国增值税暂行条例实施细则》第三十八条规定，见业务 7。

【账务处理】

收到乙公司的代销清单时，财务处理：

借：应收账款		7 020 000
贷：主营业务收入		6 000 000
应交税费——应交增值税（销项税额）		1 020 000

业务 9　赊销方式销售产品

【业务资料】

雨丰电脑公司将电脑 400 台按 6 000 元/台的不含税价格赊销给代理商丙公司，双方约定，丙公司次年 1 月 20 日付款，雨丰电脑公司收到货款的当天开具增值税专用发票。

【税收政策】

《中华人民共和国增值税暂行条例实施细则》第三十八条规定，见业务 7。

【账务处理】

由于雨丰电脑公司与丙公司次年 1 月付款，所以本期不确认销售收入，销项税额为 0。

业务 10　以旧换新销售产品

【业务资料】

雨丰电脑公司采取以旧换新的方式向个人销售电脑，新电脑含税售价 5 850 元，旧电脑折价 850 元/台，当月销售电脑 100 台，开具增值税普通发票 100 份，收取现金 50 万元。

【税收政策】

《国家税务总局关于印发〈增值税若干具体问题的规定〉的通知》（国税发〔1993〕154 号）第二条第（三）项规定：纳税人采取以旧换新方式销售货物，应按新货物的同期销售价格确定销售额。

【账务处理】

纳税人采取以旧换新方式销售货物的（金银首饰除外），应按新货物的同期销售价格确定销售额，不得扣减旧货物的收购价格。销售货物与有偿收购旧的货物是两项不同的业务活动，销售额与收购额不能相互抵减。

借：库存现金		500 000
库存商品		85 000

```
    贷：主营业务收入                                    500 000
        应交税费——增值税（销项税额）                     85 000
```

相关链接

企业采用以旧换新（含翻新改制）方式销售金银首饰的，《财政部、国家税务总局关于金银首饰等货物征收增值税问题的通知》（财税字〔1996〕74号）明确规定"对金银首饰以旧换新业务，可以按销售方实际收取的不含增值税的全部价款征收增值税"。

业务11　向个人销售产品

【业务资料】

雨丰电脑公司直接向个人销售电脑20台，收取银行存款140 400元，开具增值税普通发票20份。

【税收政策】

《中华人民共和国增值税暂行条例实施细则》第三十八条规定，见业务7。

【账务处理】

```
    借：银行存款                                        140 400
        贷：主营业务收入                                  120 000
            应交税费——应交增值税（销项税额）                20 400
```

业务12　无偿赠送产品

【业务资料】

雨丰电脑公司将自产电脑10台无偿赠送给L市的一所中学，电脑实际成本为5 000元/台，同期销售价格6 000元/台。未开具发票。

【税收政策】

《中华人民共和国增值税暂行条例实施细则》第四条规定：

单位或者个体工商户的下列行为，视同销售货物：

（1）将货物交付其他单位或者个人代销；

（2）销售代销货物；

（3）设有两个以上机构并实行统一核算的纳税人，将货物从一个机构移送其他机构用于销售，但相关机构设在同一县（市）的除外；

（4）将自产或者委托加工的货物用于非增值税应税项目；

（5）将自产、委托加工的货物用于集体福利或者个人消费；

（6）将自产、委托加工或者购进的货物作为投资，提供给其他单位或者个体工商户；

（7）将自产、委托加工或者购进的货物分配给股东或者投资者；

（8）将自产、委托加工或者购进的货物无偿赠送其他单位或者个人。

【账务处理】

财务处理时，按货物的成本价，贷记"库存商品"科目，按同类货物的销售价格或组成计税价格和规定的增值税税率计算的销项税额，贷记"应交税费——应交增值税（销项税额）"，按货物的成本价和销项税额，借记"营业外支出"等科目。

无偿赠送增值税销项税额＝$10 \times 6\,000 \times 17\% = 10\,200$（元），财务处理：

借：营业外支出	60 200
贷：库存商品	50 000
应交税费——应交增值税（销项税额）	10 200

业务 13　将产品作为福利

【业务资料】

雨丰电脑公司以其生产的成本为 80 000 元的笔记本电脑作为元旦福利发放给管理人员，这批电脑的同期售价为 100 000 元。未开具发票。

【税收政策】

《中华人民共和国增值税暂行条例实施细则》第四条规定，见业务 12。

【账务处理】

财务处理时，按同类货物的公允价值（销售价格）和销项税额，借记"应付职工薪酬——非货币性福利"等科目，按同类货物的公允价值（销售价格），贷记"主营业务收入"等科目，按同类货物的公允价值（销售价格）和规定的增值税税率计算的销项税额，贷记"应交税费——应交增值税（销项税额）"科目。

公司决定发放非货币福利时，

借：管理费用	117 000
贷：应付职工薪酬——非货币性福利	117 000

实际发放非货币福利时（注意与外购产品发放福利的区别），

借：应付职工薪酬——非货币性福利	117 000
贷：主营业务收入	100 000
应交税费——应交增值税（销项税额）	17 000
借：主营业务成本	80 000
贷：库存商品	80 000

业务 14　用产品抵偿债务

【业务资料】

雨丰电脑公司欠丙公司购货款 115 000 元，雨丰电脑公司用电脑抵偿该货款，按市价开具增值税专用发票 1 份，已知该批电脑市价 90 000 元，成本为 80 000 元。丙公司将这批电脑作为固定资产管理。

【税收政策】

《中华人民共和国增值税暂行条例实施细则》第四条规定，见业务 12。

【账务处理】

雨丰电脑公司计入债务重组利得的金额＝$115\,000 - 90\,000 - 90\,000 \times 17\% = 9\,700$（元），资产转让收益金额＝$90\,000 - 80\,000 = 10\,000$（元）。

借：应付账款——乙公司   115 000

 贷：主营业务收入   90 000

  应交税费——应交增值税（销项税额） 15 300

  营业外收入——债务重组利得   9 700

相关链接

丙公司（债权人）的账务处理：

债务重组损失金额＝115 000－90 000－90 000×17％＝9 700（元）

借：固定资产   90 000

  应交税费——应交增值税（进项税额） 15 300

  营业外支出——债务重组损失   9 700

 贷：应收账款——雨丰电脑公司   115 000

业务 15 提供修理修配劳务

【业务资料】

雨丰电脑公司提供的电脑修理修配劳务开具增值税专用发票 10 份，不含税金额 12 万元，收到银行存款 140 400 元。

【税收政策】

《中华人民共和国增值税暂行条例实施细则》第三十八条规定，见业务 7。

【账务处理】

借：银行存款   140 400

 贷：主营业务收入   120 000

  应交税费——应交增值税（销项税额） 20 400

业务 16 保修期内免费为客户提供维修服务领用零配件

【业务资料】

雨丰电脑公司在保修期内免费为客户提供电脑维修服务，本月共领用零配件 10 000 元。

【税收政策】

《中华人民共和国增值税暂行条例实施细则》第四条规定，见业务 12。

【账务处理】

保修期内免费为客户提供维修服务所领用零配件不属于八项视同销售的情形。

保修期内免费保修业务是作为销售合同的一部分，有关收入实际已经在销售时获得，该公司已就销售额缴纳了税款，免费保修时无须再缴纳增值税，维修领用零配件也不需视同销售缴纳增值税。

业务 17 无偿赠送原材料

【业务资料】

公司管理部门领用生产用原材料一批赠送客户，实际成本为 20 000 元。

【税收政策】

《中华人民共和国增值税暂行条例》第十条规定，见业务3。

【账务处理】

公司管理部门领用生产用原材料一批赠送客户，应作进项税额转出，财务处理：

借：营业外支出   23 400

    贷：原材料   20 000

        应交税费——应交增值税（进项税额转出）   3 400

业务18 缴纳上期增值税

【业务资料】

"应交税费——未交增值税"科目期初余额248 205.37元，本期缴纳上期增值税。

【账务处理】

借：应交税费——未交增值税   248 205.37

    贷：银行存款   248 205.37

业务19 计算本期增值税额

【业务资料】

$$本期应交增值税＝销项税额－进项税额＋进项税额转出$$
$$＝7\,308\,300－7\,095\,235＋44\,007.28$$
$$＝257\,072.28(元)$$

【账务处理】

借：应交税费——应交增值税（转出未交增值税）   257 072.28

    贷：应交税费——未交增值税   257 072.28

（三）雨丰电脑公司增值税纳税申报表填制

1. 雨丰电脑公司整理20×3年12月份纳税资料：

（1）开具增值税专用发票情况。

本期共开具防伪税控系统开具的增值税专用发票58份，其中48份为销售电脑，金额为42 090 000元，税额7 155 300元；10份为提供修理修配劳务，金额为120 000元，税额20 400元。

（2）开具普通发票情况。

本期共开具增值税普通发票120份，金额为620 000元，税额105 400元。

（3）未开具发票情况。

销售金额160 000元，增值税税额27 200元。

（4）发票认证情况。

①已认证相符的增值税专用发票抵扣联44份，金额41 685 000元，税额7 086 450元。

②本月取得运输发票7份全部符合抵扣条件，已经通过认证或者采集数据，金额

125 500元，税额8 785元。

（5）进项税额转出情况。

①用于非应税项目用、集体福利、个人消费的进项税额转出＝17 000＋17 350＋3 400＝37 750(元)。

②非正常损失的进项税额转出6 257.28元。

2.《增值税纳税申报表》主表及附表的填列

（1）根据资料"（1）开具增值税专用发票情况"填列。

②将发票份数48、销售额42 090 000元、销项税额7 155 300元填列在《增值税纳税申报表附列资料（表一）》第1栏"防伪税控系统开具的增值税专用发票"中的"应税货物－17％税率"栏内。

③将发票份数10、销售额120 000元、销项税额20 400元填列在《增值税纳税申报表附列资料（表一）》第1栏"防伪税控系统开具的增值税专用发票"中的"应税劳务"栏内。

（2）根据资料"（2）开具普通发票情况"填列。

将发票份数120、销售额620 000元、销项税额105 400元填列在《增值税纳税申报表附列资料（表一）》第3栏"开具普通发票"中的"应税货物－17％税率"栏内。

（3）根据资料"（3）未开具发票情况"填列。

将销售额160 000元、销项税额27 200元填列在《增值税纳税申报表附列资料（表一）》第4栏"未开具发票"中的"应税货物－17％税率"栏内。

（4）根据资料"（4）发票认证情况"填列。

《增值税纳税申报表附列资料（表二）》第2栏"其中：本期认证相符且本期申报抵扣"中的"份数、金额、税额"栏内的数据分别为"44"、"41 685 000"、"7 086 450"。

《增值税纳税申报表附列资料（表二）》第8栏"运输费用结算单据"中的"份数、金额、税额"栏内的数据分别为"7"、"125 500"、"8 785"。

（5）根据资料"（5）进项税额转出情况"填列。

将37 750元填列在《增值税纳税申报表附列资料（表二）》第15栏"非应税项目用、集体福利、个人消费"中的"税额"栏内。

将6 257.28元填列在《增值税纳税申报表附列资料（表二）》第16栏"非正常损失"中的"税额"栏内。

（6）其他数据的填列。

在完成以上数据填列后，增值税纳税申报表附列资料（表一）、（表二）中的"小计"、"合计"等栏的数据都会自动生成。

在对《增值税纳税申报表附列资料（表一）、（表二）》进行保存后，增值税纳税申报表主表的大部分数据已经自动生成。这时可以检查自动生成的数据是否正确，一般来说，只要附表正确，主表也会正确。

至此，增值税申报表填列完成，详见表2-6至表2-9。

表 2-6

增值税纳税申报表

(适用于增值税一般纳税人)

根据《中华人民共和国增值税暂行条例》第二十二条和第二十三条的规定制定本表。纳税人不论有无销售额，均应按主管税务机关核定的纳税期限按期填报本表，并于次月一日起十五日内，向当地税务机关申报。

税款所属时间：自 20×3 年 12 月 1 日至 20×3 年 12 月 31 日　　填表日期：20×4 年 1 月 7 日　　金额单位：元（列至角分）

纳税人识别号	370000000000066				
纳税人名称（公章）	L 市雨丰电脑有限公司	法定代表人姓名	丰收	所属行业	计算机整机制造
开户银行及账号	37000000800310000000		注册地址	L 市××区××路 6 号	营业地址 L 市××区××路 6 号
			企业登记注册类型	有限责任公司	电话号码 5310000

	项目	栏次	一般货物及劳务		即征即退货物及劳务	
			本月数	本年累计	本月数	本年累计
销售额	（一）按适用税率征税货物及劳务销售额	1	42 990 000.00	494 201 000.00		
	其中：应税货物销售额	2	42 870 000.00	492 857 000.00		
	应税劳务销售额	3	120 000.00	1 344 000.00		
	纳税检查调整的销售额	4				
	（二）按简易办法征收货物的销售额	5				
	其中：纳税检查调整的销售额	6				
	（三）免、抵、退办法出口货物销售额	7		—	—	—
	（四）免税货物及劳务销售额	8		—	—	—
	其中：免税货物销售额	9		—	—	—
	免税劳务销售额	10		—	—	—

225

续表

项目		栏次	一般货物及劳务		即征即退货物及劳务	
			本月数	本年累计	本月数	本年累计
	销项税额	11	7 308 300.00	80 464 300.00		
	进项税额	12	7 095 235.00	78 189 435.00		
	上期留抵税额	13		—		—
	进项税额转出	14	44 007.28	410 007.28		
	免抵退货物应退税额	15			—	—
	按适用税率计算的纳税检查应补缴税额	16		—	—	—
	应抵扣税额合计	17＝12＋13－14－15＋16	7 051 227.72	—		
税款计算	实际抵扣税额	18（如17＜11，则为17，否则为11）	7 051 227.72	77 779 427.72		
	按适用税率计算的应纳税额	19＝11－18	257 072.28	2 684 872.28		
	期末留抵税额	20＝17－18		—		
	简易征收办法计算的应纳税额	21				
	按简易征收办法计算的纳税检查应补缴税额	22				
	应纳税额减征额	23				
	应纳税额合计	24＝19＋21－23	257 072.28	2 684 872.28		

续表

项目	栏次	一般货物及劳务		即征即退货物及劳务	
		本月数	本年累计	本月数	本年累计
期初未缴税额（多缴为负数）	25	248 205.37	237 897.66	—	—
实收出口开具专用缴款书退税额	26			—	—
本期已缴税额	27=28+29+30+31	248 205.37	2 665 697.66	—	—
（1）分次预缴税额	28		—	—	—
（2）出口开具专用缴款书预缴税额	29			—	—
（3）本期缴纳上期应纳税额	30	248 205.37	2 665 697.66	—	—
（4）本期缴纳欠缴税额	31			—	—
期末未缴税额（多缴为负数）	32=24+25+26-27	257 072.28	257 072.28	—	—
其中：欠缴税额（≥0）	33=25+26-27		—	—	—
本期应补（退）税额	34=24-28-29	257 072.28		—	—
即征即退实际退税额	35		—	—	—
期初未缴查补税额	36		—	—	—
本期入库查补税额	37		—	—	—
期末未缴查补税额	38=16+22+36-37		—	—	—

税款缴纳

申报人声明	此纳税申报表是根据《中华人民共和国增值税暂行条例》的规定填报的，我确信它是真实的、可靠的、完整的。 声明人签字：

授权声明

如果你已委托代理申报人，请填写下列资料：

为代理一切税务事宜，现授权_____（地址）_____为本纳税人的代理申报人，任何与本申报表有关的往来文件都可寄与此人。

授权人签字：

以下由税务机关填写：

收到日期：

接收人：

主管税务机关盖章：

表2-7

纳税人名称：（公章）L市雨丰电脑有限公司

增值税纳税申报表附列资料（表一）

（本期销售情况明细）

税款所属时间：20×3年12月

填表日期：20×4年1月7日

金额单位：元（列至角分）

一、按适用税率征收增值税货物及劳务的销售额和销项税额明细

项目	栏次	应税货物 17%税率 份数	应税货物 17%税率 销售额	应税货物 17%税率 销项税额	应税货物 13%税率 份数	应税货物 13%税率 销售额	应税货物 13%税率 销项税额	应税劳务 份数	应税劳务 销售额	应税劳务 销项税额	小计 份数	小计 销售额	小计 销项税额
防伪税控系统开具的增值税专用发票	1	48	42 090 000	7 155 300	—	—	—	10	120 000	20 400	58	42 210 000	7 175 700
非防伪税控系统开具的增值税专用发票	2	—	—	—	—	—	—	—	—	—	—	—	—
开具普通发票	3	120	620 000	105 400	—	—	—				120	620 000	105 400
未开具发票	4	—	160 000	27 200	—	—	—				—	160 000	27 200
小计	5＝1＋2＋3＋4	—	42 870 000	7 287 900	—	—	—	—	120 000	20 400	—	42 990 000	7 308 300
纳税检查调整	6	—	—	—				—	—	—			
合计	7＝5＋6	—	42 870 000	7 287 900				—	120 000	20 400	—	42 990 000	7 308 300

二、简易征收办法征收增值税货物的销售额和应纳税额明细

项目	栏次	6%征收率			4%征收率			3%征收率			小计		
		份数	销售额	应纳税额	份数	销售额	应纳税额	份数	销售额	应纳税额	份数	销售额	应纳税额
防伪税控系统开具的增值税专用发票	8												
非防伪税控系统开具的增值税专用发票	9	—	—	—	—	—	—	—	—	—	—	—	—
开具普通发票	10				—	—	—	—	—	—			
未开具发票	11	—	—	—	—	—	—	—	—	—	—	—	—
小计	12=8+9+10+11	—			—	—	—	—	—	—	—		
纳税检查调整	13	—			—	—	—	—	—	—	—		
合计	14=12+13	—			—	—	—	—	—	—	—		

三、免征增值税货物及劳务销售额明细

项目	栏次	免税货物			免税劳务			小计		
		份数	销售额	税额	份数	销售额	税额	份数	销售额	税额
防伪税控系统开具的增值税专用发票	15				—	—	—			
开具普通发票	16				—	—	—	—	—	—
未开具发票	17	—	—		—	—	—	—	—	—
合计	18=15+16+17				—	—	—		—	—

表 2-8　　　　　　　　　　增值税纳税申报表附列资料（表二）

（本期进项税额明细）

税款所属时间：20×3 年 12 月

纳税人名称：（公章）L 市雨丰电脑有限公司

填表日期：20×4 年 1 月 7 日　　　　　　　　　　　　　　金额单位：元（列至角分）

一、申报抵扣的进项税额				
项目	栏次	份数	金额	税额
（一）认证相符的防伪税控增值税专用发票	1	44	41 685 000	7 086 450
其中：本期认证相符且本期申报抵扣	2	44	41 685 000	7 086 450
前期认证相符且本期申报抵扣	3			
（二）非防伪税控增值税专用发票及其他扣税凭证	4	7	125 500	8 785
其中：海关进口增值税专用缴款书	5			
农产品收购发票或者销售发票	6			
废旧物资发票	7			
运输费用结算单据	8	7	125 500	8 785
6%征收率	9	—	—	—
4%征收率	10	—	—	—
（三）外贸企业进项税额抵扣证明	11	—	—	—
当期申报抵扣进项税额合计	12	51	41 810 500	7 095 235
二、进项税额转出额				
项目	栏次	税额		
本期进项税转出额	13	44 007.28		
其中：免税货物用	14			
非应税项目用、集体福利、个人消费	15	37 750		
非正常损失	16	6 257.28		
按简易征收办法征税货物用	17			
免抵退税办法出口货物不得抵扣进项税额	18			
纳税检查调减进项税额	19			
未经认证已抵扣的进项税额	20			
红字专用发票通知单注明的进项税额	21			
三、待抵扣进项税额				
项目	栏次	份数	金额	税额
（一）认证相符的防伪税控增值税专用发票	22	—	—	—
期初已认证相符但未申报抵扣	23			
本期认证相符且本期未申报抵扣	24			
期末已认证相符但未申报抵扣	25			
其中：按照税法规定不允许抵扣	26			
（二）非防伪税控增值税专用发票及其他扣税凭证	27			
其中：海关进口增值税专用缴款书	28			
农产品收购发票或者销售发票	29			
废旧物资发票	30			
运输费用结算单据	31			
6%征收率	32	—	—	—
4%征收率	33	—	—	—
	34			

四、其他				
项目	栏次	份数	金额	税额
本期认证相符的全部防伪税控增值税专用发票	35	44	41 685 000	7 086 450
期初已征税款挂账额	36	—	—	—
期初已征税款余额	37	—	—	—
代扣代缴税额	38	—	—	—

表 2-9　　　　　　　　　　**固定资产进项税额抵扣情况表**

纳税人识别号：370000000000066　　　　　纳税人名称（公章）：L 市雨丰电脑有限公司

填表日期：20×4 年 1 月 7 日　　　　　　　金额单位：元（列至角分）

| 项目 | 当期申报抵扣的
固定资产进项税额 | 当期申报抵扣的
固定资产进项税额累计 |
|---|---|---|
| 增值税专用发票 | 28 900 | 28 900 |
| 海关进口增值税专用缴款书 | | |
| 合计 | 28 900 | 28 900 |

注：本表一式二份，一份纳税人留存，一份主管税务机关留存。

十六、试点地区一般纳税人增值税纳税申报示范

试点地区增值税纳税申报表主表与原增值税纳税申报表主表相同，附表主要是增加了应税服务项目、应税服务扣除项目、新增的税率和征收率等几栏，填写起来也很容易。

（一）丰收计算机有限公司基本情况与财务资料

试点纳税人 B 市丰收计算机有限公司（以下简称丰收公司）是增值税一般纳税人，主要从事计算机的生产和销售业务、技术服务，还兼营运输业务。其他资料如下：

纳税人识别号：000000000000066

所属行业：计算机整机制造

法定代表人姓名：雨泽

注册地址：B 市××区××路 6 号

营业地址：B 市××区××路 6 号

开户银行及账号：30000008003100000000

企业登记注册类型：有限责任公司

电话号码：6668888

1—6 月份相关数据：应税货物销售额 1 600 万元，应税劳务销售额 80 万元，销项税额 1 841 000 元，进项税额 551 000 元，应纳税额 1 290 000 元，年初未缴税款 177 700 元，本期已缴税额 1 467 700 元，7 月份缴纳 6 月份增值税 227 000 元。

（二）丰收计算机有限公司与增值税相关的经济业务

20×3 年 7 月份发生如下业务：

1. 销售计算机一批，开具增值税专用发票 17 份，销售额 100 万元，销项税额 17

万元。

2. 技术服务费收入 106 万元，开具增值税专用发票 20 份，销售额 100 万元，销项税额 6 万元。

3. 运输收入 88.8 万元，开具增值税专用发票 9 份，销售额 80 万元，销项税额 8.8 万元。支付非试点联运企业运费 11.1 万元，取得运输发票 2 份。

4. 购进原材料一批，取得增值税专用发票 6 份，金额 20 万元，税额 3.4 万元。

5. 购进生产设备一台，取得增值税专用发票 1 份，金额 10 万元，税额 1.7 万元。

上述业务均用银行存款结算。则 7 月份丰收公司账务处理如下：

1. 取得销售计算机收入：

借：银行存款	1 170 000
贷：主营业务收入	1 000 000
应交税费——应交增值税（销项税额）	170 000

2. 取得技术服务收入：

借：银行存款	1 060 000
贷：主营业务收入	1 000 000
应交税费——应交增值税（销项税额）	60 000

3. 取得运输收入：

借：银行存款	888 000
贷：主营业务收入	800 000
应交税费——应交增值税（销项税额）	88 000

支付非试点联运企业运费，

营改增抵减的销项税额 = $11.1 \div (1 + 11\%) \times 11\% = 1.1$（万元）

借：主营业务成本	100 000
应交税费——应交增值税（营改增抵减的销项税额）	11 000
贷：银行存款	111 000

4. 购进原材料：

借：原材料	200 000
应交税费——应交增值税（进项税额）	34 000
贷：银行存款	234 000

5. 购进生产设备：

借：固定资产	100 000
应交税费——应交增值税（进项税额）	17 000
贷：银行存款	117 000

6. 进项税额 = 34 000 + 17 000 = 51 000（元），销项税额 = 170 000 + 60 000 + 88 000 - 11 000 = 307 000（元），应纳税额 = 销项税额 - 进项税额 = 307 000 - 51 000 = 256 000（元）。

（三）丰收计算机有限公司增值税纳税申报表填制

丰收公司 7 月份增值税纳税申报表填写结果见表 2-10 至表 2-14。

表 2-10

根据《中华人民共和国增值税暂行条例》和《交通运输业和部分现代服务业营业税改征增值税试点实施办法》的规定制定本表。纳税人不论有无销售额，均应按主管税务机关核定的纳税期限按期填报本表，并向当地税务机关申报。

税款所属时间：自 20×3 年 7 月 1 日至 20×3 年 7 月 31 日　　填表日期：20×3 年 8 月 7 日　　金额单位：元（列至角分）

增值税纳税申报表

（适用于增值税一般纳税人）

纳税人识别号	00000000000000066				所属行业		计算机整机制造
纳税人名称	B市丰收计算机有限公司（公章）	法定代表人姓名	雨泽		注册地址	B市××区××路6号	营业地址	B市××区××路6号
开户银行及账号	3000000800310000000				企业登记注册类型	有限责任公司	电话号码	6668888
	项目		栏次		一般货物及劳务和应税服务		即征即退货物及劳务和应税服务
					本月数	本年累计	本月数	本年累计
销售额	（一）按适用税率征税销售额		1		2 800 000	19 600 000		
	其中：应税货物销售额		2		1 000 000	17 000 000		
	应税劳务销售额		3		1 800 000	2 600 000		
	纳税检查调整的销售额		4					
	（二）按简易办法征税销售额		5					
	其中：纳税检查调整的销售额		6					
	（三）免、抵、退办法出口销售额		7		—	—	—
	（四）免税销售额		8		—	—	—
	其中：免税货物销售额		9		—	—	—
	免税劳务销售额		10		—	—	—

续表

	项目	栏次	一般货物及劳务和应税服务		即征即退货物及劳务和应税服务	
			本月数	本年累计	本月数	本年累计
	销项税额	11	307 000	2 148 000		
	进项税额	12	51 000	602 000		—
	上期留抵税额	13				—
	进项税额转出	14				
	免、抵、退应退税额	15			—	—
	按适用税率计算的纳税检查应补缴税额	16			—	—
税款计算	应抵扣税额合计	17=12+13+14-15+16	51 000	—		—
	实际抵扣税额	18（如17<11，则为17，否则为11）	51 000	602 000		
	应纳税额	19=11-18	256 000	1 546 000		
	期末留抵税额	20=17-18				
	简易征收办法计算的应纳税额	21				
	按简易征收办法计算的纳税检查应补缴税额	22				—
	应纳税额减征额	23				
	应纳税额合计	24=19+21-23	256 000	1 546 000		

续表

	项目	栏次	一般货物及劳务和应税服务		即征即退货物及劳务和应税服务	
			本月数	本年累计	本月数	本年累计
税款缴纳	期初未缴税额（多缴为负数）	25	227 000	177 700		
	实收出口开具专用缴款书退税额	26			—	—
	本期已缴税额	27=28+29+30+31	227 000	1 467 700	—	—
	①分次预缴税额	28		—	—	—
	②出口开具专用缴款书预缴税额	29		—	—	—
	③本期缴纳上期应纳税额	30	227 000	1 467 700	—	—
	④本期缴纳欠缴税额	31			—	—
	期末未缴税额（多缴为负数）	32=24+25+26-27	256 000	256 000	—	—
	其中：欠缴税额（≥0）	33=25+26-27		—	—	—
	本期应补（退）税额	34=24-28-29	256 000	—	—	—
	即征即退实际退税额	35		—	—	—
	期初未缴查补税额	36			—	—
	本期入库查补税额	37			—	—
	期末未缴查补税额	38=16+22+36-37		—	—	—

申报人声明	此纳税申报表是根据《中华人民共和国增值税暂行条例》的规定填报的，我相信它是真实的、可靠的、完整的。 声明人签字：
授权声明	如果你已委托代理人申报，请填写下列资料： 为代理一切税务事宜，现授权_____（地址）_____为本纳税人的代理申报人，任何与本申报表有关的往来文件都可寄与此人。 授权人签字：

以下由税务机关填写：
收到日期：　　　　　　　　　　　接收人：　　　　　　　　主管税务机关盖章：

235

表2-11

增值税纳税申报表附列资料（一）

（本期销售情况明细）

税款所属时间：20×3年7月1日至20×3年7月31日

纳税人名称：B市丰收计算机有限公司（公章）　　　　金额单位：元（列至角分）

项目及栏次			开具税控增值税专用发票		开具其他发票		未开具发票		纳税检查调整		合计			应税服务扣除项目本期实际扣除金额	扣除后	
			销售额	销项（应纳）税额	销售额	销项（应纳）税额	销售额	销项（应纳）税额	销售额	销项（应纳）税额	销售额	销项（应纳）税额	价税合计		含税（免税）销售额	销项（应纳）税额
			1	2	3	4	5	6	7	8	9=1+3+5+7	10=2+4+6+8	11=9+10	12	13=11-12	14=13÷(100%+税率或征收率)×税率或征收率
一、一般方法计税征税	全部征税项目	17%税率的货物及加工修理修配劳务	1	1 000 000	170 000							1 000 000	170 000	—	—	—	—
		17%税率的有形动产租赁服务	2														
		13%税率	3														
		11%税率	4	800 000	88 000							800 000	88 000	888 000	111 000	777 000	77 000
		6%税率	5	1 000 000	60 000							1 000 000	60 000	1 060 000	—	1 060 000	60 000
	其中：即征即退项目	即征即退货物及加工修理修配劳务	6	—	—									—	—	—	—
		即征即退应税服务	7	—	—	—	—	—	—	—	—			—	—	—	—

续表

项目及栏次		栏次	开具税控增值税专用发票		开具其他发票		未开具发票		纳税检查调整		合计		价税合计	应税服务扣除项目本期实际扣除金额	扣除后	
			销售额	销项(应纳)税额	销售额	销项(应纳)税额	销售额	销项(应纳)税额	销售额	销项(应纳)税额	销售额	销项(应纳)税额			含税(免税)销售额	销项(应纳)税额
			1	2	3	4	5	6	7	8	9=1+3+5+7	10=2+4+6+8	11=9+10	12	13=11−12	14=13÷(100%+税率或征收率)×税率或征收率
二、简易计税方法征税	全部征税项目															
	6%征收率	8														
	5%征收率	9					—		—	—				—	—	—
	4%征收率	10					—		—	—				—	—	—
	3%征收率的货物及加工修理修配劳务	11							—					—	—	—
	3%征收率的应税服务	12							—					—		
	其中:即征即退项目 即征即退货物及加工修理修配劳务	13			—	—	—	—	—	—				—	—	—
	即征即退应税服务	14			—	—			—					—		
三、免抵退税	货物及加工修理修配劳务	15	—	—			—		—					—	—	—
	应税服务	16	—	—		—								—		—
四、免税	货物及加工修理修配劳务	17	—	—		—		—		—		—		—	—	—
	应税服务	18	—	—	—	—	—	—	—	—	—	—	—	—	—	—

表 2-12 　　　　　　　　　　　　**增值税纳税申报表附列资料（二）**

(本期进项税额明细)

税款所属时间：20×3 年 7 月 1 日至 20×3 年 7 月 31 日

纳税人名称：B 市丰收计算机有限公司（公章）　　　　　　　　金额单位：元（列至角分）

一、申报抵扣的进项税额				
项目	栏次	份数	金额	税额
（一）认证相符的税控增值税专用发票	1＝2＋3	7	300 000	51 000
其中：本期认证相符且本期申报抵扣	2	7	300 000	51 000
前期认证相符且本期申报抵扣	3			
（二）其他扣税凭证	4＝5＋6＋7＋8			
其中：海关进口增值税专用缴款书	5			
农产品收购发票或者销售发票	6			
代扣代缴税收通用缴款书	7		—	
运输费用结算单据	8			
	9	—	—	—
	10	—	—	—
（三）外贸企业进项税额抵扣证明	11	—	—	
当期申报抵扣进项税额合计	12＝1＋4＋11	7	300 000	51 000
二、进项税额转出额				
项目	栏次		税额	
本期进项税转出额	13＝14 至 23 之和			
其中：免税项目用	14			
非应税项目用、集体福利、个人消费	15			
非正常损失	16			
简易计税方法征税项目用	17			
免抵退税办法不得抵扣的进项税额	18			
纳税检查调减进项税额	19			
红字专用发票通知单注明的进项税额	20			
上期留抵税额抵减欠税	21			
上期留抵税额退税	22			
其他应作进项税额转出的情形	23			
三、待抵扣进项税额				
项目	栏次	份数	金额	税额
（一）认证相符的税控增值税专用发票	24	—	—	
期初已认证相符但未申报抵扣	25			
本期认证相符且本期未申报抵扣	26			
期末已认证相符但未申报抵扣	27			
其中：按照税法规定不允许抵扣	28			

续表

项目	栏次	份数	金额	税额
（二）其他扣税凭证	29＝30至33之和			
其中：海关进口增值税专用缴款书	30			
农产品收购发票或者销售发票	31			
代扣代缴税收通用缴款书	32		—	
运输费用结算单据	33			
	34			
四、其他				

项目	栏次	份数	金额	税额
本期认证相符的税控增值税专用发票	35	7	300 000	51 000
代扣代缴税额	36		—	—

表 2-13　　　　**增值税纳税申报表附列资料（三）**
（应税服务扣除项目明细）
税款所属时间：20×3 年 7 月 1 日至 20×3 年 7 月 31 日

纳税人名称：B 市丰收计算机有限公司（公章）　　　　　　　金额单位：元（列至角分）

项目及栏次	本期应税服务价税合计额（免税销售额）	应税服务扣除项目				
		期初余额	本期发生额	本期应扣除金额	本期实际扣除金额	期末余额
	1	2	3	4＝2＋3	5（5≤1且5≤4）	6＝4－5
17%税率的有形动产租赁服务						
11%税率的应税服务	888 000		111 000	111 000	111 000	0
6%税率的应税服务						
3%征收率的应税服务						
免抵退税的应税服务						
免税的应税服务						

表 2-14　　　　　**固定资产进项税额抵扣情况表**

纳税人识别号：000000000000066　　　　　　纳税人名称（公章）：B 市丰收计算机有限公司
填表日期：20×3 年 8 月 7 日　　　　　　　　　　　金额单位：（列至角分）

项目	当期申报抵扣的固定资产进项税额	当期申报抵扣的固定资产进项税额累计
增值税专用发票	17 000	17 000
海关进口增值税专用缴款书		
合计		

注：本表一式二份，一份纳税人留存，一份主管税务机关留存。

第三章　消费税

消费税，是对特定消费品和消费行为在特定环节征收的一种流转税，在保证国家财政收入的稳定增长、贯彻国家产业政策和消费政策、调节消费水平、缓解社会分配不公等方面具有重要作用。

消费税实行价内税，具有以下特点：

（1）征收范围具有选择性，一般是选择部分消费品和消费行为征收。

（2）征收环节具有单一性，通常是在消费品生产、委托加工、进口、零售等某一环节一次征收，但卷烟在生产环节、批发环节征收两次消费税。

（3）征收方法具有灵活性，既可以采取对消费品的数量实行从量定额的征收方法，也可以实行从价定率的征收方法，还可以实行从量定额和从价定率相结合的符合计税的征收方法。

（4）税率、税额具有差别性，可以根据消费品的价格水平、国家的产业政策和消费政策等情况，对不同消费品制定不同的税率、税额。

（5）税负具有转嫁性。消费税是世界各国普遍采用的一个税种，不仅是国家组织财政收入的重要手段，还具有独特的调节功能，在体现国家奖励政策、引导消费方向、调节市场供求、缓解社会成员之间分配不均等方面发挥着越来越重要的作用。

消费税与增值税既有联系又有区别：

（1）两者都是对货物征收，增值税对货物普遍征收，消费税对特定货物征收。

（2）通常情况下，两者计税依据相同，一般为纳税人向购买方收取的全部价款和价外费用。对从价征收消费税的应税消费品计征消费税和增值税销项税额的计税依据是相同的，均以不含增值税的销售额为计税依据，然而在某些时候计税依据并不相同，而这些不同点往往是税务处理的重点和难点，非常容易混淆。

（3）两者都属于流转税，都是全额征税的税种，不得从销售额中减除任何费用。

（4）两者的纳税环节不同：消费税是单一环节征收，增值税是在货物所有的流转环节道道征收。

（5）两者对企业所得税影响不同。消费税是价内税（计税依据中含消费税税额），与所得税有直接关系；增值税是价外税（计税依据中不含增值税税额），对所得税没有直接影响。

（6）消费税纳税人同时是增值税纳税人，增值税纳税人未必是消费税纳税人。

（7）两者都具有转嫁性。

消费税与增值税之间的联系和区别容易使纳税人混淆，笔者在此对企业消费税纳税事项进行总结，详见《消费税税目税率表》（表 3-1）、《卷烟适用税率的具体规定》（表 3-2）、《消费税主要纳税事项》（表 3-3）、《白酒最低计税价格核定管理办法主要内容》（表 3-4）、《应税消费品的增值税和消费税不含税销售额指标对比》（表 3-5）、《应税消费品增值税、消费税组成计税价格对照表》（表 3-6）。

一、消费税税目税率表

表 3-1 消费税税目税率表

税目	税率
一、烟	
1. 卷烟	
（1）甲类卷烟——调拨价 70 元（不含增值税，含 70 元）/条以上	56％加 0.003 元/支，0.6 元/条，150 元/箱。其中：每标准条（200 支），每标准箱（5 万支）。
（2）乙类卷烟——调拨价 70 元（不含增值税）/条以下	36％加 0.003 元/支，0.6 元/条，150 元/箱。其中：每标准条（200 支），每标准箱（5 万支）。
商业批发	5％
2. 雪茄烟	36％
3. 烟丝	30％
二、酒及酒精	
1. 白酒	20％加 0.5 元/500 克（或者 500 毫升）
2. 黄酒	240 元/吨
3. 啤酒	
（1）甲类啤酒——每吨啤酒出厂价格（含包装物及包装物押金）在 3 000 元（含 3 000 元，不含增值税）以上的啤酒，娱乐业、饮食业自制啤酒	250 元/吨
（2）乙类啤酒——每吨啤酒出厂价格在 3 000 元（不含 3 000 元，不含增值税）以下的啤酒	220 元/吨
4. 其他酒	10％
5. 酒精	5％
三、化妆品	30％
四、贵重首饰及珠宝玉石	
1. 金银首饰、铂金首饰和钻石及钻石饰品	5％
2. 其他贵重首饰和珠宝玉石	10％
五、鞭炮、焰火	15％
六、成品油	
1. 汽油	
（1）含铅汽油	0.28 元/升
（2）无铅汽油	0.20 元/升
2. 柴油	0.10 元/升
3. 航空煤油	0.10 元/升
4. 石脑油	0.20 元/升
5. 溶剂油	0.20 元/升
6. 润滑油	0.20 元/升

续表

税目	税率
7. 燃料油	0.10 元/升
七、汽车轮胎	3%
八、摩托车	
1. 气缸容量（排气量，下同）在 250 毫升（含 250 毫升）以下的	3%
2. 气缸容量在 250 毫升以上的	10%
九、小汽车	
1. 乘用车	
（1）气缸容量（排气量，下同）在 1.0 升（含 1.0 升）以下的	1%
（2）气缸容量在 1.0 升以上至 1.5 升（含 1.5 升）的	3%
（3）气缸容量在 1.5 升以上至 2.0 升（含 2.0 升）的	5%
（4）气缸容量在 2.0 升以上至 2.5 升（含 2.5 升）的	9%
（5）气缸容量在 2.5 升以上至 3.0 升（含 3.0 升）的	12%
（6）气缸容量在 3.0 升以上至 4.0 升（含 4.0 升）的	25%
（7）气缸容量在 4.0 升以上的	40%
2. 中轻型商用客车	5%
十、高尔夫球及球具	10%
十一、高档手表	20%
十二、游艇	10%
十三、木制一次性筷子	5%
十四、实木地板	5%

注：遇税率调整的，按新税率执行。

表 3-2　　　　　　　　　　　　　　**卷烟适用税率的具体规定**

基本规定	1. 纳税人销售的卷烟因放开销售价格而经常发生价格上下浮动的，应以该牌号规格卷烟销售当月的加权平均销售价格确定征税类别和适用税率。但销售的卷烟有下列情况之一者，不得列入加权平均计算：①销售价格明显偏低并无正当理由的；②无销售价格的。 2. 卷烟由于接装过滤嘴、改变包装或其他原因提高销售价格后，应按照新的销售价格确定征税类别和适用税率。 3. 纳税人自产自用的卷烟应当按照纳税人生产的同牌号规格的卷烟销售价格确定征税类别和适用税率。 4. 委托加工的卷烟按照受托方同牌号规格卷烟的征税类别和适用税率征税。 5. 残次品卷烟应当按照同牌号规格正品卷烟的征税类别确定适用税率。

从价计税中适用最高税率的情形	1. 纳税人自产自用的卷烟，没有同牌号规格卷烟销售价格的，一律按照卷烟最高税率征税。 2. 委托加工的卷烟没有同牌号规格卷烟的，一律按卷烟最高税率征税。 3. 下列卷烟不分征税类别一律按照56%卷烟税率征税，并按照定额每标准箱150元计算征税：①白包卷烟；②手工卷烟；③未经国务院批准纳入计划的企业和个人生产的卷烟。

二、消费税主要纳税事项

表 3-3 消费税主要纳税事项

消费税计算方法	1. 消费税实行从价定率、从量定额，或者从价定率和从量定额复合计税（以下简称复合计税）的办法计算应纳税额。应纳税额计算公式： 实行从价定率办法计算的应纳税额＝销售额×比例税率 实行从量定额办法计算的应纳税额＝销售数量×定额税率 实行复合计税办法计算的应纳税额＝销售额×比例税率＋销售数量×定额税率 纳税人销售的应税消费品，以人民币计算销售额。纳税人以人民币以外的货币结算销售额的，应当折合成人民币计算。 2. 纳税人自产自用的应税消费品，按照纳税人生产的同类消费品的销售价格计算纳税；没有同类消费品销售价格的，按照组成计税价格计算纳税。实行从价定率办法计算纳税的组成计税价格计算公式： 组成计税价格＝(成本＋利润)÷(1－比例税率) 实行复合计税办法计算纳税的组成计税价格计算公式： 组成计税价格＝(成本＋利润＋自产自用数量×定额税率)÷(1－比例税率) 同类消费品的销售价格，是指纳税人或者代收代缴义务人当月销售的同类消费品的销售价格，如果当月同类消费品各期销售价格高低不同，应按销售数量加权平均计算。但销售的应税消费品有下列情况之一的，不得列入加权平均计算：（1）销售价格明显偏低并无正当理由的；（2）无销售价格的。 如果当月无销售或者当月未完结，应按照同类消费品上月或者最近月份的销售价格计算纳税。 3. 委托加工的应税消费品，按照受托方的同类消费品的销售价格计算纳税；没有同类消费品销售价格的，按照组成计税价格计算纳税。 实行从价定率办法计算纳税的组成计税价格计算公式： 组成计税价格＝(材料成本＋加工费)÷(1－比例税率) 实行复合计税办法计算纳税的组成计税价格计算公式： 组成计税价格＝(材料成本＋加工费＋委托加工数量×定额税率)÷(1－比例税率) 加工费，是指受托方加工应税消费品向委托方所收取的全部费用（包括代垫辅助材料的实际成本）。 4. 进口的应税消费品，按照组成计税价格计算纳税。 实行从价定率办法计算纳税的组成计税价格计算公式：

	组成计税价格＝（关税完税价格＋关税）÷（1－消费税比例税率） 实行复合计税办法计算纳税的组成计税价格计算公式： $$组成计税价格＝\left(\begin{array}{c}关税完税\\价格\end{array}＋关税＋\begin{array}{c}进口\\数量\end{array}×\begin{array}{c}消费税定\\额税率\end{array}\right)÷\left(1－\begin{array}{c}消费税\\比例税率\end{array}\right)$$
应税消费品的 销售额	1. 应税消费品的销售额，为纳税人销售应税消费品向购买方收取的全部价款和价外费用，不包括应向购货方收取的增值税税款。 如果纳税人应税消费品的销售额中未扣除增值税税款或者因不得开具增值税专用发票而发生价款和增值税税款合并收取的，在计算消费税时，应当换算为不含增值税税款的销售额。其换算公式为： 应税消费品的销售额＝含增值税的销售额÷（1＋增值税税率或者征收率） 2. 价外费用，是指价外向购买方收取的手续费、补贴、基金、集资费、返还利润、奖励费、违约金、滞纳金、延期付款利息、赔偿金、代收款项、代垫款项、包装费、包装物租金、储备费、优质费、运输装卸费以及其他各种性质的价外收费。但下列项目不包括在内： （1）同时符合以下条件的代垫运输费用： ①承运部门的运输费用发票开具给购买方的； ②纳税人将该项发票转交给购买方的。 （2）同时符合以下条件代为收取的政府性基金或者行政事业性收费： ①由国务院或者财政部批准设立的政府性基金，由国务院或者省级人民政府及其财政、价格主管部门批准设立的行政事业性收费； ②收取时开具省级以上财政部门印制的财政票据； ③所收款项全额上缴财政。 3. 纳税人应税消费品的计税价格明显偏低并无正当理由的，由主管税务机关核定其计税价格。 4. 纳税人销售的应税消费品，以人民币以外的货币结算销售额的，其销售额的人民币折合率可以选择销售额发生的当天或者当月1日的人民币汇率中间价。纳税人应在事先确定采用何种折合率，确定后1年内不得变更。
应税消费品的 数量	1. 销售应税消费品的，为应税消费品的销售数量； 2. 自产自用应税消费品的，为应税消费品的移送使用数量； 3. 委托加工应税消费品的，为纳税人收回的应税消费品数量； 4. 进口应税消费品的，为海关核定的应税消费品进口征税数量。
企业将生产的 应税消费品直 接对外销售	应交的消费税通过"营业税金及附加"核算，账务处理： 　　借：营业税金及附加 　　　贷：应交税费——应交消费税
自产自用应税 消费品	1. 自产自用的应税消费品，用于连续生产应税消费品的，不纳税； 2. 用于其他方面的，于移送使用时纳税（移送时已经交过消费税了，再销售就不需要缴纳消费税）。自产自用应税消费品，有同类消费品的销售价格的，按照纳税人生产的同类消费品的销售价格计算纳税，没有同类消费品销售价格的，按照组成计税价格计算纳税。

	会计上不确认收入和成本，直接按照账面价值结转应税消费品，应交的消费税直接贷记"应交税费——应交消费税"。例如，企业将生产的应税消费品用于在建工程、非生产机构，账务处理： 借：在建工程、管理费用等 　　贷：库存商品 　　　　应交税费——应交增值税（销项税额） 　　　　　　　　——应交消费税
应税消费品连同包装物销售的	1. 应税消费品连同包装物销售的，无论包装物是否单独计价以及在会计上如何核算，均应并入应税消费品的销售额中缴纳消费税。如果包装物不作价随同产品销售，而是收取押金，此项押金则不应并入应税消费品的销售额中征税。但对因逾期未收回的包装物不再退还的或者已收取的时间超过 12 个月的押金，应并入应税消费品的销售额，按照应税消费品的适用税率缴纳消费税。 2. 对既作价随同应税消费品销售，又另外收取押金的包装物的押金，凡纳税人在规定的期限内没有退还的，均应并入应税消费品的销售额，按照应税消费品的适用税率缴纳消费税。 3. 对酒类产品（除啤酒、黄酒以外）生产企业销售酒类产品而收取的包装物押金，无论押金是否返还及会计上如何核算，均应并入酒类产品销售额中征收消费税。 账务处理： 借：营业税金及附加 　　贷：应交税费——应交消费税
兼营不同税率的消费品	应当分别核算不同税率应税消费品的销售额、销售数量；未分别核算销售额、销售数量，或者将不同税率的应税消费品组成成套消费品销售的，从高适用税率，账务处理： 借：营业税金及附加 　　贷：应交税费——应交消费税
企业将生产的应税消费品用于换取生产资料和消费资料，投资入股和抵偿债务等方面	1. 投资入股的，会计上确认收入，结转成本，应交的消费税通过"长期股权投资"核算，账务处理： 借：长期股权投资 　　贷：主营业务收入 　　　　应交税费——应交增值税（销项税额） 　　　　　　　　——应交消费税 借：主营业务成本 　　贷：库存商品 2. 换取生产资料和消费资料和抵偿债务的，应交的消费税通过"营业税金及附加"核算。 （1）换取生产资料和消费资料的账务处理： 借：原材料 　　应交税费——应交增值税（进项税额） 　　贷：主营业务收入 　　　　应交税费——应交增值税（销项税额） 借：营业税金及附加 　　贷：应交税费——应交消费税 （2）抵偿债务的账务处理： 借：应付账款 　　贷：主营业务收入 　　　　应交税费——应交增值税（销项税额） 借：营业税金及附加 　　贷：应交税费——应交消费税

零售应税消费品（金、银、钻）	1. 经国务院批准，自 1995 年 1 月 1 日起，金银首饰消费税由生产销售环节征收改为零售环节征收。改在零售环节征收消费税的金银首饰仅限于金基、银基合金首饰以及金、银和金基、银基合金的镶嵌首饰。零售环节适用税率为 5%，在纳税人销售金银首饰、钻石及钻石饰品时征收。其计税依据是不含增值税的销售额。
	2. 不属于上述范围的应征消费税的首饰，如镀金（银）、包金（银）首饰，以及镀金（银）、包金（银）的镶嵌首饰（简称非金银首饰），仍在生产销售环节征收消费税。
	3. 对既销售金银首饰，又销售非金银首饰的生产、经营单位，应将两类商品划分清楚，分别核算销售额。凡划分不清楚或不能分别核算的，在生产环节销售的，一律从高适用税率征收消费税；在零售环节销售的，一律按金银首饰征收消费税。金银首饰与其他产品组成成套消费品销售的，应按销售额全额征收消费税。
	4. 金银首饰连同包装物销售的，无论包装是否单独计价，也无论会计上如何核算，均应并入金银首饰的销售额，计征消费税。
	5. 纳税人采用以旧换新（含翻新改制）方式销售金银首饰，应按照实际收取的不含增值税的全部价款确定计税依据征收消费税。
	应交的消费税通过"营业税金及附加"核算，账务处理：
	  借：营业税金及附加
	   贷：应交税费——应交消费税

金银首饰用于馈赠、赞助、广告、职工福利、奖励等方面	物资移送时，应交的消费税通过"营业外支出"、"销售费用"、"应付职工薪酬"等科目核算。账务处理：
	  借：营业外支出、销售费用等
	   贷：应交税费——应交消费税

委托加工应税消费品	委托加工的应税消费品，是指由委托方提供原料和主要材料，受托方只收取加工费和代垫部分辅助材料加工的应税消费品。对于由受托方提供原材料生产的应税消费品，或者受托方先将原材料卖给委托方，然后再接受加工的应税消费品，以及由受托方以委托方名义购进原材料生产的应税消费品，不论在财务上是否作销售处理，都不得作为委托加工应税消费品，而应当按照销售自制应税消费品缴纳消费税。

	委托加工物资收回后，直接用于销售的，应将受托方代收代缴的消费税计入委托加工物资的成本，账务处理：
	  借：委托加工物资、库存商品等
	   贷：应付账款、银行存款等
	注：委托方将收回的应税消费品，以不高于受托方的计税价格出售的，为直接出售，不再缴纳消费税；委托方以高于受托方的计税价格出售的，不属于直接出售，需按照规定申报缴纳消费税，在计税时准予扣除受托方已代收代缴的消费税。

	委托加工物资收回后用于连续生产应税消费品的，按规定准予抵扣的，应按已由受托方代收代交的消费税，借记"应交税费——应交消费税"科目，账务处理：
	  借：应交税费——应交消费税
	   贷：应付账款、银行存款等

	受托方代收代缴税款（除受托加工或翻新改制金银首饰按照税法规定由受托方缴纳消费税外），账务处理：
	  借：应收账款、银行存款等
	   贷：应交税费——应交消费税

进口应税消费品	企业进口应税物资在进口环节应交的消费税，计入该项物资的成本，账务处理： 借：原材料、库存商品等 　　应交税费——应交增值税（进项税额） 贷：应付账款、银行存款等
出口应税消费品	属于生产企业直接出口或通过外贸出口应税消费品，按规定直接予以免税的，可以不计算应交消费税。
	属于委托外贸企业代理出口应税消费品的，先征后退。
	出口的应税消费品办理退税后，发生退关，或者国外退货进口时予以免税的，报关出口者必须及时向其机构所在地或者居住地主管税务机关申报补缴已退的消费税税款。 纳税人直接出口的应税消费品办理免税后，发生退关或者国外退货，进口时已予以免税的，经机构所在地或者居住地主管税务机关批准，可暂不办理补税，待其转为国内销售时，再申报补缴消费税。
外购应税消费品已纳税额的扣除	1. 允许扣税的项目： (1) 外购已税烟丝生产的卷烟 (2) 外购已税化妆品生产的化妆品 (3) 外购已税珠宝、玉石生产的贵重首饰及珠宝玉石 (4) 外购已税鞭炮焰火生产的鞭炮焰火 (5) 外购已税汽车轮胎（内胎和外胎）生产的汽车轮胎 (6) 外购已税摩托车生产的摩托车 (7) 外购的已税杆头、杆身和握把为原料生产的高尔夫球杆 (8) 外购的已税木制筷子为原料生产的木制筷子 (9) 外购的已税实木地板为原料生产的实木地板 (10) 外购的已税石脑油为原料生产的应税消费品 (11) 外购的已税润滑油为原料生产的润滑油 2. 扣税计算公式： $$\text{当期准予扣除的外购应税消费品已纳税款} = \text{当期准予扣除的外购应税消费品买价或数量} \times \text{外购应税消费品的适用税率或税额}$$ $$\text{当期准予扣除的外购应税消费品买价或数量} = \text{期初库存的外购应税消费品的买价或数量} + \text{当期购进的应税消费品的买价或数量} - \text{期末库存的外购应税消费品的买价或数量}$$ 外购已税消费品的买价是指外购应税消费品增值税专用发票上注明的销售额（不包括增值税税额）。计算方法用的是类似会计"实地盘存制"的倒轧的方法。 3. 允许抵扣税额的税目从大类上看不包括酒类、小汽车、高档手表、游艇。 4. 允许扣税的只涉及同一税目中的购入应税消费品的连续加工，不能跨税目抵扣（石脑油例外）。 5. 允许扣除已税消费品只限于从工业企业购进的应税消费品和进口环节已缴纳消费税的应税消费品，对于从境内商业企业购进的应税消费品已纳税款不得扣除。 6. 2003年5月1日起，在零售环节纳税的金银（含铂金）首饰、钻石、钻石饰品不得抵扣外购珠宝玉石的已纳税款。 7. 外购石脑油、燃料油已纳消费税扣除的特殊计算： $$\text{当期准予扣除外购石脑油、燃料油已纳消费税税款} = \text{当期准予扣除外购石脑油、燃料油数量} \times \text{收率} \times \text{单位税额}$$ $$\text{收率} = \frac{\text{当期应税消费品产出量}}{\text{生产当期应税消费品所有原料投入数量}} \times 100\%$$

委托加工收回的应税消费品已纳税额的扣除	1. 可抵税的项目有 11 项，与外购应税消费品的抵扣范围相同。 2. 扣税计算公式： $$\begin{aligned}\text{当期准予扣除的委托加工}\atop\text{应税消费品已纳税款} &= {\text{期初库存的委托加工}\atop\text{应税消费品已纳税款}} + {\text{当期收回的委托加工}\atop\text{应税消费品已纳税款}}\\ &\quad - {\text{期末库存的委托加工}\atop\text{应税消费品已纳税款}}\end{aligned}$$
已缴纳消费税税款的退还	纳税人销售的应税消费品，如因质量等原因由购买者退回时，经机构所在地或者居住地主管税务机关审核批准后，可退还已缴纳的消费税税款。
纳税义务发生时间	1. 纳税人生产的应税消费品，于纳税人销售时纳税。纳税人自产自用的应税消费品，用于连续生产应税消费品的，不纳税；用于生产非应税消费品、在建工程、管理部门、非生产机构、提供劳务、馈赠、赞助、集资、广告、样品、职工福利、奖励等其他方面的，于移送使用时纳税。具体为： （1）采取赊销和分期收款结算方式的，为书面合同约定的收款日期的当天，书面合同没有约定收款日期或者无书面合同的，为发出应税消费品的当天； （2）采取预收货款结算方式的，为发出应税消费品的当天； （3）采取托收承付和委托银行收款方式的，为发出应税消费品并办妥托收手续的当天； （4）采取其他结算方式的，为收讫销售款或者取得索取销售款凭据的当天。 2. 纳税人自产自用应税消费品的，为移送使用的当天。 3. 纳税人委托加工应税消费品的，为纳税人提货的当天。 4. 纳税人进口应税消费品的，为报关进口的当天。
纳税地点	纳税人销售的应税消费品，以及自产自用的应税消费品，除国务院财政、税务主管部门另有规定外，应当向纳税人机构所在地或者居住地的主管税务机关申报纳税。 纳税人到外县（市）销售或者委托外县（市）代销自产应税消费品的，于应税消费品销售后，向机构所在地或者居住地主管税务机关申报纳税。 纳税人的总机构与分支机构不在同一县（市）的，应当分别向各自机构所在地的主管税务机关申报纳税；经财政部、国家税务总局或者其授权的财政、税务机关批准，可以由总机构汇总向总机构所在地的主管税务机关申报纳税。 委托加工的应税消费品，除受托方为个人外，由受托方向机构所在地或者居住地的主管税务机关解缴消费税税款。委托个人加工的应税消费品，由委托方向其机构所在地或者居住地主管税务机关申报纳税。 进口的应税消费品，由进口人或者其代理人向报关地海关申报纳税。
纳税时间	消费税的纳税期限分别为 1 日、3 日、5 日、10 日、15 日、1 个月或者 1 个季度。纳税人的具体纳税期限，由主管税务机关根据纳税人应纳税额的大小分别核定；不能按照固定期限纳税的，可以按次纳税。 纳税人以 1 个月或者 1 个季度为 1 个纳税期的，自期满之日起 15 日内申报纳税；以 1 日、3 日、5 日、10 日或者 15 日为 1 个纳税期的，自期满之日起 5 日内预缴税款，于次月 1 日起 15 日内申报纳税并结清上月应纳税款。 纳税人进口应税消费品，应当自海关填发海关进口消费税专用缴款书之日起 15 日内缴纳税款。

　　白酒最低计税价格核定管理办法主要内容见表 3—4。

表 3-4   **白酒最低计税价格核定管理办法主要内容**

核定情形	1. 白酒生产企业销售给销售单位的白酒，生产企业消费税计税价格低于销售单位对外销售价格（不含增值税）70％以下的，税务机关应核定消费税最低计税价格。 2. 白酒生产企业销售给销售单位的白酒，生产企业消费税计税价格高于销售单位对外销售价格70％（含70％）以上的，税务机关暂不核定消费税最低计税价格。
核定程序	1. 白酒消费税最低计税价格由白酒生产企业自行申报，税务机关核定。 2. 主管税务机关应将白酒生产企业申报的销售给销售单位的消费税计税价格低于销售单位对外销售价格70％以下、年销售额1 000万元以上的各种白酒，在规定的时限内逐级上报至国家税务总局。税务总局选择其中部分白酒核定消费税最低计税价格。 3. 除税务总局已核定消费税最低计税价格的白酒外，其他符合需要核定消费税最低计税价格的白酒，消费税最低计税价格由各省、自治区、直辖市和计划单列市国家税务局核定。
核定标准	消费税最低计税价格由税务机关根据生产规模、白酒品牌、利润水平等情况在销售单位对外销售价格50％至70％范围内自行核定；其中生产规模较大，利润水平较高的企业生产的需要核定消费税最低计税价格的白酒，税务机关核价幅度原则上应选择在销售单位对外销售价格60％至70％范围内。
计税依据	已核定最低计税价格的白酒，生产企业实际销售价格高于消费税最低计税价格的，按实际销售价格申报纳税；实际销售价格低于消费税最低计税价格的，按最低计税价格申报纳税。 白酒生产企业未按照规定上报销售单位销售价格的，主管国家税务局应按照销售单位的销售价格征收消费税。
重新核定	已核定最低计税价格的白酒，销售单位对外销售价格持续上涨或下降时间达到3个月以上、累计上涨或下降幅度在20％（含）以上的白酒，税务机关重新核定最低计税价格。

三、应税消费品的增值税和消费税不含税销售额指标对比

表 3-5   **应税消费品的增值税和消费税不含税销售额指标对比**

项目	增值税不含税销售额	消费税不含税销售额	区别
定义	销售额为纳税人销售货物或者应税劳务向购买方收取的全部价款和价外费用，但是不包括收取的销项税额。	销售额为纳税人销售应税消费品向购买方收取的全部价款和价外费用。	基本相同。

续表

项目	增值税不含税销售额	消费税不含税销售额	区别
价外费用	价外费用，包括价外向购买方收取的手续费、补贴、基金、集资费、返还利润、奖励费、违约金、滞纳金、延期付款利息、赔偿金、代收款项、代垫款项、包装费、包装物租金、储备费、优质费、运输装卸费以及其他各种性质的价外收费。但下列项目不包括在内： 1. 受托加工应征消费税的消费品所代收代缴的消费税。 2. 同时符合以下条件的代垫运输费用： (1) 承运部门的运输费用发票开具给购买方的； (2) 纳税人将该项发票转交给购买方的。 3. 同时符合以下条件代为收取的政府性基金或者行政事业性收费： (1) 由国务院或者财政部批准设立的政府性基金，由国务院或者省级人民政府及其财政、价格主管部门批准设立的行政事业性收费； (2) 收取时开具省级以上财政部门印制的财政票据； (3) 所收款项全额上缴财政。 4. 销售货物的同时代办保险等而向购买方收取的保险费，以及向购买方收取的代购买方缴纳的车辆购置税、车辆牌照费。	价外费用，是指价外向购买方收取的手续费、补贴、基金、集资费、返还利润、奖励费、违约金、滞纳金、延期付款利息、赔偿金、代收款项、代垫款项、包装费、包装物租金、储备费、优质费、运输装卸费以及其他各种性质的价外收费。但下列项目不包括在内： 1. 同时符合以下条件的代垫运输费用： (1) 承运部门的运输费用发票开具给购买方的； (2) 纳税人将该项发票转交给购买方的。 2. 同时符合以下条件代为收取的政府性基金或者行政事业性收费： (1) 由国务院或者财政部批准设立的政府性基金，由国务院或者省级人民政府及其财政、价格主管部门批准设立的行政事业性收费； (2) 收取时开具省级以上财政部门印制的财政票据； (3) 所收款项全额上缴财政。	1. 二者价外费用范围不同。 2. 对于从量定额的产品，如啤酒、黄酒的定价就包含了包装物的押金在内，在增值税中，价格是不包含押金的。
视同销售计税依据	纳税人有价格明显偏低并无正当理由或者有视同销售货物行为而无销售额者，按下列顺序确定销售额： ①按纳税人最近时期同类货物的平均销售价格确定； ②按其他纳税人最近时期同类货物的平均销售价格确定； ③按组成计税价格确定。	纳税人用于换取生产资料和消费资料，投资入股和抵偿债务等方面的应税消费品，应当以纳税人同类应税消费品的最高销售价格作为计税依据计算消费税。	二者计税依据不同。
计算方法	1. 应税消费品的销售额，不包括应向购货方收取的增值税税款。如果纳税人应税消费品的销售额中未扣除增值税税款或者因不得开具增值税专用发票而发生价款和增值税税款合并收取的，在计算消费税时，应当换算为不含增值税税款的销售额。其换算公式为：$$\text{应税消费品的销售额} = \text{含增值税的销售额} \div \left(1 + \text{增值税税率或者征收率}\right)$$2. 纳税人自产自用的应税消费品，按照纳税人生产的同类消费品的销售价格计算纳税；没有同类消费品销售价格的，按照组成计税价格计算纳税。 3. 委托加工的应税消费品，按照受托方的同类消费品的销售价格计算纳税；没有同类消费品销售价格的，按照组成计税价格计算纳税。 4. 进口的应税消费品，按照组成计税价格计算纳税。		一般情况下相同，但是组成计税价格时，可能不同，具体详见《增值税、消费税组成计税价格对照表》。

四、应税消费品增值税、消费税计税依据对照

表 3-6 应税消费品增值税、消费税计税依据对照表

项目	增值税	消费税组成计税价格	备注
从价计税组成计税价格	1. 销售应税消费品组成计税价格＝（成本＋利润）÷（1－消费税比例税率）	1. 自产自用的应税消费品组成计税价格＝（成本＋利润）÷（1－比例税率）	成本利润率为《消费税若干具体问题的规定》中规定的成本利润率。
	2. 进口应税消费品组成计税价格＝（关税完税价格＋关税）÷（1－消费税比例税率）	2. 进口的应税消费品组成计税价格＝（关税完税价格＋关税）÷（1－消费税比例税率）	
	3. 受托加工的应税消费品只按加工费计算增值税。	3. 委托加工的应税消费品组成计税价格＝（材料成本＋加工费）÷（1－比例税率）	
从量计税组成计税价格	组成计税价格＝成本×（1＋成本利润率）＋消费税税额（从量）	不用组价	成本利润率为10％
复合计税组成计税价格	1. 销售应税消费品组成计税价格＝（成本＋利润＋销售数量×定额税率）÷（1－消费税比例税率）	1. 自产自用的应税消费品组成计税价格＝（成本＋利润＋自产自用数量×定额税率）÷（1－比例税率）	成本利润率为《消费税若干具体问题的规定》中规定的成本利润率。
	2. 进口应税消费品组成计税价格＝（关税完税价格＋关税＋进口数量×定额税率）÷（1－消费税比例税率）	2. 进口的应税消费品组成计税价格＝（关税完税价格＋关税＋进口数量×消费税定额税率）÷（1－消费税比例税率）	
	3. 受托加工的应税消费品只按加工费计算增值税。	3. 委托加工的应税消费品组成计税价格＝（材料成本＋加工费＋委托加工数量×定额税率）÷（1－比例税率）	
视同销售计税依据	纳税人有价格明显偏低并无正当理由或者有视同销售货物行为而无销售额者，按下列顺序确定销售额： 1. 按纳税人最近时期同类货物的平均销售价格确定； 2. 按其他纳税人最近时期同类货物的平均销售价格确定； 3. 按组成计税价格确定。	纳税人用于换取生产资料和消费资料，投资入股和抵偿债务等方面的应税消费品，应当以纳税人同类应税消费品的最高销售价格作为计税依据计算消费税。	

续表

项目	增值税	消费税组成计税价格	备注
其他特殊情形	1. 啤酒屋自产自销啤酒，征收营业税和消费税，不征收增值税。 2. 从量计征的应税消费品收取的押金，逾期征收增值税，但不征收消费税。啤酒的押金只是计算单位适用税额的依据。 3. 消费税的视同销售的范围比增值税范围广，造成计税不一致，像将自产的轮胎（应税消费品）用于生产卡车（非应税消费品），此环节征消费税，但不征收增值税。 4. 卷烟、白酒设定消费税最低计税价格，分别按照国税函〔2009〕271号、国税函〔2009〕380号的规定处理，消费税计税依据区别于增值税计税依据。 5. 新牌号、新规格卷烟消费税的计税价格的核定公式为： 　　某牌号规格卷烟消费税计税价格＝零售价格÷（1＋45%） 45%是指流通环节平均费用率和平均利润率。	

消费税的税务处理较企业所得税、增值税要简单得多，计税依据的确定较为简单，不需要复杂的计算过程。下面对消费税的常见和典型税务处理事项进行举例说明（相关税收依据参考上述表格内容）。

【例3-1】甲公司委托乙公司加工A产品，提供的材料成本1 000元，加工费500元，消费税税率5%，增值税税率是17%，则：

$$消费税组成计税价格＝（材料成本＋加工费）÷（1－消费税税率）$$
$$＝（1 000＋500）÷（1－5\%）＝1 578.95（元）$$
$$应交消费税＝1 578.95×5\%＝78.95（元）$$
$$应交增值税＝500×17\%＝85（元）$$

【例3-2】甲公司将生产的10 000支某品牌化妆品（消费税税率30%）用于对某公司进行投资，已知最近一个月甲公司该品牌化妆品的平均销售价格为12元/支（不含税，下同），其他企业该品牌化妆品的平均销售价格为12.5元/支，甲公司该品牌化妆品的最高销售价格13元/支，该品牌化妆品实际成本9元/支。

甲公司的账务处理：

按上述规定，纳税人用自产应税消费品作为投资时，

需要缴纳消费税：13×10 000×30%＝39 000（元）

需要缴纳增值税：12×10 000×17%＝20 400（元）

借：长期股权投资　　　　　　　　　　　　　　　　　179 400
　　贷：主营业务收入　　　　　　　　　　　　　　　120 000
　　　　应交税费——应交增值税（销项税额）　　　　 20 400
　　　　应交税费——应交消费税　　　　　　　　　　 39 000
借：主营业务成本　　　　　　　　　　　　　　　　　 90 000
　　贷：库存商品　　　　　　　　　　　　　　　　　 90 000

【例3-3】某公司5月份销售酒精取得不含增值税销售额5.8万元，同时，向购货方收取手续费0.1万元，储备费0.5万元，另外代垫运费400元，运输公司将发票开给购货方。

向购货方收取的手续费0.1万元和储备费0.5万元应为价外费用，该公司销售酒精的计税依据=58 000+1 000÷(1+17%)+5 000÷(1+17%)=63 128.21(元)，应交消费税=63 128.21(元)×5%=3 156.41(元)。

【例3-4】某公司6月份销售化妆品一批，不含增值税价款9.2万元。随同化妆品出售包装物单独作价，共计8 000元（不含增值税）。另外，还有一批去年5月份随同产品销售的包装物押金11 700元未退回。

应税消费品连同包装物出售的，无论是否单独作价，均应并入销售额中计算消费税。因此，消费税计税依据=92 000+8 000=100 000(元)，应纳消费税=100 000×30%=30 000(元)。

已收取的时间超过12个月的押金，应并入应税消费品的销售额，其计税依据为11 700÷(1+17%)=10 000(元)，应纳消费税=10 000×30%=3 000(元)。

【例3-5】某公司6月销售粮食白酒500千克，金额50 000元（不含增值税），同时收取包装物押金11 700元。

对酒类产品生产企业销售除啤酒、黄酒以外的其他酒类产品而收取的包装物押金，无论是否返还，均应换算为不含增值税的销售额，其计税依据=50 000+11 700÷(1+17%)=60 000(元)，应纳消费税=60 000×20%+0.5×1 000=12 500(元)。

【例3-6】甲企业将150万元的原材料提供给乙企业，委托乙企业加工化妆品，加工后全部收回，甲企业支付给乙企业辅助材料和加工费50万元，其中：辅助材料款30万元，加工费20万元。

委托加工应税消费品时，受托方收取的加工费和收到的代垫辅助材料费，应该全部计入组成计税价格中计算组价。

乙企业代收代缴消费税=(150+50)÷(1-30%)×30%=85.71(万元)

【例3-7】某企业（一般纳税人）用10标准箱的自产卷烟赠送给消费者，无同类当期商品价格，已知该卷烟的成本为10万元，成本利润率5%，消费税税率30%，每箱定额税率150元。该企业计算消费税：

组成计税价格中不仅包含复合计税从价定率的部分，也包括从量定额的部分，正确的计算方法为：

组成计税价格=[100 000×(1+5%)+150×10]÷(1-30%)

=152 142.86(元)

应纳消费税=152 142.86×30%+150×10=47 142.86(元)

【例3-8】甲公司7月份销售啤酒300吨，销售价格为2 900元/吨，随同啤酒出售包装物单独作价共计40 000元（不含增值税），另外提供可供重复使用的塑料周转箱，收取押金 30 000 元。

乙公司 7 月份销售啤酒 500 吨，销售价格为 2 800 元/吨，随同啤酒出售包装物单独作价共计 60 000 元（不含增值税），另外提供可供重复使用的塑料周转箱，收取押金 50 000 元。

每吨啤酒出厂价格包含包装物及包装物押金，但是不包含供重复使用的塑料周转箱的押金。

甲公司：

出厂价格＝（2 900×300＋40 000）÷300＝3 033.33(元/吨)
应交消费税＝250×300＝75 000(元)

乙公司：

出厂价格＝（2 800×500＋60 000）÷500＝2 920(元/吨)
应交消费税＝220×500＝110 000(元)

五、消费税纳税申报示范

为了在全国范围内统一、规范消费税纳税申报资料，加强消费税管理的基础工作，国家税务总局制定了《烟类应税消费品消费税纳税申报表》、《酒及酒精消费税纳税申报表》、《成品油消费税纳税申报表》、《小汽车消费税纳税申报表》、《其他应税消费品消费税纳税申报表》。

消费税纳税申报表使用企业较少，各种消费税纳税申报表的项目设计相似，一般包括应税消费品名称、适用税率（定额税率、比例税率）、销售数量、销售额、应纳税额，逻辑关系也较为简单，填写起来也非常容易，本书不再进行填写示范。限于篇幅，本书仅以《酒及酒精消费税纳税申报表》为例进行列示，见表 3-7。

消费税纳税申报表填写示范：

【例 3-9】雨丰啤酒有限公司，纳税人识别号：370000000000007，20×4 年 5 月份销售啤酒 500 吨，销售价格为 2 800 元/吨，随同啤酒出售包装物单独作价共计 60 000 元（不含增值税），另外提供可供重复使用的塑料周转箱，收取押金 50 000 元。销售酒精 12 吨取得不含增值税销售额 5.8 万元，同时，向购货方收取手续费 0.1 万元，储备费 0.5 万元，另外代垫运费 400 元，运输公司将发票开给购货方。已知期初未缴税额为 109 999.88 元，本期缴纳前期应纳税额 109 999.88 元。

啤酒出厂价格＝（2 800×500＋60 000）÷500＝2 920(元/吨)
啤酒应交消费税＝220×500＝110 000(元)
酒精计税依据＝58 000＋1 000÷(1＋17%)＋5 000÷(1＋17%)
　　　　　　＝63 128.21(元)
酒精应交消费税＝63 128.21×5%＝3 156.41(元)

表 3-7   **酒及酒精消费税纳税申报表**

税款所属期：20×4 年 5 月 1 日至 20×4 年 5 月 31 日

纳税人名称（公章）：雨丰啤酒有限公司　　　　　　　纳税人识别号：370000000000007

填表日期：20×4 年 5 月 7 日　　　　　　　　　　　　金额单位：元（列至角分）

项目 应税 消费品名称	适用税率		销售数量	销售额	应纳税额
	定额税率	比例税率			
粮食白酒	0.5 元/斤	20％			
薯类白酒	0.5 元/斤	20％			
啤酒	250 元/吨	—			
啤酒	220 元/吨	—	500	1 460 000	110 000
黄酒	240 元/吨	—			
其他酒	—	10％			
酒精	—	5％	12	63 128.21	3 156.41
合计	—	—	—		113 156.41

本期准予抵减税额：	**声明** 此纳税申报表是根据国家税收法律的规定填报的，我确定它是真实的、可靠的、完整的。
本期减（免）税额：	
期初未缴税额：109 999.88	经办人（签章）： 财务负责人（签章）： 联系电话：
本期缴纳前期应纳税额：109 999.88	（如果你已委托代理人申报，请填写） **授权声明** 为代理一切税务事宜，现授权_____
本期预缴税额：	（地址）_____为本纳税人的代理申报人， 任何与本申报表有关的往来文件，都可寄予此人。
本期应补（退）税额：113 156.41	
期末未缴税额：113 156.41	授权人签章：

受理人（签章）：　　　　　受理日期：　年　月　日　　　　　受理税务机关（章）：

《酒及酒精消费税纳税申报表》的附报资料《本期准予抵减税额计算表》、《本期代收代缴税额计算表》、《生产经营情况表》略。

第四章　营业税

营业税，是对在中国境内提供应税劳务、转让无形资产或销售不动产的单位和个人，就其所取得的营业额征收的一种税。营业税属于流转税制中的一个主要税种。

营业税具有以下几个特点：

1. 征税范围广、税源普遍

营业税的征税范围包括在中国境内提供应税劳务、转让无形资产和销售不动产的经营行为，涉及国民经济中第三产业这一广泛的领域。第三产业直接关系着城乡人民群众的日常生活，因而营业税的征税范围具有广泛性和普遍性。

2. 以营业额为计税依据，计算方法简便

营业税的计税依据为各种应税劳务收入的营业额、转让无形资产的转让额、销售不动产的销售额，三者统称为营业额，税收收入不受成本、费用高低影响，收入比较稳定。营业税实行比例税率，计征方法简便。

3. 按行业设计税目税率

营业税与其他流转税税种不同，它不按商品或征税项目的种类、品种设置税目、税率，而是从应税劳务的综合性经营特点出发，按照不同经营行业设计不同的税目、税率。即行业相同，税目、税率相同；行业不同，税目、税率不同。

目前，在部分地区和行业开展增值税制度改革试点，逐步将征收营业税的行业改为征收增值税。因此，本章所涉及内容不包括营业税改增值税试点地区和行业。

由于大部分省市尚未实行营改增，营业税仍然属于目前比较重要的一个税种，因此，在实际工作中，营业税仍然非常重要。

一、营业税主要纳税事项

营业税主要纳税事项见表4-1。

表 4-1　　　　　　　　　　　　**营业税主要纳税事项**

营业税的纳税人	在中华人民共和国境内有偿提供应税劳务、有偿转让无形资产或者有偿转让不动产所有权的单位和个人，为营业税的纳税人。 1. 境内提供应税劳务、转让无形资产或者销售不动产，是指：（1）提供或者接受条例规定劳务的单位或者个人在境内；（2）所转让的无形资产（不含土地使用权）的接受单位或者个人在境内；（3）所转让或者出租土地使用权的土地在境内；（4）所销售或者出租的不动产在境内。 2. 应税劳务，是指属于交通运输业、建筑业、金融保险业、邮电通信业、文化体育业、娱乐业、服务业税目征收范围的劳务；非应税劳务是指加工和修理、修配劳务。 3. 单位，是指企业、行政单位、事业单位、军事单位、社会团体及其他单位；个人，是指个体工商户和其他个人。 4. 除下列两项规定外，负有营业税纳税义务的单位为发生应税行为并收取货币、货物或者其他经济利益的单位，但不包括单位依法不需要办理税务登记的内设机构。 （1）单位以承包、承租、挂靠方式经营的，承包人、承租人、挂靠人（以下统称承包人）发生应税行为，承包人以发包人、出租人、被挂靠人（以下统称发包人）名义对外经营并由发包人承担相关法律责任的，以发包人为纳税人；否则以承包人为纳税人。 （2）中央铁路运营业务的纳税人为铁道部，合资铁路运营业务的纳税人为合资铁路公司，地方铁路运营业务的纳税人为地方铁路管理机构，基建临管线运营业务的纳税人为基建临管线管理机构。

营业税扣缴义务人	1. 中华人民共和国境外的单位或者个人在境内提供应税劳务、转让无形资产或者销售不动产，在境内未设有经营机构的，以其境内代理人为扣缴义务人；在境内没有代理人的，以受让方或者购买方为扣缴义务人。 2. 国务院财政、税务主管部门规定的其他扣缴义务人。
应纳税额计算公式	应纳税额＝营业额×税率
营业额	1. 纳税人的营业额为纳税人提供应税劳务、转让无形资产或者销售不动产收取的全部价款和价外费用。但是，下列情形除外： (1) 纳税人将承揽的运输业务分给其他单位或者个人的，以其取得的全部价款和价外费用扣除其支付给其他单位或者个人的运输费用后的余额为营业额。 注：代开发票纳税人从事联运业务的，其计征营业税的营业额为代开的货物运输业发票注明营业税应税收入，不得减除支付给其他联运合作方的各种费用。 (2) 纳税人从事旅游业务的，以其取得的全部价款和价外费用扣除替旅游者支付给其他单位或者个人的住宿费、餐费、交通费、旅游景点门票和支付给其他接团旅游企业的旅游费后的余额为营业额。 (3) 纳税人将建筑工程分包给其他单位的，以其取得的全部价款和价外费用扣除其支付给其他单位的分包款后的余额为营业额。 (4) 外汇、有价证券、期货等金融商品买卖业务，以卖出价减去买入价后的余额为营业额。 (5) 国务院财政、税务主管部门规定的其他情形。 2. 价外费用，包括收取的手续费、补贴、基金、集资费、返还利润、奖励费、违约金、滞纳金、延期付款利息、赔偿金、代收款项、代垫款项、罚息及其他各种性质的价外收费，但不包括同时符合以下条件代为收取的政府性基金或者行政事业性收费： (1) 由国务院或者财政部批准设立的政府性基金，由国务院或者省级人民政府及其财政、价格主管部门批准设立的行政事业性收费； (2) 收取时开具省级以上财政部门印制的财政票据； (3) 所收款项全额上缴财政。
	1. 纳税人按照规定扣除有关项目，取得的凭证不符合法律、行政法规或者国务院税务主管部门有关规定的，该项目金额不得扣除。 2. 符合国务院税务主管部门有关规定的凭证（以下统称合法有效凭证），是指： (1) 支付给境内单位或者个人的款项，且该单位或者个人发生的行为属于营业税或者增值税征收范围的，以该单位或者个人开具的发票为合法有效凭证； (2) 支付的行政事业性收费或者政府性基金，以开具的财政票据为合法有效凭证； (3) 支付给境外单位或者个人的款项，以该单位或者个人的签收单据为合法有效凭证，税务机关对签收单据有疑义的，可以要求其提供境外公证机构的确认证明； (4) 国家税务总局规定的其他合法有效凭证。
	纳税人提供应税劳务、转让无形资产或者销售不动产的价格明显偏低并无正当理由的，由主管税务机关核定其营业额。
	纳税人的营业额计算缴纳营业税后因发生退款减除营业额的，应当退还已缴纳营业税税款或者从纳税人以后的应缴纳营业税税额中减除。
	纳税人发生应税行为，如果将价款与折扣额在同一张发票上注明的，以折扣后的价款为营业额；如果将折扣额另开发票的，不论其在财务上如何处理，均不得从营业额中扣除。
	除提供建筑业劳务的同时销售自产货物的行为外，纳税人提供建筑业劳务（不含装饰劳务）的，其营业额应当包括工程所用原材料、设备及其他物资和动力价款在内，但不包括建设方提供的设备的价款。

	纳税人有价格明显偏低并无正当理由或者视同发生应税行为而无营业额的,按下列顺序确定其营业额: 1. 按纳税人最近时期发生同类应税行为的平均价格核定; 2. 按其他纳税人最近时期发生同类应税行为的平均价格核定; 3. 按下列公式核定: $$营业额＝营业成本或者工程成本×（1＋成本利润率）÷（1－营业税税率）$$ 公式中的成本利润率,由省、自治区、直辖市税务局确定。
	纳税人以人民币以外的货币结算营业额的,其营业额的人民币折合率可以选择营业额发生的当天或者当月1日的人民币汇率中间价。纳税人应当在事先确定采用何种折合率,确定后1年内不得变更。
营业税税目与税率	1. 交通运输业、建筑业、邮电通信业、文化体育业:3%; 2. 金融保险业、服务业、转让无形资产、销售不动产:5%; 3. 娱乐业:5%~20%。 税目、税率的调整,由国务院决定。纳税人经营娱乐业具体适用的税率,由省、自治区、直辖市人民政府在5%~20%的幅度内决定。
兼有不同税目的应税劳务、转让无形资产或者销售不动产	分别核算不同税目的营业额、转让额、销售额(以下统称营业额);未分别核算营业额的,从高适用税率。
兼营免税、减税项目	分别核算免税、减税项目的营业额;未分别核算营业额的,不得免税、减税。
视同发生应税行为	1. 单位或者个人将不动产或者土地使用权无偿赠送其他单位或者个人; 2. 单位或者个人自己新建建筑物后销售,其所发生的自建行为; 3. 财政部、国家税务总局规定的其他情形。
混合销售行为	一项销售行为如果既涉及应税劳务又涉及货物,为混合销售行为。除本细则第七条的规定外,从事货物的生产、批发或者零售的企业、企业性单位和个体工商户的混合销售行为,视为销售货物,不缴纳营业税;其他单位和个人的混合销售行为,视为提供应税劳务,缴纳营业税。
混合销售行为的特殊情形	纳税人的下列混合销售行为,应当分别核算应税劳务的营业额和货物的销售额,其应税劳务的营业额缴纳营业税,货物销售额不缴纳营业税;未分别核算的,由主管税务机关核定其应税劳务的营业额: 1. 提供建筑业劳务的同时销售自产货物的行为; 2. 财政部、国家税务总局规定的其他情形。
兼营应税行为和货物或者非应税劳务	纳税人兼营应税行为和货物或者非应税劳务的,应当分别核算应税行为的营业额和货物或者非应税劳务的销售额,其应税行为营业额缴纳营业税,货物或者非应税劳务销售额不缴纳营业税;未分别核算的,由主管税务机关核定其应税行为营业额。
营业税纳税(扣缴)义务发生时间	1. 营业税纳税义务发生时间为纳税人提供应税劳务、转让无形资产或者销售不动产并收讫营业收入款项或者取得索取营业收入款项凭据的当天。国务院财政、税务主管部门另有规定的,从其规定。 2. 收讫营业收入款项,是指纳税人应税行为发生过程中或者完成后收取的款项。取得索取营业收入款项凭据的当天,为书面合同确定的付款日期的当天;未签订书面合同或者书面合同未确定付款日期的,为应税行为完成的当天。具体为:

	(1) 纳税人转让土地使用权或者销售不动产，采取预收款方式的，其纳税义务发生时间为收到预收款的当天。 (2) 纳税人提供建筑业或者租赁业劳务，采取预收款方式的，其纳税义务发生时间为收到预收款的当天。 (3) 纳税人将不动产或者土地使用权无偿赠送其他单位或者个人的，其纳税义务发生时间为不动产所有权、土地使用权转移的当天。 (4) 纳税人自己新建（以下简称自建）建筑物后销售，其所发生的自建行为，其纳税义务发生时间为销售自建建筑物的纳税义务发生时间。 营业税扣缴义务发生时间为纳税人营业税纳税义务发生的当天。
免征营业税	1. 托儿所、幼儿园、养老院、残疾人福利机构提供的育养服务，婚姻介绍，殡葬服务。 2. 残疾人员个人提供的劳务，是指残疾人员本人为社会提供的劳务。 3. 医院、诊所和其他医疗机构提供的医疗服务。 4. 学校和其他教育机构提供的教育劳务，学生勤工俭学提供的劳务。学校和其他教育机构，是指普通学校以及经地、市级以上人民政府或者同级政府的教育行政部门批准成立、国家承认其学员学历的各类学校。 5. 农业机耕、排灌、病虫害防治、植物保护、农牧保险以及相关技术培训业务，家禽、牲畜、水生动物的配种和疾病防治。农业机耕，是指在农业、林业、牧业中使用农业机械进行耕作（包括耕耘、种植、收割、脱粒、植物保护等）的业务；排灌，是指对农田进行灌溉或排涝的业务；病虫害防治，是指从事农业、林业、牧业、渔业的病虫害测报和防治的业务；农牧保险，是指为种植业、养殖业、牧业种植和饲养的动植物提供保险的业务；相关技术培训，是指与农业机耕、排灌、病虫害防治、植物保护业务相关以及为使农民获得农牧保险知识的技术培训业务；家禽、牲畜、水生动物的配种和疾病防治业务的免税范围，包括与该项劳务有关的提供药品和医疗用具的业务。 6. 纪念馆、博物馆、文化馆、文物保护单位管理机构、美术馆、展览馆、书画院、图书馆举办文化活动的门票收入，宗教场所举办文化、宗教活动的门票收入。纪念馆、博物馆、文化馆、文物保护单位管理机构、美术馆、展览馆、书画院、图书馆举办文化活动，是指这些单位在自己的场所举办的属于文化体育业税目征税范围的文化活动。其门票收入，是指销售第一道门票的收入。宗教场所举办文化、宗教活动的门票收入，是指寺院、宫观、清真寺和教堂举办文化、宗教活动销售门票的收入。 7. 境内保险机构为出口货物提供的保险产品。为出口货物提供的保险产品，包括出口货物保险和出口信用保险。 除上述规定外，营业税的免税、减税项目由国务院规定。任何地区、部门均不得规定免税、减税项目。
营业税税额抵免	1. 纳税人的营业额计算缴纳营业税后因发生退款减除营业额的，应当退还已缴纳营业税税款或者从纳税人以后的应缴纳营业税税款中减除。 2. 从 2004 年 12 月 1 日起，营业税纳税人购置税控收款机，经主管税务机关审核批准后，可凭购进税控收款机取得的增值税专用发票，按照发票上注明的增值税税额，抵免当期应纳营业税税额，或者按照购进税控收款机取得的普通发票上注明的价款。依下列公式计算可抵免税额： $$可抵免的税额 = 价款 \div (1 + 17\%) \times 17\%$$ 当期应纳税额不足抵免的，未抵免部分可在下期继续抵免。

营业税税务处理	1. 提供应税劳务，相关税金计入"营业税金及附加"。 2. 出租无形资产，即转让无形资产使用权，取得的收入计入"其他业务收入"，相关税金计入"营业税金及附加"。 3. 出售无形资产，即转让无形资产所有权，相关税金计入"营业外支出"或"营业外收入"。 4. 销售不动产，相关税金通过"固定资产清理"核算，最后计入"营业外支出"或"营业外收入"。
营业税纳税地点	1. 纳税人提供应税劳务应当向其机构所在地或者居住地的主管税务机关申报纳税。但是，纳税人提供的建筑业劳务以及国务院财政、税务主管部门规定的其他应税劳务，应当向应税劳务发生地的主管税务机关申报纳税。 2. 纳税人转让无形资产应当向其机构所在地或者居住地的主管税务机关申报纳税。但是，纳税人转让、出租土地使用权，应当向土地所在地的主管税务机关申报纳税。 3. 纳税人销售、出租不动产应当向不动产所在地的主管税务机关申报纳税。 扣缴义务人应当向其机构所在地或者居住地的主管税务机关申报缴纳其扣缴的税款。 纳税人应当向应税劳务发生地、土地或者不动产所在地的主管税务机关申报纳税而自应当申报纳税之月起超过6个月没有申报纳税的，由其机构所在地或者居住地的主管税务机关补征税款。
营业税的纳税期限	1. 营业税的纳税期限分别为5日、10日、15日、1个月或者1个季度。纳税人的具体纳税期限，由主管税务机关根据纳税人应纳税额的大小分别核定；不能按照固定期限纳税的，可以按次纳税。 2. 纳税人以1个月或者1个季度为一个纳税期的，自期满之日起15日内申报纳税；以5日、10日或者15日为一个纳税期的，自期满之日起5日内预缴税款，于次月1日起15日内申报纳税并结清上月应纳税款。 3. 银行、财务公司、信托投资公司、信用社、外国企业常驻代表机构的纳税期限为1个季度。 4. 扣缴义务人解缴税款的期限，依照前述规定执行。

营业税的税务处理相比较企业所得税、增值税要简单得多，计税依据的确定较为简单，不需要复杂的计算过程。营业税业务举例如下：

【例4-1】甲公司将总额500万元的建筑工程分包给乙建筑公司（有资质）100万元、丙建筑公司（无资质）50万元和李某50万元，乙建筑公司又将工程分包给丁建筑公司（有资质）30万元。甲、乙公司营业额如何确认？

纳税人将建筑工程分包给其他单位的，以其取得的全部价款和价外费用扣除其支付给其他单位的分包款后的余额为营业额。但是，总承包人把建筑工程分包给个人或没有建筑资质的公司，不可以差额抵扣营业税。则：

甲公司营业额＝500－100＝400（万元）

分包单位将其承包的工程再分包，不可以差额抵扣营业税。

乙公司营业额＝100万元。

【例4-2】甲、乙公司签订了一份建筑安装工程合同，金额为100万元，包括主建筑材料50万元和建筑劳务50万元。合同中确定了主要建筑材料的数量、型号和种类，并由发包方甲公司负责采购，发给承包方乙公司使用或乙公司领用用于建筑工程。在甲、乙公司进行工程结算时，甲公司会在工程款中扣下发给乙公司使用或乙公司领用的建筑材料款。乙公司如何向甲公司开具发票，如何缴纳营业税？甲公司如何确认工程成本？

《中华人民共和国营业税暂行条例实施细则》第十六条规定：纳税人提供建筑业劳

务（不含装饰劳务）的，其营业额应当包括工程所用原材料、设备及其他物资和动力价款在内，但不包括建设方提供的设备的价款。

建筑业一般采用包工包料的方式经营，但实际工作中也有建筑施工企业采用包工不包料的方式经营，为平衡包工包料与包工不包料之间的税负，也为堵塞税收漏洞，因此，税法规定不管采用何种方式经营，都需要将材料价款并入营业额内。

因此，该项建筑业劳务营业税的计税依据应包括甲供材料和建筑劳务，共计100万元，营业税由乙公司缴纳。

虽然营业税计税依据包含甲供材料，但这只是征税的政策规定，不是会计账务处理的规定。对于提供建筑业劳务的承包方乙公司来说，其实际收入中未包括甲供材料金额，因此，乙公司会计处理时按实际收入确认营业收入为50万元，并按50万元开具建筑业劳务发票给甲方。同时，按100万元计税依据计算缴纳的营业税及相关税费记入"营业税金及附加"科目。乙公司会计处理不确认甲供材料收入，不存在甲供材料无法取得发票计入成本的问题。

甲公司可以按照实际支出确认成本，并以按规定取得的各种合法票据确认为资产的计税基础。甲公司如属于房地产开发企业建造可供销售的开发产品，可以将自己购买取得的建材发票50万元和乙方提供的建筑业劳务50万元合计100万元，计入开发成本。如甲公司属于其他单位建造固定资产，也可以将50万元支出与50万元的付款合计全部记入"在建工程"，后按规定转入"固定资产"核算。

▨ 相关链接

1. 关于计税营业额和发票开具金额不一致的问题，《营业税最新政策解析及案例分析与会计处理》（国家税务总局流转税管理司司长李三江、副司长王继德、龙岳辉等有关权威专家主编）一书就曾经将计税营业额作出归纳，营业税计税营业额的两个基本原则就是按照全额征税和坏账损失不得冲减营业额，但同时又存在四类特殊规定：按照差额征税（比如总分包）、按照溢额征税（甲供材料）和折算、评估。在差额、溢额、折算和评估这几种特殊计税方式下，都存在营业税的营业额（即计税依据）和发票金额不一致的情形，这种情形是正常的，营业额是指税法规定的计税依据，而开票额是指实际交易的金额，两者不能相混淆。

2. 本例中，若建筑材料、建筑构配件和设备等全部由工程承包方乙公司采购，就属于包工包料合同。这种情形的建筑业工程，营业税计税依据与会计收入、税务开票金额三者是一致的，都是100万元。但如果甲公司在工程施工过程中，仍自行提供建筑材料（非代购材料），且将这部分材料价款直接冲抵工程款，则属于视同销售行为，不视为甲供材的包工不包料合同行为。因此，乙公司仍应以100万元作为营业税计税依据，以100万元作为企业营业收入并开具100万元税务发票结算。甲公司必须以100万元发票作为计入开发成本或固定资产的合法有效凭证，其抵偿工程款的货物要按规定缴纳增值税。如果甲公司是为乙公司代购材料，则应将购买货物发票单位写明为乙公司并将发票转交给乙公司，作为乙公司的成本费用合法凭证，不视为甲公司销售材料。

在实践中，甲公司若属于房地产开发企业，由于材料购进未抵扣进项税额，大都不视同销售缴纳增值税，许多地方的税务部门一般也是认可的，但也不排除让其按照小规模纳税人补缴税款的可能（房地产开发企业一般都未取得一般纳税人资格）。甲公司若属于工业企业，不视同销售缴纳增值税，则有被税务机关处以补缴增值税并罚款加收滞纳金的风险。

3. 关于建筑安装工程营业税计税营业额中设备与材料划分问题，国家税务总局并无明确规定，大家可以参考各自省市的地方性文件，没有地方性文件的省市可以参考《中华人民共和国建设工程计价设备材料划分标准》（GB/T50531—2009）。

4. 建筑业计税依据的特殊规定，见表4-2。

表4-2 **建筑业计税依据的特殊规定**

税目	项目	施工方提供	建设方提供
建筑业（不含装饰劳务）	原材料、物资、动力	包括在施工方营业额内	包括在施工方营业额内
	设备	包括在施工方营业额内	不包括在施工方营业额内
装饰工程	原材料、物资、动力	包括在施工方营业额内	不包括在施工方营业额内
	设备	包括在施工方营业额内	不包括在施工方营业额内

【例4-3】甲建筑公司以16 000万元的总承包额中标为丙房地产开发公司承建一幢写字楼，之后，甲建筑公司又将该写字楼工程的装饰工程以7 000万元分包给乙建筑公司。工程完工后，丙房地产开发公司用其自有的市值4 000万元的两幢完全相同的普通住宅楼抵顶了应付给甲建筑公司的工程劳务费；甲建筑公司将一幢普通住宅楼自用，两个月后，将另一幢普通住宅按照2 200万元的市值抵顶了应付给乙建筑公司的工程劳务费。甲、乙、丙公司缴纳营业税的计算：

1. 甲建筑公司应按扣除分包给乙公司后的余额缴纳自身应缴的营业税。

甲建筑公司应纳建筑业营业税＝（16 000－7 000）×3％＝270（万元）

甲建筑公司抵顶劳务费的房屋视同转让不动产应交营业税，其抵入该楼的作价可从营业额中扣除。

甲建筑公司按销售不动产缴纳营业税＝（2 200－2 000）×5％＝10（万元）

2. 乙建筑公司应纳建筑业营业税＝7 000×3％＝210（万元）。

3. 丙房地产开发公司抵顶劳务费的房屋视同转让不动产应交营业税＝4 000×5％＝200（万元）。

【例4-4】某广告公司10月份发生业务：为客户制作广告并取得广告业务收入300万元，发生广告制作支出14万元，向媒体支付广告发布费60万元；所属打字复印社取得营业收入54万元，购买纸张发生支出30万元；举办培训班并提供咨询服务取得收入38万元，同时发生资料费支出2万元。10月份该广告公司应缴纳营业税计算：

从事广告代理业务的，以其全部收入减去支付给其他广告公司或广告发布者（包括媒体、载体）的广告发布费后的余额为营业额。

该广告公司应缴纳营业税＝（300－60＋54＋38）×5％＝16.6（万元）

【例4-5】某证券公司5月以8元/股的价格购进A股票50 000股,购入过程中发生各种费用800元;10月将上述股票以13元/股的价格全部出售,卖出过程中发生税费1 950元;10月取得客户佣金收入6 000 000元,另代收证券交易监管费8 000元。该证券公司10月应缴纳营业税的计算:

外汇、证券、期货等金融商品转让:按卖出价减去买入价后的差额确认为营业额。

金融经纪业务和其他金融业务(中间业务)营业额为手续费(佣金)类的全部收入,包括价外收取的代垫、代收代付费用(如邮电费、工本费)加价等,从中不得作任何扣除。

该证券公司应缴纳营业税=50 000×(13-8)×5%+6 000 000×5%
=312 500(元)

【例4-6】某企业2月转让一项自创商标权,成本200万元,收取转让费500万元;另转让一块抵债得来的土地使用权,抵债时作价400万元,现以450万元转让。该企业上述活动应纳营业税的计算:

转让专利权应该全额计税,但是转让土地使用权,按照差额计税。

应纳营业税=(500+450-400)×5%=27.5(万元)

二、营业税纳税申报示范

为加强营业税的征收管理,在广泛征求各地意见的基础上,国家税务总局制定了全国统一的《营业税纳税人纳税申报办法》(国税发〔2005〕202号),文件规定:自2006年3月1日起,交通运输业、娱乐业、服务业、建筑业营业税纳税人,除经税务机关核准实行简易申报方式外,均按本办法进行纳税申报。邮电通信业、文化体育业、转让无形资产和销售不动产的营业税纳税人目前仍按照各地的申报办法进行纳税申报;金融保险业营业税纳税人目前仍按照《国家税务总局关于印发〈金融保险业营业税申报管理办法〉的通知》(国税发〔2002〕9号)进行纳税申报。

凡按国税发〔2005〕202号文件进行纳税申报的营业税纳税人均应报送以下资料:

1.《营业税纳税申报表》;

2. 按照本纳税人发生营业税应税行为所属的税目,分别填报相应税目的营业税纳税申报表附表;同时发生两种或两种以上税目应税行为的,应同时填报相应的纳税申报表附表;

3. 凡使用税控收款机的纳税人应同时报送税控收款机IC卡;

4. 主管税务机关规定的其他申报资料。

纳税申报资料的报送方式、报送的具体份数由省一级地方税务局确定。

国税发〔2005〕202号文件规定的申报表有下列几种:

1. 营业税纳税申报表;

2. 交通运输业营业税纳税申报表;

3. 娱乐业营业税纳税申报表;

4. 服务业营业税纳税申报表;

5. 服务业减除项目金额明细申报表；

6. 建筑业营业税纳税申报表；

7. 异地提供建筑业劳务税款缴纳情况申报表。

各种营业税纳税申报表的项目设计相似，一般包括营业额（应税收入、应税减除项目金额、应税营业额、免税收入）、税率、本期税款计算（本期应纳税额、免（减）税额）、税款缴纳（期初欠缴税额、前期多缴税额、本期已缴税额、本期应缴税额计算）几项，逻辑关系也较为简单，填写起来也非常容易。限于篇幅，本书仅以《营业税纳税申报表》、《建筑业营业税纳税申报表》两个表为例进行列示，见表4-3、表4-4。

营业税纳税申报表填写示范：

【例4-7】L市雨丰建筑有限公司（税号：370000000000068），主营业务为建筑业，其非独立核算的生产车间自产建材销售，20×3年12月，发生如下业务：

1. 承建甲企业办公楼，合同中约定，甲企业提供电梯，价款880万元。该办公楼12月竣工并一次性结算工程价款12 900万元（包括劳动保护费16万元、临时设施费22万元），另外取得提前竣工奖20万元。

纳税人从事建筑劳务（不含装饰劳务）的，营业额应当包括工程所用原材料、设备及其他物质和动力的价款在内，但是不包含建设方提供的设备的价款。甲作为建设方提供的电梯价款不计入营业额中，该建筑公司承建甲企业办公楼应缴纳营业税＝(12 900＋20)×3%＝387.6(万元)。

2. 承建乙企业家属宿舍楼，合同约定该工程实行包工包料方式。该宿舍楼12月竣工并结算工程价款5 480万元，其中：工程所耗用的水泥预制板由建筑公司非独立核算的生产车间提供，价款220万元，其余建筑材料由建筑公司购进，价款3 400万元，建筑工程劳务价款1 860万元。

纳税人提供建筑业劳务并销售自产货物，属于特殊的混合销售行为，分别计算增值税和营业税。该建筑公司承建乙企业家属宿舍楼应缴纳的营业税＝(5 480－220)×3%＝157.8(万元)。

3. 承建丙房地产开发公司一幢写字楼，该写字楼12月竣工并结算工程价款16 000万元（总承包额），与戊建筑公司结算该写字楼工程的装饰工程价款7 000万元（分包额）。

纳税人将建筑工程分包给其他单位的，以其取得的全部价款和价外费用扣除其支付给其他单位的分包款后的余额为营业额。该建筑公司应按扣除分包给戊建筑公司后的余额缴纳营业税＝(16 000－7 000)×3%＝270(万元)。

4. 承包丁宾馆室内装修工程，装饰、装修劳务费1 400万元，辅助材料费用66万元；宾馆自行采购的材料价款2 600万元及中央空调设备价款129万元。

纳税人提供装饰劳务，按照其向客户实际收取的人工费、管理费和辅助材料费等收入（不含客户自行采购的材料价款和设备价款）确认计税营业额。该建筑公司装饰装修劳务收入应缴纳营业税＝(1 400＋66)×3%＝43.98(万元)。

营业税合计＝387.6＋157.8＋270＋43.98＝859.38(万元)

编制纳税申报表，见表4-3、表4-4。

表4-3

营业税纳税申报表
（适用于查账征收的营业税纳税人）

纳税人识别号：37000000000068

纳税人名称：L市雨丰建筑有限公司（公章）

税款所属时间：自20×3年12月1日至20×3年12月31日　　　　填表日期：20×4年1月7日　　　　金额单位：元（列至角分）

税目	营业额					本期税款计算						本期已缴税额			税款缴纳	本期应缴税额计算	
	应税收入	应税减除项目金额	应税营业额	免税收入	税率(%)	小计	本期应纳税额	免(减)税额	期初欠缴税额	前期多缴税额	小计	已缴本期应纳税额	本期已被扣缴税额	本期已缴欠缴税额	小计	本期期末应缴税额	本期期末欠缴税额
1	2	3	4=2-3	5	6	7=8+9	8=(4-5)×6	9=5×6	10	11	12=13+14+15	13	14	15	16=17+18	17=8-13-14	18=10-15-11
交通运输业																	
建筑业	356 460 000	70 000 000	286 460 000		3%	8 593 800	8 593 800								8 593 800	8 593 800	
邮电通讯业																	
服务业																	
娱乐业																	
金融保险业																	
文化体育业																	

续表

税目	营业额				税率(%)	本期应纳税款计算			期初前期多缴税额	税款缴纳					本期应缴税额计算		
	应税收入	应税减除项目金额	应税营业额	免税收入		小计	本期应纳税额	免(减)税额	期初欠缴税额		本期已缴税额			小计	小计	本期期末应缴税额	本期期末应缴欠缴税额
											已缴本期应纳税额	本期已被扣缴税额	本期已缴欠缴税额				
销售不动产																	
转让无形资产																	
合计	356 460 000	70 000 000	286 460 000		3%	8 593 800	8 593 800							8 593 800	8 593 800	8 593 800	
代扣代缴项目																	
总计	356 460 000	70 000 000	286 460 000		3%	8 593 800	8 593 800							8 593 800	8 593 800	8 593 800	

纳税人或代理人声明：

此纳税申报表是根据国家税收法律的规定填报的，我确定它是真实的、可靠的、完整的。

如纳税人填报，由纳税人填写以下各栏：

| 财务负责人 （签章） | 法定代表人 （签章） | 联系电话 |
| 办税人员 （签章） | | |

如委托代理人填报，由代理人填写以下各栏：

| 代理人名称 | 经办人 （签章） | 联系电话 |
| | 代理人 （公章） | |

以下由税务机关填写：

受理人：　　　　　　　　　　　　　　　　　　　　　　　受理税务机关（签章）：

年　月　日

本表为 A3 横式。

本表一式三份，一份纳税人留存，一份主管税务机关留存，一份征收部门留存。

表 4-4

建筑业营业税纳税申报表
（适用于建筑业营业税纳税人）

纳税人识别号：370000000000068
纳税人名称：L市雨丰建筑有限公司（公章）
税款所属时间：自20×3年12月1日至20×3年12月31日
填表日期：20×4年1月7日
金额单位：元（列至角分）

申报项目	应税项目	应税收入	小计	支付给分（转）包人工程价款	减除设备价款	其他减除项目金额	应税营业额	免税收入	税率（%）	小计	本期应纳税额	免（减）税额	期初欠缴税额	前期多缴税额	小计	已缴本期应纳税额	本期已被扣缴税额	本期已缴欠缴税额	小计	本期期末应缴税额	本期期末应缴欠缴税额
1	2	3	4=5+6+7	5	6	7	8=3-4	9	10	11=12+13	12=(8-9)×10	13=9×10	14	15	16=17+18+19	17	18	19	20=21+22	21=12-17-18	22=14-15-19
本地提供建筑业应税劳务申报事项	建筑	341 800 000	70 000 000	70 000 000			271 800 000		3%		8 154 000								8 154 000	8 154 000	
	安装																				
	修缮																				
	装饰	14 660 000					14 660 000		3%		439 800								439 800	439 800	
	其他工程作业																				
	自建行为																				
	合计	356 460 000	70 000 000	70 000 000			286 460 000		3%		8 593 800								8 593 800	8 593 800	
代扣代缴项目																					
	总计	356 460 000	70 000 000	70 000 000			286 460 000		3%		8 593 800								8 593 800	8 593 800	

续表

申报项目 应税项目	应税收入	应税减除项目金额 小计	支付给分包(转)人工程价款	减除设备价款	其他减除项目金额	应税营业额	免税收入	税率(%)	本期税款计算 小计	本期应纳税额	免(减)税额	期初欠缴税额	前期多缴税额	本期已缴税额 小计	已缴本期应纳税额	本期已被扣缴税额	本期已缴欠缴税额	本期应缴税额计算 小计	本期期末应缴税额	本期期末应缴欠额税额
2	3	4=5+6+7	5	6	7	8=3-4	9	10	11=12+13	12=(8-9)×10	13=9×10	14	15	16=17+18+19	17	18	19	20=21+22	21=12-17-18	22=14-15-19
建筑																				
安装																				
修缮																				
装饰																				
其他工程作业																				
自建行为																				
异地提供建筑业应税劳务申报事项																				
合计																				
代扣代缴项目																				
总计																				

以下由税务机关填写：

受理人：　　　　　　　　受理日期：　年　月　日　　　　　　受理税务机关（签章）：

本表为 A3 横式一式三份，一份纳税人留存，一份主管税务机关留存，一份征收部门留存。

第五章　房产税

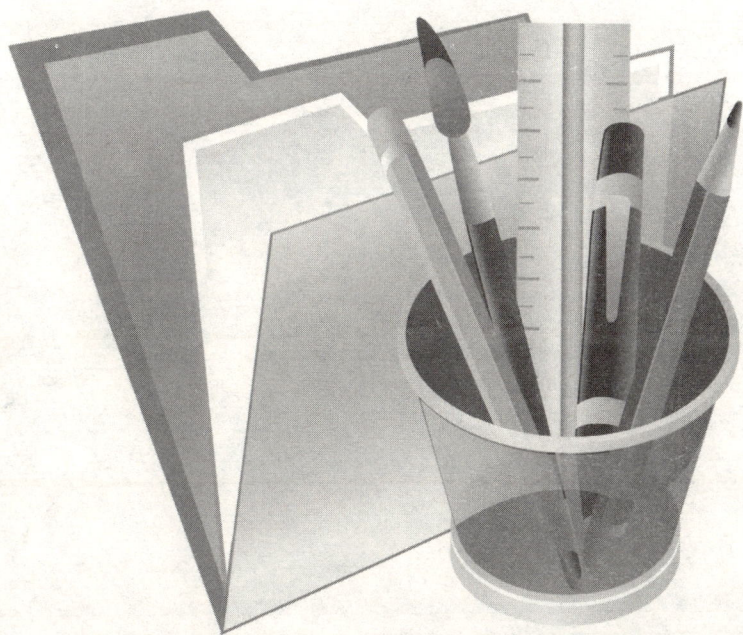

房产税是以房屋为征税对象，按房屋的计税余值或租金收入为计税依据，向房屋产权所有人征收的一种财产税。

本章先对房产税的众多纳税事项进行了梳理、汇总，并编制为表格形式，更加直观、清晰，便于阅读和掌握；然后对房产税的核算进行了举例说明；最后对房产税纳税申报进行了示范。

一、房产税主要纳税事项

房产税主要纳税事项，见表 5-1。

表 5-1　　　　　　　　　　　房产税主要纳税事项

征税对象	房屋是指有屋面和围护结构（有墙或两边有柱），能够遮风避雨，可供人们在其中生产、工作、学习、娱乐、居住或储藏物资的场所。 独立于房屋之外的建筑物，如围墙、烟囱、水塔、变电塔、油池油柜、酒窖菜窖、酒精池、糖蜜池、室外游泳池、玻璃暖房、砖瓦石灰窑以及各种油气罐等，则不属于房产。与房屋不可分离的附属设施，属于房产。 房地产开发企业建造的商品房（相当于仓库里的库存商品），在出售前，不征收房产税；但对出售前房地产开发企业已使用或出租、出借的商品房应按规定征收房产税。
征税范围	房产税在城市、县城、建制镇和工矿区征收，不包括农村。与城镇土地使用税有一样的征税范围。
纳税人	房产税以在征税范围内的房屋产权所有人为纳税人（受益性原则确定纳税人）。其中： 1. 产权属国家所有的，由经营管理单位纳税；产权属集体和个人所有的，由集体单位和个人纳税。 2. 产权出典的，由承典人为纳税人。 3. 产权所有人、承典人不在房屋所在地的，由房产代管人或者使用人纳税。 4. 产权未确定及租典纠纷未解决的，亦由房产代管人或者使用人纳税。 5. 无租使用其他房产的问题。纳税单位和个人无租使用房产管理部门、免税单位及纳税单位的房产，应由使用人代为缴纳房产税。（例如，企业使用政府机构办公楼办公，企业应交房产税。） 自 2009 年 1 月 1 日起，外商投资企业、外国企业和外国人经营的房产，也应缴纳房产税。
税率	1. 从价计税：1.2%。 2. 从租计税：12%。
计税依据	1. 对经营自用的房屋，以房产的计税余值作为计税依据。 所谓计税余值，是指依照税法规定按房产原值一次减除 10%～30% 的损耗价值以后的余额。其中： (1) 房产原值是指纳税人按照会计制度规定，在账簿"固定资产"科目中记载的房屋原价。 (2) 房产原值应包括与房屋不可分割的各种附属设备或一般不单独计算价值的配套设施。 (3) 纳税人对原有房屋进行改建、扩建的，要相应增加房屋的原值。 (4) 更换房屋附属设施和配套设施的，在将其价值计入房产原值时，可扣减原来相应设备和设施的价值；对附属设备和配套设施中易损坏，需要经常更换的零配件，更新后不再计入房产原值，原零配件的原值也不扣除。

<table>
<tr>
<td></td>
<td>

（5）自 2006 年 1 月 1 日起，凡在房产税征收范围内的具备房屋功能的地下建筑，包括与地上房屋相连的地下建筑以及完全建在地面以下的建筑、地下人防设施等，均应当依据有关规定征收房产税。

（6）在确定计税余值时，房产原值的具体减除比例，由省、自治区、直辖市人民政府在税法规定的减除幅度内自行确定。

2. 对于出租的房屋，以租金收入为计税依据。

3. 投资联营及融资租赁房产的计税依据。

（1）对投资联营的房产，在计征房产税时应予区别对待。

对于以房产投资联营，投资者参与投资利润分红，共担风险的，按房产的余值作为计税依据计征房产税；（相当于自己经营房产，经营好，多受益）

对以房产投资，收取固定收入，不承担联营风险的，实际是以联营名义取得房产租金，应根据《房产税暂行条例》的有关规定，由出租方按租金收入计算缴纳房产税。

（2）对融资租赁房屋的情况。

融资租赁的房产，由承租人租赁合同约定开始日的次月起依照房产余值缴纳房产税。合同未约定开始日的，由承租人自合同签订的次月起缴纳。

4. 居民住宅区内业主共有的经营性房产的计税依据

对居民住宅区内业主共有的经营性房产，由实际经营（包括自营和出租）的代管人或使用人缴纳房产税。其中自营的，依照房产原值减除 10% 至 30% 后的余值计征，没有房产原值或不能将业主共有房产与其他房产的原值准确划分开的，由房产所在地地方税务机关参照同类房产核定房产原值；出租的，依照租金收入计征。

5. 对出租房产，租赁双方签订的租赁合同约定有免收租金期限的，免收租金期间由产权所有人按照房产原值缴纳房产税。

6. 对按照房产原值计税的房产，无论会计上如何核算，房产原值均应包含地价，包括取得土地使用权支付的价款、开发土地发生的成本费用等。容积率低于 0.5 的，按房产建筑面积的 2 倍计算土地面积并据此确定计入房产原值的地价。

7. 产权出典的房产，由承典人依照房产余值缴纳房产税。

8. 对于与地上房屋相连的地下建筑，如房屋的地下室、地下停车场、商场的地下部分等，应将地下部分与地上房屋视为一个整体，按照地上房屋建筑的有关规定计算征收房产税。

</td>
</tr>
<tr>
<td>应纳税额的计算</td>
<td>

1. 地上建筑物

$$应纳税额＝房产计税余值（或租金收入）×适用税率$$

2. 地下建筑物

（1）工业用途房产，以房屋原价的 50%～60% 作为应税房产原值。

$$应纳房产税的税额＝应税房产原值×（1－原值减除比例）×1.2\%$$

（2）商业和其他用途房产，以房屋原价的 70%～80% 作为应税房产原值。

$$应纳房产税的税额＝应税房产原值×（1－原值减除比例）×1.2\%$$

（3）出租的地下建筑，按照出租地上房屋建筑的有关规定计算征收房产税。

</td>
</tr>
<tr>
<td>账务处理</td>
<td>应交房产税记入"管理费用"（企业会计准则）、"营业税金及附加"（小企业会计准则）科目。</td>
</tr>
</table>

减免税优惠	下列房产免征房产税： 1. 国家机关、人民团体、军队自用的房产 2. 国家财政部门拨付事业经费的单位自用的房产 3. 宗教寺庙、公园、名胜古迹自用的房产 4. 个人拥有的非营业用的房产 5. 经财政部批准免税的其他房产 （1）企业办的各类学校、医院、托儿所、幼儿园自用的房产免税。 （2）经有关部门鉴定，对毁损不堪居住的房屋和危险房屋，在停止使用后，可免征房产税。 （3）自 2004 年 8 月 1 日起，对军队空余房产租赁收入暂免征收房产税。 （4）凡是在基建工地为基建工地服务的各种工棚、材料棚和办公室、食堂等临时性房屋在施工期间一律免征房产税。但是如果在基建工程结束以后，施工企业将这种临时性房屋交还或者估价转让给基建单位的，应当从基建单位接收的次月起，依照规定征收房产税。 （5）自 2004 年 7 月 1 日起，纳税人因房屋大修导致连续停用半年以上的，在房屋大修期间免征房产税。 （6）纳税单位与免税单位共同使用的房屋，按各自使用的部分划分，分别征收或免征房产税。 （7）老年服务机构自用的房产暂免征收房产税。 （8）按政府规定价格出租的公有住房和廉租住房，暂免征收房产税。 （9）对于邮政部门坐落在城市、县城、建制镇、工矿区范围内的房产，应当依法征收房产税。 （10）对房地产开发企业建造的商品房，在出售前不征收房产税。但对出售前房地产开发企业已使用或出租、出借的商品房应按规定征收房产税。 （11）铁道部所属铁路运输企业自用的房产，继续免征房产税。 （12）对行使国家行政管理职能的中国人民银行总行（含国家外汇管理局）所属分支机构自用的房产，免征房产税。 （13）天然林的保护工程相关的房产免税。 （14）对经营公租房所取得的租金收入，免征房产税。公租房租金收入与其他住房经营收入应单独核算，未单独核算的，不得享受免征房产税优惠政策。 （15）自 2011 年 7 月 1 日至 2015 年 12 月 31 日，对向居民供热而收取采暖费的供热企业，为居民供热所使用的厂房及土地继续免征房产税、城镇土地使用税。 对既向居民供热，又向单位供热或者兼营其他生产经营活动的供热企业，按其向居民供热而取得的采暖费收入占企业总收入的比例免征房产税、城镇土地使用税。
纳税义务发生时间	1. 纳税人将原有房产用于生产经营从生产经营之月起。 2. 纳税人自建房屋用于生产经营从建成之次月起。 3. 委托施工企业建设的房屋从办理验收手续之次月起（此前已使用或出租、出借的新建房屋，应从使用或出租、出借的当月起）。 4. 纳税人购置新建商品房自房屋交付使用之次月起。 5. 购置存量房自办理房屋权属转移、变更登记手续，房地产权属登记机关签发房屋权属证书之次月起。 6. 纳税人出租、出借房产自交付出租、出借房产之次月起。 7. 房地产开发企业自用、出租、出借本企业建造的商品房自房屋使用或交付之次月起。
纳税期限	房产税实行按年计算，分期缴纳的征收办法。具体纳税期限由省、自治区、直辖市人民政府规定。
纳税地点	房产税在房产所在地缴纳。对房产不在同一地方的纳税人，应按房产的坐落地点分别向房产所在地的税务机关缴纳。

下面举例说明房产税的核算方法：

【例5-1】 甲公司20×1年受让国有土地面积1 000平方米，合同约定受让金额为260 000元（实际支付260 000元后，当地政府返还60 000元，但未具体规定资金的专项用途），缴纳耕地占用税30 000元、契税5 200元，另支付原住户树木迁移费900元，20×1年外包其他单位承建平房350 000元（年底已完工，建筑面积510平方米）。20×2年该公司应缴纳房产税计算：

1. 容积率＝510÷1 000＝0.51
2. 应并入的土地价值＝260 000＋30 000＋5 200＋900＝296 100(元)
3. 房产税＝（350 000＋296 100）×（1－30%）×1.2%＝5 427.24(元)

【例5-2】 乙公司有一宗土地，占地20 000平方米，每平方米平均地价1万元，该宗土地上房屋建筑面积8 000平方米，房屋原值5 600 000元，该公司20×2年1月对该土地进行评估，评估增值后的每平方米平均地价1.5万元。20×2年公司应缴纳房产税计算：

1. 容积率＝8 000÷20 000＝0.4
2. 应并入的土地价值＝应税房产建筑面积×2×土地单价＝8 000平方米×2×1万元/平方米＝16 000万元（评估价值不属于取得土地使用权支付的价款，不需要计入房产原值。）
3. 房产税＝(5 600 000＋160 000 000)×（1－30%）×1.2%＝1 391 040(元)

【例5-3】 某企业20×2年初委托施工企业建造仓库一幢，9月末办理验收手续，仓库入账原值400万元，9月30日将原值300万元的旧车间对外投资联营，当年收取固定利润10万元。当地政府规定房产计税余值扣除比例为30%。

该企业以房产进行投资，收取固定收入，不承担投资风险，应按租金收入计算缴纳房产税。

$$应缴纳房产税＝400×（1－30\%）×1.2\%÷12×3＋300×（1－30\%）×1.2\%$$
$$÷12×9＋10×12\%$$
$$＝3.93(万元)$$

【例5-4】 某企业6月以经营租赁方式租出一处房屋，租赁期到当年年末，当年获取租金10万元。同时融资租赁的方式租入一处房产，原值1 000万元，租赁期5年，租入当月投入使用，每月支付租赁费10万元。计算房产余值的扣除比例为20%。当年某企业应缴纳房产税＝1 000×（1－20%）×1.2%×6÷12＋10×12%＝6(万元)。

【例5-5】 某供热企业20×2年拥有的生产用房原值6 000万元，全年取得供热总收入3 600万元，其中直接向居民供热的收入1 200万元。企业所在省规定计算房产余值的扣除比例为30%，该企业20×2年应缴纳房产税＝6 000×（1－30%）×1.2%×（3 600－1 200）÷3 600＝33.6(万元)。

二、房产税纳税申报示范

房产税（城市房地产税）纳税申报表填写示范：

【例5-6】L市雨泽有限公司（税号：370000000000088）自用房产原值3 000 000元，20×3年9月30日以经营租赁方式租出房产（原值200 000元），每季度收取租金8 000元，每季度申报缴纳一次房产税。第四季度《房产税（城市房地产税）纳税申报表》的填写，见表5-2和表5-3。

表5-2　　　　　　　　　　　　房产税（城市房地产税）纳税申报表

纳税人识别号：370000000000088　　　　　　　　　　纳税人名称：L市雨泽有限公司

税款所属期：20×3-10-01 至 20×3-12-31

填表日期：20×4-01-07

金额单位：人民币元

项目	从价计税的房产原值	税率	本期应纳税额	本期已缴税额	本期应补（退）税额
	1	2	3	4	5＝3－4
从价计税的房产	2 800 000.00	1.2%	5 880.00		5 880.00
小计	2 800 000.00	—	5 880.00		5 880.00
项目	本期租金收入	税率	本期应纳税额	本期已缴税额	本期应补（退）税额
	1	2	3＝1×2	4	5＝3－4
从租计税的房产	8 000.00	12%	960.00		960.00
小计	8 000.00	—	960.00		960.00
合计	—	—	6 840.00		6 840.00

纳税人或代理人声明： 此纳税申报表是根据国家税收法律的规定填报的，我确信它是真实的、可靠的、完整的。	如纳税人填报，由纳税人填写以下各栏		如委托代理人填报，由代理人填写以下各栏		
	经办人（签章）		代理人名称		代理人（公章）
	会计主管（签章）		经办人（签章）		
	法定代表人（签章）		联系电话		

以下由税务机关填写

受理人	受理日期	受理税务机关（签章）

填表说明：

1. 本表适用于中国境内房产税纳税人填报。

2. 纳税人有多处房产的，按房产的不同坐落地点分别向房产坐落地主管地方税务机关申报缴纳房产税。

3. 本表"从价计税的房产"项目的"小计"数据根据附表的"合计"栏数据填写。

4. 房产税按年征收、分期缴纳。纳税期限由省、自治区、直辖市人民政府规定。

表 5-3

房产税（城市房地产税）纳税申报表附表

纳税人识别号：370000000000088　　　　　　　　　　　　　　　纳税人名称：L市雨泽有限公司
税款所属期：20×3-10-01 至 20×3-12-31　　填表日期：20×4-01-07　　金额单位：人民币元

项目	房产增减月份	房产原值	税法规定的免税房产原值	从租计税的房产原值	从价计税的房产原值	计税房产余值	税率	从价计税房产全年应纳税额（从价计税房产全年应纳抵税额）	核定缴纳次数	本期应纳税额	本期已缴税额	本期应补（退）税额
	1	2	3	4	5=2-3-4	6=5×(1-30%)	7	8	9	10	11	12=10-11
年初房产原值（评估值）房产税申报计算	—	3 000 000.00			3 000 000.00	2 100 000.00	1.20%	25 200.00	4	6 300.00		6 300.00
小计	—	3 000 000.00			3 000 000.00	2 100 000.00	1.20%	25 200.00	4	6 300.00		6 300.00
年内房产原值（评估值）增减房产税申报计算	9			200 000.00	−200 000.00	−140 000.00	1.20%	−420.00		−420.00		−420.00
小计	—			200 000.00	−200 000.00	−140 000.00	1.20%	−420.00		−420.00		−420.00
合计	—	3 000 000.00		200 000.00	2 800 000.00	1 960 000.00	—	24 780.00		5 880.00		5 880.00

以下由税务机关填写：

受理人	受理日期	受理税务机关（签章）

填表说明：

1. 本表适用于中国境内房产纳税人填报。

2. "年初房产原值（评估值）房产税申报计算"对应栏次只填写按年初房产原值（评估值）计算的房产税。该数据一年内不变动。有下列情况之一的，在"年内房产原值（评估值）增减房产税申报计算"对应栏内填写：年内房产原值增减变动的；从价计税的房产原值增减变动的；从租计税房产原值增减变动的。

3. 第8列"从价计税房产全年应纳税额"是指房产原值未发生变化的，房产原值增加的，"从价计税房产全年应抵扣税额"是指房产原值减少的情况填写。

4. 房产原值未发生变化的，8列=6列×7列；10列=8列÷9列。

5. 房产原值增加的，8列=6列×7列×本期应纳税月数÷12；10列=8列×7列×本期应纳税月数÷12。

6. 房产原值减少的，8列=6列×7列×本期不纳税月数÷12；10列=8列×7列×本期不纳税月数÷12。每月每月增减变动自变化月份起按月份按应纳税月数填写。纳税人房产原值在纳税年度内的各申报期的各申报期都必须填写，增加填写正数，减少填写负数。

7. 本表"年初房产原值房产税申报计算"与"年内房产原值增减房产税申报计算"对应栏次均按房产税座落地逐个填列。

第六章 城镇土地使用税

城镇土地使用税是以开征范围的土地为征税对象，以实际占用的土地面积为计税标准，按规定税额对拥有土地使用权的单位和个人征收的一种税。

本章先对城镇土地使用税的众多纳税事项进行了梳理、汇总，并编制为表格形式，更加直观、清晰，便于阅读和掌握；然后对城镇土地使用税的核算进行了举例说明；最后对城镇土地使用税纳税申报进行了示范。

一、城镇土地使用税主要纳税事项

城镇土地使用税主要纳税事项，见表 6-1。

表 6-1　　　　　　　　　　　城镇土地使用税主要纳税事项

征税范围	城镇土地使用税的征税范围是城市、县城、建制镇和工矿区。但征税范围不包括农村。在开征此税地区范围内使用国家和集体所有土地的单位和个人，都是该税的纳税人。
纳税人	凡在城市、县城、建制镇、工矿区范围内使用土地的单位和个人，为城镇土地使用税的纳税义务人。 1. 城镇土地使用税由拥有土地使用权的单位或个人缴纳。 2. 土地使用权未确定或权属纠纷未解决的，由实际使用人纳税。 3. 土地使用权共有的，由共有各方分别纳税。
适用税额	1. 大城市 1.5 元至 30 元； 2. 中等城市 1.2 元至 24 元； 3. 小城市 0.9 元至 18 元； 4. 县城、建制镇、工矿区 0.6 元至 12 元。 城镇土地使用税适用地区幅度差别定额税率。经济落后地区，税额可适当降低，但降低额不得超过税率表中规定的最低税额 30％。经济发达地区的适用税额可适当提高，但需报财政部批准。
计税依据	城镇土地使用税以纳税人实际占用的土地面积（平方米）为计税依据。 1. 纳税人实际占用的土地面积，以房地产管理部门核发的土地使用证书与确认的土地面积为准。 2. 尚未核发土地使用证书的，应由纳税人据实申报土地面积，据以纳税，待核发土地使用证后再作调整。 3. 对在城镇土地使用税征税范围内单独建造的地下建筑用地，按规定征收城镇土地使用税。其中，已取得地下土地使用权证的，按土地使用权证确认的土地面积计算应征税款；未取得地下土地使用权证或地下土地使用权证上未标明土地面积的，按地下建筑垂直投影面积计算应征税款。对上述地下建筑用地暂按应征税款的 50％征收城镇土地使用税。
应纳税额的计算	应纳税额＝计税土地面积（平方米）×适用税额 土地使用权由几方共有的，由共有各方按照各自实际使用的土地面积占总面积的比例，分别计算缴纳土地使用税。
账务处理	应交土地使用税记入"管理费用"（企业会计准则）、"营业税金及附加"（小企业会计准则）科目。

减免税优惠	1. 国家机关、人民团体、军队自用的土地 2. 由国家财政部门拨付事业经费的单位自用的土地 企业办的学校、医院、托儿所、幼儿园，其用地能与企业其他用地明确区分的，可以比照由国家财政部门拨付事业经费的单位自用的土地，免征城镇土地使用税。 3. 宗教寺庙、公园、名胜古迹自用的土地 4. 市政街道、广场、绿化地带等公共用地 5. 直接用于农、林、牧、渔业的生产用地 指直接从事种植、养殖、饲养的专业用地。农副产品加工厂占地和从事农、林、牧、渔业生产单位的生活、办公用地不包括在内。 6. 开山填海整治的土地 7. 由财政部另行规定免税的能源、交通、水利用地和其他用地 (1) 个人所有的居住房屋及院落用地； (2) 免税单位职工家属宿舍用地； (3) 民政部门举办的安置残疾人占一定比例的福利工厂用地； (4) 集体和个人举办的各类学校、医院、托儿所、幼儿园用地。
特殊规定	1. 对免税单位无偿使用纳税单位的土地，免征城镇土地使用税；对纳税单位无偿使用免税单位的土地，纳税单位应照章缴纳城镇土地使用税。 2. 房地产开发公司建造商品房的用地，除经批准开发建设经济适用房的用地外，对各类房地产开发用地一律不得减免城镇土地使用税。 3. 对企业厂区（包括生产、办公及生活区）以内的绿化用地，应照章征收城镇土地使用税，厂区以外的公共绿化用地和向社会开放的公园用地，暂免征收城镇土地使用税。 4. 自 2011 年 7 月 1 日至 2015 年 12 月 31 日，对向居民供热而收取采暖费的供热企业，为居民供热所使用的厂房及土地继续免征房产税、城镇土地使用税。 对既向居民供热，又向单位供热或者兼营其他生产经营活动的供热企业，按其向居民供热而取得的采暖费收入占企业总收入的比例免征房产税、城镇土地使用税。 5. 对廉租住房、经济适用住房建设用地以及廉租住房经营管理单位按照政府规定价格、向规定保障对象出租的廉租住房用地，免征城镇土地使用税。 开发商在经济适用住房、商品住房项目中配套建造廉租住房、在商品住房项目中配套建造经济适用住房，如能提供政府部门出具的相关材料，可按廉租住房、经济适用住房建筑面积占总建筑面积的比例免征开发商应缴纳的城镇土地使用税。
纳税义务发生时间	1. 购置新建商品房，自房屋交付使用之次月起计征城镇土地使用税。 2. 购置存量房，自办理房屋权属转移、变更登记手续，房地产权属登记机关签发房屋权属证书之次月起计征城镇土地使用税。 3. 出租、出借房产，自交付出租、出借房产之次月起计征城镇土地使用税。 4. 房地产开发企业自用、出租、出借本企业建造的商品房，自房屋使用或交付之次月起计征城镇土地使用税。 5. 纳税人新征用的耕地，自批准征用之日起满 1 年时开始缴纳城镇土地使用税。 6. 纳税人新征用的非耕地，自批准征用次月起缴纳城镇土地使用税。
纳税期限	土地使用税按年计算、分期缴纳。缴纳期限由省、自治区、直辖市人民政府确定。
纳税地点	纳税人使用的土地不属于同一市（县）管辖范围内的，由纳税人分别向土地所在地的税务机关申报缴纳。在同一省（自治区、直辖市）管辖范围内，纳税人跨地区使用的土地，由各省、自治区、直辖市税务局确定纳税地点。

【例6-1】甲公司有A、B、C三块生产经营用地，A土地使用权属于甲公司，面积 10 000平方米，其中幼儿园占地1 000平方米，厂区内绿化占地2 000平方米；B土地使用权属甲公司与乙公司共同拥有，面积5 000平方米，实际使用面积各半；C面积 3 000平方米，甲公司一直使用但土地使用权未确定。假设A、B、C的城镇土地使用税的单位税额为每平方米8元，则甲公司全年应纳城镇土地使用税计算为（10 000－1 000＋5 000÷2＋3 000）×8＝116 000(元)。

【例6-2】某市肉制品加工企业占地60 000平方米，其中：办公占地5 000平方米，生猪养殖基地占地28 000平方米，肉制品加工车间占地16 000平方米，企业内部道路及绿化占地11 000平方米。企业所在地城镇使用税单位税额每平方米0.8元。则该企业全年应缴纳城镇土地使用税＝(60 000－28 000)×0.8＝25 600(元)。

【例6-3】某公司有A、B两处单独地下建筑设施（两地段年税额8元/平方米）。其中，A设施现为地下商场，有地下土地使用证，登记面积为5 000平方米；B设施现用于储藏物品，地下土地使用证上未标明土地面积，但经有关部门测量该地下建筑垂直投影面积为2 000平方米。对A、B两处单独地下建筑设施，该公司每年应该缴纳土地使用税＝(5 000＋2 000)×8×50%＝28 000(元)。

【例6-4】某公司土地使用证登记面积为37 000平方米（该地段年税额8元/平方米），但经有关部门清查后发现该纳税人实际占用土地面积为40 000平方米，纳税人实际占用土地面积与土地使用证登记面积或批准面积不一致的，应按照实际占用土地面积缴纳土地使用税，该公司每年应该缴纳土地使用税40 000×8＝320 000(元)。

二、城镇土地使用税纳税申报示范

城镇土地使用税纳税申报表填写示范：

【例6-5】L市雨泽有限公司（税号：370000000000088）占地3 000平方米，该地段年税额8元/平方米，每季度申报缴纳一次土地使用税。第四季度《城镇土地使用税纳税申报表》填写，见表6-2和表6-3。

表6-2　　　　　　　　　　城镇土地使用税纳税申报表

纳税人识别号：370000000000088　　　　　　　　纳税人名称：L市雨泽有限公司
税款所属期：20×3-10-01 至 20×3-12-31
填表日期：20×4-01-07　　　　　　　　　　　　　　金额单位：人民币元

行号	土地等级	应税面积	单位税额	本期应纳税额	本期已缴税额	本期应补（退）税额
1	城市一等（L市）	3 000.00	8.00	6 000.00	0.00	6 000.00
	合计	3 000.00	8.00	6 000.00	0.00	6 000.00

填表说明：
会计主管人签字：　　　　代理申报人签字：　　　　企业盖章：　　　　填表日期：
税务机关收到日期：　　　　接收人：　　　　税务机关盖章：

　　填表说明：
　　1. 本表适用于城镇土地使用税纳税人填报。
　　2. 本表按照土地等级分别填报，各土地等级对应栏次根据附表"年初申报土地面积"和"年内增减占地面积"相同土地等级对应栏次的合计填写。
　　3. 土地使用税按年计算、分期缴纳。缴纳期限由省、自治区、直辖市人民政府确定。

表6-3

纳税人识别号：370000000000088

纳税人名称：L市雨泽有限公司

税款所属期限：20×2-10-01 至 20×2-12-31

城镇土地使用税纳税申报表附表

填表日期：20×3-01-07　　　金额单位：人民币元

项目	土地增减月份	土地等级	实际占地面积	免税面积	应税面积	单位税额	全年应纳税额（全年应抵冲税额）	缴纳次数	本期应纳税额	本期已缴税额	本期应补（退）税额
	1	2	3	4	5＝3－4	6	7	8	9	10	11＝9－10
年初申报土地面积	—	城市一等（L市）	3 000.00	0.00	3 000.00	8.00	24 000.00	4	6 000.00	0.00	6 000.00
小计	—	—	3 000.00	0.00	3 000.00	—	24 000.00	—	6 000.00	0.00	6 000.00
年内增减占地面积											
小计	—	—						—			
合计			3 000.00	0.00	3 000.00	—	24 000.00	—	6 000.00	0.00	6 000.00

以下由税务机关填写：

受理人		受理日期		受理税务机关（签章）

填表说明：

1. 本表适用于中国国境内城镇土地使用税纳税人填报。
2. 土地等级按照纳税人占用的土地所在地市，县人民政府划分的土地等级填列。
3. "年初申报土地面积"一行填写按年初土地面积计算的城镇土地使用税，该数据一年内不变动。第7列"全年应纳税额"是指土地面积未发生变化的，土地面积增加的情况填写；"全年应抵冲抵税额"是指土地面积减少的情况填写。
4. 土地面积未发生变化的，7列＝5列×6列；9列＝7列×本期应纳税月数÷本年应纳税月数。
5. 土地面积增加的，7列＝5列×6列×本期应纳税月数÷12；9列＝7列×本期应纳税月数÷12。
6. 土地面积减少的，7列＝5列×6列×本期不纳税月数÷12；9列＝7列×本年不纳税月数。
7. 纳税人土地面积在纳税年度内发生增减变化自变化之月份起按月计算，每月的增减税月份数÷在一个纳税年度的各申报期都必须填写。
8. 本表"年初申报土地面积"与"年内增减占地面积"对应栏次均填写土地座落按土地座落地逐个填列。纳税人土地面积增减变化当期增减净值，增加填正数，减少填负数。

第七章　个人所得税

个人所得税是以个人（自然人）取得的各项应税所得为征税对象所征收的一种税。个人所得税具有以下特点：

1. 实行分类征收

我国现行个人所得税采用的是分类所得税制，即将个人取得的各种所得划分为"类"，分别适用不同的费用减除规定、不同的税率和不同的计税方法。

2. 超额累进税率与比例税率并用

我国现行个人所得税根据各类个人所得的不同性质和特点，将这两种形式的税率运用于个人所得税制。对工资、薪金所得，个体工商户的生产、经营所得，对企事业单位的承包、承租经营所得，采用超额累进税率，实行量能负担。对劳务报酬、稿酬和资本利得性所得，采用比例税率，实行等比负担。

3. 费用扣除额较宽

我国本着费用扣除从宽、从简的原则，采用费用定额扣除和定率扣除两种方法。

4. 计算简便

用应税所得的收入减去允许扣除的，剩下的部分作为所得额，乘以规定的税率。

5. 采取源泉扣缴和个人申报两种征纳方法

源泉扣缴，由支付单位来代扣代缴税款；自行申报，有一些个人所得的项目要自行申报纳税。

本章先对个人所得税的众多纳税事项进行了梳理、汇总，并编制为表格形式，更加直观、清晰，便于阅读和掌握；然后对个人所得税的核算进行了举例说明；最后对个人所得税纳税申报进行了示范。

一、个人所得税主要纳税事项

个人所得税主要纳税事项，见表7-1。

表7-1 个人所得税主要纳税事项

个人所得税税目	1. 工资、薪金所得，是指个人因任职或者受雇而取得的工资、薪金、奖金、年终加薪、劳动分红（不是股份分红）、津贴、补贴以及与任职或者受雇有关的其他所得。 （1）不属于工资薪金所得的项目包括：①独生子女补贴；②执行公务员工资制度未纳入基本工资总额的补贴、津贴差额和家属成员的副食品补贴；③托儿补助费；④差旅费津贴、误餐补助。 （2）对企业为员工支付各项免税之外的保险金，应在企业向保险公司缴付时（即该保险落到被保险人的保险账户）并入员工当期的工资收入，按"工资、薪金所得"项目计征个人所得税，税款由企业负责代扣代缴。 （3）单位为职工个人购买商业性补充养老保险等，在办理投保手续时应作为个人所得税的"工资、薪金所得"项目，按税法有关规定缴纳个人所得税；因各种原因退保，个人未取得实际收入的，已缴纳的个人所得税应予以退回。 （4）退休人员再任职取得的收入，在减除按《个人所得税法》规定的费用扣除标准后，按"工资、薪金所得"应税项目缴纳个人所得税。

	（5）住房制度改革期间，按照县以上人民政府规定的房改成本价向职工售房，免征个人所得税。除上述符合规定的情形外，单位按低于购置或建造成本价格出售住房给职工，职工因此实际支付购房款低于该房屋的购置或建造成本，此项少支出的差价部分，按"工资、薪金所得"项目征税。 2. 个体工商户的生产、经营所得，是指： （1）个体工商户从事工业、手工业、建筑业、交通运输业、商业、饮食业、服务业、修理业以及其他行业生产、经营取得的所得； （2）个人经政府有关部门批准，取得执照，从事办学、医疗、咨询以及其他有偿服务活动取得的所得； （3）其他个人从事个体工商业生产、经营取得的所得； （4）上述个体工商户和个人取得的与生产、经营有关的各项应纳税所得。 3. 对企事业单位的承包经营、承租经营所得，是指个人承包经营、承租经营以及转包、转租取得的所得，包括个人按月或者按次取得的工资、薪金性质的所得。 4. 劳务报酬所得，是指个人从事设计、装潢、安装、制图、化验、测试、医疗、法律、会计、咨询、讲学、新闻、广播、翻译、审稿、书画、雕刻、影视、录音、录像、演出、表演、广告、展览、技术服务、介绍服务、经纪服务、代办服务以及其他劳务取得的所得。 （1）劳务报酬（独立、非雇佣）与工资薪金（非独立、雇佣）的差别。个人兼职取得的收入应按照"劳务报酬所得"应税项目缴纳个人所得税。 （2）非货币性营销业绩奖励的对象不同带来的征税项目差异。自 2004 年 1 月 20 日起，对商品营销活动中，企业和单位对营销业绩突出的非雇员以培训班、研讨会、工作考察等名义组织旅游活动，通过免收差旅费、旅游费对个人实行的营销业绩奖励（包括实物、有价证券等），应根据所发生费用的全额并入营销人员当期的劳务收入，按照"劳务报酬所得"所得项目征收个人所得税，由提供上述费用的企业和单位代扣代缴。而对于雇员取得上述待遇则按照工资薪金所得计税。 5. 稿酬所得，是指个人因其作品以图书、报刊形式出版、发表而取得的所得。 6. 特许权使用费所得，是指个人提供专利权、商标权、著作权、非专利技术以及其他特许权的使用权取得的所得；提供著作权的使用权取得的所得，不包括稿酬所得。 7. 利息、股息、红利所得，是指个人拥有债权、股权而取得的利息、股息、红利所得。 8. 财产租赁所得，是指个人出租建筑物、土地使用权、机器设备、车船以及其他财产取得的所得。 9. 财产转让所得，是指个人转让有价证券、股权、建筑物、土地使用权、机器设备、车船以及其他财产取得的所得。 10. 偶然所得，是指个人得奖、中奖、中彩以及其他偶然性质的所得。个人取得的所得，难以界定应纳税所得项目的，由主管税务机关确定。 11. 经国务院财政部门确定征税的其他所得。
个人所得的形式	个人所得的形式，包括现金、实物、有价证券和其他形式的经济利益。所得为实物的，应当按照取得的凭证上所注明的价格计算应纳税所得额；无凭证的实物或者凭证上所注明的价格明显偏低的，参照市场价格核定应纳税所得额。所得为有价证券的，根据票面价格和市场价格核定应纳税所得额。所得为其他形式的经济利益的，参照市场价格核定应纳税所得额。
应纳税所得额的计算	1. 工资、薪金所得应纳税额的计算 $$应纳税额 = 应纳税所得额 \times 适用税率 - 速算扣除数$$ $$= （每月收入额 - 3\,500\,元）\times 适用税率 - 速算扣除数$$ （1）纳税义务人取得全年一次性奖金，单独作为一个月工资、薪金所得计算纳税，由扣缴义务人发放时代扣代缴：

①先将雇员当月内取得的全年奖金，除以 12 个月，按其商数确定适用税率和速算扣除数。

②将雇员个人当月内取得的全年奖金，按上述第 1 条确定的适用税率和速算扣除数计算征税。

(2) 自 2011 年 1 月 1 日起，机关、企事业单位对未达到法定退休年龄、正式办理提前退休手续的个人，按统一的标准向提前退休工作人员支付补贴，不属于免税的离退休工资收入，应按"工资、薪金所得"项目征收个人所得税。个人因办理提前退休手续而取得的补贴收入，应按照如下公式计算税额：

$$应纳税额 = \left[\left(\frac{补贴收入}{办理提前退休手续至法定退休年龄的实际月份数} - 费用扣除标准\right) \times 适用税率 - 速算扣除数\right] \times 提前办理退休手续至法定年龄的实际月份数$$

(3) 企业年金的企业缴费部分计入职工个人账户时，当月个人工资薪金所得与计入个人年金账户的企业缴费之和未超过个人所得税扣除标准的，不征收个人所得税；如果超过，超过部分按照"工资、薪金所得"项目征收个人所得税，并由企业代扣代缴。

(4) 双薪的计税方法：年终双薪就是多发一个月的工资，就机关而言，相当于全年一次性奖金，应按全年一次性奖金政策规定计算个人所得税；就企业而言，如果当月既有年终双薪，又有全年一次性奖金，可合并按照全年一次性奖金政策规定计算个人所得税，否则，应并入当月的工资按规定计算个人所得税。

2. 个体工商户的生产、经营所得应纳税额的计算

$$应纳税额 = 应纳税所得额 \times 适用税率 - 速算扣除数$$
$$= \left(纳税年度收入总额 - 成本、费用及损失\right) \times 适用税率 - 速算扣除数$$

个人独资企业和合伙企业应纳税额的计算比照执行。

3. 对企事业单位的承包经营、承租经营所得应纳税额的计算

$$应纳税额 = 应纳税所得额 \times 适用税率 - 速算扣除数$$
$$= (纳税年度收入总额 - 3\,500) \times 适用税率 - 速算扣除数$$

纳税年度的收入总额，是指纳税义务人按照承包经营、承租经营合同规定分得的经营利润和工资、薪金性质的所得。

4. 劳务报酬所得应纳税额的计算

(1) 每次收入不足 4 000 元的：

$$应纳税额 = 应纳税所得额 \times 适用税率 = (每次收入额 - 800) \times 20\%$$

(2) 每次收入在 4 000 元以上的：

$$应纳税额 = 应纳税所得额 \times 适用税率 = 每次收入额 \times (1 - 20\%) \times 20\%$$

(3) 每次收入的应纳税所得额超过 20 000 元的：

$$应纳税额 = 应纳税所得额 \times 适用税率 - 速算扣除数$$
$$= 每次收入额 \times (1 - 20\%) \times 适用税率 - 速算扣除数$$

劳务报酬所得为纳税人代付税款（不含税所得）的特殊计税：

①不含税收入额为 3 360 元（即含税收入额 4 000 元）以下的：

$$应纳税所得额 = (不含税收入额 - 800) \div (1 - 税率)$$
$$应纳税额 = 应纳税所得额 \times 适用税率$$

②不含税收入额为 3 360 元（即含税收入额 4 000 元）以上的：

$$应纳税所得额 = \left[\left(不含税收入额 - 速算扣除数\right) \times (1 - 20\%)\right] \div \left[1 - 税率 \times (1 - 20\%)\right]$$

或：应纳税所得额＝[(不含税收入额－速算扣除数)×(1－20％)]÷换算系数

5. 稿酬所得应纳税额的计算

稿酬所得应纳税额的计算公式为：

(1) 每次收入不足 4 000 元的：

$$应纳税额＝应纳税所得额×适用税率×(1－30％)$$
$$＝(每次收入额－800)×20％×(1－30％)$$

(2) 每次收入在 4 000 元以上的：

$$应纳税额＝应纳税所得额×适用税率×(1－30％)$$
$$＝每次收入额×(1－20％)×20％×(1－30％)$$

6. 对特许权使用费所得应纳税额的计算

(1) 每次收入不足 4 000 元的：

$$应纳税额＝应纳税所得额×适用税率＝(每次收入额－800)×20％$$

(2) 每次收入在 4 000 元以上的：

$$应纳税额＝应纳税所得额×适用税率＝每次收入额×(1－20％)×20％$$

7. 利息、股息、红利所得应纳税额的计算

$$应纳税额＝应纳税所得额×适用税率＝每次收入额×20％$$

(1) 一般规定：利息、股息、红利所得的基本规定是收入全额计税。

(2) 特殊规定：对个人投资者和证券投资基金从上海、深圳两个证券交易所挂牌交易的上市公司取得的股息红利，暂减按 50％计入应纳税所得额。

(3) 储蓄存款在 2008 年 10 月 9 日后（含 10 月 9 日）孳生的利息，暂免征收个人所得税。

8. 财产租赁所得应纳税额的计算

(1) 每次（月）收入不足 4 000 元的：

$$应纳税额＝\left[\begin{matrix}每次(月)\\收入额\end{matrix}－\begin{matrix}准予\\扣除项目\end{matrix}－\begin{matrix}修缮费用\\(800元为限)\end{matrix}－800元\right]×20％$$

(2) 每次（月）收入在 4 000 元以上的：

$$应纳税额＝\left\{\left[\begin{matrix}每次(月)\\收入额\end{matrix}－\begin{matrix}准予扣除\\项目\end{matrix}－\begin{matrix}修缮费用\\(800元为限)\end{matrix}\right]×(1－20％)\right\}×20％$$

9. 财产转让所得应纳税额的计算

(1) 一般情况下财产转让所得应纳税额的计算：

$$\begin{matrix}应纳\\税额\end{matrix}＝\begin{matrix}应纳税\\所得额\end{matrix}×\begin{matrix}适用\\税率\end{matrix}＝\left(\begin{matrix}收入\\总额\end{matrix}－\begin{matrix}财产\\原值\end{matrix}－\begin{matrix}合理\\费用\end{matrix}\right)×20％$$

财产原值，是指：

①有价证券，为买入价以及买入时按照规定交纳的有关费用；

②建筑物，为建造费或者购进价格以及其他有关费用；

③土地使用权，为取得土地使用权所支付的金额、开发土地的费用以及其他有关费用；

④机器设备、车船，为购进价格、运输费、安装费以及其他有关费用；

⑤其他财产，参照以上方法确定。

纳税义务人未提供完整、准确的财产原值凭证，不能正确计算财产原值的，由主管税务机关核定其财产原值。

合理费用，是指卖出财产时按照规定支付的有关费用。

	（2）个人销售无偿受赠不动产应纳税额的计算： ①受赠人取得赠与人无偿赠与的不动产后，再次转让该项不动产的，在缴纳个人所得税时，以财产转让收入减除受赠、转让住房过程中缴纳的税金及有关合理费用后的余额为应纳税所得额，按20%的适用税率计算缴纳个人所得税。 ②个人在受赠和转让住房过程中缴纳的税金，按相关规定处理。 10. 偶然所得应纳税额的计算 应纳税额＝应纳税所得额×适用税率＝每次收入额×20% 11. 其他所得应纳税额的计算 应纳税额＝应纳税所得额×适用税率＝每次收入额×20%
减除费用优惠	1. 个人将其所得通过中国境内的社会团体、国家机关向教育和其他社会公益事业以及遭受严重自然灾害地区、贫困地区的捐赠额未超过纳税义务人申报的应纳税所得额30%的部分，可以从其应纳税所得额中扣除。 2. 按照国家规定，单位为个人缴付和个人缴付的基本养老保险费、基本医疗保险费、失业保险费、住房公积金，从纳税义务人的应纳税所得额中扣除。 3. 对在中国境内无住所而在中国境内取得工资、薪金所得的纳税义务人和在中国境内有住所而在中国境外取得工资、薪金所得的纳税义务人，可以根据其平均收入水平、生活水平以及汇率变化情况确定附加减除费用，附加减除费用适用的范围和标准由国务院规定。目前，附加减除费用是指每月在减除3 500元费用的基础上，再减除1 300元。附加减除费用适用的范围，是指： （1）在中国境内的外商投资企业和外国企业中工作的外籍人员； （2）应聘在中国境内的企业、事业单位、社会团体、国家机关中工作的外籍专家； （3）在中国境内有住所而在中国境外任职或者受雇取得工资、薪金所得的个人； （4）国务院财政、税务主管部门确定的其他人员。
每次收入的确定	1. 劳务报酬所得，属于一次性收入的，以取得该项收入为一次；属于同一项目连续性收入的，以一个月内取得的收入为一次。 2. 稿酬所得，以每次出版、发表取得的收入为一次。 3. 特许权使用费所得，以一项特许权的一次许可使用所取得的收入为一次。 4. 财产租赁所得，以一个月内取得的收入为一次。 5. 利息、股息、红利所得，以支付利息、股息、红利时取得的收入为一次。 6. 偶然所得，以每次取得该项收入为一次。
个人所得税纳税期限	1. 扣缴义务人每月所扣的税款，自行申报纳税人每月应纳的税款，都应当在次月十五日内缴入国库，并向税务机关报送纳税申报表。 2. 工资、薪金所得应纳的税款，按月计征，由扣缴义务人或者纳税义务人在次月十五日内缴入国库，并向税务机关报送纳税申报表。特定行业的工资、薪金所得应纳的税款，可以实行按年计算、分月预缴的方式计征，具体办法由国务院规定。 3. 个体工商户的生产、经营所得应纳的税款，按年计算，分月预缴，由纳税义务人在次月十五日内预缴，年度终了后三个月内汇算清缴，多退少补。 4. 对企事业单位的承包经营、承租经营所得应纳的税款，按年计算，由纳税义务人在年度终了后三十日内缴入国库，并向税务机关报送纳税申报表。纳税义务人在一年内分次取得承包经营、承租经营所得的，应当在取得每次所得后的十五日内预缴，年度终了后三个月内汇算清缴，多退少补。 5. 从中国境外取得所得的纳税义务人，应当在年度终了后三十日内，将应纳的税款缴入国库，并向税务机关报送纳税申报表。

从中国境外取得的所得	1. 纳税义务人从中国境外取得的所得，准予其在应纳税额中扣除已在境外缴纳的个人所得税税额。但扣除额不得超过该纳税义务人境外所得依照税法规定计算的应纳税额。依照税法规定计算的应纳税额，是指纳税义务人从中国境外取得的所得，区别不同国家或者地区和不同所得项目，依照税法规定的费用减除标准和适用税率计算的应纳税额；同一国家或者地区内不同所得项目的应纳税额之和，为该国家或者地区的扣除限额。 2. 纳税义务人在中国境外一个国家或者地区实际已经缴纳的个人所得税税额，低于依照税法规定计算出的该国家或者地区扣除限额的，应当在中国缴纳差额部分的税款；超过该国家或者地区扣除限额的，其超过部分不得在本纳税年度的应纳税额中扣除，但是可以在以后纳税年度的该国家或者地区扣除限额的余额中补扣，补扣期限最长不得超过五年。 3. 纳税义务人依照税法规定申请扣除已在境外缴纳的个人所得税税额时，应当提供境外税务机关填发的完税凭证原件。
免纳个人所得税	1. 省级人民政府、国务院部委和中国人民解放军军以上单位，以及外国组织、国际组织颁发的科学、教育、技术、文化、卫生、体育、环境保护等方面的奖金。 2. 国债和国家发行的金融债券利息。国债利息，是指个人持有中华人民共和国财政部发行的债券而取得的利息；国家发行的金融债券利息，是指个人持有经国务院批准发行的金融债券而取得的利息。 3. 按照国家统一规定发给的补贴、津贴（按照国务院规定发给的政府特殊津贴、院士津贴、资深院士津贴，以及国务院规定免纳个人所得税的其他补贴、津贴）。 4. 福利费、抚恤金、救济金。福利费，是指根据国家有关规定，从企业、事业单位、国家机关、社会团体提留的福利费或者工会经费中支付给个人的生活补助费；救济金，是指各级人民政府民政部门支付给个人的生活困难补助费。 5. 保险赔款。 6. 军人的转业费、复员费。 7. 按照国家统一规定发给干部、职工的安家费、退职费、退休工资、离休工资、离休生活补助费。 8. 依照我国有关法律规定应予免税的各国驻华使馆、领事馆的外交代表、领事官员和其他人员的所得。 9. 中国政府参加的国际公约、签订的协议中规定免税的所得。 10. 经国务院财政部门批准免税的所得。
减征个人所得税	1. 残疾、孤老人员和烈属的所得； 2. 因严重自然灾害造成重大损失的； 3. 其他经国务院财政部门批准减税的。 减征个人所得税，其减征的幅度和期限由省、自治区、直辖市人民政府规定。
其他	1. 各项所得的计算，以人民币为单位。所得为外国货币的，按照国家外汇管理机关规定的外汇牌价折合成人民币缴纳税款。 2. 对扣缴义务人按照所扣缴的税款，付给百分之二的手续费。 3. 在中国境内有住所，或者无住所而在境内居住满一年的个人，从中国境内和境外取得的所得，应当分别计算应纳税额。 4. 纳税义务人有下列情形之一的，应当按照规定到主管税务机关办理纳税申报（自行申报纳税）： （1）年所得 12 万元以上的； （2）从中国境内两处或者两处以上取得工资、薪金所得的； （3）从中国境外取得所得的； （4）取得应纳税所得，没有扣缴义务人的； （5）国务院规定的其他情形。 年所得 12 万元以上的纳税义务人，在年度终了后 3 个月内到主管税务机关办理纳税申报。

工资、薪金所得适用税率表见表7-2。

表7-2　　　　　　　　　　　　工资、薪金所得适用税率表

级数	全月应纳税所得额		税率（%）	速算扣除数（元）
	含税级距	不含税级距		
1	不超过1 500元的	不超过1 455元的	3	0
2	超过1 500元至4 500元的部分	超过1 455元至4 155元的部分	10	105
3	超过4 500元至9 000元的部分	超过4 155元至7 755元的部分	20	555
4	超过9 000元至35 000元的部分	超过7 755元至27 255元的部分	25	1 005
5	超过35 000元至55 000元的部分	超过27 255元至41 255元的部分	30	2 755
6	超过55 000元至80 000元的部分	超过41 255元至57 505元的部分	35	5 505
7	超过80 000元的部分	超过57 505元的部分	45	13 505

注：1. 本表所列含税级距与不含税级距，均为按照税法规定减除有关费用后的所得额；

2. 含税级距适用于由纳税人负担税款的工资、薪金所得；不含税级距适用于由他人（单位）代付税款的工资、薪金所得。

全年一次性奖金个人所得税计税方法，见表7-3：

表7-3　　　　　　　　全年一次性奖金个人所得税计税方法

情况	适用税率和速算扣除数确定依据	个人所得税计税公式
当月工资薪金所得高于（或等于）税法规定的费用扣除额的	当月取得全年一次性奖金/12	应纳税额＝当月取得全年一次性奖金×适用税率－速算扣除数
当月工资薪金所得低于税法规定的费用扣除额的	（当月取得全年一次性奖金－当月工资薪金与费用扣除额的差额）/12	应纳税额＝（当月取得全年一次性奖金－当月工资薪金与费用扣除额的差额）×适用税率－速算扣除数

注：在一个纳税年度内，对每一个人，该计税方法只允许采用一次。个人取得除全年一次奖金以外的其他各种名目奖金，如半年奖、季度奖、加班奖、先进奖、考勤奖等，一律与当月工资、薪金收入合并计算缴纳个人所得税。

劳务报酬所得个人所得税计税方法及其劳务报酬所得适用的税率及速算扣除数，见表7-4及表7-5。

表7-4　　　　　　　劳务报酬所得个人所得税计税方法

情况	个人所得税计税公式
每次收入不足4 000元	应纳税额＝应纳税所得额×20%＝（每次收入额－800）×20%
每次收入4 000元以上的	应纳税额＝应纳税所得额×20%＝每次收入额×（1－20%）×20%
每次收入的应纳税所得额超过20 000元的	应纳税额＝应纳税所得额×适用税率－速算扣除数＝每次收入额×（1－20%）×适用税率－速算扣除数

表7-5　　　　　　劳务报酬所得适用的税率及速算扣除数表

级数	每次应纳税所得额	税率（%）	速算扣除数（元）
1	不超过20 000元的部分	20	0
2	超过20 000元至50 000元的部分	30	2 000
3	超过50 000元的部分	40	7 000

本章仅就企业比较常见的个人所得税业务进行举例说明，其他项目个人所得税的计算不再举例，若在实际工作中遇到，读者可以根据上述表格中内容进行核算。

【例7-1】某部门经理10月份基本工资5 000元、加班费500元、奖金200元、独生子女补贴7元、差旅费津贴150元，在实际发放工资时，从中扣除代垫水电费500元和按规定比例提取的保险金300元，计算其应纳的个人所得税。

应纳税所得额＝（5 000＋500＋200－300）－3 500＝5 400－3 500＝1 900（元）

应纳税额＝1 900×10％－105＝85（元）

【例7-2】王女士和李先生同是一家公司雇员，王女士12月取得当月工资8 500元，年终奖48 000元；李先生12月取得当月工资3 000元，月底又一次性取得年终奖金50 000元。计算王女士和李先生应缴纳多少个人所得税。

（1）王女士当月工资薪金应纳税额＝（8 500－3 500）×20％－555＝445（元）

年终奖48 000÷12＝4 000（元），对应税率为10％，速算扣除数为105元。

年终奖应纳税额＝48 000×10％－105＝4 695（元）

王女士12月份共计应缴纳个人所得税＝445＋4 695＝5 140（元）

（2）李先生月工资收入低于3 500元，可用其取得的奖金收入50 000元补足其差额部分500元，剩余49 500元除以12个月，得出月均奖金4 125元，其对应的税率和速算扣除数分别为10％和105元。

全年一次性奖金的应纳税额＝49 500×10％－105＝4 845（元）

工资薪金的应纳税额＝0元

李先生12月份应纳个人所得税额＝4 845＋0＝4 845（元）

【例7-3】退休工程师王某为某企业提供技术服务，一次性取得技术服务收入30 000元，该企业应代扣代缴个人所得税＝30 000×（1－20％）×30％－2 000＝5 200（元）。

【例7-4】李某为某企业提供一项工程设计，该企业按照合同规定向李某支付工程设计费（税后）54 600元。该企业应代扣代缴个人所得税＝（54 600－7 000）×（1－20％）÷[1－（1－20％）×40％]×40％－7 000＝15 400（元）。

【例7-5】某公司由自然人股东李某、赵某两人分别出资300万元和200万元于20×2年9月成立。20×5年9月9日，李某、赵某两人分别与王某自然人签订股权转让协议，采取平价转让，约定李某将150万元股权转让给王某，赵某将200万元股权全部转让给王某。李某、赵某两人与王某均不存在国家规定的亲属关系及赡养、扶养关系。

该公司股权变更前的所有者权益为650万元，其中注册资本为500万元，未分配利润和盈余公积为150万元。

《国家税务总局关于加强股权转让所得征收个人所得税管理的通知》（国税函〔2009〕285号）规定：对申报的计税依据明显偏低（如平价和低价转让等）且无正当理由的，主管税务机关可参照每股净资产或个人股东享有的股权比例所对应的净资产份额核定。

该公司此次平价转让行为属于计税依据明显偏低且无正当理由，税务机关可以采取按李某、赵某在该公司享有的净资产份额核定股权转让收入分别为 650×300÷(300+200)×150÷300＝195(万元)、650×200÷(300+200)＝260(万元)。股权计税成本分别为 150 万元、200 万元，可以扣除的税费分别为 900 元、1 200 元。李某、赵某分别应纳个人所得税：(1 950 000－1 500 000－900)×20％＝89 820(元)、(2 600 000－2 000 000－1 200)×20％＝119 760(元)。

【例 7-6】某企业搞宣传活动，随机赠送路人礼品 8 000 元，在公司抽奖活动中赠送奖品 10 000 元，赠送礼品和奖品均为企业外购商品。

该企业搞宣传活动随机赠送路人礼品和在公司抽奖活动中赠送奖品应代扣代缴个人所得税：18 000×20％＝3 600(元)。

相关链接

《财政部、国家税务总局关于企业促销展业赠送礼品有关个人所得税问题的通知》(财税〔2011〕50 号)规定：

1. 企业在销售商品(产品)和提供服务过程中向个人赠送礼品，属于下列情形之一的，不征收个人所得税：

(1) 企业通过价格折扣、折让方式向个人销售商品(产品)和提供服务；

(2) 企业在向个人销售商品(产品)和提供服务的同时给予赠品，如通信企业对个人购买手机赠话费、入网费，或者购话费赠手机等；

(3) 企业对累积消费达到一定额度的个人按消费积分反馈礼品。

2. 企业向个人赠送礼品，属于下列情形之一的，取得该项所得的个人应依法缴纳个人所得税，税款由赠送礼品的企业代扣代缴：

(1) 企业在业务宣传、广告等活动中，随机向本单位以外的个人赠送礼品，对个人取得的礼品所得，按照"其他所得"项目，全额适用 20％的税率缴纳个人所得税。

(2) 企业在年会、座谈会、庆典以及其他活动中向本单位以外的个人赠送礼品，对个人取得的礼品所得，按照"其他所得"项目，全额适用 20％的税率缴纳个人所得税。

(3) 企业对累积消费达到一定额度的顾客，给予额外抽奖机会，个人的获奖所得，按照"偶然所得"项目，全额适用 20％的税率缴纳个人所得税。

3. 企业赠送的礼品是自产产品(服务)的，按该产品(服务)的市场销售价格确定个人的应税所得；是外购商品(服务)的，按该商品(服务)的实际购置价格确定个人的应税所得。

【例 7-7】某公司在"其他应收款"账户上挂了一笔该公司股东李某向公司的借款。李某于 2 月 20 日从公司借款 10 万元用于住房装修，年底未归还，凭证后附有李某手写的借据。

《财政部、国家税务总局关于规范个人投资者个人所得税征收管理的通知》(财税〔2003〕158 号)第二条规定，纳税年度内个人投资者从其投资企业(个人独资企业、合伙企业除外)借款，在该纳税年度终了后既不归还，又未用于企业生产经营的，其未归还的借款可视为企业对个人投资者的红利分配，依照"利息、股息、红利所得"项目计征个人所得税。

李某从公司所借的 10 万元非生产经营用款应按"利息、股息、红利"税目缴纳个人所得税 2 万元。

【例 7-8】 某公司由甲、乙、丙三个自然人投资设立，投资比例为 5：3：2。为了扩大资本总额，决定用企业 600 000 元的盈余公积金转增资本。

盈余公积和未分配利润来源于企业在生产经营活动中所实现的净利润，所以盈余公积和未分配利润转增资本实际上是该公司将盈余公积金向股东分配了股息、红利，股东再以分得的股息、红利增加注册资本。因此，对属于个人股东分得并再投入公司（转增注册资本）的部分应按照"利息、股息、红利所得"项目征收个人所得税，税款由股份有限公司在有关部门批准增资、公司股东会决议通过后代扣代缴。

股东甲应纳个人所得税＝600 000×50％×20％＝60 000（元）

股东乙应纳个人所得税＝600 000×30％×20％＝36 000（元）

股东丙应纳个人所得税＝600 000×20％×20％＝24 000（元）

相关链接

股份制企业股票溢价发行收入形成的资本公积金转增个人股本不作为应税所得，不征收个人所得税，而其他资本公积金转增个人股本，应当依法按照"利息、股息、红利所得"项目征收个人所得税，其他资本公积金包括企业接受捐赠、拨款转入、外币资本折算差额、资产评估增值等形成的资本公积金。

二、个人所得税纳税申报示范

《扣缴个人所得税报告表》填写示范：

【例 7-9】 L 市雨泽有限公司（税号：370000000000088）20×3 年 12 月份发放 27 名员工工资薪金 103 490 元，经计算应纳税所得额为 28 167.68 元，需扣缴个人所得税 6 607.89 元，另支付一名退休工程师技术服务费 30 000 元，应纳税所得额 24 000 元，须代扣代缴个人所得税 5 200 元。企业填报《扣缴个人所得税报告表》，见表 7-6。

表 7-6　　　　　　　　　　　扣缴个人所得税报告表

纳税人识别号：370000000000088　　　　　　　　　　　　　　纳税人名称：L 市雨泽有限公司

税款所属期：20×3-10-01 至 20×3-12-31

填表日期：20×4-01-07

金额单位：人民币元

行次	所得项目	纳税人数	收入额	应纳税所得额	应纳税额	减免税额	已缴（扣）税额	应扣缴税额
	合计	28	133 490.00	52 167.68	11 807.89	0.00	0.00	11 807.89
1	工资薪金所得	27	103 490.00	28 167.68	6 607.89	0.00	0.00	6 607.89
2	劳务报酬所得	1	30 000.00	24 000.00	5 200.00	0.00	0.00	5 200.00

扣缴义务人声明	我声明：此扣缴报告表是根据国家税收法律、法规的规定填报的，我确定它是真实的、可靠的、完整的。	
	声明人签字：	
会计主管签字：	负责人签字：	扣缴单位（或法定代表人）（签章）：
征收人员（签章）：	受理日期：　年　月　日	征收机关（征收专用章）：

国家税务总局监制

本表一式二份，一份扣缴义务人留存，一份报主管税务机关。

会计主管人签字：　　　　代理申报人签字：　　　　企业盖章：　　　　填表日期：

税务机关收到日期：　　　接收人：　　　　　　税务机关盖章：

　　《扣缴个人所得税报告表附表》主要项目有：纳税人姓名、身份证号码、所得项目、收入额、免税收入额、允许扣除的税费、费用扣除标准、准予扣除的捐赠额、应纳税所得额、税率、应扣税额、已扣税额等，填写比较简单，格式略。

　　需要说明的是，各省《扣缴个人所得税报告表》格式虽然存在一定差异，但需要填写的项目内容基本一致，填写方法也基本相同。

第八章　土地增值税

　　土地增值税是对有偿转让国有土地使用权及地上建筑物和其他附着物产权并取得增值性收入的单位和个人所征收的一种税。

　　本章先对土地增值税的众多纳税事项进行了梳理、汇总，并编制为表格形式，更加直观、清晰，便于阅读和掌握；然后对土地增值税的核算进行了举例说明；最后对土地增值税纳税申报进行了示范。

一、土地增值税主要纳税事项

　　土地增值税主要纳税事项见表 8-1。

表 8-1　　　　　　　　　　　　　土地增值税主要纳税事项

土地增值税的纳税义务人	有偿转让国有土地使用权、地上的建筑物及其附着物（以下简称转让房地产）并取得收入的单位和个人。不包括以继承、赠与方式无偿转让房地产的行为。
土地增值税的征税范围	1. 转让国有土地使用权；2. 地上建筑物及其附着物连同国有土地使用权一并转让；3. 存量房地产的买卖。 建筑物，是指建于土地上的一切建筑物，包括地上地下的各种附属设施。附着物，是指附着于土地上的不能移动，一经移动即遭损坏的物品。
增值额的扣除项目	1. 取得土地使用权所支付的金额，是指纳税人为取得土地使用权所支付的地价款和按国家统一规定缴纳的有关费用。 2. 开发土地和新建房及配套设施的成本，是指纳税人房地产开发项目实际发生的成本（以下简称房地产开发成本），包括土地征用及拆迁补偿费、前期工程费、建筑安装工程费、基础设施费、公共配套设施费、开发间接费用。 土地征用及拆迁补偿费，包括土地征用费、耕地占用税、劳动力安置费及有关地上、地下附着物拆迁补偿的净支出、安置动迁用房支出等。 前期工程费，包括规划、设计、项目可行性研究和水文、地质、勘察、测绘、"三通一平"等支出。 建筑安装工程费，是指以出包方式支付给承包单位的建筑安装工程费，以自营方式发生的建筑安装工程费。 基础设施费，包括开发小区内道路、供水、供电、供气、排污、排洪、通讯、照明、环卫、绿化等工程发生的支出。 公共配套设施费，包括不能有偿转让的开发小区内公共配套设施发生的支出。 开发间接费用，是指直接组织、管理开发项目发生的费用，包括工资、职工福利费、折旧费、修理费、办公费、水电费、劳动保护费、周转房摊销等。 3. 开发土地和新建房及配套设施的费用（以下简称房地产开发费用），是指与房地产开发项目有关的销售费用、管理费用、财务费用。 财务费用中的利息支出，凡能够按转让房地产项目计算分摊并提供金融机构证明的，允许据实扣除，但最高不能超过按商业银行同类同期贷款利率计算的金额，其他房地产开发费用，按"取得土地使用权所支付的金额＋房地产开发成本"的5%以内计算扣除。 凡不能按转让房地产项目计算分摊利息支出或不能提供金融机构证明的，房地产开发费用按"取得土地使用权所支付的金额＋房地产开发成本"的10%以内计算扣除。 上述计算扣除的具体比例，由各省、自治区、直辖市人民政府规定。

	4. 旧房及建筑物的评估价格，是指在转让已使用的房屋及建筑物时，由政府批准设立的房地产评估机构评定的重置成本价乘以成新度折扣率后的价格。评估价格须经当地税务机关确认。评估价格＝重置成本价×成新度折扣率。
	纳税人转让旧房及建筑物，凡不能取得评估价格，但能提供购房发票的，经当地税务部门确认，根据取得土地使用权所支付的金额、新建房及配套设施的成本、费用，或者旧房及建筑物的评估价格，可按发票所载金额并从购买年度起至转让年度止每年加计5％计算扣除。计算扣除项目时"每年"按购房发票所载日期起至售房发票开具之日止，每满12个月计一年；超过一年，未满12个月但超过6个月的，可以视同为一年。对纳税人购房时缴纳的契税，凡能提供契税完税凭证的，准予作为"与转让房地产有关的税金"予以扣除，但不作为加计5％的基数。
	对于转让旧房及建筑物，既没有评估价格，又不能提供购房发票的，地方税务机关可以根据《税收征管法》第三十五条的规定，实行核定征收。对取得土地使用权时未支付地价款或不能提供已支付的地价款凭据的，不允许扣除取得土地使用权时所支付的金额。
	5. 与转让房地产有关的税金，是指在转让房地产时缴纳的营业税、城市维护建设税、印花税。因转让房地产缴纳的教育费附加，也可视同税金予以扣除。房地产开发企业与非房地产开发企业可扣除税金的区别见表8-2。
	6. 从事房地产开发的纳税人可加计扣除＝（取得土地使用权所支付的金额＋房地产开发成本）×20％。
	土地增值税以纳税人房地产成本核算的最基本的核算项目或核算对象为单位计算。
	纳税人成片受让土地使用权后，分期分批开发、转让房地产的，其扣除项目金额的确定，可按转让土地使用权的面积占总面积的比例计算分摊，或按建筑面积计算分摊，也可按税务机关确认的其他方式计算分摊。
土地增值税税额的计算	土地增值税实行四级超率累进税率，每级"增值额未超过扣除项目金额"的比例，均包括本比例数。 计算土地增值税税额，可按增值额乘以适用的税率减去扣除项目金额乘以速算扣除系数的简便方法计算，具体公式如下： 1. 增值额未超过扣除项目金额50％ 土地增值税税额＝增值额×30％ 2. 增值额超过扣除项目金额50％，未超过100％ 土地增值税税额＝增值额×40％－扣除项目金额×5％ 3. 增值额超过扣除项目金额100％，未超过200％ 土地增值税税额＝增值额×50％－扣除项目金额×15％ 4. 增值额超过扣除项目金额200％ 土地增值税税额＝增值额×60％－扣除项目金额×35％ 公式中的5％、15％、35％为速算扣除系数。
土地增值税的账务处理	房地产开发企业	记入"营业税金及附加"科目。
	企业转让土地使用权应缴纳的土地增值税，土地使用权与地上建筑物及其附着物一并在"固定资产"科目核算的	转让时应交的土地增值税，借记"固定资产清理"科目，贷记"应交税费——应交土地增值税"科目。

土地使用权在"无形资产"科目核算的	按照实际收到的金额，借记"银行存款"科目，按照应缴纳的土地增值税，贷记"应交税费——应交土地增值税"科目，按照已计提的累计摊销，借记"累计摊销"科目，按照其成本，贷记"无形资产"科目，按照其差额，贷记"营业外收入——非流动资产处置净收益"科目或借记"营业外支出——非流动资产处置净损失"科目。
税收优惠	1. 建造普通标准住宅出售，增值额未超过扣除项目金额20%的免税。 普通标准住宅与其他住宅的具体划分界限，在2005年以前由各省、自治区、直辖市人民政府规定。2005年6月1日起，普通标准住宅应同时满足：住宅小区建筑容积率在1.0以上；单套建筑面积在120平方米以下；实际成交价格低于同级别土地上住房平均交易价格1.2倍以下。各省、自治区、直辖市要根据实际情况，制定本地区享受优惠政策住房具体标准。允许单套建筑面积和价格标准适当浮动，但向上浮动的比例不得超过上述标准的20%。 2. 因国家建设需要依法征用、收回的房地产，免征土地增值税。 3. 因城市实施规划、国家建设的需要而搬迁，由纳税人自行转让原房地产的，免征土地增值税。 4. 对因中国邮政集团公司邮政速递物流业务重组改制，中国邮政集团公司向中国邮政速递物流股份有限公司、各省邮政公司向各省邮政速递物流有限公司转移房地产产权应缴纳的土地增值税，予以免征。已缴纳的应与免征的土地增值税，应予退税。
征收管理	纳税人应在合同签订后7日内向房地产所在地主管税务机关申报纳税，并向税务机关提交房屋及建筑物产权、土地使用权证书，土地转让、房产买卖合同，房地产评估报告及其他与转让房地产有关的资料。纳税人转让的房地产坐落在两个或两个以上地区的，应按房地产所在地分别申报。纳税人因经常发生房地产转让而难以在每次转让后申报的，经税务机关审核同意后，可以定期进行纳税申报，具体期限由税务机关根据情况确定。

房地产开发企业与非房地产开发企业可扣除税金的区别，见表8-2。

表8-2　　　　房地产开发企业与非房地产开发企业可扣除税金的区别

企业	可扣除税金	备注
房地产开发企业	"两税一费"： 1. 营业税； 2. 城市维护建设税和教育费附加。	1. 销售自行开发的房地产时计算营业税的营业额为转让收入全额，营业税税率为5%。 2. 由于印花税（0.5‰）包含在管理费用中，故不能在此单独扣除。
非房地产开发企业	"三税一费"： 1. 营业税； 2. 印花税； 3. 城市维护建设税和教育费附加。	1. 销售自行开发的房地产时计算营业税的营业额为转让收入全额，营业税税率为5%。 销售或转让其购置的房地产时，计算营业税的营业额为转让收入减除购置或受让原价后的余额，营业税税率为5%。 2. 印花税税率为0.5‰（产权转移书据）。

房地产开发企业土地增值税清算主要内容，见表8-3。

表 8-3　　　　　　　　　　房地产开发企业土地增值税清算主要内容

清算单位	土地增值税以国家有关部门审批的房地产开发项目为单位进行清算，对于分期开发的项目，以分期项目为单位清算。 开发项目中同时包含普通住宅和非普通住宅的，应分别计算增值额。	
清算条件	1. 纳税人应进行土地增值税清算的三种情况	1. 房地产开发项目全部竣工、完成销售的； 2. 整体转让未竣工决算房地产开发项目的； 3. 直接转让土地使用权的。
	2. 主管税务机关可要求纳税人进行土地增值税清算的四种情况	1. 已竣工验收的房地产开发项目，已转让的房地产建筑面积占整个项目可售建筑面积的比例在 85% 以上，或该比例虽未超过 85%，但剩余的可售建筑面积已经出租或自用的； 2. 取得销售（预售）许可证满三年仍未销售完毕的； 3. 纳税人申请注销税务登记但未办理土地增值税清算手续的； 4. 省税务机关规定的其他情况。
非直接销售和自用房地产的收入确定	房地产开发企业将开发产品用于职工福利、奖励、对外投资、分配给股东或投资人、抵偿债务、换取其他单位和个人的非货币性资产等	发生所有权转移时应视同销售房地产，收入按下列方法和顺序确认： 1. 按本企业在同一地区、同一年度销售的同类房地产的平均价格确定； 2. 由主管税务机关参照当地当年、同类房地产的市场价格或评估价值确定。
	房地产开发企业将开发的部分房地产转为企业自用或用于出租等商业用途时，产权未发生转移时	不征收土地增值税，在税款清算时不列收入，不扣除相应的成本和费用。
	土地增值税清算时，已全额开具商品房销售发票的，按照发票所载金额确认收入；未开具发票或未全额开具发票的，以交易双方签订的销售合同所载的售房金额及其他收益确认收入。销售合同所载商品房面积与有关部门实际测量面积不一致，在清算前已发生补、退房款的，应在计算土地增值税时予以调整。	
扣除项目规定	可据实扣除的项目	1. 增值额的扣除项目（同表 8-1）。 2. 开发建造的与清算项目配套的居委会和派出所用房、会所、停车场（库）、物业管理场所、变电站、热力站、水厂、文体场馆、学校、幼儿园、托儿所、医院、邮电通信等公共设施，按以下原则处理：①建成后产权属于全体业主所有的，其成本、费用可以扣除；②建成后无偿移交给政府、公用事业单位用于非营利性社会公共事业的，其成本、费用可以扣除；③建成后有偿转让的，应计算收入，并准予扣除成本、费用。 3. 房地产开发企业销售已装修的房屋，其装修费用可以计入房地产开发成本。

		4. 房地产开发企业在工程竣工验收后，根据合同约定，扣留建筑安装施工企业一定比例的工程款，作为开发项目的质量保证金，在计算土地增值税时，建筑安装施工企业就质量保证金对房地产开发企业开具发票的，按发票所载金额予以扣除。 5. 房地产开发企业为取得土地使用权所支付的契税，应视同"按国家统一规定交纳的有关费用"，计入"取得土地使用权所支付的金额"中扣除。 6. 房地产企业用建造的本项目房地产安置回迁户的，安置用房视同销售处理，按《国家税务总局关于房地产开发企业土地增值税清算管理有关问题的通知》（国税发〔2006〕187号）第三条第（一）款规定确认收入，同时将此确认为房地产开发项目的拆迁补偿费。房地产开发企业支付给回迁户的补差价款，计入拆迁补偿费；回迁户支付给房地产开发企业的补差价款，应抵减本项目拆迁补偿费。 开发企业采取异地安置，异地安置的房屋属于自行开发建造的，房屋价值按国税发〔2006〕187号第三条第（一）款的规定计算，计入本项目的拆迁补偿费；异地安置的房屋属于购入的，以实际支付的购房支出计入拆迁补偿费。 7. 货币安置拆迁的，房地产开发企业凭合法有效凭据计入拆迁补偿费。
	可核定扣除项目	前期工程费、建筑安装工程费、基础设施费、开发间接费用的凭证或资料不符合清算要求或不实的，地方税务机关可参照当地建设工程造价管理部门公布的建安造价定额资料，结合房屋结构、用途、区位等因素，核定上述四项开发成本的单位面积金额标准，并据以计算扣除。具体核定方法由省税务机关确定。
	不可扣除的项目	1. 扣除取得土地使用权所支付的金额、房地产开发成本、费用及与转让房地产有关税金，须提供合法有效凭证；不能提供合法有效凭证的，不予扣除。
		2. 房地产开发企业的预提费用，除另有规定外，不得扣除。
		3. 竣工后，建筑安装施工企业就质量保证金对房地产开发企业未开具发票的，扣留的质保金不得计算扣除。
		4. 房地产开发企业逾期开发缴纳的土地闲置费不得扣除。
	清算项目的扣除金额分摊	属于多个房地产项目共同的成本费用，应按清算项目可售建筑面积占多个项目可售总建筑面积的比例或其他合理的方法，计算确定清算项目的扣除金额。

土地增值税清算应报送的资料	符合清算条件1规定的纳税人，须在满足清算条件之日起90日内到主管税务机关办理清算手续；符合清算条件2规定的纳税人，须在主管税务机关限定的期限内办理清算手续	纳税人办理土地增值税清算应报送以下资料： 1. 房地产开发企业清算土地增值税书面申请、土地增值税纳税申报表； 2. 项目竣工决算报表、取得土地使用权所支付的地价款凭证、国有土地使用权出让合同、银行贷款利息结算通知单、项目工程合同结算单、商品房购销合同统计表等与转让房地产的收入、成本和费用有关的证明资料； 3. 主管税务机关要求报送的其他与土地增值税清算有关的证明资料等。 纳税人委托税务中介机构审核鉴证的清算项目，还应报送中介机构出具的《土地增值税清算税款鉴证报告》。
土地增值税的核定征收	税务机关可以参照与其开发规模和收入水平相近的当地企业的土地增值税税负情况，按不低于预征率的征收率核定征收土地增值税的五种行为	1. 依照法律、行政法规的规定应当设置但未设置账簿的。
		2. 擅自销毁账簿或者拒不提供纳税资料的。
		3. 虽设置账簿，但账目混乱或者成本资料、收入凭证、费用凭证残缺不全，难以确定转让收入或扣除项目金额的。
		4. 符合土地增值税清算条件，未按照规定的期限办理清算手续，经税务机关责令限期清算，逾期仍不清算的。
		5. 申报的计税依据明显偏低，又无正当理由的。
	核定征收率的规定	为了规范核定工作，核定征收率原则上不得低于5%，各省级税务机关要结合本地实际，区分不同房地产类型制定核定征收率。
清算后再转让房地产	在土地增值税清算时未转让的房地产，清算后销售或有偿转让的，纳税人应按规定进行土地增值税的纳税申报，扣除项目金额按清算时的单位建筑面积成本费用乘以销售或转让面积计算。 单位建筑面积成本费用=清算时的扣除项目总金额÷清算的总建筑面积	
清算后应补税与滞纳金	纳税人按规定预缴土地增值税后，清算补缴的土地增值税，在主管税务机关规定的期限内补缴的，不加收滞纳金。	

对土地增值税的计算举例说明：

【例8-1】甲房地产开发企业20×7年度委托建筑公司承建花园小区住宅楼10栋，其中：80%的建筑面积直接对外销售，取得销售收入7 700万元；其余部分暂时对外出租，本年度内取得租金收入60万元。与该住宅楼开发相关的成本、费用有：支付土地使用权价款1 500万元，取得土地使用权缴纳契税45万元，拆迁补偿费100万元，前期工程费60万元，建筑安装工程费1 000万元，基础设施800万元，公共配套设施费240万元，开发间接费用50万元，发生管理费用450万元、销售费用280万元、利息费用370万元（利息费用未超过同期银行贷款利率，不能准确按项目计算分摊）。当地政府规定，房地产开发企业发生的管理费用、销售费用、利息费用在计算土地增值税增值额时的扣除比例为10%。该企业城建税税率为5%。

该公司应纳土地增值税的计算：

1. 转让房地产的收入＝7 700 万元

2. 准予扣除的项目金额：

取得土地使用权所支付的金额＝(1 500＋45)×80％＝1 236(万元)

房地产开发成本＝(100＋60＋1 000＋800＋240＋50)×80％＝1 800(万元)

房地产开发费用＝(1 236＋1 800)×10％＝303.6(万元)

与转让房地产有关的税金＝7 700×5％×(1＋5％＋3％)

＝415.8(万元)(不包括出租房屋的税金)

加计扣除＝(1 236＋1 800)×20％＝607.2(万元)

允许扣除项目合计＝1 236＋1 800＋303.6＋415.8＋607.2＝4 362.6(万元)

3. 土地增值额＝7 700－4 362.6＝3 337.4(万元)

4. 土地增值率＝3 337.4÷4 362.6×100％＝76.5％

5. 应纳土地增值税＝3 337.4×40％－4 362.6×5％＝1 116.83(万元)。

【例8-2】 乙工业公司 20×7 年 12 月转让一幢 20×2 年建造的办公楼，当时的造价为 1 800 万元。经房地产评估机构评定，该办公楼的重置成本价为 3 000 万元，该楼房为八成新，该评估价格已经税务机关认定。转让前为取得土地使用权支付的地价款和按规定缴纳的有关费用为 1 260 万元，能提供合法有效凭证，转让时取得转让收入 6 600 万元，已按规定缴纳了转让环节的有关税金，能提供完税凭证。该公司城建税税率为 7％。

该公司应纳土地增值税的计算：

1. 转让房地产的收入＝6 600 万元

2. 准予扣除的项目金额：

取得土地使用权支付的金额＝1 260 万元

房地产的评估价格＝3 000×80％＝2 400(万元)

与转让房地产有关的税金＝6 600×5％×(1＋7％＋3％)＋6 600×0.5‰

＝366.3(万元)

扣除项目金额合计＝1 260＋2 400＋366.3＝4 026.3(万元)

3. 土地增值额＝6 600－4 026.3＝2 573.7(万元)

4. 土地增值率＝2 573.7÷4 026.3×100％＝63.92％

5. 应纳土地增值税＝2 573.7×40％－4 026.3×5％＝828.17(万元)。

【例8-3】 丙商贸公司 20×9 年 12 月转让一幢 20×5 年 4 月购买的厂房，转让收入为 500 万元。该厂房不能取得评估价格，但能提供购房发票，原购房发票价 300 万元。支付转让房产有关的营业税 25 万元，城建税 1.75 万元，教育费附加 0.75 万元，合计 27.5 万元。

该公司应纳土地增值税的计算：

1. 转让厂房收入＝500 万元

2. 准予扣除的项目金额＝300×(1＋5％×5)＋27.5＝402.5(万元)

3. 土地增值额为＝500－402.5＝97.5(万元)

4. 土地增值率＝97.5÷402.5×100％＝24.22％

5. 应纳土地增值税＝97.5×30％＝29.25（万元）

二、土地增值税纳税申报示范

《土地增值税纳税申报表》填写示范：

【例8-4】以例8-1甲房地产开发企业及例8-2乙工业公司的土地增值税业务为例，填写《土地增值税纳税申报表（一）》（表8-4）和《土地增值税纳税申报表（二）》（表8-5）。

表8-4 　　　　　　　　　**土地增值税纳税申报表（一）**

（从事房地产开发的纳税人适用）

税款所属时间：20×7年12月31日填表日期：20×8年1月4日
纳税人编码：略　　　　　　　　　金额单位：人民币元　　　　　　面积单位：平方米

纳税人名称	甲房地产开发企业		项目名称	花园小区住宅楼	项目地址	略
业别	房地产开发	经济性质	私营	纳税人地址	略	邮政编码	略
开户银行	略	银行账号	略	主管部门	略	电话	略

项目	行次	金额
一、转让房地产收入总额　1＝2＋3	1	77 000 000
其中　货币收入	2	77 000 000
实物收入及其他收入	3	
二、扣除项目金额合计　4＝5＋6＋13＋16＋20	4	43 626 000
1. 取得土地使用权所支付的金额	5	12 360 000
2. 房地产开发成本　6＝7＋8＋9＋10＋11＋12	6	18 000 000
其中　土地征用及拆迁补偿费	7	800 000
前期工程费	8	480 000
建筑安装工程费	9	8 000 000
基础设施费	10	6 400 000
公共配套设施费	11	1 920 000
开发间接费用	12	400 000
3. 房地产开发费用　13＝14＋15	13	3 036 000
其中　利息支出	14	0
其他房地产开发费用	15	3 036 000
4. 与转让房地产有关的税金等　16＝17＋18＋19	16	4 158 000
营业税	17	3 850 000
其中　城市维护建设税	18	192 500
教育费附加	19	115 500
5. 财政部规定的其他扣除项目	20	6 072 000
三、增值额　21＝1－4	21	33 374 000

续表

项目	行次	金额
四、增值额与扣除项目金额之比（%）22＝21÷4	22	76.50%
五、适用税率（%）	23	40%
六、速算扣除系数（%）	24	5%
七、应缴土地增值税税额　25＝21×23－4×24	25	11 168 300
八、已缴土地增值税税额	26	
九、应补（退）土地增值税税额　27＝25－26	27	11 168 300

授权代理人	（如果你已委托代理申报人，请填写下列资料） 　　为代理一切税务事宜，现授权＿＿＿＿＿＿＿（地址）＿＿＿＿＿＿＿为本纳税人的代理申报人，任何与本报表有关的来往文件都可寄与此人。 　　授权人签字：＿＿＿＿＿＿	声明	我声明：此纳税申报表是根据《中华人民共和国土地增值税暂行条例》及其《实施细则》的规定填报的。我确信它是真实的、可靠的、完整的。 　　声明人签字：＿＿＿＿＿＿
纳税人签章		法人代表签章		经办人员（代理申报人）签章		备注

表 8-5　　　　　**土地增值税纳税申报表（二）**
（非从事房地产开发的纳税人适用）

税款所属时间：20×7 年 12 月 31 日　　填表日期：20×8 年 1 月 4 日
纳税人编码：略　　　　　　　　　金额单位：人民币元　　　　面积单位：平方米

纳税人名称	乙工业公司	项目名称	略	项目地址	略
业别	略	经济性质	略	纳税人地址	略	邮政编码	略
开户银行	略	银行账号	略	主管部门	略	电话	略

项目	行次	金额
一、转让房地产收入总额　1＝2＋3	1	66 000 000
其中　货币收入	2	66 000 000
实物收入及其他收入	3	
二、扣除项目金额合计　4＝5＋6＋9	4	40 263 000
1. 取得土地使用权所支付的金额	5	12 600 000
2. 旧房及建筑物的评估价格 6＝7×8	6	24 000 000
其中　旧房及建筑物的重置成本价	7	30 000 000
成新度折扣率	8	80%
3. 与转让房地产有关的税金等　9＝10＋11＋12＋13	9	3 663 000
其中　营业税	10	3 300 000
城市维护建设税	11	231 000
印花税	12	33 000
教育费附加	13	99 000

续表

项目	行次	金额
三、增值额 14＝1－4	14	25 737 000
四、增值额与扣除项目金额之比（％）15＝14÷4	15	63.92％
五、适用税率（％）	16	40％
六、速算扣除系数（％）	17	5％
七、应缴土地增值税税额 18＝14×16－4×17	18	8 281 650

授权代理人	（如果你已委托代理申报人，请填写下列资料） 　　为代理一切税务事宜，现授权＿＿＿＿＿＿（地址）＿＿＿＿＿＿为本纳税人的代理申报人，任何与本报表有关的来往文件都可寄与此人。 　　　　授权人签字：＿＿＿＿＿＿	声明	我声明：此纳税申报表是根据《中华人民共和国土地增值税暂行条例》及其《实施细则》的规定填报的。我确信它是真实的、可靠的、完整的。 　　声明人签字：＿＿＿＿＿＿
纳税人签章		法人代表签章		经办人员（代理申报人）签章		备注	

第九章　资源税

资源税，是以部分自然资源为课税对象，对在我国境内开采应税矿产品及生产盐的单位和个人，就其应税产品销售额或销售数量和自用数量为计税依据而征收的一种税。

本章先对资源税的众多纳税事项进行了梳理、汇总，并编制为表格形式，更加直观、清晰，便于阅读和掌握；然后对资源税的核算进行了举例说明；最后对资源税纳税申报进行了示范。

一、资源税主要纳税事项

资源税主要纳税事项见表 9-1。

表 9-1　　　　　　　　　　　　　**资源税主要纳税事项**

概念	资源税是以部分自然资源为课税对象，对在我国境内开采应税矿产品及生产盐的单位和个人，就其应税产品销售额或销售数量和自用数量为计税依据而征收的一种税。
纳税人	在中华人民共和国领域及管辖海域开采应税矿产品或者生产盐的单位和个人，为资源税的纳税人。 资源税有着"进口不征、出口不退"的计税规则。
扣缴义务人	独立矿山、联合企业及其他收购未税矿产品的单位为扣缴义务人。
征税范围	资源税的征税范围主要分为矿产品和盐两大类，具体分为原油（不包括人造石油）、天然气（不包括煤矿生产的天然气）、盐、黑色金属矿原矿、有色金属矿原矿、煤炭（原煤，含焦煤和其他煤炭，不包括洗煤、选煤和其他煤炭制品）、其他非金属矿原矿共七个税目。
从价定率的税额计算	**应纳税额＝销售额×比例税率** 1. 销售额的确定 从价定率计算资源税的销售额为纳税人销售应税产品向购买方收取的全部价款和价外费用，但不包括收取的增值税销项税额。 纳税人以人民币以外的货币结算销售额的，应当折合成人民币计算。其销售额的人民币折合率可以选择销售额发生的当天或者当月 1 日的人民币汇率中间价。纳税人应在事先确定采用何种折合率计算方法，确定后 1 年内不得变更。 2. 视同销售的销售额 纳税人申报的应税产品销售额明显偏低并且无正当理由的、有视同销售应税产品行为而无销售额的，除财政部、国家税务总局另有规定外，按下列顺序确定销售额： （1）按纳税人最近时期同类产品的平均销售价格确定； （2）按其他纳税人最近时期同类产品的平均销售价格确定； （3）按组成计税价格确定。组成计税价格为： **组成计税价格＝成本×(1＋成本利润率)÷(1－税率)** 公式中的成本是指应税产品的实际生产成本。公式中的成本利润率由省、自治区、直辖市税务机关确定。

从量定额的税额计算	应纳税额＝课税数量×适用的定额税率 所称销售数量，包括纳税人开采或者生产应税产品的实际销售数量和视同销售的自用数量。 1. 各种应税产品，凡直接对外销售的，以实际销售数量为课税数量。 2. 各种应税产品，凡自产自用于除连续生产应税产品以外的其他方面，以自用数量为课税数量。 3. 纳税人不能准确提供应税产品销售数量或移送使用数量的，以应税产品的产量或主管税务机关确定的折算比换算成的数量为课税数量。
应纳税额计算的特殊规定	1. 纳税人开采或生产应税产品自用于连续生产应税产品的，不缴纳资源税；自用于其他方面的，视同销售，依法缴纳资源税。 2. 纳税人自产自用应税产品，因无法准确提供移送使用量而采取折算比换算课税数量办法的，具体规定如下： (1) 煤炭。对于连续加工前无法正确计算原煤移送使用量的，可按加工产品的综合回收率，将加工产品实际销量和自用量折算成原煤数量作为课税数量。 (2) 金属和非金属矿产品原矿。因无法准确掌握纳税人移送使用原矿数量的，可将其精矿按选矿比折算成原矿数量作为课税数量。 3. 纳税人以液体盐加工固体盐，按固体盐税额征税，以加工的固体盐数量为课税数量。如果纳税人以外购的液体盐加工固体盐，其加工固体盐所耗用液体盐的已纳税额准予抵扣。
代扣代缴	1. 独立矿山、联合企业收购与本单位矿种相同的未税矿产品，按照本单位相同矿种应税产品的单位税额，依据收购数量代扣代缴资源税。 2. 独立矿山、联合企业收购与本单位矿种不同的未税矿产品，以及其他收购单位收购的未税矿产品，按照收购地相应矿种规定的单位税额，依据收购数量代扣代缴资源税。 3. 收购地没有相同品种矿产品的，按收购地主管税务机关核定的单位税额，依据收购数量代扣代缴资源税。
账务处理	1. 销售矿产品，应交资源税记入"营业税金及附加"科目。 2. 自产自用矿产品，应交资源税记入"生产成本"、"制造费用"等成本费用科目。 3. 收购未税矿产品，代扣代缴并计入所收购矿产品的成本，借记"材料采购"或"在途物资"等科目，贷记"应交税费——应交资源税"科目。 4. 外购液体盐加工固体盐，在购入液体盐时，按照税法规定所允许抵扣的资源税，借记"应交税费——应交资源税"科目；加工成固体盐后，在销售时，按照销售固体盐应缴纳的资源税，借记"营业税金及附加"科目，贷记"应交税费——应交资源税"科目；将销售固体盐应交资源税抵扣液体盐已交资源税后的差额上交时，借记"应交税费——应交资源税"科目，贷记"银行存款"科目。
纳税义务发生时间	1. 纳税人采取分期收款结算方式销售应税产品的，其纳税义务发生时间为销售合同规定的收款日期的当天。 2. 纳税人采取预收货款结算方式销售应税产品的，其纳税义务发生时间为发出应税产品的当天。 3. 纳税人采取除分期收款和预收货款以外的其他结算方式销售应税产品，其纳税义务发生时间为收讫销售款或者取得索取销售款凭证的当天。 4. 纳税人自产自用应税产品的，其纳税义务发生时间为移送使用应税产品的当天。 5. 扣缴义务人代扣代缴税款的，其纳税义务发生时间为支付货款的当天。
纳税地点	纳税人应纳的资源税，应当向应税产品的开采或者生产所在地主管税务机关缴纳。 纳税人跨省开采资源税应税产品，其下属生产单位与核算单位不在同一省、自治区、直辖市的，对其开采的矿产品，一律在开采地纳税。 扣缴义务人代扣代缴的资源税，应当向收购地主管税务机关缴纳。

资源税税目税率见表9-2。

表9-2 资源税税目税率表

税目		税率
一、原油		销售额的5%~10%
二、天然气		销售额的5%~10%
三、煤炭	焦煤	每吨8~20元
	其他煤炭	每吨0.3~5元
四、其他非金属矿原矿	普通非金属矿原矿	每吨或者每立方米0.5~20元
	贵重非金属矿原矿	每千克或者每克拉0.5~20元
五、黑色金属矿原矿		每吨2~30元
六、有色金属矿原矿	稀土矿	每吨0.4~60元
	其他有色金属矿原矿	每吨0.4~30元
七、盐	固体盐	每吨10~60元
	液体盐	每吨2~10元

说明:

1. 纳税人具体适用的税率,在《资源税税目税率表》规定的税率幅度内,根据纳税人所开采或者生产应税产品的资源品位、开采条件等情况,由财政部商国务院有关部门确定;财政部未列举名称且未确定具体适用税率的其他非金属矿原矿和有色金属矿原矿,由省、自治区、直辖市人民政府根据实际情况确定,报财政部和国家税务总局备案。

2. 纳税人开采或者生产不同税目应税产品的,应当分别核算不同税目应税产品的销售额或者销售数量;未分别核算或者不能准确提供不同税目应税产品的销售额或者销售数量的,从高适用税率。

资源税的计算举例:

【例9-1】某油田开采原油90万吨,当年销售原油70万吨,非生产性自用6万吨,另有5万吨赠送协作单位,9万吨待售。已知该油田每吨原油售价为5000元,适用的税率为5%。

销售数量,包括纳税人开采或者生产应税产品的实际销售数量和视同销售的自用数量。

该油田当年应纳资源税税额=(70+6+5)×5000×5%=20250(万元)。

【例9-2】某钨矿企业12月共开采钨矿石原矿80000吨,直接对外销售钨矿石原矿40000吨,销售以部分钨矿石原矿入选的精矿9000吨,选矿比为40%。钨矿石资源税税额8元/吨。

因无法准确掌握纳税人移送使用原矿数量的,可将其精矿按选矿比折算成原矿数量作为课税数量。

该企业12月份应缴纳资源税=40000×8+9000÷40%×8=500000(元)。

【例9-3】7月某盐场发生下列业务:生产液体盐58万吨,当月销售43万吨;以外购的液体盐10万吨用于生产固体盐7万吨,全部对外销售;以自产的液体盐5万吨加工生产固体盐3.6万吨,当月全部对外销售,合同规定,货款分3个月等额收回,本月实际收到1/4的货款。该盐场资源税适用税额:自产液体盐3元/吨,固体盐25元/吨,外购液体盐5元/吨。

纳税人以液体盐加工固体盐,按固体盐税额征税,以加工的固体盐数量为课税数量。如果纳税人以外购的液体盐加工固体盐,其加工固体盐所耗用液体盐的已纳税额准予抵扣。

纳税人采取分期收款结算方式销售应税产品的,其纳税义务发生时间为销售合同规定的收款日期的当天。

该企业应纳资源税=43×3+(7×25—10×5)+3.6×25×1/3=284(万元)

二、资源税纳税申报示范

《资源税纳税申报表》填写示范:

【例9-4】B市甲煤矿有限公司(税号:370000000000018),20×3年12月份开采原煤300万吨,销售240万吨;将一部分原煤移送加工生产选煤40万吨,销售选煤30万吨,选煤综合回收率30%,资源税单位税额5元/吨。

对于连续加工前无法正确计算原煤移送使用量的,可按加工产品的综合回收率,将加工产品实际销量和自用量折算成原煤数量作为课税数量。则:

$$课税数量=2\ 400\ 000+300\ 000/30\%=3\ 400\ 000(吨)$$
$$资源税=3\ 400\ 000×5=17\ 000\ 000(元)$$

表9-3   资源税纳税申报表

纳税人识别号:370000000000018
纳税人名称:B市甲煤矿有限公司(公章)
税款所属期限:自20×3年12月1日至20×3年12月31日
填表日期:20×4年1月7日   金额单位:元(列至角分)

产品名称		课税单位	课税数量	课税金额	单位税额(征收率)	本期应纳税额	本期已纳税额	本期应补(退)税额	备注
1		2	3	4	5	6=3×5	7	8=6-7	
应纳税项目	原煤	吨	3 400 000		5	17 000 000		17 000 000	
减免税项目									

纳税人或代理人声明： 此纳税申报表是根据国家税收法律的规定填报的，我确信它是真实的、可靠的、完整的。	如纳税人填报，由纳税人填写以下各栏		
	经办人（签章）	会计主管（签章）	法定代表人（签章）
	如委托代理人填报，由代理人填写以下各栏		
	代理人名称		
	经办人（签章）		代理人（公章）
	联系电话		

以下由税务机关填写

受理人		受理日期		受理税务机关 （签章）	

　　需要说明的是，目前只有《中外合作及海上自营油气田资源税纳税申报表》全国格式一致，除此之外，其他应税项目的《资源税纳税申报表》格式各省存在一定差异，但需要填写的项目内容基本一致，填写方法也基本相同。

第十章 城市维护建设税、教育费附加、地方教育附加

城市维护建设税、教育费附加、地方教育附加，简称"附加税（费）"，没有独立的征税对象或税基，而是以增值税、消费税、营业税"三税"实际缴纳的税额之和为计税依据，随"三税"同时附征，本质上属于附加税。

本章先对附加税（费）的纳税事项进行了梳理、汇总，并编制为表格形式，更加直观、清晰，便于阅读和掌握；然后对附加税（费）纳税申报进行了示范。

一、附加税（费）主要纳税事项

城市维护建设税主要纳税事项，见表 10-1。

教育费附加、地方教育附加与城市维护建设税除税率不同外其他规定基本相同。教育费附加比率为 3%、地方教育费附加比率为 2%，其他规定参考城市维护建设税。

表 10-1　　　　　　　　　　　　城市维护建设税主要纳税事项

征税范围	城市维护建设税征收的区域范围包括城市、县城、建制镇，以及税法规定征收"三税"的其他地区。
税率	纳税人所在地在城市市区的，税率为 7%； 纳税人所在地在县城、建制镇的，税率为 5%； 纳税人所在地不在城市市区、县城、建制镇的，税率为 1%。 1. 纳税单位和个人缴纳城市维护建设税的适用税率，一律按其纳税所在地的规定税率执行。县政府设在城市市区，其在市区办的企业，按照市区的规定税率计算纳税。纳税人所在地为工矿区的，应根据行政区划分别按照 7%、5%、1% 的税率缴纳城市维护建设税。 2. 代征代扣城市维护建设税，缴纳"三税"所在地的规定税率（代征代扣所在地适用税率）。 3. 流动经营无固定纳税地点，缴纳"三税"所在地的规定税率。 4. 货物运输企业代开发票纳税人，代开货物运输业发票时，凡按规定应当征收营业税的，在代开货物运输业发票时一律按开票金额 3% 征收营业税，按营业税税款 7% 预征城市维护建设税。在代开发票时已征收的属于法律、法规规定的减征或者免征的城市维护建设税及高于法律、法规规定的城市维护建设税税率征收的税款，在下一征税期退税。 5. 铁道部应纳城市维护建设税的税率对于铁道部实际集中缴纳的营业税税额，财政部规定统一使用 5% 的税率。
计税依据	城市维护建设税的计税依据是纳税人实际缴纳的增值税、消费税、营业税税额。不包括加收的滞纳金和罚款。
应纳税额的计算	应纳税额＝（实际缴纳的增值税额＋实际缴纳的消费税额＋实际缴纳的营业税额）×适用税率
账务处理	记入"营业税金及附加"科目。
税收优惠	1. 海关对进口产品代征增值税、消费税的，不征收城市维护建设税。（进口不征） 2. 对出口产品退还增值税、消费税的，不退还已缴纳的城市维护建设税；经国家税务局正式审核批准的当期免抵的增值税税额应纳入城市维护建设税和教育费附加的计征范围，分别按规定的税（费）率征收城市维护建设税和教育费附加。（出口不退，免抵要交）

	3. 其他减免税规定：
	（1）对国家石油储备基地第一期项目建设过程中涉及的营业税、城市维护建设税、教育费附加予以免征。
	（2）①对新办的商贸企业（从事批发、批零兼营以及其他非零售业务的商贸企业除外），当年新招用下岗失业人员达到职工总数30%以上（含30%），并与其签订1年以上期限劳动合同的，经劳动保障部门认定税务机关审核3年内免征城市维护建设税、教育费附加。
	自2004年1月1日起，对为安置自谋职业的城镇退役士兵就业而新办的服务型企业（除广告业、桑拿、按摩、网吧、氧吧外）当年新安置自谋职业的城镇退役士兵达到职工总数30%以上，并与其签订1年以上期限劳动合同的，经县以上民政部门认定，税务机关审核，3年内免征城市维护建设税。
	对为安置自谋职业的城镇退役士兵就业而新办的商业零售企业当年新安置自谋职业的城镇退役士兵达到职工总数30%以上，并与其签订1年以上期限劳动合同的，经县以上民政部门认定，税务机关审核，3年内免征城市维护建设税。
	②对下岗失业人员从事个体经营（除建筑业、娱乐业以及广告业、桑拿、按摩、网吧、氧吧外）的，自领取税务登记证之日起，3年内免征城市维护建设税、教育费附加。
	对自谋职业的城镇退役士兵，在国办发〔2004〕10号文下发后从事个体经营（除建筑业、娱乐业以及广告业、桑拿、按摩、网吧、氧吧外）的，自领取税务登记证之日起，3年内免征城市维护建设税。
	（3）经中国人民银行依法决定撤销的金融机构及其分设于各地的分支机构（包括被依法撤销的商业银行、信托投资公司、财务公司、金融租赁公司、城市信用社和农村信用社），用其财产清偿债务时，免征被撤销金融机构转让货物、不动产、无形资产、有价证券、票据等应缴纳的城市维护建设税、教育费附加。
其他	对增值税、消费税、营业税"三税"实行先征后返、先征后退、即征即退办法的，除另有规定外，对随"三税"附征的城市维护建设税和教育费附加，一律不予退（返）还。

二、附加税（费）纳税申报示范

【例10-1】L市雨泽有限公司（税号：370000000000088），20×3年12月应交增值税为24 970.20元，填写《附加税（费）纳税申报表》，见表10-2。

表10-2 　　　　　　　　　　附加税（费）纳税申报表

纳税人识别号：370000000000088　　　　　　　　　　纳税人名称：L市雨泽有限公司
税款所属期：20×3-12-01 至 20×3-12-31
填表日期：20×4-01-07

金额单位：人民币元

计税依据（计征依据）		计税金额（计征金额）	税率（征收率）	本期应纳税额	本期已缴税额	本期应补（退）税额
		1	2	3＝1＊2	4	5＝3－4
城市维护建设税	增值税附征（市区）	24 970.20	7%	1 747.91		1 747.91
	合计	24 970.20		1 747.91		1 747.91
教育费附加	增值税附征	24 970.20	3%	749.11		749.11
	合计	24 970.20		749.11		749.11

续表

计税依据（计征依据）		计税金额（计征金额）	税率（征收率）	本期应纳税额	本期已缴税额	本期应补（退）税额
		1	2	3＝1＊2	4	5＝3－4
地方教育附加	增值税附征	24 970.20	2%	499.40		499.40
	合计	24 970.20		499.40		499.40
会计主管（签章）	经办人（签章）	如委托税务代理机构填报，由税务代理机构填写以下各栏				
		代理机构地址			务代理机构（公章）	
		代理机构名称				
申报声明	此申报表是根据国家税收法律的规定填报的，我确信它是真实、可靠、完整的。声明人：（法人代表签字或盖章）（公章）	代理人（签章）		联系电话		
		以下由税务机关填写				
		收到申报表日期		接收人		

填表说明：

本表适用于城市维护建设税、教育费附加、地方教育附加纳税人填报。某些地区自 2011 年 8 月 1 日起，按其实际缴纳的增值税、消费税、营业税（以下简称"三税"）的 1% 向地税部门申报缴纳地方水利建设基金，其申报表适用《附加税（费）纳税申报表》，由于地方水利建设基金计算缴纳方法各省不统一，本书未考虑。

需要说明的是，各省《附加税（费）纳税申报表》格式虽然存在一定差异，但需要填写的项目内容基本一致，填写方法也基本相同。

第十一章　印花税

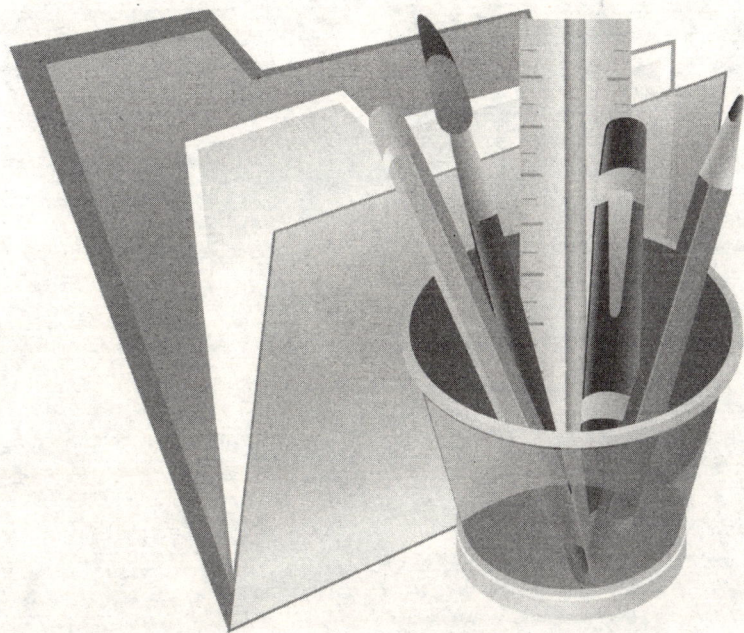

印花税是对经济活动和经济交往中书立、领受、使用的应税经济凭证所征收的一种税，其征税范围广泛，税率低、税负轻，由纳税人自行完成纳税义务。

本章先对印花税相关纳税事项进行了梳理、汇总，并编制为表格形式，更加直观、清晰，便于阅读和掌握；然后对印花税纳税申报进行了示范。

一、印花税主要纳税事项

印花税主要纳税事项，主要包括下列内容：
1. 印花税税目、税率及纳税人，见表 11-1。
2. 印花税计税依据及账务处理，见表 11-2。

表 11-1   印花税税目、税率及纳税人

应税凭证类别	税目	税率形式	纳税人
一、合同或具有合同性质的凭证	1. 购销合同	按购销金额 0.3‰	立合同人（不包括合同的担保人、证人、鉴定人）
	2. 加工承揽合同	按加工或承揽收入 0.5‰	
	3. 建设工程勘察设计合同	按收取费用 0.5‰	
	4. 建筑安装工程承包合同	按承包金额 0.3‰	
	5. 财产租赁合同	按租赁金额 1‰	
	6. 货物运输合同	按收取的运输费用 0.5‰	
	7. 仓储保管合同	按仓储收取的保管费用 1‰	
	8. 借款合同	按借款金额 0.05‰	
	9. 财产保险合同	按收取的保险费收入 1‰	
	10. 技术合同	按所载金额 0.3‰	
二、书据	11. 产权转移书据	按所载金额 0.5‰	立据人
三、账簿	12. 营业账簿	资金账簿，按实收资本和资本公积的合计 0.5‰；其他营业账簿按件贴花 5 元	立账簿人
四、证照	13. 权利、许可证照	按件贴花 5 元	领受人

注：

1. 购销合同。包括供应、预购、采购、购销结合及协作、调剂、补偿、易货等合同；还包括各出版单位与发行单位（不包括订阅单位和个人）之间订立的图书、报刊、音像征订凭证。

对纳税人以电子形式签订的各类应税凭证按规定征收印花税。

对发电厂与电网之间、电网与电网之间（国家电网公司系统、南方电网公司系统内部各级电网互供电量除外）签订的购售电合同按购销合同征收印花税。电网与用户之间签订的供用电合同不属于印花税列举征税的凭证，不征收印花税。

国家指定的收购部门与村民委员会、农民个人书立的农业产品收购合同免征印花税。

2. 加工承揽合同。包括加工、定做、修缮、印刷、广告、测绘、测试等合同。（结合增值税、消费税）委托方提供原材料，受托方收取加工费和代垫辅料的合同，属于加工承揽合同。

3. 建设工程勘察设计合同。包括勘察、设计合同的总包合同、分包合同和转包合同。

4. 建筑安装工程承包合同。包括建筑、安装工程承包合同的总包合同、分包合同和转包合同。

5. 借款合同。包括银行及其他金融组织和借款人（不包括银行同业拆借）所签订的借款合同。包括融资租赁合同。

无息、贴息贷款合同免征印花税。

外国政府或国际金融组织向我国政府及国家金融机构提供优惠贷款所书立的合同免征印花税。

6. 技术合同。包括技术开发、转让、咨询、服务等合同。

技术转让合同包括专利申请转让、非专利技术转让所书立的合同，但不包括专利权转让、专利实施许可所书立的合同。后者适用于产权转移书据。

一般的法律、会计、审计等方面的咨询不属于技术咨询，其所书立合同不贴印花。

7. 产权转移书据包括财产所有权、版权、商标专用权、专利权、专有技术使用权共5项产权的转移书据。财产所有权转移所书立的书据，包括股份制企业向社会公开发行的股票，因购买、继承、赠与所书立的产权转移书据。

另外，土地使用权出让合同、土地使用权转让合同、商品房销售合同按照产权转移书据征收印花税。

财产所有人将财产赠给政府、社会福利单位、学校所立的书据免征印花税。

企业因改制签订的产权转移书据免予贴花。

8. 营业账簿分为资金账簿和其他营业账簿，其他营业账簿包括日记账簿和各明细分类账簿。

(1) 对采用一级核算形式的单位，只就财会部门设置的账簿贴花；采用分级核算形式的，除财会部门的账簿应贴花之外，财会部门设置在其他部门和车间的明细分类账，亦应按规定贴花。

(2) 车间、门市部、仓库设置的不属于会计核算范围或虽属会计核算范围，但不记载金额的登记簿、统计簿、台账等，不贴印花。

(3) 对有经营收入的事业单位，凡属由国家财政部门拨付事业经费，实行差额预算管理的单位，其记载经营业务的账簿，按其他账簿定额贴花，不记载经营业务的账簿不贴花；凡属经费来源实行自收自支的单位，对其营业账簿，应就记载资金的账簿和其他账簿分别按规定贴花。

(4) 跨地区经营的分支机构使用的营业账簿，应由各分支机构在其所在地缴纳印花税。

(5) 企业债权转股权新增加的资金按规定贴花。

(6) 企业改制中经评估增加的资金按规定贴花。

9. 权利、许可证照仅包括"四证一照"：包括政府部门发给的房屋产权证、工商营业执照、商标注册证、专利证、土地使用证等。

已缴纳印花税的凭证副本或抄本免征印花税，但副本或者抄本作为正本使用的应另行贴花。

表 11-2　　　　　　　　　　印花税计税依据及账务处理

购销合同	购销合同的计税依据为购销金额，不得作任何扣除，特别是调剂合同和易货合同，均应包括调剂、易货的全额。 在商品购销活动中，采用以货换货方式进行商品交易签订的合同，是反映既购又销双重经济行为的合同，对此，应按合同所载的购、销合计金额计税贴花。合同未列明金额的，应按合同所载购、销数量，依照国家牌价或者市场价格计算应纳税额。
加工承揽合同	加工承揽合同的计税依据是加工或承揽收入的金额。 1. 受托方提供原材料及辅料，并收取加工费且分别注明的，原材料和辅料按购销合同计税贴花，加工费按承揽合同计税贴花；合同未分别记载原辅料及加工费金额的，一律就全部金额按加工承揽合同计税贴花。（定做合同） 2. 委托方提供原材料，受托方收取加工费及辅料，双方就加工费及辅料按加工承揽合同计算贴花。
建设工程勘察设计合同	建设工程勘察设计合同的计税依据为勘察、设计收取的费用（即勘察、设计收入）。
建筑安装工程承包合同	建筑安装工程承包合同的计税依据为承包金额，不得剔除任何费用。如果施工单位将自己承包的建筑项目再分包或转包给其他施工单位，其所签订的分包或转包合同，仍应按所载金额另行贴花。
财产租赁合同	财产租赁合同的计税依据为租赁金额（即租金收入）。 1. 税额不足1元的按照1元贴花。2. 财产租赁合同只是规定月（天）租金而不确定租期的，先定额5元贴花，再结算时按实际补贴印花。

货物运输合同	货物运输合同的计税依据为取得的运输费金额（即运费收入），不包括所运货物的金额、装卸费和保险费等。 1. 对国内各种形式的货物联运，凡在起运地统一结算全程运费的，应以全程运费作为计税金额，由起运地运费结算双方缴纳印花税；凡分程结算运费的，应以分程的运费作为计税金额，分别由办理运费结算的各方缴纳印花税。 2. 对国际货运，凡由我国运输企业运输的，运输企业（承运方）所持的运费结算凭证，以本程运费计算应纳税额；托运方所持的运费结算凭证，按全程运费计算应纳税额。由外国运输企业运输进出口货物的，运输企业（外方）所持的运费结算凭证免纳印花税，托运方所持的运费结算凭证，应按规定计算缴纳印花税。
仓储保管合同	仓储保管合同的计税依据为仓储保管的费用（即保管费收入）。
借款合同	借款合同的计税依据为借款金额。 1. 凡是一项信贷业务既签订借款合同，又一次或分次填开借据的，只以借款合同所载金额计税贴花；凡是只填开借据并作为合同使用的，应以借据所载金额计税，在借据上贴花。 2. 借贷双方签订的流动资金周转性借款合同，一般按年（期）签订，规定最高限额，借款人在规定的期限和最高限额内随借随还。对这类合同只就其规定的最高额为计税依据，在签订时贴花一次，在限额内随借随还不签订新合同的，不再另贴印花。 3. 对借款方以财产作抵押，从贷款方取得一定数量抵押贷款的合同，应按借款合同贴花，在借款方因无力偿还借款而将抵押财产转移给贷款方时，应再就双方书立的产权书据，按产权转移书据的有关规定计税贴花。 4. 对银行及其他金融组织的融资租赁业务签订的融资租赁合同，应按合同所载租金总额，暂按借款合同计税。
财产保险合同	财产保险合同的计税依据为支付（收取）的保险费金额，不包括所保财产的金额。
技术合同	技术合同的计税依据为合同所载的价款、报酬。 对技术开发合同，只就合同所载的报酬金额计税，研究开发经费不作为计税依据。
产权转移书据	产权转移书据以书据中所载的金额为计税依据。
记载资金的营业账簿	记载资金的营业账簿，以实收资本和资本公积的两项合计金额为计税依据。凡"资金账簿"在次年度的实收资本和资本公积未增加的，对其不再计算贴花。
其他营业账簿和权利、许可证照	其他营业账簿和权利、许可证照，以计税数量为计税依据。
无法确定计税金额的合同	有些合同在签订时无法确定计税金额，如：（1）财产租赁合同只是规定了月（天）租金标准而无期限的。（2）技术转让合同中的转让收入，是按销售收入的一定比例收取或是按实现利润分成的。对于这类合同，可在签订时先按定额5元贴花，以后结算时再按实际金额计税，补贴印花。
印花税的账务处理	印花税不通过"应交税费"科目核算，印花税实际缴纳时直接贷记"银行存款"科目，借记"管理费用"（企业会计准则）或"营业税金及附加"（小企业会计准则）科目，但非房地产开发企业转让房地产的印花税，在"固定资产清理"科目反映。

二、印花税纳税申报示范

印花税纳税申报表填写示范：

【例 11-1】 L 市雨丰建筑有限公司（税号：370000000000089）20×3 年 12 月份发生以下经济业务：

1. 雨丰建筑公司 12 月份与甲企业签订一份建筑承包合同，合同金额 6 000 万元（含相关费用 50 万元）。同月，雨丰建筑公司又将其中价值 800 万元的安装工程转包给乙企业，并签订转包合同。

2. 雨丰建筑公司作为受托方签订 A、B 两份加工承揽合同。A 合同约定：由委托方提供主要材料 300 万元，受托方只提供辅助材料 20 万元，受托方另收取加工费 50 万元；B 合同约定：由受托方提供原材料及辅助材料 200 万元并收取加工费 40 万元。

3. 雨丰建筑公司 12 月份与丙企业签订一份融资租赁合同，金额 200 万元。

4. 雨丰建筑公司 12 月份增资 500 万元。

印花税的计算：

1. 总包合同应该贴花，新的分包转包合同又发生了新的纳税义务，也应该贴花。

建筑安装工程承包合同印花税＝(60 000 000＋8 000 000)×0.3‰＝20 400(元)

2. A 合同就加工费及辅助材料按加工承揽合同计算贴花，B 合同原材料及辅助材料按购销合同计税贴花，加工费按承揽合同计税贴花。

加工承揽合同印花税＝(500 000＋200 000＋400 000)×0.5‰＝550(元)
购销合同印花税＝2 000 000×0.3‰＝600(元)

3. 融资租赁合同，按合同所载租金总额、暂按借款合同计税。

借款合同印花税＝2 000 000×0.05‰＝100(元)

4. 记载资金的账簿印花税＝5 000 000×0.5‰＝2 500（元）。

填写《印花税纳税申报表》，见表 11-3。

表 11-3 　　　　　　　　　　　印花税纳税申报表

纳税人识别号：370000000000089　　　　　　　　　　　纳税人名称：L 市雨丰建筑有限公司
税款所属期：20×3-12-01 至 20×3-12-31
填表日期：20×4-01-07
　　　　　　　　　　　　　　　　　　　　　　　　　　　　金额单位：人民币元

应税凭证	计税金额或件数	核定征收		适用税率	本期应纳税额	本期已缴税额	本期减免税额	本期应补（退）税额
		核定依据	核定比例					
	1	2	3	4	5	6=1×5＋3×4×5	7	8	9=6－7－8
购销合同	2 000 000			0.00%	0.3‰	600			600
加工承揽合同	1 100 000			0.00%	0.5‰	550			550
建设工程勘察设计合同				0.00%	0.5‰				

续表

应税凭证	计税金额或件数	核定征收		适用税率	本期应纳税额	本期已缴税额	本期减免税额	本期应补（退）税额
		核定依据	核定比例					
	1	2	3	4	5	6＝1×5＋3×4×5	7	8	9＝6－7－8
建筑安装工程承包合同	68 000 000		0.00%	0.3‰	20 400			20 400
财产租赁合同			0.00%	1‰				
货物运输合同			0.00%	0.5‰				
仓储保管合同			0.00%	1‰				
借款合同	2 000 000		0.00%	0.05‰	100			100
财产保险合同			0.00%	1.0‰				
技术合同			0.00%	0.3‰				
产权转移书据			0.00%	0.5‰				
营业账簿（记载资金的账簿）	5 000 000	—	—	—	0.5‰	2 500			2 500
营业账簿（其他账簿）		—	—	—				
权利、许可证照		—	—	—				
合计	—	—	—	—		24 150			24 150

如纳税人填报，由纳税人填写以下各栏		如委托代理人填报，由代理人填写以下各栏		备注	
经办人：	纳税人（公章）	代理人名称	代理人（公章）		
会计主管：（签章）		代理人地址			
		经办人姓名	电话		
以下由税务机关填写					
收到申报表日期		接收人			

需要说明的是，各省《印花税纳税申报表》格式虽然存在一定差异，但需要填写的项目内容基本一致，填写方法也基本相同。